제3판

사회복지 정책론

Social Welfare Policy

강희갑
김극명
김종배
오현숙
정일교
박승탁
공저

Social Welfare Policy

양 성 원

제3판 머리말

우리가 살고 있는 자본주의사회는 시장경제와 자유주의 및 경영원리에 의하여 사회가 움직이고 있기 때문에 복지정책에 대한 강한 욕구가 발생하고 이에 응하여 국가나 사회 또는 기업은 자본주의 모순으로 인한 빈부의 차이를 극복하고 사회문제를 해결하기 위하여 여러 가지의 복지정책을 펴나가게 된다. 여기서 취약계층과 대다수의 국민을 위하여 어떠한 사회정책과 사회복지정책을 펴나가야 하는가를 이해하고 분석할 필요성이 나온다. 그리고 이를 바탕으로 하여 한 시대에 직면하고 있는 사회복지 문제를 위한 바람직한 복지정책이 무엇인가를 찾아보는 것이 중요하다.

사회복지정책은 자본주의 사회가 직면하고 있는 사회복지를 실현하기 위한 국가나 민간기관의 의사결정이라고 할 수 있다. 사회복지의 실현에 있어서 중요한 것은 사회복지정책을 결정하고 이를 집행하는 절차와 그 과정을 평가하는 일이다.

우리나라는 2015년에 접어들면서 복지정책의 틀을 크게 바꾸고 건강보험, 연금, 노인복지, 영유아복지, 노인들의 기초연금제도를 크게 개선하고 종래의 저소득층 생활형 복지의 틀에서 생애주기형 맞춤형 복지로 그 정책을 펴나가고 있다.

이후 2017년부터는 우리 사회가 고령화사회로 나감에 따라 노령자에 대한 기초연금을 확대하는 정책을 실시하고 인구 절벽을 다소 완화하기 위하여 영유아에 대한 전면적 무상복지와 육영정책을 실시하고 있다. 또 저소득층의 사각지대를 해소하고 소득계층간, 자산 및 소득 배분 측면에서의 불공평을 해소하기 위한 정책을 펴나가고 있다. 이를 위하여 2017년 이후 사회복지 정책 관련법을 다수 개정하여 맞춤형 복지정책을 확대하고 저소득층, 경제적 취약 계층, 정신질환자 등에 이르기까지 보편적 복지를 실현하기 위한 정책을 실시하고 있다.

개정판이 2017년 초에 나온 후에 이와 같이 복지정책이 변하게 됨에 따라 이번에 다시 본서를 수정하고 개정하게 되었다. 본서의 개정을 위하여 수고하여 주신 양성원 임직원 여러분께 감사의 말씀을 드린다.

2019년 9월

강 희 갑

차례

Part 1 총 론

Contents

Part 2 각 론

Part

01

총　론

Chapter 01

Social Welfare Policy

사회복지정책의 개념과 특성

1. 사회복지정책의 개념

사회복지정책은 사회복지와 정책이 결합된 말이므로 먼저 사회복지의 개념과 정책의 개념을 알아본 후 사회복지정책의 개념을 살펴보아야 한다.

1) 사회복지의 개념

사회복지란 사회구성원들의 기본적 욕구와 사회문제가 연결되어 일상적인 안녕을 이루는 상태를 목표로 하고 이를 실현하는 것을 말한다. 다시 말해서 헌법에서 보장하고 있는 모든 국민의 생존권을 확보하고 그 생활을 보장하기 위한 여러 가지의 정책을 실현하는 것을 목표로 하는 것이다. 또한 사회적 · 경제적 약자를 보호하기 위한 여러 가지 사회복지정책을 통하여 사회복지를 실현하는 것이다.

2) 정책의 개념과 그 요소

(1) 정책의 개념

정책이란 여러 가지로 정의되고 있다. 칸(Kahn, 1973)은 지속적인 계획이나 장래의 의사결정의 지침 또는 결정을 핵심으로 하는 실천 원리라고 정의한다. 길버트와 스펙트(Gilbert & Specht, 1974)는 국가나 민간기관에서 행동의 방향이나 계획의 기초를 이루는 여러 결정과 선택이라고 하고, 티트머스(Titmuss, 1981)는 주어진 목적을 지향하고 행동을 좌우하는 원리에 관련된 것으로서 목적과 수단에 관한 행동을 의미한다고 한다.

(2) 정책의 요소

정책은 목표, 계획 또는 제안, 프로그램, 결정, 효과 등을 요소로 한다. 모든 정책은 목표를 가지고 있어야 하고 정책을 입안할 때는 먼저 목표를 설정해야 한다. 정책은 목표를 이루기 위하여 계획을 세우거나 제안을 핵심 요소로 해야 한다. 그리고 정책은 목표를 이루기 위한 세부적이고 구체적인 방안, 즉 프로그램을 만들어야 한다. 또 결정권자가 정책을 결정해야 한다. 모든 정책은 그 정책을 통해서 이루어지는 효과를 고려해야 한다.

위의 여러 요소들 때문에 정책은 법이나 프로그램에 담겨져 있는 것이 보통이다. 예를 들면 사회보험정책은 사회보험 프로그램 또는 사회보험법에 담겨져 있고, 아동복지정책은 아동복지 프로그램 또는 아동복지법에 담겨져 있다.

3) 사회복지정책의 개념과 그 요소

(1) 사회복지정책의 개념

사회복지정책은 학자에 따라서 여러 가지로 정의되고 있지만 이는 사회복지와 정책의 합성어이므로 넓은 의미로는 사회복지를 실현하기 위한 국가나 민간기관의 행동 방향 또는 의사의 결정이라고 할 수 있다. 이는 사회 모든 구성원의 삶의 질을 향상시켜 인간의 복리, 안녕, 복리의 실현을 위한 행동의 방향을 결정하는 지침이라고 말할 수 있다.

좁은 의미로는 국가나 지방자치단체 등의 행정 주체가 사회복지라는 공공 목적을 추진하고 실현하기 위하여 계획하고 그 계획을 결정한 것을 실천하기 위한 행동 방침이라고 볼 수 있다.

이러한 사회복지정책에는 사회적, 경제적 약자를 보호하기 위한 지침과 제도, 정부나 민간기관의 사회복지서비스, 모든 국민의 복지, 기타 개인적 욕구를 충족하기 위한 개인 구호적 성격의 복지와 사회적 욕구를 충족하기 위한 복지를 제도화하는 것을 모두 포함하고 있다.

(2) 사회복지정책의 구성요소

사회복지정책은 그 주체와 대상을 구성요소로 한다. 사회복지정책의 주체란 국민과 사회구성원, 시민에 대하여 각종의 사회복지정책을 주도적으로 수행하는 자이다. 이는 공적 주체와 민간 주체, 공사 혼합주체로 나눌 수 있다.

가. 공적 주체

가) 중앙정부

초기에는 민간이, 다음 단계에는 지방정부가, 성숙 단계에서는 중앙정부가 사회복지정책을 펴나갔다. 오늘날의 국가를 복지국가라고 하는데 이러한 복지국가는 사회복지정책을 국가가 직접 입안하고 결정하며 수행하는 것을 특징으로 하고 있다. 이리하여 오늘날은 복지급여의 대상, 수준, 내용, 재원, 세부적인 복지전달체계에 관하여 거의 대부분 중앙정부가 결정하고 지방정부가 그 결정을 실행하는 역할을 하고 있다. 그리고 중앙정부가 위임을 하는 범위 내에서 지방정부도 정책결정 기능을 가진다. 우리나라도 마찬가지이다. 이와 같이 중앙정부에서 주로 정책을 결정하는 이유는 중앙정부가 지방정부나 민간보다 모든 국민을 상대로 하는 복지의 방향을 정하고 다양한 복지 프로그램을 통합하고 조정하는 데 유리하기 때문이다. 또한 모든 국민의 생존권을 보장하기 위해서는 일관성 있는 정책을 수립하거나 책임을 지고 추진해야 하는데 이를 위해서는 중앙정부가 보다 유리하다. 그리고 사회복지정책이 목표로 하는 평등의 실현은 중앙정부가 하는 것이 바람직하다. 기타 사회복지욕구를 체계화하고 그 복지의 달성을 위한 전문적인 조직체계 내지 전달체계를 만들고 사회복지전문가를 양성하는 데 중앙정부의 역할이 매우 중요하다.

나) 지방정부

위에서 본 바와 같이 지방정부는 대부분 중앙정부에서 결정한 것을 집행하는 기능을 수행한다. 그러나 중앙정부가 위임하거나 집행함에 있어서 그 세부적인 사항을 결정할 수 있다. 오늘날의 사회복지는 곧 주민복지가 그 중요한 요소로 되어 가고 있다. 따라서 지방정부의 정책결정에 대한 역할이 날로 증대되고 있다. 따라서 시민, 주민에 관련된 복지정책의 결정은 지방정부가 직접 하도록 하는 방안이 마련되어야 할 것이다.

왜냐하면 지방정부는 지방자치가 발달함에 따라 중앙정부보다 시민이나 주민의 사회적 욕구를 누구보다 정확히 알고 있고 그에 따른 해결을 잘할 수 있다. 또한 지방정부는 보다 쉽게 시민이나 주민의 욕구와 불만에 대응하는 적절한 사회복지 프로그램을 개발할 수 있다. 다만 지방정부의 정책결정에 대한 역할을 너무 강조하다 보면 지방정부 간의 욕구 차이, 재정의 차이로 인하여 그 제공되는 복지서비스에 차이가 있을 수 있고 이것이 지방정부 간의 갈등을 야기할 수 있다. 이는 중앙정부가 적절하게 조정해 나가야 할 것이다. 이런 점에서 중앙정부와 지방정부는 복지정책의 결정에 있어서 서로 보완해 나가야 할 것이다.

나. 민간주체

여기에는 사회복지법인, 자원봉사조직, 기업 등이 있다.

가) 사회복지법인

사회복지법인이란 사회복지사업을 행할 목적으로 사회복지사업법에 의하여 설립된 비영리 공익 특수법인이다. 이 사회복지법인은 사적 복지정책의 주체이다. 사회보험 분야를 제외한 사회복지사업법에서 규정하고 있는 공공부조, 각종의 사회복지 서비스와 이와 관련되는 자원봉사활동에 관한 정책을 수립하고 결정한다. 또한 사회복지공동모금회법에 의하여 설립한 사회복지공동모금회도 개인이나 기업들의 자발적 참여를 통한 민간 사회복지의 사회복지활동의 지원에 필요한 재원조달을 목적으로 한다. 사회복지공동모금회는 사회복지공동모금회법에 의한 사회복지법인이다. 이 모금회도 민간에 의한 재원조달을 조직화하는 민간 사회복지정책의 수립을 기획하고 결정하는 기관이 된다.

나) 자원봉사조직

자원봉사조직은 공적 조직과 달리 법률의 규정으로 하는 것이 아니라 주민, 시민 등의 민간들이 스스로 자원하여 봉사활동을 한다. 사회복지공동모금회는 이러한 자원봉사활동을 뒷받침하고 지원하는 조직으로 이는 앞에서 본 바와 같이 법률로 규정되어 있다. 그러니 자원봉사도 계획을 결정하고 이를 수행하는 조직을 만들어 활동해야 그 효과를 극대화할 수 있다. 따라서 자원봉사활동을 하는 사람들을 조직화할 필요가 있다. 이렇게 해서 자발적으로 만든 조직이 자원봉사조직이다. 따라서 단순히 친구, 이웃, 직장 동료, 가족 등이 자원봉사활동을 하는 비조직적 자원봉사활동과는 다르다. 자원봉사조직은 자원봉사자에 의하여 운영되고, 조직적 구성원 스스로가 재원조달을 하고 재원조달방법은 기부나 공제조합 같은 조직을 만들어 한다. 다만 우리나라는 이러한 민간 자원봉사를 재정적으로 지원하기 위하여 사회복지공동모금회법에 의하여 설립된 사회복지공동모금회가 그 역할의 일부를 담당하고 있다.

다) 기 업

오늘날에는 과거에 기업이 담당하던 복지는 사회복지의 발달로 대부분 국가가 담당하고 있다. 그러나 아직도 기업 내의 근로자와 그 가족을 위한 사내 복지가 강조되고 또 널리 시행되고 있다. 예컨대, 스포츠시설, 유아원, 고충센터 등 사내 복지시설을 통하여 복지를 실현하고 있고, 대기업이 국가가 하는 사회복지 프로그램과 연계하여 또는 별도로 국민 모두를 위한 복지정책을 펴고 있다. 예컨대 기업이 사회복지 재단을 운영하는 것이 대표적인 예이다. 이 경우는 그 재단에서 국민들을 위한 복지정책을 결정하는 것이다.

다. 공·사 혼합조직

오늘날 선진 복지국가에서는 순수한 공적 조직이나 순수한 민간조직으로 복지정책을 펴는 경우는 드물고 공·사 혼합조직으로 변화되고 있다. 가령 영국과 일본의 경우를 보면, 국민연금은 정부의 감독과 규제 아래 정부와 민간보험회사와의 계약으로 운영되고 있다. 그러나 우리나라는 아직 이런 단계까지 나가지 못하고 있다. 이러한 공·사 혼합조직은 사안에 따라서는 정부의 재정 부담을 들게 할 수 있다. 그러나 민간 가입자의 부담을 가중시킬 염려가 있기 때문에 우리나라는 아직 그 도입을 꺼리고 있다.

(3) 사회복지정책의 대상

과거에는 사회적 약자나 경제적 약자만을 복지정책의 대상으로 해 왔으나 오늘날에는 이들뿐만 아니라 모든 국민의 복지를 그 대상으로 한다. 사회적이나 경제적 약자를 대상으로 하는 것을 선별주의 정책이라 하고 모든 사회구성원에 대한 사회적 욕구를 복지로 해결하는 것을 보편주의 정책이라 한다. 우리나라는 이 두 가지 정책을 병행하고 있다. 이리하여 우리나라는 현재 관련법에서 첫째, 국민기초생활보장과 의료 무상공급과 같이 스스로는 생활능력이 없는 자를 위하여 복지정책을 펴는 공공부조를 대상으로 하고, 둘째, 국민연금과 국민건강보험, 기초연금, 노인장기요양보험, 산업재해보상보험, 고용보험 등과 같이 모든 국민을 위하여 헌법상의 생존적 기본권을 보장하고 국민에게 닥치는 사회적 위험에 미리 대처하기 위하여 사적인 보험방식에 의하여 이들 문제를 해결하기 위한 사회보험을 대상으로 한다. 셋째, 정신적·신체적 장애로 도움(경제적 빈곤이 아니라 사회생활의 곤란, 장애)을 필요로 하는 모든 국민을 위하여 복지를 실현하는 사회복지서비스를 대상으로 한다.

4) 사회복지의 모형

나라마다 학자에 따라 다른 모형을 제시하고 있다. 대표적인 것은 다음과 같다.

윌렌스키와 르보(Wilensky & Lebeaux)는 사회복지의 공급주체에 따라 잔여형, 제도형으로 구분한다. 잔여형은 사회복지의 공급주체가 가족이나 시장이고, 제도형은 서비스의 공급주체가 국가이다.

티트머스(Titmuss)는 여기에 산업성취형을 추가하였다. 산업성취형에서 사회적 욕구는 업적, 성취도 및 생산성에 의하여 충족되고 사회복지는 경제의 부속물로 본다.

미스라(Mishra)는 공산주의의 사회복지를 분석하기 위하여 규범형을 제시하였다. 잔여형에서는 복지를 위한 국가개입이 최소에 그치고, 욕구를 충족하는 분배는 제한적이며, 법적 서비스의 범위가 제한적이어서 서비스를 받는 수혜자도 빈민 등의 소수에 그친다. 또 급여수준도 낮고 수혜자의 지위도 낮다. 그리고 민간부문의 역할이 일차적이어서 민간의 역할이 중요하다. 제도형은 복지를 위한 국가개입이 최적의 상태로 행해지고, 사회적 욕구에 응하는 분배는 이차적이며, 법적 서비스의 범위는 확장적이고 그 수혜자도 시민 등 다수이다. 또한 급여수준은 중간 정도이고 따라서 수혜자의 지위는 중간 정도이며 민간의 역할은 이차적이다. 다음으로 규범형에서는 국가개입은 전면적이고 욕구충족을 위한 분배는 우선적으로 고려하는 일차적인 문제이다. 또한 법적 서비스의 범위는 포괄적이고 따라서 수혜자도 모든 국민이다. 급여수준은 높고 수혜자는 공동체이며 수혜자의 지위도 높다고 한다. 따라서 민간의 역할은 제한적이다(원석조, 2010: 27 참조).

5) 사회정책과 사회복지정책

사회복지에서는 사회복지정책이란 용어보다 사회정책이라는 용어가 더욱 오래 전부터 널리 사용되고 있다. 사회정책은 독일에서 시작된 용어로서 1873년 독일에서 창립된 사회정책학회에서 유래하였다. 독일에서 사회정책이란 용어가 먼저 쓰이게 된 것은 당시 독일 사회가 갖고 있었던 특수성에서 비롯되었다. 당시 독일에서는 계획경제를 달성하기 위하여는 국가의 역할이 강조되었고, 급속한 산업화와 고도성장으로 말미암아 산업재해, 공해 등의 국가적인 문제를 해결하고 마르크스 사상을 지지하던 노동자들을 통제하기 위하여 당시 수상이던 비스마르크에 의하여 사회보험을 도입하였다. 이리하여 국가에 대한 사회정책이 독일에서 처음으로 행하여지게 되었다.

사회정책이란 용어는 나라마다 다양한 개념으로 쓰이고 있다.

독일은 노동계급이나 계급투쟁 같은 정치적인 문제를 해결하고 통제하기 위한 방안에서 발전하여 오늘날에는 다양한 사회계층의 통합을 목표로 복지를 제공하는 정책을 뜻하는 것으로 사용되고 있다. 즉 사회의 불이익집단의 지위를 높여 주고 계층간의 통합과 사회통합에 기여하는 정책을 뜻한다.

영국에서는 사회서비스와 관련된 정책을 주로 의미한다. 즉 신체적, 정신적, 사회적으로 불리한 조건으로 발생한 인간의 개인적인 욕구를 해결하기 위한 대인서비스를 수행하는 정부의 정책을 포괄하여 사회정책이라고 한다. 영국에서는 사회복지정책이라는 용어보다 사회정책 또는 사회행정이라는 용어가 사용된다.

미국에서는 시장경제의 틀 내에서 충족되지 않는 물적, 사회적 욕구를 충족할 수 있는 기회를 제공하는 정부활동으로 이해하고 특히 사회복지 실현과 공공행정으로 다루는 경향이 있다.

결국 사회정책은 자본주의사회가 발전하면서 발생하는 문제를 해결하고 사회적 약자와 사회적 위험에 처한 사람을 보호하기 위한 대책으로써 목표와 원리 및 행동지침과 계획 등을 포함하고 있다.

이에 대하여 사회복지정책은 오늘날 사회복지를 실현하기 위하여 마련한 계획과 원칙이다. 일반적으로 사회복지정책은 사회적 책임과 윤리성이 요구된다. 또 사회복지정책은 수혜자에게 직접 급여를 제공하는 것이고(수혜자와의 직접적 관련성), 공적 조직을 통해서 복지 목적을 달성하기 위한 조직적 활동이다. 다른 한편 사회복지정책은 결정과정에서 사회구성원 간의 갈등을 어떻게 해결하는가가 정책결정에 중요한 영향을 미치게 된다. 배분정책이나 재분배정책(국민연금 등의 소득재분배 기능)은 이해집단(예컨대, 기업과 노조) 사이에 갈등을 생기게 할 수 있으므로 이를 정책결정과정에서 조정하고 이를 입법 등에 반영해야 한다.

그리고 사회복지정책은 가치와 이념이 강하게 작용하는 정책이고 이에 따라 정책결정이 변화한다. 따라서 목표하는 복지가 지향하는 가치와 이념에 따라 나라나 시대마다 복지정책이 달라질 수밖에 없다.

2. 사회복지정책의 특성

1) 개별적 욕구의 해결

사회복지정책은 사람들의 기본적인 필요를 개별적으로 해결한다. 사회복지정책은 사람들의 필요에 따라 서로 다르게 해결하는 특성이 있다. 예컨대 보편적 이념에 의하여 국민이면 누구나 급여를 받는 경우에도 기본적으로 개별적인 수급자가 수급의 자격을 갖춘 경우에만 특정의 서비스를 받을 수 있다. 이것이 국방정책이나 환경정책과 다른 점이다.

2) 직접 해결성

사회복지정책은 사람들의 기본적 필요를 직접 해결한다. 사회복지정책은 소득이 낮은 사람에게 현금서비스를 제공하거나 질병이 발생한 사람에게는 의료서비스를 제공하는 등 기본적으로 필요한 욕구를 직접적으로 해결한다. 이 점이 경제정책, 조세정책, 노동정책과 다르다.

3) 비시장성

사회복지정책은 일반적으로 사람들의 기본적인 필요를 비시장적으로 해결한다. 기본적 필요를 시장에서 해결하는 것은 자본주의 경제의 원리에 의한 재화의 배분을 뜻한다. 그러나 사회복지정책은 시장원리에 따르지 않는 분배에 관여하는 것이다. 시장에서의 자연스런 분배를 강조하는 사람들은 사회복지정책의 분배가 시장경제를 왜곡한다고 비판한다.

4) 공식적 조직을 통한 해결

사회복지정책은 공식적 조직이나 제도를 통하여 기본적 필요를 해결한다. 그러므로 사회복지정책은 사람들의 기본적인 필요를 공식적으로 조직화된 기구나 제도, 예컨대 정부의 각종 사회복지제도나 민간부문의 다양한 공식적인 사회복지조직들을 통하여 해결한다. 이에 대하여 가족 간의 이전 형태도 개인의 욕구충족에 중요한 역할을 하고 있다. 그러나 국가의 조세감면정책 등으로 비공식적인 제도를 강화해 나가고 있다. 사회복지제도가 발전한 국가일수록 이와 같은 비공식적인 영역의 역할이 감소된다.

5) 비영리성

사회복지정책은 기본적인 필요를 비영리적 부문에서 해결한다. 사회복지서비스의 제공은 대부분 비영리적인 부문에서 해결하여 왔다. 사회복지서비스의 제공은 대부분 비영리적인 공공부문과 민간부문의 사회복지조직에 의하여 이루어지고 있다. 그러나 오늘날에 와서는 점차 영리추구를 주된 목적으로 하는 민간부문의 조직이나 기구의 역할이 커지고 있다. 정부의 재정 지원과 세제상의 혜택이 사회복지 분야의 영리와 비영리부문의 구분을 어렵게 하고 있다. 예컨대 영리조직인 기업에 의한 종업원들에 대한 기업연금이나 종업원 자녀들을 위한 유아 돌봄 또는 기업의 교육비 지원 등 다양한 사회복지활동을 하는 것이다.

6) 일방적 이전

사회복지정책은 기본적 필요를 일방적 이전의 형태로 해결하는 것으로 간주되나 그 효과는 일방적 이전만은 아니다. 일방적 이전이란 재화나 서비스 제공자가 그 재화의 수급자로부터 특정한 물질적 또는 비물질적 대가를 받지 않고 주는 것을 말한다. 자본주의 시장에서의 교환은 이득을 얻으면 반드시 그 대가를 지불해야 하는 쌍방적 성격을 가지고 있다. 사회복지정책은 전통적으로 일방적 이전의 성격을 가진 것으로 간주된다. 그러나 보상이나 미래에 대한 투자로서 볼 수 있는 사회복지서비스의 형태가 대부분이다.

7) 생산적 기능

사회복지정책은 소비적인 필요를 해결하기도 하지만 생산적인 기능을 가지고 있다. 첫째, 수급자들의 소비능력을 높이는 데 주목적을 두는 소득보장 프로그램, 둘째, 저소득 아동에 대한 교육, 훈련, 의료서비스, 근로자에 대한 교육, 훈련, 의료서비스 등 생산적인 필요를 위한 프로그램, 셋째, 공공부조에 의한 소득보장, 소비적이면서도 생산적 성격을 가지는 프로그램 등이다.

Chapter

Social Welfare Policy

02 사회복지정책의 영역과 체계

1. 사회복지정책의 영역

1) 서 언

사회복지정책의 영역에 대하여는 학자마다 그 견해가 다르다. 영국의 베버리지(Beveridge, 1942)는 사회보장, 의료보장, 교육보장, 주택보장, 고용보장을 그 영역으로 본다. 미국의 디니트(Dinitto)는 소득보장, 영양, 보건, 사회서비스를 그 영역으로 보고, 영국의 타운센트(Townsend)는 소득보장, 건강, 교육, 주택, 대인서비스를 그 영역으로 보고 있다. 칸(Kahn)과 힐(Hill)은 이외에 노동정책을 포함시키고 있다. 마르쉘(Marshall)은 소득보장(사회보험 및 공공부조), 보건, 의료, 대인적 사회서비스, 교육, 주택을 그 영역으로 한다(이진숙 외, 2010: 21).

사회복지정책은 기본적으로는 인간으로서의 욕구충족, 즉 생존 욕구와 사회적 욕구충족을 그 영역으로 한다. 인간으로서의 생존 욕구충족을 위해서는 의식주 등 기본적 재화를 구입할 수 있는 소득을 보장해야 하고, 또 주거생활을 보장해야 하며, 질병 치료 등 의료서비스 등이 실천되어야 한다. 따라서 소득보장정책, 주거보장정책, 의료보장정책이 사회복지정책의 영역이 된다. 다음으로 인간의 삶을 위한 사회적 욕구충족이 중요한 사회복지정책의 내용에 포함된다. 여기에는 여러 가지의 사회문제의 해결과 그 예방, 사회적 · 경제적 불평등의 해소, 생활환경의 개선, 교육의 보장, 아동 · 노인 · 장애인 · 여성 등 사회적 약자를 위한 복지정책이 광범위하게 포함된다. 오늘날은 여기에 그치지 않고 우리나라에도 다문화가정이 증가하고 있는데 이들에 대한 배려와 국제적인 차원에서의 보호가 필요하고, 이들 사회에 대한 여러 가지 차별과 장애, 인종차별 문제, 외국 여성차별 문제를 해결하는 것이 새로운 사회복지정책의 영역으로 떠오르고 있다.

위와 같이 본다면 사회복지정책은 소득보장정책, 주거보장정책, 의료보장정책, 교육보장정책, 대인사회서비스정책, 조세정책, 노동정책, 다문화가정정책, 외국인근로자 및 여성차별정책 및 탈북자정책 등을 그 영역으로 한다.

2) 소득보장정책

소득보장정책은 두 가지로 나눌 수 있다. 첫째, 국민들이 빈곤에 빠지지 않도록 삶을 영위하기 위한 최저생활을 유지하도록 소득을 보장하는 정책이 있다. 사회보험정책이 여기에 속한다. 퇴직 후의 생활을 보장하고, 노령으로 소득이 상실된 자를 위한 대책, 질병의 예방 및 치료 등의 정책을 펴나가고 나아가 실업, 장해, 산업재해에 대비하는 정책을 펴는 것이다. 우리나라는 이를 이루기 위하여 국민연금, 기초연금, 국민건강보험, 노인장기요양보험, 산업재해보상보험, 고용보험 등의 정책을 실시하고 있고 이에 관련된 법률에서 그 정책을 실현하고 있다. 둘째, 이미 빈곤에 빠진 사람들에게 최저생활을 보장하고 자립을 지원하는 정책이다. 생활능력이 없는 자에 대한 최저소득의 보장, 빈곤한 자에 대한 무상의료 지원정책 등 공공부조정책이다. 우리나라는 현재 국민기초생활보장정책, 빈곤자에 대한 무상의료급여정책, 재해구호정책, 탈북자보호정책, 다문화가정보호정책 등을 펴고 있고 이와 관련된 법을 마련하고 있다.

3) 주거보장정책

주거보장정책은 공공 임대주택을 국가가 공급하고 열악한 주거환경을 개선하며 노후한 주택의 재개발을 촉진하는 정책이다. 그뿐 아니라 저소득층에 대한 임대료를 지원하고 열악한 집에 살고 있는 주민들의 질병, 위생, 교육, 범죄 등도 예방하는 정책을 포함하고 있다. 이러한 주거정책은 헌법 제35조 제3항에 규정되어 있는 국민의 생존권적 기본권의 하나이다. 즉 국가는 주택개발정책을 통하여 모든 국민이 쾌적한 주택생활을 할 수 있도록 노력해야 한다고 규정하고 있다.

4) 의료보장정책

의료보장정책은 건강한 생활을 유지하고 질병이 발생한 경우 이를 치료함으로써 적절하고 충분한 의료서비스를 제공하는 정책이다. 여기에는 보험 형식으로 제공하는 국민건강보험과 직접적인 의료서비스를 제공하는 의료급여가 있다. 우리나라는 현재 의료급여법에 의한 무상의료 제공과 국민건강보험에 의한 의료서비스 제공을 시행하고 있다.

5) 교육보장정책

교육보장정책은 국민의 지적 수준을 향상하고 이를 토대로 사회문화, 시민의식, 시민의 경제수준, 정치의식, 고용 등 정치, 경제, 사회, 문화 등의 모든 영역에서 그 수준과 질을 높이기 위한 정책이다. 이는 헌법상에 보장된 평등권을 실천하는 하나의 방법이고 균등한 교육을 받을 헌법상의 기본권을 실현하기 위한 정책이다. 이를 통하여 오늘날 우리 사회가 가지고 있는 도시와 농촌 간의 교육의 불균형을 해소하고 열악한 교육환경을 개선하며 장애인을 위한 특수교육정책을 펴나갈 수 있게 된다.

6) 대인사회서비스정책

대인사회서비스정책은 아동, 청소년, 노인, 장애인, 여성 등 사회적 약자를 대상으로 하는 사회복지정책이다. 여기에는 아동복지, 노인복지, 청소년복지, 장애인복지, 여성복지, 영유아복지, 가정복지, 정신보건복지에 대한 정책을 마련하고 관련법에서 그 정책을 실현하는 것이다. 이 정책을 통하여 여러 가지 사회적 욕구를 해결하는 것이다.

7) 조세정책

조세정책은 국가의 조세 부과와 징수 권한에 토대를 두고 여러 가지의 국가재정 목적에 따라 정책을 수립하고 시행한다. 오늘날은 소득재분배의 효과를 극대화하고 사회복지를 실현하기 위하여 여러 가지 제도를 마련해 나가고 있다. 예컨대, 가난한 경제적 약자에게 면세를 해주거나 조세부담률을 경감한다. 또 근로자를 위하여 각종의 근로소득 감경정책을 펴는 것이다. 그리고 출산을 장려하고 육아교육에 드는 비용을 고려하거나 가족의 부양책임을 고려하는 등의 정책도 사회복지정책과 관련되는 조세정책이다.

8) 노동정책

근로능력이 있는 사람에게 고용이나 직업 소개 및 알선 등을 통하여 경제적으로 많은 일자리를 창출하여 고용을 확대해 나가는 정책이다. 근로자에게 더 많은 소득의 기회와 소득금액을 보장하는 것도 노동정책이 할 일이다. 노동정책은 개인 근로자에게 뿐만 아니라 국민 경제 전체적인 입장에서도 아주 중요한 복지정책이 되고 있다. 궁극적으로 완전고용을 실현하고자 한다. 이 노동정책은 빈곤을 해결하는 목적을 가지고 있고, 고용에 대한 정책적 지원, 직업안정 지원, 실업대책, 고용교육훈련 등 여러 가지 정책을 실현하고 있다.

2. 사회복지정책의 체계

1) 서 언

사회복지정책은 나라마다 그 범위가 서로 다르다. 이는 그 나라의 사회복지정책에 대한 정책의 차이에서 비롯된다.

사회복지정책은 협의의 체계와 광의의 체계로 나눌 수 있다. 협의의 체계란 사회보험과 공공부조 및 사회복지서비스정책을 펴는 것을 말하고, 광의의 체계란 이외에 주택정책, 교육정책 등의 복지관련 정책 등을 포함하는 정책을 포함한다.

같은 협의의 체계에 속하지만 독일과 미국은 세부적으로 보면 약간의 차이가 있다. 독일의 경우는 협의의 체계를 가지고 있다. 사회보험의 비중이 크고 공공부조의 비중은 작다. 그 밖에 청소년, 장애인복지같은 사회복지서비스는 중앙정부보다도 지방정부가 주도하여 시행한다는 점이 특징이다.

미국은 사회보험, 공공부조, 사회복지서비스 등 3대 복지체계를 완성하고 있다. 중앙정부가 사회보험을 책임지고 지방정부가 공공부조와 사회복지서비스를 책임지는 것은 독일과 같다. 그러나 사회보험은 독일과 달리 그 비중이 압도적이 아니다. 미국의 사회보험은 연방 사회보장청의 공적연금만을 뜻할 정도로 공적연금의 비중이 크다. 이것도 국민 모두가 참가하는 국민연금의 성격으로 아직 나가지 못하고 국민 모두를 대상으로 하는 건강보험도 시행하지 못하고 있다. 현재 오바마정부가 국민 모두를 대상으로 하는 건강보험으로의 개혁을 추진하고 있다. 그리고 실업보험도 주정부가 시행하고 연방정부가 지원하는 형식을 취하고 있다. 사회복지서비스는 주정부가 관장하며 다양한 프로그램을 운영하고 있다.

영국은 광의의 체계를 운영하고 있다. 사회보험과 공공부조, 사회복지서비스뿐만 아니라 복지관련 정책도 펴고 있다. 즉 보건 의료, 교육, 주택정책도 포함하여 운영한다. 그리고 사회복지서비스도 아동, 노인, 장애인 등을 위한 시설보호, 주택보호가 그 중심이 되고 있다. 다른 한편, 티트머스(Titmuss, 1963)는 이외에 직업복지와 재정복지까지 사회복지정책에 포함시키고 있다.

우리나라는 사회보험, 공공부조, 사회복지서비스라는 협의의 체계를 채택하고 있다. 이하 우리나라의 복지정책을 분야별로 살펴본다.

2) 사회보험

(1) 사회보험의 개념

사회보험은 사회복지정책을 수행하기 위하여 보험방식을 도입하여 만든 사회보장제도이다. 사회보장기본법 제3조 제2호에는 사회보험을 국민에게 발생하는 사회적 위험을 보험방식에 의하여 대처함으로써 국민건강과 소득을 보장하는 제도로 정의하고 있다. 사회보험은 모든 국민을 상대로 질병, 사망, 노령, 실업, 산업재해, 퇴직, 기타 신체장애로 활동능력의 상실과 소득 감소가 발생한 경우 보험방식에 의하여 그것을 보장하는 제도이다.

(2) 사회보험의 특성

사회보험은 다른 사회보장제도에 비하여 다음과 같은 특성을 가지고 있다.

첫째, 사회보험은 법에 의하여 강제 가입된다. 사회보험은 국민 전체가 가능한 한 일정수준 이상의 생활을 유지하도록 적극적으로 국가가 개입하는 것이므로, 소득이나 직업, 지역 간의 차이에 관계없이 일정한 자격요건을 정하고 이에 해당하는 자는 강제로 가입된다.

둘째, 사회보험은 일종의 빈곤 예방 의미의 소득보장을 한다. 공공부조제도가 이미 빈곤에 빠진 사람에게 빈곤 해결책으로서 여러 가지 급여와 서비스를 제공하는 제도라면, 사회보험제도는 노령, 폐질 및 사망 등으로 소득능력이 상실된 경우에 빈곤에 빠지지 않도록 사전에 대처하는 제도이다.

셋째, 사회보험은 장기적으로 가입자가 내는 기여금으로 재원이 조달되는 경우가 많고 여기에 따라서 급여가 제공된다. 국민이 내는 일반조세를 통하여 재원을 조달하는 공공부조와는 이런 점에서 차이가 있다.

넷째, 사회보험은 보험급여 등 모든 시행이 법적으로 규정되어 있으므로 기계적, 자동적으로 처리된다. 따라서 급여자격, 시기, 급여수준 등이 법적으로 규정되어 있고 이를 변경하기 위해서는 법의 개정절차를 따라야 한다.

다섯째, 사회보험은 비영리적인 국가사업이다. 사회보험은 사회복지정책상의 동기로 운영되기 때문에 국가의 운영비 부담, 갹출금의 일부 부담, 적자액의 보전 등이 이루어진다.

여섯째, 사회보험은 소득재분배와 국민통합이라는 정책의 목표를 향하여 추진된다. 사회보험을 통하여 가능한 한 소득의 불평등을 축소하고 위험을 분산시켜 생활을 보장하여 사회구성원을 사회에 통합하는 정책목표를 지향한다.

(3) 사회보험과 사보험의 차이점

사회보험도 보험이라는 점에서 사보험과 유사한 점이 있다. 첫째, 사회보험과 사보험은 모두 우연한 사고로부터 발생하는 위험을 분산하고 담보하며, 정해진 위험을 광범위하게 공동으로 부담한다. 둘째, 사회보험과 사보험은 적용범위, 급여, 재정과 관련되는 모든 조건이 구체적으로 명시된다. 셋째, 양자는 모두 급여를 받을 자격과 급여량을 정하기 위해서 명확한 계산이 필요하다. 넷째, 양자는 모두 운용에 필요한 비용을 충당할 충분한 기여금과 보험료가 필요하다. 다섯째, 양자는 모두 사회구성원에게 경제적 안정을 제공함으로써 사회 전체에 유익하다.

그러나 사회보험과 사보험은 다음과 같은 차이가 있다.

첫째, 사회보험은 강제가입이 원칙이나, 사보험은 계약에 의한 임의 자발적 가입이다. 둘째, 사회보험은 최저소득만을 보장하나, 사보험은 개인의 지불능력에 따른 납입보험료 액수에 따라 더 많은 보호를 받을 수 있다. 셋째, 사회보험은 사회적 적절성을 강조하여 복지 요소에 초점을 두지만, 사보험은 개인적 적절성을 강조하여 손해전보나 보상에 초점을 둔다. 넷째, 사회보험급여를 제공하는 근거는 법에 명시되어 있으나 사보험급여를 제공하는 근거는 계약에 있다. 즉 사회보험이 계약이 아닌 법에 의한 권리에 근거하는 데 비하여 사보험은 계약상의 권리에 근거한다. 따라서 사보험의 경우 보험업자인 보험회사가 망하지 않고 재정적으로 튼튼해야만 경제적 보장이 가능하다. 즉 사보험업자가 망하면 계약의 효력은 상실한다. 다섯째, 사회보험은 정부가 독점하나, 사보험은 경쟁에 맡겨져 있다. 여섯째, 사회보험은 비용 예측이 어렵다. 예를 들면, 실업보험에서 실업자의 수를 예측할 수는 없다. 그러나 사보험은 사회보험에 비하여 비용을 예측하기 쉽다. 일곱째, 사회보험은 재정을 준비하는 데 편하다. 강제가입이므로 새로운 가입자로부터 기여금이나 보험료가 반드시 들어오리라고 예상되기 때문이다. 그러나 사보험은 임의가입이 원칙이므로 운영 재정을 준비할 필요가 있다. 여덟째, 사회보험의 목적, 결과에 대하여는 대체로 의견이 통합되어 있다. 아홉째, 사회보험기금은 대개 정부부문에 투자되나 사보험 기금은 민간부문에 주로 투자된다. 열째, 사회보험은 정부의 과세력을 통해서 인플레이션 때문에 생긴 손실을 보상해 줄 수 있으나, 사보험은 그렇지 못하므로 인플레이션에 약할 수밖에 없다.

(4) 사회보험의 기본 원리

가. 최저생활보장의 원리

사회보험에서 보장하는 소득보장의 수준은 최저생활수준을 원칙으로 한다. 그 이상의 수준은 개인의 노력과 능력에 맡긴다. 그러나 여기서 말하는 최저생활보장은 공공부조에서 말하는 최저생활보장과 의미를 달리한다. 즉 사회보험에서 보장하려는 소득보장 수준은 최저생활보장에 있고 그 상한은 퇴직 전의 생활과 비슷한 생활수준의 보장을 이상으로 하고 있다. 이에 대하여 공공부조에서 보장하는 소득수준은 그 상한이 공공부조 대상자가 생활하고 있는 사회의 근로자가 스스로 노력하여 획득한 소득으로 생활하는 수준의 최저한까지만 급여를 지급해야 한다는 데 있다.

나. 소득재분배의 원리

사회보험에 의한 소득보장은 그 내용에 반드시 재분배 효과가 일어나야 한다(소득재분배의 원리). 이와 같은 재분배원리는 기여와 급여의 과정에서 고소득층과 저소득층 간 및 전세대와 후세대 간에 수직적 또는 수평적 재분배를 의미한다. 이것이 재분배가 전혀 없는 사보험과 구별되는 가장 핵심적인 특징이다. 세계 각국의 실정법에서는 소득재분배를 위하여 보험료의 징수, 급여, 지급방법을 소득계층에 따라 차등하게 적용함으로써 재분배 효과의 목적을 달성한다. 우리나라의 경우 국민연금법은 급여의 산정방식에 균등부분과 소득비례부분을 모두 합산하여 기본연금액을 산정하고 있는데 이 가운데 균등부분에 의하여 소득재분배 효과를 나타내도록 규정하고 있다(국민연금법 제47조 참조).

다. 보편주의의 원리

이는 사회보험의 적용에 있어서 지켜야 할 원리이다. 첫째, 그 인적 적용범위를 원칙적으로 모든 국민으로 하여야 한다는 점이다. 특정한 신분, 지위, 성별, 종교 등에 관계없이 모든 국민에게 평등하게 국가는 복지증진을 위하여 노력해야 한다는 헌법상의 기본원리와도 맥을 같이 한다. 둘째, 사회보험의 목적 달성을 위하여 모든 사회적 위험의 분산과 사회적 위험의 예방에 보편주의 원리가 적용되어야 한다.

라. 보험료 부담의 원리

사회보험의 운영에 필요한 재원은 사용자, 피용자, 국가가 분담하여 조달하는 것이 원칙이다. 이와 같은 의미에서 국가가 공비로 전액부담하는 공공부조의 원리와 구별된다. 피용자의 보험료 부담은 피용자가 모두 스스로 생활능력이 있는 자로 구성되어 있기 때문에 자본주의사회 특징의 하나인 자기책임의 원리에 입각하여 피용자는 보험료를 분담하게 되며, 사용자는 현대사회의 특징의 하나인 무과실 책임의

원리에 근거하여, 국가는 생존권적 기본권 사상의 발달과 자본주의사회 자체의 모순으로 발생하는 모든 사회적 사고에 대한 국가 책임의 원리에 따라 보험료를 각각 분담하게 되는 것이다.

3) 공공부조

(1) 공공부조의 개념

공공부조는 국가와 지방자치단체의 책임 아래 생활유지능력이 없거나 생활이 어려운 국민의 최저생활을 보장하고 자립을 지원하는 제도이다(사회보장기본법 제1조). OECD에서는 어려운 사람에게 최저생계수단을 유지하여 주기 위하여 자원조사를 거쳐 제공되는 일단의 급여와 서비스라고 하고, 유엔에서는 일정한 최저 기준선으로 볼 때 보호를 요함과 동시에 개인적 자력이 부족한 경우 갹출을 하지 않고 공적자금에서 지급하는 제도로서 급여의 산정 기초는 최저생활수준에 있으며, 적격심사를 위해서 자산조사를 한다고 정의하고 있다(한국사회복지행정학회, 2007: 73).

공공부조는 먼저 일정한 수준 이하에서 빈곤한 생활을 하고 있는 사람 중에서 독립적 생활이 불가능하거나 부양의무자의 도움도 받을 수 없어서 국가의 보호를 필요로 하는 자를 대상으로 자산상태와 상태조사를 실시한 후 수급권자를 정하고 이 자들에게 최소한도의 기초생활을 유지할 수 있도록 현금급여, 현물급여 또는 이용권(voucher)을 제공한다. 다음으로는 빈곤에 처해 있으나 자활능력이 있는 자에 대하여는 이들의 자립 자활을 촉진하기 위한 필요한 조치를 취하거나 근로를 조건으로 원조를 제공하며, 수혜자의 비용부담 없이 국가나 지방자치단체의 조세수입을 통한 공적자금에서 필요한 비용을 충당한다.

(2) 공공부조의 원리(기본적 특성)

가. 고유의 특성

가) 최저생활보호

국민기초생활보장법 제1조는 생활이 어려운 사람에게 최저생활을 보장하고 자활을 돕는 것을 목적으로 한다. 따라서 보호대상자를 정하기 위하여 국가가 신청이나 직권으로 대상자를 받아서 그 자산상태를 조사한다. 국가는 일정한 자산보유 이하의 자를 수급자로 결정하는 데 결정기준이 최저생활을 유지할 수 있는 자산을 가지고 있는가이다. 공공부조에서의 최저생활보장과 사회보험에서의 최저생활보장은 그 의미가 다르다 함은 이미 말한 바와 같다.

나) 무갹출의 원리

공공부조의 대상이 되는 자는 최저한도의 생활을 유지할 수 없는 자이기 때문에 당연히 비용부담의 능력이 없다. 따라서 공공부조에 있어서는 피보호자에 대하여 갹출이나 자기부담을 부과하지 않는다. 보호비용은 전액을 국가부담으로 하기 때문에 비용조달 수단으로써의 보험방식을 사용하지 않고 국가재정수입으로 해결한다.

다) 개별적 측정의 원리

생활이 빈곤한 자는 그 생활상태가 각양각색이기 때문에, 보호는 생활빈곤자의 빈곤 정도나 상황에 따라서 개별적으로 구분한다. 따라서 생활빈곤자가 최저생활을 유지할 수 있게 하기 위하여 어떤 종류의 보조를, 어느 정도로, 그리고 어떠한 방법으로 행하여야 하는지는 개별적으로 측정한다.

라) 세대단위 보호

보호할 것인지의 여부는 개별적으로 측정하지만, 그렇다고 하여 개인을 단위로 하여 보호가 실시되는 것이 아니다. 어디까지나 현실의 생활은 세대를 단위로 하여 영위하는 것이기 때문에 보호는 원칙적으로 세대를 단위로 하여 실시한다.

나. 사회보험과의 차이점

첫째, 공공부조는 빈곤 등의 사회적 위험이 발생한 이후 국가나 지방자치단체가 최후에 해결하는 사후적인 대응책이다. 이에 대하여 사회보험은 미래에 직면할 수 있는 사회적 위험을 정형화하여 보험 기술을 통해서 미리 대비하는 제도이다(목적의 차이).

둘째, 공공부조는 도움이 필요한 사람을 선정하여 원조를 제공하는 선택주의에 입각하고 있으나, 사회보험은 모든 국민을 대상으로 하고 적당한 자격요건을 갖추어서 보험사고를 당할 때 급여를 제공하는 점에서 보편주의를 채택하고 있다(이념상의 차이).

셋째, 공공부조는 사람들을 무차별 평등하게 취급하여 일단 빈곤에 처한 모든 사람에게 동일한 조건에서 똑같은 급여를 제공한다는 점에서 무차별 평등주의이다. 이에 대하여 사회보험은 특히 급여의 제공에 있어 가능한 한 기여금에 비례하거나 가입연한에 비례하여 제공하는 경향이 있다. 물론 이는 제도적 운영과 관련하여 국가마다 어느 정도 차이는 있지만 사회보험은 평등보다는 비례급여를 선택하는 경향이 있다.

넷째, 공공부조는 소수의 빈곤층이 주 대상인 데 반하여 사회보험은 일단 국민 전체를 대상으로 규정하는 경우가 대부분이다(대상의 차이).

다섯째, 공공부조는 자산조사를 통해서, 사회보험은 기여금의 제공과 가입기간 등을 요건으로 정하고 있다(수급자격요건의 차이).

여섯째, 공공부조는 일반조세를 통하여 재원을 마련하나(소득의 일방적 이전), 사회보험은 가입자의 보험료를 통하여 재원을 마련한다(재원의 차이).

일곱째, 공공부조는 인간다운 생활을 보장하려고 하지만, 근로의욕을 저하시키지 않은 수준에서 그리고 사회적 지원의 정의로운 배분을 위하여 가능한 한 사회적 최소한의 수준을 설정하고 있다. 이는 앞에서 말한 최저한의 생활을 영위할 수 있는 수준으로서 흔히 최저생계비를 매개로 하여 책정한다. 사회보험은 급여수준이 기계적으로 산정되어 있는데, 이것은 가능한 한 기여금 정도와 과거의 생활수준 그리고 사회적 통념 등을 고려하고 급여의 적정선을 선택한다. 이 적정선은 최저생계비와 이를 기반으로 만들어지는 최저임금수준 등이 함께 검토된다(급여수준의 차이).

여덟째, 수급권의 성격과 연관하여 공공부조는 권리성이 약한 데 비하여 사회보험은 권리성이 상대적으로 강한 성격을 가진다. 특히 사회보험은 기여금에 의한 채권적 성격을 부여하는 사람도 있다(수급권의 성격).

4) 사회복지서비스

(1) 개념과 대상

사회복지서비스는 사회생활상의 곤란 또는 장애를 받고 있는 노인, 장애인, 아동, 청소년, 영유아 등과 같이 보호를 필요로 하는 자에 대한 보호와 육성, 지도, 치료, 재활 등의 서비스를 제공하는 사회복지정책의 하나이다. 오늘날 사회가 복잡해지고 노인인구가 날로 증가하는 등에 따라 사회복지서비스의 영역이 확대되고 있다. 우리나라는 시회복지서비스의 기본법으로 사업복지사업법을 만들어 사용하고 있다. 동법 제2조에 의하면 28개의 법률을 열거하고 이 법률에서 정하는 사업을 사회복지서비스로 규정하고 있다. 여기에는 국민기초생활보장법에 의한 사업, 아동복지법에 의한 아동복지사업, 노인복지법에 의한 노인복지사업, 장애인복지법에 의한 장애인복지사업, 한부모가족지원법에 의한 한부모복지사업, 영유아보육법에 의한 영유아보육사업, 성매매방지 및 피해자보호 등에 관한 법률에 의한 사업, 정신건강증진 및 정신질환자 복지서비스 지원에 관한 법률에 의한 사업, 성폭력방지 및 피해자보호 등에 관한 법률에 의한 사업, 입양특례법에 의한 사업, 일제하 일본군위안부피해자 생활안정 및 기념사업 등에 관한 법률에 의한 사업, 사회복지공동모금회법에 의한 공동모금사업, 장애인, 노인, 임산부 등의 편의증진보장에 관한 법률에 의한 사업, 가정폭력 및 피해자보호 등에 관한 법률에 의한 사업, 농어촌 주민의 보건복지증진을 위한 특별법에 의한 사업, 식품기부 활성화에 관한 법률에 의한 사업, 의료급여법에 의한 사업, 기초연금법에 의한 사업, 긴급복지지원법에 의한 사업, 다문화가족지원법에 의한 사업, 장애인연금법에 의한 사업, 장애인활동 지원에 관한 법률에 의한 사업, 노숙인 등의 복지 및 자립지원에 관한 법률, 보호관찰 등에 관한 법률, 장애아동복지지원법, 발달장애인 권리보장 및 지원에 관한 법률, 청소년복지 지원법에 의한 사업 그 밖에 대통령령으로 정하는 법률에 의한 사업 등으로 하고 있다. 그런데 이 사회복지사업법 제2조 제1호는 사회복지사업이라 함은 위의 28개 법률에 의한 보호, 선도 또는 복지에 관한 사업과 사회복지상담, 직업지원, 무료숙박, 지역사회복지, 의료복지, 재가복지, 사회복지관 운영, 정신질환자 및 한센병력자 사회복귀에 관한 사업 등 각종 복지사업과 이와 관련한 지원봉사활동 및 복지시설의 운영 또는 지원을 목적으로 하는 사업을 말한다고 규정하고 있다. 그러나 위의 국민기초생활보장과 무상의료급여는 공공부조, 기초연금제도는 사회보험의 성격을 아울러 가지고 있다.

(2) 특 성

사회복지서비스는 경제적, 물질적 급여보다는 비경제적, 비물질적 급여가 중요하다. 즉 보호, 선도, 복지에 관한 사업, 부랑인 보호, 직업보도, 무료숙박, 지역사회복지, 의료복지, 재가복지, 사회복지관 운영, 정신질환자 및 한센병력자 사회복귀에 관한 사업 등과 자원봉사활동 및 복지시설의 운영 또는 지원을 하는 사업 등을 포괄적으로 하고 있다. 그리고 사회복지사업은 사람들의 비물질적 심리사회 욕구를 해결하는 것을 주된 내용으로 하고 있으므로 사회복지전문가의 전문적 개입과 실천이 중요한 법적 내용이 된다.

(3) 기본 원리

사회복지증진의 책임은 국가와 지방자치단체가 진다. 그리고 복지업무에 종사하는 공무원, 사회복지전문가는 그 업무를 행함에 있어서 성실하고 전문적으로 차별없이 최선을 다하여 봉사할 의무가 있다. 특히 사회복지전문가는 사회적 약자의 문제와 욕구를 취급해야 하므로 전문 직업상의 윤리가 요구된다. 한국사회복지협회는 한국사회복지사 윤리강령을 발표하였다.

Chapter 03 Social Welfare Policy

사회복지정책의 목적과 기능

1. 시장통합과 질서 유지

사회복지정책은 사회적 약자들의 어려움과 욕구를 해결하고 이들의 불만을 사회적으로 격리하고 억제하여 현 상태의 파괴를 방지, 유지하고자 한다. 평등의 가치를 달성하기보다는 불평등의 차이를 줄이고자 하며, 불평등을 더 악화시키지 않고 사람들의 욕구와 문제를 해결하는 데 초점을 두고 있다. 자유시장 내에서 불평등을 해소하거나 완화하는 기능을 수행하고자 한다.

조지와 윌딩(George & Wilding, 1984)은 사회복지정책은 국민의 고통과 불만을 직접 해결하고 사회적 불만과 도전을 희석시키며 이타주의와 자비심 등의 가치가 필요하다는 것을 전파하여 사회통합의 효과를 가져와야 한다고 한다. 대상자와 서비스 내용을 규정할 때 개인주의적 정의를 채택함으로써 사회에 대한 도전의식을 약화시키고, 특정한 가치와 행동을 보상하거나 처벌함으로써 사회통합에 기여해야 한다는 것이다. 그리고 사회적 권위와 위계를 강화하여 사회통합에 기여해야 한다.

2. 경제성장과 조정

사회복지정책이 경제성장에 미치는 긍정적인 효과는 인적 자본의 질적 수준의 향상을 통하여 나타난다. 건강, 보험, 교육, 주택, 기타 사회복지서비스 등이 노동자의 삶의 질을 향상시키고 노동력의 질적 수준을 향상시켜 생산에서의 경쟁력을 확보하게 한다. 또한 사회복지정책은 이를 경기 변동에 적절히 반영하여 경기를 조절함으로써 경제성장에 간접적으로 기여한다. 경기가 가열되면 사회보장비용의 부담을 증가시키고 사회복지정책의 급여를 감소시켜 소비를 줄임으로써 경기 진정의 효과를 거둔다. 불황일 때는 복지비용의 부담을 감소시키고 급여를 증가시켜 경기를 자극한다. 이와 같이 사회복지정책은 경제성장과 경기조정 기능을 한다.

3. 개인의 자립과 성장

사회복지는 인간을 합리적이고 이상적인 존재로 보고 자신의 문제를 스스로 해결할 수 있다는 자기 결정권의 원리를 중요한 가치로 여긴다. 사회복지정책은 개개인이 스스로 자신의 생활을 영위할 수 있을 때까지 자립을 지원한다. 더 나아가 제각기 능력에 따라 성장하고 발달할 수 있는 잠재력을 발휘할 수 있도록 원조하는 기능을 한다. 또 개인의 자립과 성장을 원조하기 위한 복지정책의 방법은 상호 부조와 재분배를 통해서 이루어진다. 사회복지정책은 국가 주도에 의한 재분배정책으로 이루어지며 사회구성원들을 협동적으로 재통합시키고자 하는 노력이 뒤따른다. 사회보험은 사적 보험단체 같은 것을 통한 상호 조력과 소득재분배를 목표로 하고 공공부조는 조세를 통한 상호부조와 조세에 의한 소득재분배가 이루어진다.

4. 사회복지정책의 재분배

사회복지정책의 소득재분배 기능은 매우 중요하다(Titmuss). 사회복지정책은 경제성장에 따른 이득을 사회적으로 재분배하여 소득 불평등을 줄이고 사회적 변화와 통합을 증대하는 기능을 한다. 여기에는 장기적 재분배, 단기적 재분배, 수평적 재분배, 수직적 재분배가 있다.

1) 장기적 재분배

모든 생애에 걸쳐 발생하는 재분배이다. 노령연금의 적립방식이 그것이다. 적립방식은 수급자가 젊어서 벌어들인 소득의 일부를 일정기간 적립하여 두었다가 정년퇴직 후 적립했던 돈을 연금으로 되돌려 받는 방식이다. 개인적으로 보면 청년기에서 노년기로 소득을 재분배하는 것이다.

2) 단기적 재분배

현재의 사회복지 재원을 축적하는 여유도 없이 수급자에게 급여를 제공하기 위하여 사용하는 것을 의미한다. 예컨대, 1년 단위로 세금에서 급여 예산을 편성하여 급여하는 공공부조의 급여가 여기에 속한다. 그리고 현재 일하고 있는 젊은 세대가 기여한 연금을 재원으로 하여 현재의 노령수급자에게 연금급여를 제공하는 연금부과방식도 여기에 속하며 이는 세대 간의 소득재분배 형태이다.

3) 수평적 재분배

동일한 소득계층 내에서 발생하는 재분배이다. 이를 세대내 분배라고 한다. 아동수당은 가족 내에서 아동의 수가 몇 명인가를 고려하여 급여하고 가족의 빈부 차이를 고려하지 않는다. 정액의 기초연금은 노인의 빈부 차이에 관계없이 특정한 나이에 이르면 정액 연금을 급여한다. 수평적 재분배는 소득재분배 효과가 수직적 재분배에 비하여 미약하다.

4) 수직적 재분배

소득이 높은 계급으로부터 낮은 계층으로 발생하는 소득의 재분배를 의미한다. 예컨대, 공공부조의 급여는 모든 국민이 조세로 재원을 부담하고 소득이 낮은 빈민에게만 급여를 제공한다. 의료보험의 기여에서의 누진 기여가 이에 해당한다. 그리고 사회보험의 기여방식은 누진적인 경우가 대부분이어서 소득이 높은 사람이 많이 기여하고 소득이 적은 사람은 상대적으로 적게 기여하도록 설계되어 있다. 이와 달리 급여에 있어서는 고소득자는 저소득자의 기여율에 비하여 상대적으로 적은 급여율을 적용받도록 설계되어 있어 재분배를 달성한다.

Chapter Social Welfare Policy

04 사회복지정책의 이론

1. 서 언

사회복지정책의 이론은 사회복지정책의 형성과 발달 그리고 변천과정을 체계적으로 설명하고 있다. 여기에는 크게 인과론적으로 설명하는 이론과 목적론적으로 설명하는 이론으로 나눌 수 있다.

인과적 이론이란 사회복지정책의 형성과 변화를 하나의 사회 현상으로 인식하고 그 사회 현상의 원인이 되는 여러 가지 요인과 그 결과물인 정책과의 관계를 설명하는 것이다. 여기에는 기능주의 이론과 갈등주의 이론으로 나누어진다. 목적론적 이른바 사회복지정책의 목적과 이념적 형태를 설명하는 이론이다(한국사회복지행정학회, 2007: 29).

기능주의 이론은 사회를 통합적인 체계로 본다. 그 사회제도와 정책을 기능적인 체계에서 분석하여 이것이 사회 전체의 통합에 기여한다고 한다. 대표적인 것이 산업화에 따른 공통적 특성인 합리성과 기술을 중시하는 수렴이론이다. 갈등주의는 이와 반대로 사회를 기본적으로 통합이 아닌 갈등관계로 본다.

이하에서는 이를 바탕으로 하여 여러 가지 사회복지정책의 이론을 소개한다.

2. 기능주의 복지관

사회구조나 제도를 통합된 체계로 인식한다. 이 기능주의 이론은 통합, 조화, 합의의 가치관을 토대로 하여 발달한 사회학적 이론이며, 사회를 인간의 유기체와 같이 부분이 전체를 구성하고 있는 상호 관련된 일련의 체계로 본다(한국사회복지행정학회, 2007: 30). 여기에는 스펜서(Spencer), 두르크하임(Durkheim), 파레토(Pareto) 등이 주장하는 고전적 이론과 파슨서(Parsons), 메르튼(Merton), 스멜서(Smelser) 등이 주장하는 현대적 기능 이론으로 나눌 수 있다(이하 기능주의 복지관은 사회복지행정학회 편, 사회복지정책, pp.29-34를 요약 정리한 것이다.)

1) 고전적 이론

이는 사회 조화와 사회 연대성에 토대를 둔 이론이다. 스펜서는 자유방임과 개인주의를 통하여 사회의 조화가 가능하다고 보고 국가의 개입은 최소화에 그쳐야 한다고 했다. 사회는 각 구성 부분이 상호 의존성을 가지는 자율적인 제도이며, 이를 효율화하기 위해서는 구조와 기능 양자를 모두 전문화해야 하고, 사회구조가 복잡해지고 분화될 때 사회통합의 새로운 형태로 발전한다고 한다.

이에 대하여 두르크하임은 현대사회의 복잡성과 광대한 규모를 조정하기 위해서는 사회적 연대가 필요하며 이는 개인주의 자유방임에 맡겨서는 곤란하고 국가가 적극적으로 개입해야 한다는 것이다. 그는 자유방임주의는 사회의 긴장을 통제하고 사회구성원 간의 갈등을 조정하여 공통된 사회연대성을 마련해 줄 수 있는 것은 바로 국가라고 주장한다.

2) 현대적 이론

이 이론은 다음과 같이 정리할 수 있다.

첫째, 파슨서는 복지관을 질서유지를 위한 사회통합에 둔다. 그는 사회에서의 생존을 위하여 적용, 목표달성, 통합, 유형유지 기능 등 네 가지의 기능적 요구 조건이 충족되어야 한다고 보고 있다. 적용은 경제적인 업무에 관련되고, 목표달성은 정치적인 것에 관련되며 통합은 조화와 연대성 유지에 관련된다. 그리고 유형 유지는 기본적인 가치형태의 지속성과 관련이 있는 것으로 본다. 그에 의하면 사회복지와 같은 통합제도는 사회안정과 질서유지에 기여하기 때문에 중요하다고 한다. 사회복지는 사회통합 기능을 가지고 있으므로 사회구성원은 복지에 대한 연대성을 가져야 한다는 것이다.

둘째, 스멜서는 사회의 변화와 발전을 사회복지와 대응하여 이해한다. 현대사회에서는 사회경제적인 제도의 구조가 발달하고 더욱 복잡하게 되어 있으므로 이에 대응하여 증가하는 사회복지 수요에 부응하기 위해서는 전문화된 조직이 필요하다는 것이다. 여기서 정부의 사회복지서비스 형태와 자발적 민간복지단체의 복지서비스가 나타나게 된다.

3) 평 가

기능주의 이론은 위와 같이 사회통합을 목표로 이를 통해서 복지를 달성하려는 것이므로 사회구성원 모두에게 적용될 수 있는 보편성을 지니고 있다. 그러나 단점도 있다. 첫째, 기능주의 이론은 사회통합 기능만을 강조하고 사회정책이 경우에 따라서는 정부에 의해서 주도됨으로써 구성원들의 자조적 정신을 훼손할 염려가 있다. 둘째, 사회발전 단계가 같으면 사회복지정책의 기능도 같다는 것이 기능주의적 복지관인데 사회발전 단계가 같다고 하더라도 사람의 욕구가 다를 수 있다. 셋째, 사회복지정책이 의도하는 결과와 정책의 기능을 중시하고 이루어지는 실제의 정책결과 사이에 모순과 괴리가 있을 수 있다. 넷째, 기능주의는 사회가 발전함에 따라 사회가 구조적으로 발전하여 전문화된다고 하지만, 복지가치와 이념, 조직, 세력 변화 등 여러 요인이 전문화와 관계없이 작용한다는 점을 무시하고 있다.

기능주의 이론은 현대의 복지국가의 발달에 따라 위와 같이 평가 절하되는 면이 있지만 조화, 균형, 통합이라는 기능주의 이론이 가지고 있는 이론적 가치는 오늘날에도 복지정책을 설명하는 데 유용한 기능을 수행하고 있다.

3. 수렴이론(산업화 이론)

1) 개 념

사회복지정책의 결정에 영향을 미치는 것은 자본주의, 사회주의라는 이념에 관계없이 산업화이며 기술 발전이라고 본다. 따라서 경제발전이 상당한 수준에 도달하면 자본주의 국가의 복지와 사회주의 국가의 복지가 비슷해진다는 것이다. 이는 앞에서 본 기능주의 복지관을 나타낸다. 산업화에 따른 기술 발전이 그렇게 만든다는 것이다.

2) 수렴이론의 기본적 요소

수렴이론의 핵심적 요소는 산업화, 즉 기술 발전이다. 산업화(기술 발전)는 새로운 사회욕구를 유발시키고 다른 한편 도시화, 이혼의 증가, 지리적 이동, 핵가족화는 가족 기능을 약화시킨다. 이로 말미암아 가족에 대한 지원이 필요하고 산업화는 젊고 잘 교육된 노동력을 원하기 때문에 실업자, 장애인, 고령자 등의 고용이 크게 문제된다. 따라서 이는 결국 국가의 관여와 지원이 불가피하여 복지서비스를 확대시키는 요인이 된다. 산업화의 복지정책은 전문적이고 기술 수준이 높은 고급 노동력의 양성에 기여하며 다른 한편 생산성 향상을 위한 요인이 된다. 복지와 생산성은 연관성을 가지고 있다. 다음으로 수렴이론은 경제발전론을 토대로 하고 있다. 이에 의하면 경제성장이 복지비 지출에 필요한 재원을 마련해 준다는 것이다. 경제발전과 복지의 상관관계를 주장하는 학자들은 매우 많다. 윌렌스키(Wilensky, 1975)와 하네만(Hanneman, 1977)이 대표적이다. 이 밖에 아론(Aaron, 1967), 하게(Hage, 1977), 구트라이트(Gutright, 1965), 프라이론(Pryon, 1968), 피터스(Peters, 1972) 등도 그렇게 주장한다. 요컨대 산업화는 경제성장을 가져오는 한편 새로운 사회욕구를 유발시키며, 경제성장은 복지 확충에 필요한 자원을 제공하고, 새로운 욕구는 복지 프로그램을 실시하는 복지국가를 형성하게 한다(원석조, 2010: 171 참조).

3) 자본주의 복지정책과 사회주의 복지정책의 수렴

자본주의체제는 시민의 기본적인 사회적 욕구충족을 위하여 국가가 개입하는 사회복지정책을 만들고 공산주의(사회주의)는 국가정책을 근본으로 하면서 시장경제원리를 도입하는 복지정책을 마련해 나간다는 것이다. 이렇게 되면 자본주의와 공산주의 복지정책은 유사해지고 양 체제의 중간쯤되는 정책체제가 마련된다는 것이다. 미쉬라(Mishra, 1981)는 자본주의체제는 사회통합을 위하여, 사회주의체제는 효율성과 창의성을 위하여 국가 통제의 분산을 하다보면 양자가 수렴된다고 한다. 이것이 수렴이론의 바탕이다.

4) 수렴이론의 한계

수렴이론은 그 설명 대상을 자본주의사회에만 국한된 것이 아니고 공산주의사회의 정책도 언급하여 탈이데올로기적으로 광범위하게 잡고 있으며 법적 제도에 한정하고 있지 않다. 또 수렴이론은 산업화 단계와 경제발전 과정에서 어떠한 사회복지정책을 설정할 것인지를 제시하여 준다. 이와 같은 장점에도 불구하고 다음과 같은 한계가 지적되고 있다.

수렴이론은 사회복지정책을 기술과 경제가 결정한다고 하지만 사회복지정책에 영향을 미칠 수 있는 정치적, 규범적, 이념적인 여러 요소를 배제하고 있다는 점에서 스스로 그 한계를 내포하고 있다. 수렴이론은 산업화 이후 단계 즉 고도선진화사회에서는 문화, 이데올로기, 정치적 신념 등은 복지정책에 영향을 미치지 않는다고 하지만 이는 명백한 근거가 없다고 할 수 있다.

4. 시민권이론

1) 개 념

시민권이란 공동체의 모든 구성원에게 부여되는 여러 가지의 권리를 가질 수 있는 지위를 말한다(T. H. Marshall). 마샬은 시민권이 공민권, 정치권, 복지권으로 구성된다고 한다.

공민권은 자유권과 평등권을 보장받는 권리 및 이와 관련되는 권리이다. 자유권에는 언론 출판 · 집회 · 결사의 자유, 신체의 자유, 사유재산을 소유할 재산권 등이 속한다. 평등권은 자유권, 기타 시민의 기본권을 법 앞에 평등하게 보장하는 근본적인 시민의 권리이다. 그리고 공민권에는 이러한 자유권과 평등권을 보장하기 위한 재판을 공정하게 받을 권리도 포함된다. 또한 시민으로서의 생존에 필요한 권리를 국가에 요구할 수 있는 생존권적 기본권도 공민권의 중요 내용이다. 요컨대 공민권은 시민의 인간으로서의 존엄과 가치를 보장 받을 수 있는 시민의 기본권이다.

정치권은 국가기관의 구성원을 선출하는 선거권과 같은 권리와 국가의 공무를 담당하여 공무원을 일할 권리 등 시민이 국가의 정치에 적극적으로 참여할 수 있는 권리이다. 이를 참정권이라고도 한다.

복지권은 시민으로서의 인간다운 생활을 할 권리를 가지는데 이를 생존권적 기본권이라고 한다. 이는 생존에 필요한 것을 국가에 적극적으로 요구할 수 있는 권리이다. 우리나라 헌법 제34조는 “모든 국민은 인간다운 생활을 할 권리를 가진다고 규정하고 국가는 사회보장, 사회복지의 증진에 노력할 의무를 진다”라고 규정하고 있다. 따라서 이 생존권적 기본권이 곧 복지권이다.

이 시민권 가운데 자본주의의 초기에는 자유권만이 강조되었고 그 후 정치권이, 그리고 20세기에 들어오면서 복지권이 생겨났다. 오늘날을 복지국가라 하는 것은 바로 이런 이유에서이다.

이 시민권 개념에서 사회복지를 설명한 사람이 마샬이다. 그는 공민권과 정치권은 복지권의 발전을 도우고 복지권은 공민권과 정치권의 완전한 실현과 행사를 보장한다고 한다. 이는 적절한 말이라고 본다.

오늘날 이 복지권은 각국 헌법상에서 기본권으로 보장 받고 있고 우리나라도 마찬가지이다. 또 이 복지권은 국제조약으로 발전되었다. 유엔의 경제적, 사회적, 문화적 권리에 대한 조약(1976년 발효)이 그것이다. 이 조약에서는 모든 인간은 석절한 소득, 휴식, 문화생활을 누릴 수 있는 권리가 있다고 선언하고 국가는 실질적 평등과 분배정의를 위하여 국가가 적극적으로 행동해야 한다고 규정하고 있다. 1999년 현재 140개국이 가입했고 우리나라도 1990년에 가입하였다.

우리나라는 1999년에 와서 공공부조법의 기본적인 법률이라고 할 수 있는 국민기초생활보장법을 마련하였고 2001년에 의료급여법을 마련하여 공공부조의 법적 틀을 제도적으로 갖추었다. 그러나 국가재정 형편상 그 이상의 국가 전액부담 공공부조는 시행하지 못하고 있다. 또한, 보험 형식으로 생존권을 보장하기 위한 제도로서 사회보험이 1990년대부터 2000년대 현재까지 국민연금, 국민건강보험, 산재보험, 고용보험 등의 4대 보험이 실시되었고 2000년대에 와서는 기초노령연금(현, 기초연금), 노인장기요양보험 등과 같은 보험을 실시함으로써 상당한 정도의 복지정책을 실현하고 있다. 이는 우리나라가 복지사회로 진입했다는 것을 뜻한다. 그러나 우리나라는 아직도 복지비 비중이 국내총생산(GDP) 대비 9% 수준으로 OECD국가 중 멕시코 다음으로 낮은 수준이다(2011.3.25 조선일보 보도).

마샬의 시민권의 발전에 대한 생각도 기능주의와 유사하다. 이 시민권론은 다음과 같은 비판을 받고 있다.

2) 시민권이론의 한계

시민권이론에 대해서는 다음과 같은 문제점이 지적되고 있다.

첫째, 시민권적 복지는 법률적 복지에 한정되므로 사회봉사 등의 복지형태를 포괄하기 어렵다는 것이다. 둘째, 시민권으로서의 복지개념은 나라마다 다르다. 셋째, 복지권의 개념은 추상적이고 명확하지 못하다. 넷째, 복지권 같은 생존권적 기본권의 법적 성격을 어떻게 보느냐? 즉 법적 보장이 강력한, 따라서 국가가 청구를 받으면 실현해 주어야 하는 완전한 구체적인 권리로 보는가 아니면 법적 보장이 미약한 추상적 권리로 보느냐에 대한 학설이 너무나 많이 나누어져 있다는 등의 문제점을 지적할 수 있다. 이와 같은 한계와 단점이 있지만 시민권이론은 복지권을 인간다운 생활을 보장하는 생존권적인 기본권으로 각국의 헌법이나 국제조약에서 필수적인 복지의 가치로 승화시켰다는 평가를 할 수 있다.

5. 확산이론

이것은 어느 나라의 복지정책이 다른 나라에 영향을 미쳐 인근 나라로 확산된다는 이론이다. 어느 나라에서 복지정책을 시작하게 된 것은 복지국가를 먼저 경험한 제도를 모방하여 시행하는 것에 있다. 이런 점에서 복지정책의 확대과정은 국제적 모방과정이라고 할 수 있다. 확산이론은 타이라와 킬비(Taira & Kilby, 1969), 콜리어와 메시크(Collier & Messik, 1975) 등이 주장했는데 이들은 유럽대륙 국가들은 다른 선진국이나 비유럽 국가보다 먼저 사회보장 프로그램을 구축하고 더 많은 복지비를 지출했다고 하고 이는 유럽 국가들의 지리적 접근 때문에 다른 나라로 확산되었다고 한다(원석조, 2010: 173). 그리고 수준이 낮은 동유럽 국가들이 유럽 선진 복지국가의 영향을 받아 사회보장이 확산되었다고 보고 있다. 그러나 이 확산효과는 그다지 크지 않았다고 주장하는 학자들도 많다. 플로라와 알버트(Flora & Albert, 1981), 윌렌스키(Wilensky, 1985) 등이 그렇게 주장한다(상세는 원석조, 2010: 174-175 참조).

6. 갈등주의 이론

여기에는 마르크스주의 복지이론, 신마르크스 이론(신갈등주의)으로 나누어 볼 수 있다. 이 갈등주의는 마르크스주의적 입장에서 생산관계와 생산양식은 그 상부구조인 국가 정치를 바탕으로 복지와 연결되고 이는 곧 복지국가의 정치경제학의 근간이 되었다. 따라서 갈등주의는 정치경제학적 이론이라고 볼 수 있다.

1) 마르크스주의 복지이론

마르크스는 복지를 연대성과 협동의 가치에 기초한 사회규범으로 보았다. 복지국가는 자본주의 발달과정에서 그 필요에 의하여 생겨났고 노동자계급의 정치적 투쟁의 결과로 보았다. 그런데 이러한 복지조건은 자본주의제도와 모순되고 노동자의 계급투쟁을 유발하여 복지서비스의 광범위 한 요구 때문에 복지국가는 붕괴된다는 것이다. 마르크스주의의 기본적 특성은 다음과 같다.

첫째, 자본주의제도와 가치는 복지사회와 모순된다고 한다. 마르크스는 자본주의의 내적 모순은 생산력과 생산관계의 모순, 복지와 생산성 간의 모순이며 이러한 모순 때문에 자본주의 사회질서는 붕괴된다고 한다.

둘째, 자본주의 국가는 자본주의 확대를 위하여 자본축적이 필요한 데 반하여 소수의 사람들에 의한 자본축적에 대한 사회적인 불만을 해소하기 위해서는 복지를 더욱 확대해야 한다. 이 확대가 지나치면 국가재정이 파탄되고 이는 마침내 복지국가의 붕괴를 가져 온다는 것이다.

그러나 이 마르크스의 복지론은 다음과 같은 점에서 자본주의를 바탕으로 하는 복지정책으로는 받아들일 수 없다. 첫째, 복지의 증대가 자본주의적 생산관계와 모순되고 상충된다고 하나, 복지가 생산성에 영향을 미치는 요인은 복지서비스의 규모와 대상의 결정방법 등 다양한 요인에 따라 다르다. 따라서 복지와 생산성의 관계가 반드시 상충관계에 있다고는 볼 수 없다. 복지는 자본주의적 생산관계의 증대로 오히려 확대될 수 있으므로 자본주의적 생산양식을 부정하는 것은 잘못된 것이다. 둘째, 이 이론은 복지 수혜자가 복지서비스를 받고나서도 계속 투쟁해나가야 한다고 한다. 이는 노동계급의 투쟁을 통해서 자본주의 국가의 노동계급에 대한 통제를 저지시켜야 한다는 것이다. 그러나 오늘날 모든 자본주의 국가는 사회복지정책을 통해서 노동자 개인의 소득이나 생활능력을 증대하고 있고 빈민이나 노동자계급을 비투쟁적으로 순화시키고 있다. 셋째, 마르크스는 사회복지정책을 통해서 지배계급의 이익을 약화시켜야 한다고 한다. 그러나 오늘날 자본주의 국가에 있어서도 경제적 강자인 자본계급들이 더 많은 조세와 복지비용을 부담하여 결과적으로 경제적 약자인 노동자의 복지에 크게 기여하고 있다. 오히려 경제적 강자를 통제하고 그 힘을 약화시키면 노동자들을 위한 복지 재원조달이 어려워져 노동자들의 복지를 제대로 실행할 수 없다. 자본주의를 부정하면 국가가 재원을 조달하는 사업을 해야 하는데 이는 곧 국가 자본주의를 말하고 진정한 사회주의내지 공산주의가 아니라는 자기모순에 빠지게 될 것이다.

2) 신갈등주의

신갈등주의는 자본주의 국가에 있어서도 복지의 발전이 가능하다고 보는 이론이다. 여기에는 자본운동법칙이론(thesis of the laws of capital), 신마르크스이론, 체제통합이론으로 나누어 볼 수 있다.

(1) 자본운동법칙이론

사회복지는 노동력을 재생산하고 빈곤의 해결을 위해 충분한 자본축적을 하는 기능을 한다. 이 이론을 단체적 자유주의 이론(the corporate liberal thesis)이라고도 한다. 이는 정책결정과정에서 국가가 능동적으로 적극적인 주도권을 행사하는 것을 특징으로 한다. 또 국가 전체의 이익 확대와 사회질서의 유지를 위해서 국가가 사회를 일정한 방향으로 유도하기 위하여 의도적으로 사회집단과 개인의 이익을 통제 조정하는 수단을 가진다. 자본가들은 자신들에게 유리한 전략과 정책을 추구하고 이를 자본주의 국가가 수용하여 복지를 위한 자본축적을 주도하고 이를 바탕으로 노동자를 위한 복지정책을 수립한다. 이렇게 하여 노동계급에 의한 자본가에 대한 불만과 투쟁을 완화하여 노동계급을 자본주의체제 내로 통합하여 통제할 수 있다고 한다. 이 이론은 긴센버그(Ginsenberg, 1979), 고우흐(Gough, 1979), 콰더노우(Quadgno, 1984) 등이 주장했다.

(2) 신마르크스이론

신마르크스주의자들은 대기업의 규모와 자본집약적 기능이 기업을 위한 재투자뿐만 아니라 사회보험, 사회보장, 실업보상 등의 소비의 안정을 하는 데 기여한다고 본다. 이 소비의 안정을 위해서 경제활동에 국가의 개입이 필요하다는 것이다. 다시 말해서 자본주의의 변화 즉 소비안정 기능을 중시함으로써 자본주의 국가에서도 복지정책의 실행이 가능하다는 것이다.

(3) 체제통합이론

다렌돌프(Darendorf)는 산업사회에 있어서 계급갈동을 제도화하고 산업민주주의가 발전함으로 인하여 산업갈등으로 야기되는 폭력성이 감소되는 경향이 있다고 한다. 그는 계급갈등을 해결하고 산업민주주의를 달성하기 위해서 대립되는 이익집단, 이러한 집단이 만날 수 있는 의회 등의 협의체 구성, 중재와 조정제도, 개별기업의 공식적인 노동자대표, 노동자의 경영참여제도 등 다섯 가지 요소를 제안하고 있다. 이렇게 하여 조정과 중재에 의해서 계급갈등이 해소되면 체제 통합이 가능하다는 것이다. 이 체제통합이론은 같은 갈등관계이지만 생산관계에서 야기되는 폭력적 갈등이나 투쟁적 갈등을 전제로 복지를 파악하는 마르크스주의나 신마르크스주의와는 다르다. 다렌돌프는 평화적인 방법으로 갈등을 해소해야 한다고 생각하고 있다.

신갈등주의의 특색은 사회개혁과 사회복지의 발전이 자본주의사회에서도 가능하다고 본다. 따라서 이 이론은 자본주의 국가의 복지정책 방향을 제시하는 모델로 평가할 수 있다.

7. 사회복지 및 정책의 형성과 변천과정에 따른 이론

1) 다원주의 이론

복지정책의 내용과 형태는 이익집단 사이의 영향력의 정도에 따라 달라진다는 것이다. 이러한 집단의 영향력은 구성원의 수, 능력, 조직력, 재원 지도자의 리더십, 정책결정자에의 접근가능성 내지 결속력 등에 의하여 결정된다고 한다. 대표학자로는 햄과 힐(Ham & Hill, 1984), 조셉(Joseph, 1984), 호프만(Hofferman, 1979) 등이 있다.

2) 이익집단론

이 이론은 사회복지정책을 이익집단들 사이의 갈등과 타협의 산물로 보고 있다. 여기서 이익집단이란 공동의 목적을 가지고 공공정책에 영향을 미치기 위하여 노력하는 개인들의 조직체라고 한다. 보통은 노동조합, 경영자단체, 의사협회, 변호사협회 등의 직능단체가 그 예이나 오늘날은 종교, 연령, 인종, 언어 등을 중심으로 조직체를 결성하기도 한다. 예컨대, 퇴직한 노령층의 단체가 대표적이다. 이익집단은 정치적인 민주화로 결성되는 경우도 많지만 반드시 그런 것은 아니고 공통의 이익을 관철하기 위하여 결성된다. 이는 집단적인 역동성을 강화하자는 것이다. 그리고 이익집단이 많아지고 강화되면 그만큼 정부의 지출이 많아지고 경제적, 사회적 약자의 이익을 위한 집단이 많아지고 그 요구가 커지면 그만큼 복지비의 지출이 많아지고 또 각종의 제도나 법률 제정과 개정이 빈번하게 이루어진다. 이익집단 사이의 욕구를 조정하는 데는 정부의 역할이 중요하다. 예컨대 건강보험 분야에서 의료전문직 단체인 의사협회와 소비자인 일반국민들 사이에 보험료와 그 수급 간의 갈등을 정부가 중립적인 입장에서 중재하여 그 갈등을 해결하는 것이 바람직하다고 한다. 그리고 단체결성이론(corporatism)은 노동자들이 거대한 노동조합을 결성하여 사용자와 대등한 지위에서 임금, 근로조건 등 노사 간의 주요 문제를 협상하고 정부가 이를 중재하여 노사 간의 분쟁을 해결하는 이론인데 이것 역시 이익집단론의 한 가지 예이다. 이 이론은 노동자, 사용자, 정부 삼자가 노사 문제를 해결하는 방법이다(삼자 협동주의).

이러한 이익집단론은 서로 다른 이해를 가진 이익집단들의 영향력을 분석하고 각 이해집단들의 이해관계를 적절히 드러냄으로써 정책과 이익집단들의 관계를 근본적으로 파악할 수 있고 이익집단들의 영향력 행사의 모습을 생동감 있게 파악할 수 있게 하여 주는 장점이 있다(원석조, 2010: 178).

3) 사회양심론

이는 사회적 양심(social conscience)이 확산되어 박애주의자나 사회사업가에 의하여 사회복지제도나 그 정책이 발전되었다는 주장이다. 그러나 이렇게 보는 것은 지나치게 단선적인 것이고 낙관적이고 사회복지를 양심적인 산물로만 볼 수 없다는 비판이 있지만 사회복지서비스 측면에서는 양심이 요구된다는 점에서 이 이론은 사회통합의 기초를 이루고 있다는 긍정론이 있다(한국사회복지행정학회, 2007: 45).

4) 페미니즘론

복지국가의 중요한 역할이 남성의 여성에 대한 지배를 강화하기 위한 것이라고 보는 입장이다. 마르크스주의자들뿐만이 아니라 자녀를 교육하고 남편에 아니라 비마르크스주의자들까지도 복지국가에서 여성은 봉사하고 무보수로 일해 줌으로써 노동력을 재생산하는 데 희생당하고 있고, 직장에서는 차별을 받고 있다고 한다. 따라서 페미니스트들은 복지정책은 이러한 여성에 대한 시각을 바로잡아야 한다는 것이다.

5) 합리이론

이는 산업화에 따른 사회의 여러 가지 문제를 합리적으로 해결하려는 제도와 방법을 찾는 과정에서 사회복지정책이 발전되었다는 것이다. 제일 먼저 산업화가 도래한 영국에서는 국가적인 차원에서 복지제도의 개선에 큰 반향을 가져 왔다는 가설 이론이다. 그러나 이 이론은 특정한 사안이 사회문제가 되는 점에 대하여 그 본질을 파악하지 못하고, 특정한 집단이 불이익을 당하는 데도 그것이 사회문제로 부각되지 않을 때는 그 이유를 밝힐 수 없다는 점과 합리적이라고 생각되고 있는 사회복지제도가 사회변동의 원인이 될 수 없다는 지적이 있다(한국사회복지행정학회, 2007: 45).

6) 기타 이론

사회복지제도는 복지관련 전문가들에 의하여 확대 발전된다는 테크놀로지 이론(Carrier & Kendall, 1997), 사회복지정책을 기득권 유지와 사회통제를 목적으로 하는 음모적 배려로 이해하는 음모이론, 사회복지정책이 사회정의의 변화에 따라 이루어진다고 보는 사회정의 이론, 사회복지정책을 독립된 주체인 국가가 스스로 문제를 인식하고 해결하려는 노력의 산물로 보는 국가론(Baldwin, 1990) 등이 있다고 한다(한국사회복지행정학회, 2007: 46-47; 원석조, 2010: 180, 190 참조).

Chapter

Social Welfare Policy

05 사회복지정책의 주체와 객체

1. 사회복지주체

1) 사회복지정책주체의 개념

사회복지정책의 주체란 각종의 복시사업이나 복지행정을 주도적으로 수행하는 자이다. 법률적으로는 사회복지 법률관계의 당사자로서 국민과 사회구성원, 시민에 대하여 사회복지를 주도적으로 수행하는 자를 말한다. 사회복지정책의 주체는 민간의 자발적인 활동으로부터 시작하여 오늘날에는 국가의 역할로 발전하였고 국가가 주로 사회복지의 책임을 지고 민간은 보충적 지위를 갖는 형태로 되고 있다.

2) 주체의 유형

사회복지정책의 주체는 사회복지의 공급을 하는 자인데 길버트와 테렐(Gilbert & Terrell, 1988)은 사회복지정책의 주체를 가족을 포함한 친족, 종교, 기업, 시장, 상호부조, 정부 등으로 분류하고 있다. 죤손(Johnson, 1987)은 국가, 자원부분, 비공식부분, 상업부분 등으로 분류하고 에버스(Evers, 1990)는 가계, 국가, 시장경제로 분류한다. 그러나 사회복지정책의 주체는 복지공급주체에 따라 국가 등의 공적 주체, 민간법인이나 기업 등의 사적 주체, 공사 혼합주체로 분류하는 것이 가장 적절하다.

3) 공적 주체

(1) 서 언

여기에는 국가와 지방자치단체와 기타가 있다. 현대사회에서 사회복지는 국가 등의 공적 주체가 궁극적인 책임을 져야 한다. 우리나라도 사회복지정책을 공적 주체 중심으로 편성하고 복지법인 등의 민간조직이 국가의 정책(제도, 법)에 따라 복지를 구체적으로 실행하고 있다. 따라서 사회복지정책에 대한 국가(지방자치단체 포함)의 역할이 가장 중요하다.

국가의 역할을 다음과 같이 설명할 수 있다.

첫째, 국가는 실업보험을 강제함으로써 민간기업의 도덕적 해이를 해결할 수 있다. 대부분의 국가는 사회보험의 가입을 강제한다. 둘째, 국가가 수급자들에 대한 정보를 가지고 그 행위를 통제하고 조정함으로써 사회복지정책을 적절하게 수행할 수 있다. 셋째, 대중교육, 모든 국민 상대 의료서비스, 공공주택, 노령연금 등 공공재의 공급에 있어서는 이를 시장 기능에 맡기면 대기업들이 독점하는 결과를 가져와서 서비스의 차이에 따라 국민들은 비싼 비용을 주고 서비스를 받을 염려가 크고 가난한 사람들은 서비스를 받을 수 없기 때문에 이런 경우는 국가가 책임을 져야 한다. 이런 점에서 복지는 국가가 그 정책을 만들어야 하는 것이다. 넷째, 개인적 욕구가 사회문제로 되거나 사회적, 환경적 요인으로 발생한 사회문제는 국가가 해결해야 하는 것이다. 민간부문에서 해결할 수 없다. 다섯째, 모든 국민은 인간다운 생활을 할 권리가 있으므로 국민의 기초적인 보편적 욕구와 관련된 것은 국가가 책임을 져야 한다.

그러나 복지에 대하여 민간이 주도적으로 해결할 것도 있다. 예컨대, 중산층을 위한 복지서비스, 국민연금이나 노령연금 이외의 개인연금 등은 민간이 담당하는 것이 더 바람직할 것이다. 즉 시장의 메커니즘에 맡기더라도 충분히 해결할 수 있는 욕구나 기본적인 욕구가 아닌 부가적인 욕구에 관련된 서비스는 민간부문에 맡기는 것이 좋다는 뜻이다.

(2) 국가(중앙정부)

국가는 국민을 위하여 복지정책을 결정하고 복지행정권을 행사하며 국민의 복지 수급권의 상대방이다. 국가의 정책결정과 복지행정권은 대통령을 정점으로 하는 행정관청에 의하여 수행된다. 행정관청이란 국가의 의사를 결정하는 기관이다. 행정관청은 대통령, 국무총리, 각부 장관을 말한다. 그리고 이 행정관청의 의사결정을 자문하는 기관인 자문기관이 있고 행정관청을 보조하는 보조기관(예컨대, 국장, 과장, 계장 등)이 있다. 또 행정관청의 의사결정을 구속하는 국가의결기관으로서 국회가 있다. 이러한 국가기관들이 서로 협력하여 복지정책을 결정한다. 이들을 중앙정부라고 부른다.

중앙정부는 복지전달체계를 확립하고 사회복지급여를 확대하는 기능을 수행한다. 오늘날 대부분의 국가에서는 급여자격, 재원, 세부적인 전달체계 등에 관한 정책결정과 입법은 국가가 한다. 국가(중앙정부)는 사회복지공급체계와 관련하여 여러 가지 중요한 기능을 수행한다. 복지권은 헌법이 보장하는 생존권적 기본권이다. 국가는 모든 국민에게 인간다운 생활을 보장하기 위하여 사회복지정책을 결정해야 하고 모든 국민을 상대로 하는 복지정책은 국가(중앙정부)의 몫이고 지방자치단체(지방정부)가 관여할 문제가 아니다. 사회복지정책이 추구하는 평등의 실현과 복지의 적절성을 실현하기 위해서는 국가가 조세징수를 통하여 이를 위한 정책을 구체화하고 지방자치단체(지방정부)는 이를 도와주는 기능을 한다. 또 국가는 지방자치단체에 복지를 위한 보조금을 지원한다. 사회복지욕구를 체계화하고 다양한 복지 프로그램을 통합하고 조정하는 데는 국가가 그 역할을 담당해야 한다. 그리고 사회정책목표를 달성하기 위한 전문적 조직이나 전문인력을 양성하는 데는 중앙정부인 국가가 지방자치단체인 지방정부보다 유리하다.

(3) 지방자치단체(지방정부)

지방자치단체(중앙정부)는 주민의 복리에 관한 사무를 처리하고 재산을 관리하며 법령의 범위 안에서 자치에 관한 규정을 제정할 수 있다. 지방자치단체는 국민기초생활보장제도와 같은 공공부조나 사회복지서비스를 직접 국민의 현장에서 실행하고 집행하는 데 중요한 역할을 한다. 지방자치단체는 자치행정의 주체이고 국가로부터 행정권의 위임을 받은 사항과 고유의 자치권에 의하여 주민의 복지를 실현하는 것이다. 지방자치단체에는 서울특별시 제주특별자치도, 광역시·도, 시·군·구가 있다. 그리고 법적으로는 지방자치단체가 아니지만 지방자치단체의 말단 구성 행정조직으로 읍, 면, 동이 있다. 지방자치단체의 입법기관으로는 지방의회가 있는데 여기에서 각종의 복지관련 조례를 만들 수 있고 지방자치단체의 장도 복지관련 규칙을 만들 수 있다. 지방자치단체는 복지공급체계와 관련하여 국가보다 더 잘할 수 있는 것이 있다. 지방자치단체는 주민의 특수한 복지욕구에 부응하는 복지공급을 할 수 있다. 여러 지방자치단체가 경쟁하여 보다 주민을 위하여 질 좋은 복지공급을 할 수 있다. 또 지방자치단체는 복지이용자들의 입장을 쉽게 복지정책에 반영할 수 있으므로 지역사회에 보다 적합한 복지공급을 할 수 있다. 국가는 복지평등의 실현과 모든 국민을 위한 복지정책을 결정하지만 지방자치단체는 이를 구체적으로 실행하고 집행하는 기능을 하며 또 지역주민에게 그 지역의 특수성에 따른 욕구를 충족하는 복지를 공급하고 있다. 그러나 지방자치단체는 재정 상태가 충분하지 못하여 국가의 지원이 필요하다. 따라서 국가 외 지방자치단체는 서로 협력하여 복지를 실행해야 하는 상호 보완관계에 있으며 또 그렇게 되어야 한다.

(4) 기 타

이 밖에도 공적 주체에는 다음과 같은 것이 있다. 우선 공공조합이 있다. 이는 일정한 자격을 가진 조합원에 의하여 조직된 공법상의 사단법인이다. 지방자치단체와 같이 일반적인 공공사무의 처리를 목적으로 하는 것이 아니라 한정된 특수한 사업의 수행을 목적으로 한다.

다음으로 영조물법인이 있다. 영조물이란 국가 또는 공공단체 또는 그로부터 특

허를 받은 자가 특정한 공공목적을 위하여 계속 봉사하도록 정해진 인적, 물적 시설을 말한다. 예컨대 국립학교, 국립병원, 철도, 교도소 같은 것이다. 사회복지 영조물 법인으로는 서울대학교 부설 병원인 서울대학교 병원, 대한적십자가 운영하는 적십자병원, 법무부 산하 특수교육기관인 소년원 등이 있다.

또 공법상 재단이 있다. 이는 설립자인 국가나 지방자치단체에 의하여 출연된 재산을 관리하기 위하여 설립된 공공재단이다. 사회복지관련 공공재단으로는 고용보험, 산재보험 등 노동문제를 체계적으로 연구, 분석하여 합리적 노동정책 개발과 노동문제에 관한 국민의 인식을 제고하기 위하여 설립한 한국노동연구원을 들 수 있다.

이 밖에 무자본 특수법인이 있다. 이는 국가가 공익을 목적으로 특별법을 제정하여 비영리로 운영하는 법인이다. 설립 시에는 무자본으로 설립하여 설립 이후에 관련법의 목적에 따라 기금을 조성하거나 자산을 취득하는 것이 일반적이다. 여기에는 국민건강보험공단, 국민연금공단, 근로복지공단, 한국산업인력공단, 한국보훈복지의료공단 등이 있다. 이들 법인은 관련법에 따라 복지정책을 펴고 복지를 실행한다.

4) 사적 주체

(1) 서 언

여기에는 사회복지법인, 자발적 자원조직, 종교조직, 기업 등이 포함되며, 이들 조직에서는 일정 부분 사회복지를 시행하고 있다.

(2) 사회복지법인

사적조직의 대표적 형태는 사회복지법인이다. 사회복지법인이란 사회복지사업을 행할 것을 목적으로 하는 법인이다(사회복지사업법 제2조 제3호). 사회복지법인은 사회복지사업법에서 규정한 사회복지사업을 수행하기 위하여 설립된 비영리 공익 특수법인이다. 사회복지사업이란 사회보험 분야와 그 관련된 사업을 제외하고 공공부조,

사회복지서비스, 사회복지관련 제도와 관련된 사업을 위해 만든 26개 법률에 의한 사업을 말한다(동법 제2조 제1호).

사회복지법인은 민간 사회복지사업의 공공성과 안정성을 높이기 위한 것으로 사회복지 시설운영법인과 지원법인으로 구분한다. 시설운영법인이란 시설의 설치 및 운용을 목적으로 하는 법인을 말한다. 또한 사회복지시설은 생활시설과 이용시설로 구분한다. 지원법인이란 시설의 설치 및 운용을 목적으로 하지 아니하고 사회복지사업을 지원하는 것을 목적으로 하는 법인을 말한다(동법 시행규칙 제13조 제1항, 제2항).

사회복지법인에 관한 사항에 대하여는 사회복지사업법이 적용되고 이것에 규정이 없는 사항에 대하여는 민법의 법인 규정과 공익법인의 설립, 운영에 관한 법률이 적용된다.

사회복지사업법에는 기본 재산의 출연, 정관의 작성, 보건복지부장관의 허가 및 설립등기 등 설립절차에 대하여 규정하고, 다음으로 사회복지법인의 기관, 사회복지법인의 업무에 대한 관리 감독, 사회복지법인의 업무별 소관부서 등에 대하여 규정하고 있다.

(3) 자원조직

자원조직은 법률로 규정되어 있는 것이 아니고 민간의 자발적인 조직이다. 자원조직은 조직적 형태로 활동한다는 점에서 가족, 친구, 이웃 및 직장동료와 같이 비조직적으로 상호 원조하는 비공식적 자원체계와는 다르다. 자원조직은 재원이 자발적 기부에 의존하고, 자원봉사자에 의존한다는 특징이 있다.

(4) 종교조직

기독교, 불교, 가톨릭교 등의 각종 종교단체는 사회복지활동에 참여하고 있고 이는 오랜 역사를 가지고 있다. 사회복지는 연혁적으로 서구의 기독교사회에서 발생하였다. 현대의 각종 종교단체는 복지관 등의 복지시설을 자체적으로 운영하고 있으며 자발적 헌금에 의하여 재원을 조달하고 있는데 이는 어떠한 민간 자원조직보다도 유리하다.

(5) 기 업

자본주의 발달과정에서 옛날에는 대기업이 기업 내에 각종의 복지 프로그램을 개발하여 복지를 펴 왔다. 그러다 사회복지의 영역이 확대 발전됨에 따라 기업이 하던 복지부분 상당수가 국가의 복지로 이행했다. 산재보험, 퇴직대비연금, 고용보험 등이 그것이다. 그러나 오늘날에도 국가가 다하지 못하는 근로자의 복지 향상을 위해서 사내 복지활동을 강화, 발전시키고 있다. 말하자면 국가 공영복지를 보충하는 기능을 하고 있다.

(6) 영리민간조직

영리조직은 실버산업, 아동보육사업, 장기요양시설사업 등과 같이 시장경제 논리에 따라 이윤을 추구하기 위하여 복지시설, 복지기관, 보육시설을 영리기업조직으로 운영하는 것을 말한다. 예컨대 대기업이 운영하는 실버타운이 그것이다. 영리민간조직은 최근에 와서 발전되고 있는데 국가의 복지사업을 보안하는 기능을 한다.

5) 공사 혼합주체

오늘날 대부분의 선진국에서는 국가가 완전히 전담하는 것도 없고 민간이 완전히 담당하는 것도 없으며 공사 혼합조직으로 복지를 운용하고 있다. 우리나라는 공적주체가 중심이 되고 있으나 사회복지법인의 설립을 통해서 국가가 하는 사업을 상당 부분 맡기고 있으며 또한 많은 자원봉사 형태의 민간조직이나 교회 등의 종교조직을 통한 민간복지가 상당히 활발하게 움직이고 있으므로 공사 혼합형태의 복지를 하고 있다고 볼 수 있다.

2. 사회복지정책의 객체

전통적으로는 불행한 자와 사회적, 경제적 낙오자를 그 객체로 한다. 현대사회에서는 사회적인 욕구와 사회문제를 그 객체로 한다. 사회적 욕구란 안전 · 사랑 · 존경 · 자아실현의 개인적 욕구가 집단적, 사회적으로 나타나게 될 때 사회복지정책의 대상이 된다. 사회문제는 사회구조나 제도의 결함으로부터 사회적인 현상이며 또 경제불황에 따른 가난, 자살, 알코올중독으로부터 발생하는 사회적 현상에서 발생한다. 그리고 마약, 매춘 등과 같이 사회구성원의 대부분이 가지고 있는 공통된 가치의 합의를 바탕으로 하는 규범에 위배되는 경우에도 사회문제가 발생한다. 또한 개인적인 곤란이나 어려움이 많은 사람들에게 영향을 미치거나 이러한 문제를 많은 사람들이 위협으로 느낄 때 사회문제가 된다. 이리하여 사회문제는 사람들의 가치와 규범을 침해하고 경제적, 정서적 고통을 야기하며 국가의 개입을 요구하는 형태로 발전한다. 여기에서 사회복지정책은 사회문제를 해결하는 수단이 된다. 즉 복지정책은 사회문제를 그 대상으로 한다.

현대사회는 소득의 결핍, 소득의 불균형적인 배분, 질병, 노동환경이나 고용, 실업 등의 사회적 위험으로부터 사회문제가 발생한다. 노인, 아동, 청소년, 가족, 여성(차별, 성폭력), 장애인 등의 사회적 약자로부터도 발생하고, 주거, 교육, 범죄, 환경, 약물남용, 폭력, 문화적 삶의 질 등의 사회환경으로부터도 발생한다.

Chapter

Social Welfare Policy

06 사회복지정책의 전달체계

1. 개념과 복지주체별 분류

길버트와 테렐(Gilbert & Terrell, 1988)은 지역사회 체계 속에서 사회복지서비스의 공급자와 복지 의뢰자 사이를 연결시키기 위한 조직적 장치를 사회복지전달체계라고 한다. 프리드랜더와 에입트(Friedlander & Apte, 1974)는 복지 의뢰자 측면에서 이들을 둘러싼 일체의 복지조직 환경을 포함한 공·사적 복지기관과 이들 기관 사이의 전달망을 전달체계로 본다. 또한 사회복지전달체계란 지역사회 내에 존재하는 사회복지서비스의 공급자 간을 연결시키기 위하여 또는 공급자와 의뢰자 사이를 연결시키기 위하여 만들어진 조직적인 체계라고 한다(최성재, 2001; 우종모, 2005). 길버트는 전달체계가 할당, 급여제공, 전달, 재정 등 네 가지 요소로 구성된다고 보고 있다(김종명, 2009: 179).

사회복지전달체계란 사회복지서비스의 제공자들 사이 또는 공급자와 수급자 사이를 연결하기 위한 조직적, 구조적, 기능적 장치를 뜻한다. 사회복지전달체계를 운영주체별로 보면 앞에서 본 바와 같이 정부, 지방정부 등의 공공조직과 사회복지법인 등의 비영리법인, 기업 등의 영리법인, 종교단체, 자발적 자원조직 등의 민간조직으로 나뉜다. 공공조직이 운영하는 복지를 공공복지라 하고 민간조직이 운영하는 복지를 민간복지라고 한다. 이에 대하여 수급자는 사회복지의 대상이 되는 고객으로서 복지욕구를 지닌 모든 국민과 지역사회 주민, 정신적, 신체적, 경제적 어려움을 겪고 있는 사람들이 그 대상이 된다.

독일이나 영국과 같은 나라는 국가 중심의 사회복지정책을 펴고 있고 미국에서는 복지주체로서 국가와 민간 모두를 중시하고 있다.

공공복지는 소득복지, 보건의료복지, 주택복지, 교육복지, 사회복지서비스 등을 포함하나 그 중심은 소득보장이다. 이는 사회보험과 공공부조가 그 기능을 수행한다. 사회보험은 퇴직, 실업, 질병, 장애, 노령, 산업재해 등으로 소득이 중단되거나 상실된 경우에 사회적으로 대응하기 위한 복지정책이다. 우리나라는 현재 사회보험으로서 국민연금, 기초연금, 노인장기요양보험, 산업재해보상보험, 고용보험, 국민건강보험 등을 시행하고 있다. 공공부조는 국가나 지방자치단체(중앙 및 지방정부)의 책임 하에 생활유지능력이 없거나 생활이 어려운 국민의 최저생활을 보장하고 자립을 지원하는 제도로서 우리나라는 현재 국민기초생활보장법에 의한 기초생활보장과 의료급여법에 의한 무상의료급여, 재해구호법에 의한 재해구호, 북한이탈주민 보호 및 정착에 관한 법률에 의한 탈북자 보호 등의 공공부조를 시행하고 있다. 그리고 사회복지서비스는 국민에게 상담, 재활, 직업소개, 지도, 사회복지시설 이용 등을 제공하여 정상적인 생활을 가능하도록 지원하는 제도이다. 이는 정부 등의 공적 조직만이 수행하는 것이 아니라 사회복지법인, 민영복지관, 민영유아원, 민영보육원 등의 민간조직이 수행하는 것도 많다.

민간복지는 개인이나 사회복지법인 등의 비영리법인, 비영리사회단체, 심지어 회사 같은 영리법인 등이 주체가 되어 시행하는 비정부 사회복지활동을 말한다. 민영 사회복지시설(요양원, 보육원, 유아원, 복지관, 재가복지센터 및 시설, 기업복지시설)이 여기에 속한다. 기업복지란 주로 소속 근로자의 복지를 위하여 기업복지 프로그램을 실시하는 것을 말한다. 영리법인의 복지(영리복지)란 대기업이 가령 노인들의 생활과 건강을 위하여 상당한 대가와 주거비, 생활비, 입회비 등을 받고 국가의 지원 없이 영리적으로 운영하는 요양복지센터 또는 복지타운 같은 시설을 갖추어 복지를 하는 것을 말한다.

오늘날은 앞에서 본 바와 같이 국가나 지방자치단체의 재정상의 한계와 복지 가치의 변천에 따라 민영기관에 의한 복지가 날로 증가하고 있다. 민간복지는 시장경제의 경쟁을 적용하기 때문에 복지서비스의 공급과 전달에 좋은 기능을 발휘하고 효율성이 있다. 이에 대하여 공공복지는 경쟁상대가 없어 독점적 운영으로 관료화하고 업무의 효율성이 떨어진다. 그러나 극빈자, 장애인, 돈 없는 노인, 영유아 등의 취약계층에 대한 복지는 국가가 주체가 되어야 사회보장이 잘 될 수 있고 국민 모두에게 균등하게 복지를 펴기 위해서는 공공복지가 필수적이다. 민간복지의 경우에도 영리 복지를 제외하고 비영리 목적의 복지는 국가 등의 공공조직의 관여, 예컨대 재정 보조와 지원(민간요양시설이나 재가복지에 정부의 재정 지원을 하거나 요양보호사의 급여를 상당부분 부담하는 것을 생각해 보라)이 필요하다. 여기서 공사 혼합체계의 전달체계가 형성된다.

2. 사회복지전달체계의 구조 기능적 분류

사회복지전달체계의 구조 기능적 분류란 사회복지서비스를 공급하는 주체 사이에 구조와 기능이 어떻게 분류되어 있는지를 바탕으로 분류하는 것이다. 구조기능적 관점에서 전달체계를 분류하면 행정체계와 집행체계로 구분할 수 있다(김종명, 2009; 우종모 외, 2005).

행정체계는 서비스전달을 기획, 지휘, 지원, 관리하는 등 주로 기획과 관리 기능을 수행하는 조직이나 인력을 말한다. 집행체계는 서비스 공급자와 수혜자가 직접 상호 접촉을 가지면서 일정한 장소에서 서비스를 전달하는 업무를 실제로 수행하는 조직이나 인력을 말한다. 행정체계는 기획관리 등 주로 해정, 정책 기능만 담당한다.

집행체계는 행정체계의 규제, 감독, 지원을 받아서 복지업무를 일선에서 실행하고 전달자가 수혜자에게 직접 전달하는 기능을 하는 체계를 말한다. 이 집행체계에 의하여 복지정책이 수요자에게 전달된다. 주로 사회복지전담공무원이 이에 속한다. 집행체계는 서비스전달 기능을 주로 수행하지만 행정 기능도 수행한다. 예컨대, 일선 현장의 사회복지전담공무원 또는 사회복지사는 수혜자와 직접 대면하여 상담하거나 급여를 제공하는 직접적 전달업무 외에 수혜자와의 상담계획 수립, 행정상 필요한 회의 참석 등 행정 기능도 수행한다(김종명, 2009: 181). 국민기초생활보장사업의 경우 보건복지부(중앙정부)–광역지방자치단체–기초자치단체–일선 말단행정기관(읍, 면, 동)–수급자로 있는 전달체계를 가지고 있다. 이때 보건복지부에서 시 · 군 자치구에 이르는 단계를 행정체계라 하고 일선행정기관인 읍 · 면 · 동에서 수급자에게 서비스를 제공하는 과정은 집행체계에 속한다(김종명, 2009: 181).

3. 전달체계의 개선을 위한 전략상의 원칙

1) 서 언

사회복지전달체계의 개선은 사회복지서비스의 효과적이고 효율적인 전달을 목적으로 하는 사회복지행정을 전제로 한다. 사회복지행정은 추상적인 복지정책을 구체적인 복지서비스로 전환하여 서비스가 필요한 사람에게 전달하는 과정에 관한 활동이다. 효과적이고 효율적인 복지서비스전달을 위해서는 행정조직이 정비되어야 하고, 제공되는 서비스의 효과성과 효율성을 재고하는 원칙이 필요하다. 이하에서는 김종명(2009)과 이진숙 외(2010) 및 원석조(2010)의 전략을 중심으로 하여 전달체계의 개선을 위한 전략을 살펴본다.

2) 정책결정과정과 정책결정 권한상의 전략원칙

(1) 기능분담과 역할분담 재조직상의 전략원칙

가. 기능분담의 원칙

복지전달체계의 상위체계인 중앙정부는 정책결정과 관련되는 계획과 통제 기능을 주로 맡고, 중간체계인 광역자치단체는 책임 기능과 서비스 제공 기능에 초점을 두며 하위체계인 기초자치단체와 읍 · 면 · 동에서는 수혜자와 직접 접촉을 하면서 서비스 기능을 맡게 된다. 따라서 전달체계는 상부에서 하부로, 하부에서 상부로 연결되는 기능적인 분담이 바람직하다(김종명, 2009: 183).

나. 역할분담의 원칙

사회복지서비스는 그 제공과 관련하여 전문적인 지식과 판단을 할 수 있는 사회복지사 등의 복지전문가의 역할이 중요한 것이 일반적인 관점이다. 그러나 복지전문가는 지위가 낮은 복지수요자들의 문화, 행동양식을 정확하게 이해하기 힘들고 복지서비스의 접근에 어려움을 가질 때가 많다. 따라서 복지수요자의 형편과 사정을 잘 이해할 수 있는 비전문가를 보조요원으로 채용하여 이들에게 일정한 역할을 담당시킬 필요가 있다(이진숙 외, 2010: 212). 업무의 성질상 전문성을 요하는 것은 전문가가 담당하고, 덜 요하는 것은 준전문가가, 비숙련 업무 및 일반 행정업무, 고충듣기 및 이해 등은 비전문가나 자원봉사가 담당하도록 할 것이다. 그러나 비전문가의 활용은 복지급여의 질을 떨어뜨리는 등 복지의 효과를 반감할 수 있으므로 적절한 전문가의 지도가 필요하다

그리고 사회복지사 등의 전문가는 우리나라에서는 어느 복지시설에 소속되어 업무를 담당하는데 이는 이들이 관료화되기 쉽고 자유로운 전문가로서의 의지를 실행할 수 없는 경우가 많다. 따라서 전문가들이 독립된 사업가로서 사회복지 전문 상담을 하고 독자적인 사업을 할 수 있도록 하면 수요자들의 복지 접근이 쉽게 될 것이다. 우리나라에서는 아직 실시하지 못하고 있으나 미국에서는 시행하고 있다. 그러나 이러한 제도도 금전적 대가에 따라 수요자에 대한 태도가 달라질 수 있고 사회복지사도 모든 영역에서 전문성을 가지고 있다고 볼 수 없으므로 완전하다고는 할 수 없다(이진숙 외, 2010: 213).

(2) 책임성의 원칙

공공복지조직은 사회복지를 수행할 책임이 사회복지공급자인 공공복지조직에 있다. 즉, 복지국가가 국민의 기본권으로 인정된 공공복지권을 전달하도록 위임받은 조직이므로 공공복지서비스의 전달에 책임을 져야 한다. 책임성의 원칙에 의하여 책임을 져야 할 주요 내용은 서비스가 수요자의 욕구에 적절하게 대응하는 것인지, 서비스전달 절차가 적합한지, 서비스가 효과적이고 효율적인지, 서비스전달과정에서의 불평과 불만의 수렴장치는 적합한지 등에 관한 것이다. 공공복지조직이 구체적으로 책임을 져야 하는 대상자는 중앙정부와 지방정부의 구체적인 수혜자인 취약계층을 비롯하여 우리 전체 사회라고 할 수 있다(김종명, 2009: 183).

(3) 응집성과 접근성의 원칙

사회복지전달체계를 발전시키려면 서비스의 분열성, 불연속성, 무책임성, 비접근성을 배제해야 한다. 그런데 이런 것들은 각 지방의 서비스전달체계가 가지고 있는 문제들이다. 서비스의 분열성(단편성)은 조직의 성격의 관계에서 조정, 위치, 전문성 중복 등과 관련이 있다. 예컨대 서비스가 한 장소에서 다 이루어지는가, 기관이 그들의 활동을 조화시키기 위하여 노력하고 있는가 하는 문제이다. 불연속성은 의사소통에 필요한 수단이 충분한가 하는 것과 같이 개인이 서비스 네트워크에 들어가는 데 있어서 장애물과 기관이 보유한 욕구충족에 필요한 자원과 욕구 사이의 틈의 문제이다. 무책임은 정책결정자가 수요자의 욕구와 이익에 무감각하고 무책임한가 하는 문제이다. 비접근성의 문제는 수요자의 소득, 연령, 성공의 잠재능력 등에 따라서 서비스 이용에 제한을 두는가와 같이 서비스 네트워크에 들어가는 데 장애가 있는가하는 문제이다.

따라서 이상적인 사회복지서비스의 전달체계는 통합되고 연속적이며 접근성이 높고 책임성이 강해야 한다. 즉 응집성과 접근성을 높여야 한다. 이를 위하여는 분열성과 불연속성을 감소하기 위해 조정능력을 제고하고 의사소통의 수단을 확대하며 서비스의 중복성을 감소시켜야 한다. 비접근성을 감소하기 위해 서비스에 대한 새로운 접근 수단을 만들고 기존의 서비스 노력을 배가시켜야 한다. 무책임성을 감소하기 위해 수요자의 참여를 확대하고, 그들의 의사결정 권한을 증대시킨다. 이를 위한 전략으로 길버트와 테렐(Gilbert & Terrell, 2002)은 정책결정권한과 통제력을 재구조화하는 전략, 업무배치를 재조직하는 전략, 전달체계 조직의 구성을 변화시키는 전략을 제시했다(원석조, 2010: 56). 우리나라의 많은 학자들은 이 구분에 따라 전달체계의 발전 전략을 모색하고 있다.

그리고 접근성을 쉽게 하는 데는 여러 가지의 장애요인이 있는데 이를 잘 파악하여 대처 하는 것이 필요하다. 그 주요 장애요인은 서비스에 관한 정보의 부족, 지리적 장해, 심리적 장해, 선정절차상의 장해, 자원 부족 등이 있다. 따라서 복지조직 사이에 긴밀한 소통수단을 마련하여 수요자가 쉽게 접근하여 서비스를 쉽게 이용할 수 있게 해야 한다.

(4) 통합 조정의 원칙

조정은 통합적이고 포괄적인 사회복지서비스 체계를 개발하고 발전시키려는 목적을 가진 전략이다. 대부분의 수요자는 매우 복잡하고 다양한 욕구를 가지고 있다. 따라서 이러한 복잡한 문제를 해결하기 위해서는 다양한 복지서비스가 체계적으로 조직되어야 하고 자원배분이나 업무수행할 때 관계기관 및 관계자 사이에 협조 조정이 이루어질 수 있도록 일관성있고 포괄적인 전달체계가 필요하다. 가령 둘 이상의 서비스 공급자를 함께 묶고 복지조직 간에 서비스 누락과 중복을 방지할 수 있도록 적절히 조정하고 적절한 자원배분을 통하여 복지서비스가 체계적으로 제공되어 다양한 욕구충족을 충분히 달성할 수 있도록 지원하는 것이 통합 조정의 원칙이다. 조정을 위한 접근방법에는 집중화, 연합, 사례수준의 협력 등 세 가지를 들고 있다.

가. 집중화

집중화는 가령 지방정부의 아동복지, 지역개발서비스, 가정지원서비스, 기타 복지

업무의 부서와 직원을 하나로 통합하여 새로이 지방정부 사회복지서비스과를 창설하는 것과 같이 사회복지정책을 통합하여 서비스의 단편성을 감소시키기 위한 전략이다. 그러나 집중화에는 다음과 같은 문제점을 내포하고 있다고 한다. 즉 서비스의 집중화는 수요자의 정책결정 당국 간의 조직적인 거리를 더욱 멀어지게 하는 경향이 있고 하나의 행정구조 내로 서비스를 통합시키게 되면 이것이 서비스에 대한 접근성을 방해할 수 있다(이진숙 외, 2010: 210).

나. 연 합

서로 다른 기관들의 자원은 집중화하되, 상이한 기관들을 통합하지 않는 것을 말한다. 이는 의사결정권을 가진 기관들 사이에 협력하여 정책을 결정하고 서비스전달체계와 관련하여 서로 협력하는 것이다. 제휴는 복지정책결정을 함에 있어서 그 협력의 강도가 연합처럼 강하지 못하고 각 기관의 의사를 서로 연결하는 정도의 협력을 하는 것이고 제휴기관 사이의 구속적인 관계가 없다. 미국의 경우 1980년대 이후 정신보건서비스 부서와 아동복지서비스 부서 간의 연합이 잘 이루어지도록 하고 있다(원석조, 2010: 57).

다. 사례수준의 협력

공식적이고 구조화된 서비스의 통합이나 연합이 아니고 서비스 담당자들 사이의 분권화된 상호작용에 의하여 이루어지는 아래로부터의 조정을 사례수준의 협력이라고 한다. 예를 들면, 조정체계가 잘 구축되지 않을 때 각 복지기관의 사회복지사들 간에 원조 네트워크를 만들어 현장의 사회복지사들끼리 연계망을 형성하여 수요자들에게 서비스를 제공하는 것이 그것이다.

사례협력은 다양한 도움이 필요한 수요자에게 서비스가 잘 전달될 수 있도록 하는 좋은 방법이다. 사례협력은 서비스의 전달과 접근성이 뛰어나서 취약계층에 매우 적합한 모델이다. 사례협력은 신자유주의 복지개혁의 핵심 중 하나이다. 사례협력은 아동복지 부분에서 많이 활용하고 있다. 아동복지는 학교, 정신보건기관, 사회복지과 등 여러 기관들과 관련되어 있기 때문에 사례협력의 필요성이 크다. 그리고 사례협력은 수요자 편에서 그들의 이익을 옹호하면서 서비스 비용이 증가할 수 있으나 사회적, 개인적 문제를 조기에 발견하게 하고 그에 따른 조치를 보다 쉽게 하기 때문에 그 드는 비용이 효과적이다. 또 사례협력은 서비스의 중복을 막아 서비스의 효과를 증대시킨다(원석조, 2010: 58).

라. 시민의 참여

시민의 참여 전략은 복지기관과 복지수요자 사이에 정책결정 권한을 재분배하려는 목적을 가진 전략이다. 시민의 참여 전략은 수요자가 영향력을 미칠 수 있는 지위에 있을 때만 책임 있고 효과적인 서비스가 보장된다는 데 있다. 관료적인 제도나 복지전문가만으로는 수요자의 욕구충족이 완전히 보장되지 않는다는 것이다(원석조, 2010: 58). 그 이유는 전문가나 관료조직은 그 자체의 이익이나 목적을 가지고 있기 때문이다. 시민참여 전략에는 그 참여의 수준과 형태에 따라 비례적 참여(유사적 참여), 정상적인 참여, 재분배적 참여로 나누어진다.

비례적 참여란 시민들이 치료, 교육 등의 형태로 참여하거나 단지 명목적으로 참여하는 것을 말한다. 이는 기존의 의사결정권에 실질적인 변경을 가할 수 없다. 따라서 이를 사실상 참여로 볼 수 없다. 정산적인 참여란 의사결정과정에 시민이 실질적으로 참여하는 것을 말한다. 그러나 시민의 참여로 의사결정에 결정적인 변화가 일어나지 않는다. 재분배적 참여란 서비스전달체계에 관련된 의사결정에 시민들이 실질적인 영향을 미치는 경우를 말한다. 이러한 시민의 실질적인 참여는 그 참여를 위하여 시민들을 조직화하는 것이 필요하다. 시민들의 각종 복지자원조직이 그것이다. 이러한 시민들의 자원조직은 활동 여하에 따라서는 복지기관의 정책결정에 중대한 영향을 미칠 수 있다.

(5) 서비스 제공의 효율성과 효과성을 제고하기 위한 전략상의 원칙

여기에는 평등성의 원칙, 재활 및 자활목표의 원칙, 적절성의 원칙, 포괄성의 원칙, 지속성의 원칙, 가족중심의 원칙 등이 있다.

가. 평등성의 원칙

복지서비스는 성별, 나이, 종교, 소득, 개인의 경제적, 사회적, 지역적 조건에 관계없이 모든 수요자에게 평등하게 제공되어야 한다는 원칙이다. 이는 헌법에 보장되어 있는 평등권의 실현이다.

나. 재활 및 자활목표의 원칙

복지수요자의 재활이나 자활을 통하여 정상적인 사회복귀가 가능하도록 복지서비스가 제공되어야 한다는 것이다. 이는 복지수요자가 궁극적으로 다른 사람의 도움없이 자신의 삶을 영위하여 정상적으로 생활할 수 있도록 지원해야 한다는 것이다.

다. 적절성의 원칙

사회복지서비스는 그 양, 질, 기간 등의 측면에서 수요자들의 욕구를 충족할 수 있도록 충분히 공급해야 한다는 것이다. 그러나 그 적절성의 기준이 무엇인가가 문제될 것이다.

라. 포괄성의 원칙

복잡하고 다양한 문제를 가지고 있는 복지수요자들에게 효과적으로 복지서비스를 제공하기 위해서는 여러 가지 서비스를 고려하여 포괄적으로 서비스를 제공해야 한다는 것이다. 예컨대 심신장애 아동을 대상으로 효과적으로 복지서비스를 제공하여 장애아동의 사회적인 자립을 도와주기 위해서는 의료재활, 교육재활, 심리재활 등이 종합적으로 제공되어야 한다는 것이다.

마. 지속성의 원칙

자활 및 재활목표를 달성하기 위한 복지서비스는 오랜 기간 동안 지속적으로 제공되어야 그 효과를 볼 수 있다. 이를 위해서는 복지조직 간 또는 서비스 프로그램 간의 상호 협력이 필요하고 유기적인 연계가 잘 이루어져야 한다(김종명, 2009: 185-186).

바. 가족단위의 서비스 제공의 필요성

개인적인 욕구나 장애를 해결함에 있어서도 가족단위를 복지서비스 제공 대상으로 할 필요가 있다. 왜냐하면 가족구성원 개인의 문제는 곧 가족의 문제이기 때문이다. 예컨대 우리나라의 기초생활보장은 세대단위로 하는 것이 그 예이다.

3) 전달체계 조직구성의 변화 전략상의 원칙

(1) 접근구조의 전문화

전문화된 복지접근 구조를 만들어야 한다는 것이다. 이는 전문가에 의한 복지 제공은 그 자체 전달체계의 관료화로 상당한 문제점이 있지만 효과적인 전달체계로 되는 것은 부인할 수 없다. 여기에다 복지수요자들이 쉽게 복지서비스에게 접근하도록 복지기관의 문턱을 낮추는 변화를 주면 복지기관과 수요자가 쉽게 연결될 수 있다(상세는 이진숙 외, 2010: 213).

(2) 의도적인 중복

의도적인 중복이란 기존 전달체계 내에서 이미 제공되고 있는 서비스 일부 또는 전부를 새로운 기관으로 하여금 또 다시 제공토록 하는 전략이다. 여기에는 경쟁과 분리의 형태를 가지고 있다.

경쟁은 기존의 전달체계 안에서 기관들이 서로 경쟁하도록 새로운 기관을 만드는 것이다. 즉 전달체계 내에서 수요자와 자원을 놓고 기존 기관과 경쟁관계에 있게 될 새로운 기관을 만든다는 것이다. 이런 전략은 수요자들에게 선택의 여지를 확대하고 기관과 전문직에게 분발을 촉구하며 그 지취성과 창의력을 제고시킨다. 경쟁으로 인하여 여러 가지의 효과적인 서비스를 창출할 수 있다. 예컨대 지역복지기관이 서비스를 확대하는 대신에 탁아소, 카운슬링 등을 맡는 새로운 시설을 새로 만들거나(직접적 방법) 사회복지공급의 형태를 현금급여에서 바우처(이용권) 형태로 변화시키는 것(간접적 방법)을 들 수 있다.

분리는 기존의 전달체계 안이 아니라 밖에서 새로운 복지기관을 만드는 것이다. 분리 전략은 인종, 성별, 사회경제적인 이유로 차별을 받는 특정집단을 위해 기존의 서비스망 밖에서 하나의 대안적인 서비스를 제공하는 것이다(원석조, 2010: 61 참조). 그러나 분리 전략도 새로운 기관을 만든다는 점에서 경쟁의 하나로 볼 수 있다. 최근에 미국에서 조직되고 있는 동성애자 조직, 에이즈환자 조직이 그 좋은 예이다.

의도적인 중복조직은 비용이 많이 들고, 경쟁기관들 사이에 갈등을 야기하며, 서비스전달의 분열성을 가중하는 등 단점이 있다.

4) 결 언

지금까지 복지서비스의 개선 전략을 살펴봤다. 이러한 개선 방안을 시행하기 위해서는 첫째, 전달체계 개선에 대한 중장기적 계획이 선행되어야 한다. 둘째, 전달체계 개선을 위한 연구와 조사를 하기 위한 전문인력의 확보가 필요하다. 셋째, 사회복지체계의 전달을 위해서는 접근성과 효과성, 효율성이 무엇보다 중요하므로 이를 향상시키기 위한 인프라 구축이 절실히 요구된다.

4. 사회복지정책 주체별로 본 전달체계

1) 서 언

복지전달체계를 복지주체별로 보면 정부, 순수 민간부문, 정부와 민간부문의 혼합체계로 나눌 수 있다. 정부체계는 다시 중앙정부, 지방정부, 중앙정부와 지방정부의 혼합체계 등으로 나눌 수 있다. 각 전달체계의 전달로서의 장·단점을 살펴보면 다음과 같다.

2) 중앙정부

오늘날의 복지국가에서는 중앙정부에서 대부분의 복지서비스를 제공하고 있다. 복지급여수급요건, 재원, 전달체계에 대하여 중앙정부가 직접 감독하고 있다. 사회복지급여나 서비스는 공공재화에 속하므로 모든 국민에 대한 공급 면에서 볼 때 중앙정부의 역할과 기능이 보다 중요하다. 의료나 교육복지서비스는 중앙정부만이 할 수 있는 서비스이기 때문이다. 사회보험 같은 것은 가입대상이 많아야 기술적 · 통계적으로 보험료를 산정하는 보험기술상 보험가입자가 많아야 그 운용이 가능하므로 모든 국민을 대상으로 해야 하는데 이를 위해서는 중앙정부가 관리 운용하는 것이 필요하다. 그리고 중앙정부는 사회복지정책의 가장 중요한 목표인 평등과 사회적 적절성이라는 가치를 실현하는 데 가장 적합한 전달체계이다. 중앙정부의 소득재분배정책은 지방정부에 비해 정치적인 저항을 덜 받는다. 넷째, 중앙정부는 다양한 복지욕구들 체계화하여 다양한 복지 프로그램을 통합 조정하는 것이 가능하고 지속적이고 안정적으로 복지 재화나 서비스를 공급하는 데 유리하다(상세는 이진숙 외, 2010: 216-217 참조).

다른 한편, 다음과 같은 문제점이 있다. 중앙정부의 복지 재화나 서비스는 수요자의 선택이 반영되기 어려우므로 수요자의 효용을 극대화하기 어렵다. 중앙정부의 공급은 독점적 성격을 가지고 있으므로 재화나 서비스의 질이 시장에 비하여 떨어질 수 있고 재화나 서비스의 공급가격도 정부가 마음대로 조정할 수 있어서 가격이 비싸질 수 있다고 한다(이진숙 외, 2010: 217). 그러나 이 지적은 옳지 못하다고 본다. 왜냐하면 중앙정부가 재화나 서비스를 독점하더라도 민간시장에 비하여 국가의 사회복지정책상은 오히려 그 가격이 싼 것이 보통이다. 사회보험과 건강보험이 대표적이다. 이들을 민간시장의 경쟁 논리에 맡기거나 영리사업에 맡기면 도리어 그 공급가격이 비싸지는 수가 많을 것이다. 복지서비스의 질은 민간기업에 비하여 떨어질 수 있다. 중앙정부는 지방정부나 민간부문에 비하여 대단히 관료적이어서 각 지역의 특수성과 욕구를 반영하지 못하고 일률적으로 지급되는 관계로 다른 부문에 비하여 융통성과 합리성이 떨어진다고 할 수 있다. 그리고 중앙정부의 전달체계는 지방정부나 민간부문에 비하여 복지 접근성이 떨어진다고 한다(이진숙 외, 2010: 217). 그러나 오늘날 우리나라에서는 각 동별로 주민센터를 두어 지방정부의 정책전달뿐만 아니라 중앙정부의 정책전달도 수행하고 있다.

평등의 가치가 중시되고 공공재적 성격이 강한 사회복지서비스나 재화는 중앙정부가 공급하는 것이 바람직하고 평등의 가치가 그다지 중요하지 않고 공공재적 성격이 희박한 서비스(예컨대, 고급 실버타운)는 민간부문에 맡기는 것이 더 바람직할 것이다.

3) 지방정부

복지국가가 발달하면 중앙정부가 역할이 커지고 지방정부의 역할이 축소되는 경향이 있다. 그러나 우리나라에서는 읍, 면, 동이 중앙정부의 복지전달을 직접 수요자에게 하는 측면이 있고 그 지방정부의 복지정책을 구현하는 데 중요한 역할을 하고 있다. 그리고 지방정부는 중앙정부의 위임을 받아 중앙정부가 결정해야 할 복지정책을 정하고 시행하며, 그 지방정부 고유의 업무에 따라 지역주민에게 알맞은 복지정책을 결정하여 주민들에게 전달하고 있다. 따라서 지방정부는 지역주민들의 욕구를 더 효율적으로 해결할 수 있다. 지방정부끼리 경쟁하게 되어 복지서비스의 질이 높아질 수 있다. 중앙정부에 비하여 지방정부는 지역 수요자들의 요구에 능동적으로 대처할 수 있다. 지방정부의 정책결정에 지역복지수요자들이 시민단체를 통하여 참가하기 쉽기 때문에 지역 수요자들의 요구를 반영할 수 있다.

4) 중앙정부와 지방정부의 혼합체계

최근에는 이 혼합체계를 강조하는 경향이 있다. 이 형태에서는 중앙정부가 지방정부에 재정을 지원하고 다른 한편 지방정부를 여러 가지 방면으로 규제하고 있다.

우리나라의 전달체계는 이런 형태를 갖추고 있는 것이 많다. 중앙정부가 지방정부에 하는 규제에는 재정적인 규제, 프로그램적인 규제, 수급자의 숫자나 욕구에 따른 규제, 절차적 규제로 나눌 수 있다.

재정적 규제는 중앙정부가 지방정부에 재정지원을 하면서 지방정부의 복지서비스를 규제 하는 것이다. 프로그램적 규제는 중앙정부의 재정지원을 할 때 급여형태, 수급자, 전달형태에 대한 규제도 뒤따른다. 수급자의 숫자나 욕구에 따른 규제는 중앙정부가 지방정부에 재정지원을 할 때 지방정부의 수급자나 욕구를 가진 사람들의 숫자에 따라 차등 지원하는 방식이다. 절차적 규제는 중앙정부가 재정지원을 할 때 차별금지, 프로그램 진행절차 등과 같은 수급과정이나 형태에 대하여 특별한 조건을 제시하는 경우이다. 이와 같이 중앙정부의 각종 규제는 모두 중앙정부가 지방정부에 재정적 지원을 하는 데 따른 규제이다.

5) 순수 민간부문

복지정책에 있어서 그 급여나 서비스를 전부 민간부문에 맡기는 경우는 복지의 성격상 없다. 미국에서는 의료복지나 복지서비스를 민간부문에서 맡는 경우가 많으나 이 경우도 정부의 재정지원이 뒤따른다. 현대복지국가에서 국가는 국민에 대하여 사회복지와 사회보장을 책임지는 것이 원칙이다. 우리나라도 헌법상 국가는 국민의 사회복지와 사회보장을 위하여 노력할 의무를 진다.

6) 정부와 민간부문의 혼합전달체계

국가는 사회복지전달체계와 관련하여 민간과 연결하려는 것은 시장원리가 가지고 있는 효율성, 경쟁성, 선택의 자유, 접근성, 융통성을 활용하여 복지서비스를 극대화할 의도로 보여진다. 정부와 민간의 혼합전달체계의 가장 대표적인 형태는 정부가 제공할 재화나 서비스를 민간이 제공하고 정부가 그에 소요되는 비용을 부담 또는 지원, 감독, 규제하는 형태이다. 우리나라에서도 정부와 민간의 혼합전달체계가 널리 이용되고 있다. 가령 사회복지법인이라는 공익적 민간조직에 의하여 시행하고 있는 각종의 사회복지사업이나 민간운영의 사회복지시설 또는 재가복지시설, 보육시설, 어린이집 등의 유아원, 요양원, 정신요양 및 보호시설, 장애인복지시설 등이 그 대표적인 예이다. 사회복지서비스는 민간에 의하여 운영되고 정부가 지원, 감독하는 경우가 많다.

Chapter 07

Social Welfare Policy

사회복지정책의 이념과 복지국가

1. 사회복지정책의 이념

1) 서 언

사회복지정책의 이념이란 사회복지정책을 지배하는 지도 원리를 말한다. 이는 시대나 나라마다 다르다. 따라서 그 시대와 나라의 사회, 경제, 정치체계에 따라 사회복지정책의 이념을 형성하게 된다. 사회복지정책은 그 이면의 산물이라고 할 수 있다. 그러므로 이념은 그 시대와 나라의 정치적, 경제적, 사회적 이데올로기의 핵심을 이루고 있으므로 이념을 이데올로기라고 보아도 무방할 것이다. 이러한 이데올로기는 사회복지의 역사적인 발달과정과 관련이 있다.

사회복지의 이념, 즉 이데올로기는 사회나 국가가 가지고 있는 사회복지에 대한 신념과 태도이며 사회복지를 바라보는 입장을 말한다. 사회복지정책에 의하여 구체화된다. 그러므로 국가의 복지정책을 분석함에 있어서는 그 국가의 복지에 대한 이념적 해석이 반드시 필요하다.

근대적인 의미의 사회복지는 자본주의사회가 내포하고 있는 부익부 빈익빈의 경제적, 사회적 모순을 해결하기 위하여 나온 것이므로 자본주의의 산물이다. 따라서 근대 사회복지이념은 복지개념을 탄생시킨 근대 자본주의에 대하여 형성되어 왔다. 여기에는 궁극적으로 자본주의를 폐기하고 공산주의 내지 사회주의로 이행하려는 마르크스주의, 자본주의를 긍정하되 이를 사회주의적으로 수정하고자 하는 사회민주주의 내지 페이비언 사회주의, 자본주의를 가장 바람직한 경제사회체제로 인정하는 자유주의와 케인즈주의 이데올로기가 있다. 이와 같이 근대의 복지이념은 자본주의와 관련이 있고 여기에서 복지 이데올로기가 생성, 발전되었으므로 먼저 자본주의의 특성을 살펴보고 나서 사회복지이념을 분석하고자 한다.

2) 자본주의의 특성

자본주의란 자본이 중심이 되고 지배하는 사회이다. 자본이란 잉여가치를 생산하고 이윤을 축적하는 것을 말하고 생산의 핵심적인 요소가 된다. 자본주의는 사적인 개인 소유를 바탕으로 한다. 그러므로 사적 재산을 투자하여 생산단계에서 이윤을 획득하는 자본가가 자본주의의 핵심이며 노동자는 아무런 사적 생산수단을 가지고 있지 못한다. 단지 노동자는 자기의 노동력을 자본가에게 팔고 그 대가로 자본가로부터 임금을 받을 뿐이다. 자본주의 생산 체제에서는 노동력 자체가 시장에서 거래되는 상품이다. 노동자는 자본가에게 고용되고 지신들과 가족을 부양하기 위하여 자본가에 의존할 수밖에 없다. 여기에서 자본가에 대응하는 노동자계급이 형성되었고 자본주의의 발달과정에서 생겨난 노동자의 빈곤을 극복하기 위하여 노동계급이 조직화되어 노동조합이 탄생하게 된다. 다음으로 자본주의는 시장에서의 자유경쟁을 바탕으로 한다. 이 자유경쟁은 자본주의를 발전시켰고 자본가의 부를 축적시켰다. 또 자본주의는 모든 사회 영역에서 자유주의와 경쟁원리를 핵심으로 한다. 그러나 이 자유주의와 경쟁원리의 결과 시민들의 빈부격차가 심하게 벌어지고 이는 곧 자본주의를 개선하거나 개혁하고자 하는 운동(이른바 좌파)이 조직적으로 전개된 계기가 되었다. 그리고 자본주의를 핵심적인 바탕으로 하면서 국민들의 복지를 실현하고자 하는 근대 복지국가 이념이 형성 되었다. 이렇듯 자본주의는 근대적인 복지와 밀접한 관계에 있는 것이다.

자본주의 핵심인 시장은 상품교환이 일어나고 그 소유권과 화폐의 이동이 이루어지는 조직화된 경제적 제도이다. 시장은 상품과 화폐가 교환되는 유통의 역할을 한다. 판매자는 생산물을 판매하고 소비자는 이를 구매한다. 상품의 가격은 수요와 공급에 의하여 결정된다. 이 가격결정 구조에 따르면 소비자는 자신의 이익을 위하여 가격결정체계를 활용할 수 있어야 한다. 실제 그렇게 되고 있는 것이 많이 있다. 그러나 오늘날에는 시장에서 판매되는 상품은 대기업이나 유통과정에서 상인들이 그 판매가를 일방적으로 정해서 시장에 내놓는 경우가 많기 때문에 이런 경우는 시장도 공급자의 이익이 침해받지 않도록 조직되어 소비자는 살 것인가 말 것인가에 대한 선택의 자유만 있을 뿐 가격 결정에 영향을 주지 못하는 경우가 많다(대기업의 대형 슈퍼마켓이나 백화점을 생각해 보라).

그러면 자본주의 자유경쟁원리에 따라 생긴 부익부 빈익빈의 현상으로부터 발생하는 불평등, 부자유라는 내적인 모순을 극복하기 위하여 발생한 근대적 사회복지는 자유경쟁적인 시장 기능을 부인해야 하는가가 문제된다. 근대적인 사회복지는 시장경제를 부인하지 않는다. 오히려 앞에서 본 것처럼 자본주의의 시장경제에서 복지 관념이 생겨났다. 사회복지의 재화나 복지서비스는 공공재화의 성격을 가지고 있으므로 그것은 국가나 지방자치단체 또는 그와 같은 공권력에 의하여 지도 감독을 받는 사적 민간단체에 의하여 공급되고 있어 시장적인 경쟁원리가 배제되는 것을 바탕으로 하고 복지 재화나 서비스를 민간 비영리조직에서 공급될 때도 국가의 재정지원과 감독이 뒤따르는 것이다. 다만 영리기업이나 조직에서 사회복지사업을 하는 때는 자유시장적인 원리에 따라 운영되지만 이 경우도 국가의 복지정책을 고려하고 복지관련 법을 따라야 한다.

3) 사회복지이념의 분류

(1) 봉건주의 시대의 이념

서구사회에서는 자본주의 경제가 형성되기 이전의 사회를 봉건주의사회로 규정하고 있다. 봉건주의는 국가권력보다 국가로부터 봉토를 받은 봉건영주에 의하여 통치되고 봉건영주는 그 사회의 구성원인 농노를 먹여 살리고 농노는 영주에게 절대

복종하는 체제이다. 봉건적인 생산에서는 생산의 요소인 모든 토지가 봉건영주의 소유이고 농노는 토지를 소유하지 못하고 영주의 보호와 시혜 아래서 농지를 사용하는 영주에게 인격적, 신분적으로 예속되어 있다. 이와 같이 봉건적 생산양식은 농노에 대한 인격적 예속관계로 결부되어 있다. 봉건영주는 이러한 인격적인 예속관계를 대가로 하여 농노들을 보호하는 온정주의를 베풀었다. 이를 교환과 온정주의라고 할 수 있다. 봉건영주들은 자신의 영지 내에 있는 빈민, 부랑자, 과부, 홀아비, 고아 등을 보살피고 다른 영주의 침입으로부터 농노를 보호했다.

이러한 온정주의는 나중에 서구사회가 절대 왕정국가로 이행되면서 국가온정주의로 확대되었다. 즉 국가는 개인에게 사회적 보호를 제공하는 지도적인 역할을 할 의무를 진다는 국가온정주의로 변화된 것이다(이진숙 외, 2010: 44).

특히 그 당시 독일은 사회보험입법을 통하여 국가온정주의를 확실히 했다. 프리드리히 대제는 기존의 사회질서의 수호를 위하여 노동자를 보호하여야 할 의무가 있다고 하고 새롭게 등장하는 노동자계급의 경제적인 안정에 대한 수호자를 자처하여 노동자들은 국왕에게 충성하고 복종적인 협력자로 존재하도록 노동자의 이익이 국가이익에 일치될 수 있어야 한다고 하였다. 충성과 보호의 상호 교환이다. 이는 봉건영주를 국왕으로 대치한 것이다. 이러한 온정주의는 자본주의 발달에 따라 자본가와 노동자라는 임금노동자의 경제적인 예속관계로 변화하였다(이진숙 외, 2010: 45).

(2) 초기 자본주의 이념

이를 중상주의 이념이라고 한다. 이는 16세기에 서구에서 발생하였다. 무역의 확대 발전을 통하여 국가의 부를 축적하고자 상업자본의 형성을 중시하는 정책을 말한다. 국가의 경제에 대한 적극적인 관여를 통하여 부국강병을 하고자 하는 정책이다. 중상주의는 보호무역주의를 채택하고 관세를 이용하여 국내 상공업을 육성하여 상공업 국가로 만들고자 했다. 또 중상주의자들은 노동을 매우 중시하고 빈민에 대한 일자리 창출을 중시했다. 국가는 특히 빈민의 보호를 해야 할 의무를 지는 것으로 인식했고 절대국가의 성립과 함께 국가온정주의를 확립하였다. 중상주의는 봉건주의가 붕괴되면서 자본주의사회로 이행하는 과도기적인 단계에서 나타났다고 할 수 있다(원석조, 2002).

(3) 근대 자본주의의 사회복지이념

가. 자유주의

가) 개 념

자유주의는 사회주의 내지 공산주의에 반대되는 개념이다. 사회주의 내지 공산주의가 국민 전체적인 입장에서 국민의 평등을 위하여 국가가 전면적으로 개입하고 거기에는 개인의 자유는 무시되는 데 대하여 자유주의는 자유를 최고 가치로 하고 평등은 그보다 하위 개념으로 되어 국가의 개입을 싫어하는 주의이다. 자유주의는 국가의 자유방임적인 태도를 요구하고 국가는 오직 외부의 적으로부터 외적을 방어하는 데만 힘쓰고 국민의 사적 경제생활에는 개입할 수 없다는 것이다. 이는 고전적 자유주의 또는 순수한 자유주의라고 할 수 있다. 이 자유주의로 말미암아 자본주의는 확대 발전하여 이른바 근대적 자본주의 국가가 탄생한 것이다. 사회주의자들은 자유주의는 복지를 완전히 무시하는 이데올로기이고 사회주의야말로 국민의 실질적 평등, 즉 복지를 실현한다고 주장하지만 자본주의적 자유주의도 형식적이지만 평등을 그 기조로 내세우고 있고 자유가 보장되면 자본을 축적하여 국민들의 실질적인 평등도 국가가 실행할 수 있으므로 자유주의와 복지는 형식적으로는 대립, 충돌되지만 양립이 가능하다고 보여진다. 그러나 아직도 자유주의와 사회주의는 국민 복지를 사이에 두고 대립하고 있다. 실제로도 자본주의 복지와 사회주의 복지는 여러 가지로 차이가 있다.

나) 자유주의의 형성과 발전

자유주의는 서구에서 봉건체제가 붕괴되고 그 후에 성립한 절대군주국가가 몰락한 이후에 자유와 평등을 바탕으로 하는 근대 시민사회가 탄생하면서 생긴 것이다. 봉건주의와 근대 시민사회 사이의 기간은 절대군주국가 시대인데 이 시대에 국가의 부국강병책에 의하여 발생한 중상주의가 자본계급을 성립시켰다. 자본계급은 봉건시대의 농노에 대신하는 평민으로서 일반 시민으로서의 자격을 획득하게 되었다. 처음에는 자본계급은 국가의 중상주의 정책에 따라 절대군주의 국가 권력과 국가의 부 축적에 협력했지만 절대군주가 나중에 이들의 부상을 두려워하여 이들을 경제적, 정치적으로 억압하고 착취하자 자본계급은 절대군주체제라는 구체제에 대항하여 투쟁의 전면에 나서게 된다. 이리하여 프랑스혁명을 계기로 자본계급에 의하여 절대군주체제는 붕괴되고 이른바 자유와 평등을 토대로 하는 시민사회가 성립된 것이다. 여기서 자유주의는 근대 시민사회의 기본적인 이념이 된 것이다. 사회복지적으로 본다면 사회복지의 대상이 되는 노동력의 이동과 임금은 수요와 공급의 법칙에 의하여 결정되어야 한다는 것이다.

다) 특 성

자유주의는 정치적으로는 국가권력의 횡포를 금지하기 위하여 법에 의한 지배를 강조하는 입헌주의와 법치주의 및 자유를 천부의 인권으로 보장하는 이념을 바탕으로 한다. 그리고 시민들 자신들이 직접 국정에 참여하는 민주주의 정치체제를 확립했다. 그리고 시민 자신들의 경제활동에 국가의 개입을 극히 제한했다. 경제적으로는 아담 스미스와 같이 사유재산의 절대 불가침, 민간의 사적 이윤 추구, 계약의 자유, 과실 책임의 원칙을 확립하여 시민사회의 자유를 주장했다. 아담 스미스는 국가가 경제생활에 관여하지 않고 시민들에게 자유로 맡겨두면 사회는 보이지 않는 손에 의하여 저절로 조화로운 발전을 하게 된다고 보고 있다. 사회복지도 이러한 원칙 아래서 이루어질 수 있다고 보고 부득이한 경우에 한하여 국가가 개입하여 복지를 실행한다고 하였다. 그러나 이 자유의 아래서는 진정한 의미의 복지, 즉 국가의 적극적 관여에 의한 복지는 이루어질 수 없다.

나. 케인즈주의

가) 개 념

아담 스미스로 대표되는 고전적 자유주의는 경제적으로 부익부 빈익빈의 형상을 심화하여 실제로는 부자유와 불평등을 야기하여 국가 불개입의 원칙으로는 인간다운 생활을 실현할 수 없게 되었다. 그리고 20세기 초에 미국에서 시작된 경제공황은 자유주의를 폐기하지 않을 수 없게 되었다. 이의 이론적인 근거를 제공한 학자가 바로 케인즈이고 이 사람의 주장을 채택한 것을 케인즈주의라고 한다. 케인즈주의란 자본주의가 발전되려면 국가의 적절한 관여가 필요하고 고전적인 자유주의가 지향하는 자유주의적 사고, 즉 계약의 자유, 고용의 자유, 개인주의를 수정해야 한다는 것이다. 즉 자유주의적 자본주의의 가치인 자유, 개인주의, 사적 소유의 가치를 토대로 하되 자본주의의 자기 내적 모순을 해결하기 위하여 일정한 수준의 국가개입이 필요하다는 것이다. 여기서 케인즈주의를 국가개입주의라고 한다.

나) 특 성

케인즈는 고용과 유효수요, 소득과 경기 및 투자의 관계를 다음과 같이 설명하고 있다. 고용이 증가하면 소득이 증가하고 소득이 증가하면 유효 수요가 증가한다. 소비는 소득보다 작기 때문에 소득이 증가하면 수요가 증가하는 것이다. 그리고 유효수요가 감소하면 경기에 불황이 오고 경기 불황이면 소득이 감소하여 실업이 증가한다는 것이다. 소득 증가로 저축이 증가하면 소비가 감소하고 소비의 감소는 투자의 감소로 이어지고 투자가 감소되면 고용이 감소되어 그 결과 실업을 증가시킨다고 보고 있다. 투자 수요는 수익률과 이자율에 의하여 결정되는데 이자율보다 투자수익률이 높으면 투자가 이루어지고 그 반대이면 투자가 발생하지 않는다는 것이다. 자유주의 경제 학파는 저축이 증가하면 이자율을 인하시키고 이자율이 인하되면 투자가 촉진한다고 보고 투자 외 저축은 항시 일치한다고 보지만 케인즈는 투자와 저축은 일치하지 않는다고 본다. 케인즈는 개인들이 채권이나 주식에 투자하지 않고 현금을 은행에 예금하는 것 같이 유동성을 선호하는 경우에는 개인의 소득이 증가

해도 투자 감소와 대량실업 같은 사회적, 경제적 문제가 발생한다고 한다. 1929년의 경제대공황이 그 예라고 한다. 이러한 사고는 자유방임주의를 전적으로 부정하는 것이다.

그는 또 총수요가 총공급에 미달할 경우 불황이 온다고 하면서 사람들이 기업에서 생산한 물건을 사주지 않으면 기업은 생산을 줄일 것이고 이는 곧 실업으로 이어져 국민 총생산을 떨어뜨린다고 한다. 자본주의는 구조적으로 총수요가 총공급보다 작기 때문에 정부는 유효수요를 늘리기 위한 투자를 해야 한다는 것이다. 유효 수요가 감소하면 실업이 늘어나므로 유효 수요의 증대를 위하여 사회복지정책이 필요하다. 고전적 자유주의는 부의 불평등을 가져오고 이는 자본주의의 커다란 병폐이므로 국가가 개입하여 적절하고 능률적으로 관리해야 자본주의가 발전한다고 보고 있다. 사회적 불평등은 사회적 해악이므로 불평등을 해소하기 위하여 사회복지정책이 필요하다. 케인즈의 이론은 국가의 사회복지 구현에 훌륭한 근거를 제공한다. 경제생활에 대한 국가의 개입은 국민의 실질적인 평등을 실현하는 데 필수적인 것이므로 이것이 복지사회 건설에 기여하는 것이다. 국가는 사기업에서 제공할 수 없는 복지서비스나 공공 재화를 공급하고 저소득층이나 실업자들에게 공적인 서비스를 제공하는 것인데 케인즈 이론은 이를 뒷받침하는 것이다.

그러나 이 케인즈 이론도 스태그플레이션의 문제를 해결할 수 없다고 한다. 본래 자본주의 경제에서 호황기에는 물가가 상승하고 불황기에는 물가가 하락하는 것이 일반적이다. 그런데 1970년대의 오일쇼크는 불황과 인플레이션을 동시에 발생시켰다. 이는 인플레이션이 경제를 활성화하고 경제 활성화는 실업률을 낮춘다는 케인즈 이론으로는 설명되지 않는다. 이리하여 신자유주의적 통화주의가 나타나게 되었다. 통화주의 이론에 따르면 실업률이 높은 상태에서 인플레이션이 발생하면 장래의 인플레이션도 뒤따라 상승하게 되는데 재정, 금융정책에 의한 긴축으로 이것을 억제하여 현재의 인플레이션을 떨어뜨려도 예상 인플레이션이 그 뒤를 따르기 때문에 안정되기까지는 높은 실업률과 인플레이션이 공존하는 스태그플레이션이 된다는 것이다. 신자유주의자들은 스태그플레이션을 극복하기 위해서는 케인즈주의 경제정책을 포기하고 화폐공급을 억제하여 경제의 자율성을 회복시키는 방법밖에 없다고 한다(원석조, 2010: 144-145 참조). 이 신자유주의가 오늘날 상당한 힘을 얻고 있다.

다. 자본주의 개혁 이념: 사회민주주의 이념과 마르크스주의

가) 개 념

사회민주주의는 경제적으로는 생산수단의 공적 소유와 관리를 통하여 사회를 개조하고 정치적으로는 민주주의 방법을 통하여 사회정의를 실현하는 이념이다. 자유주의가 정치적 자유와 경제적 자유를 이상으로 하는 데 대하여 사회민주주의는 인간을 사회적인 존재로 인식하여 개인의 자유는 사회의 구속 아래서 실행하고자 한다. 그리고 경제적으로는 사회 내에서의 실질적 평등을 실행하고자 하여 계획경제를 실행한다. 그러나 마르크스주의나 자유주의처럼 통일된 이념체계가 없다. 이것은 제2차 세계대전 이후 복지국가 건설의 배경이 되는 이념적 체계이다(한국사회복지행정학회, 2007: 61 참조). 자유주의를 비판하고 개혁하고자 하는 주의에는 마르크스주의와 사회민주주의가 있는데 사회민주주의는 마르크스주의에 비하여 자유주의적 자본주의를 온건하게 개혁하고자 하는 것이다. 사회민주주의는 자본주의의 도덕성 비판에 중점을 둔다. 사회민주주의는 마르크스주의와 달리 자본주의를 부정하는 것이 아니라 자본주의의의 개량을 통하여 복지를 통한 사회주의를 지향함으로써 사회주의의 평등주의 목적을 달성한다고 보았다. 이러한 사회민주주의에는 페이비언 사회주의, 정당적 사회민주주의, 수정된 사회민주주의가 있다.

나) 페이비언 사회주의

페이비언 사회주의는 조지버나드 쇼(George Bernard Show)와 시드니와 비어트리스 웹(Sydney & Beatrice Webb) 부부, 애니 버전트(Annie Besant) 등의 사회중의자가 주도하였다. 이들은 의회정치의 방법으로 점진적으로 자본주의사회를 개량하면서 궁극적으로는 생산수단의 공공적 소유로 이행한다는 사회주의이다. 이 주의는 사회적 선을 실행하는 데 국가의 역할이 필요하다고 보았다(이 점은 케인즈의 국가개입주의와 비슷하다). 그러나 자본주의를 넘어 사회주의로 이행한다는 점에서는 마르크스주의와 유사하다. 그러나 마르크스주의는 프로레타리아트 독재와 계급투쟁을 통하여 사회주의 내지 공산주의를 달성하려는 것이나 이 사회주의는 프로레타리아트 독재와 계급투쟁을 부정하고 의회입헌적 점진적인 방법으로 사회주의를 지향한다는 점에서 마르크스주의와 다르다.

이 사회주의는 '끈질기게 시기가 도래할 것을 기다리고 때가 오면 과감히 돌진한다'는 것을 모토로 하는 전진적인 사회주의를 추구하는 영국의 페이비언협회에 기원을 두고 있다. 페이비언이라는 이름은 지구전으로 카르타고의 한니발을 격파한 로마의 파비우스 장군의 이름을 딴 것이다(이진숙 외, 2010: 52; 원석조, 2010: 138).

페이비언 사회주의는 계급투쟁보다는 윤리와 공리주의를 더 중시한다. 평등과 자유, 우애, 인도주의와 같은 자유민주주의 가치를 존중하되 이들은 특히 평등을 중시한다. 평등 없이는 사회주의는 없다고 한다(George & Wilding, 1987: 115-116). 그리고 이들은 사회통합을 중시하고 사회경제적 불평등에 뿌리를 둔 계급갈등은 사회통합의 가장 큰 적이며 불평등은 사회통합을 위해서 완화되어야 한다고 한다. 이 사회주의는 평등이란 기회나 소득의 평등이 아니라 부의 평등이라고 한다. 부의 불평등은 상속재산은 불로소득이며 능력보다는 기회의 차이를 반영하고 조세제도에 의하여 불평등하게 취급되는 경우라는 이유에서 불공평하다고 한다. 부의 평등을 위해서 계획경제를 실시한다. 다음으로 자유를 신봉하는 데 이들의 자유는 자유주의자들의 자유와 달리 정부의 적극적인 활동 즉 법, 경제정책, 사회복지정책에 의하여 신장되고 자유는 평등에 달려 있다고 본다. 권력의 불평등이 존재하는 한 자유는 기대할 수 없다고 한다. 우애도 강조하고 경쟁보다는 협동, 권리보다는 의무, 개인의 요구보다는 공동체의 선, 자조보다는 이타심을 더 존중한다. 이 주의는 사회통합, 공동체의식의 강화, 이타주의의 유지를 위해 사회복지정책이 필요하다고 한다(이상 원석조, 2010: 137-138).

페이비언 사회주의는 1918년에 영국 노동당의 정책으로 채택되었다. 페이비언주의자들은 점진적으로 자본주의를 개혁할 수 있다고 보았다. 복지국가주의는 이러한 접근의 결과물이며 복지국가주의는 영국 노동당의 정강정책으로 되었다.

다) 수정 사회민주주의

이는 계획경제를 포기하고 공동소유와 개인소유의 혼합하는 혼합경제체제를 지향한다. 자유시장적 자본주의와 국가 계획경제의 중간 위치로, 1930년대 스웨덴 사회민주당이나 서독의 사회민주당이 채택한 주의이다. 영국 노동당의 경우는 1995년에 당시 당수인 토니 블레어(Tony Blair)가 노동당 당헌을 종래 생산, 분배, 교환수단들의 공동소유에서 권력, 부, 기회가 다수의 수중에 있는 공동체라는 말로 수정하였다.

21세기에 와서 영국의 수상이 된 토니 블레어는 이를 제3의 길이라고 표현하였다. 기든스(Giddens)는 『제3의 길(*The third way*)』이라는 저서를 통해서 종래의 사회민주주의와 신자유주의를 대신할 새로운 정치이념을 제3의 길이라고 하였다(이진숙 외, 2010: 54). 이제 제3의 길은 바로 계획경제를 바탕으로 하는 종래의 사회민주주의를 수정하는 이론이다.

종래의 사회민주주의는 사회경제적 영역에서 국가의 적극적인 개입과 시민사회에 대한 국가의 통제, 사회적 수요의 관리, 개인소유를 인정하나, 공동소유를 중점으로 하여 공동체 내의 자유를 강조한다. 따라서 시장이 제한되고 강한 평등주의를 지향한다. 이에 대하여 자유주의는 최소정부, 자율적인 시민사회, 시장경제주의, 사적 소유를 바탕으로 하는 경제적 개인주의, 불평등사회의 출현, 개인 불만 안전판으로서의 복지, 정치적인 민주주의를 가치로 한다. 제3의 길인 수정된 사회민주주의는 위 두 주의의 가운데 중간인 중도적 노선을 취하고, 민주적인 복지국가를 지향하며, 적극적인 시민사회가 출현하고, 평등사회 건설을 목표로 하고, 경제적으로는 혼합경제체제를 취하며 실용적인 복지를 목표로 한다(이진숙 외, 2010: 54 참조, 상세는 원석조, 2010: 152-160 참조).

라) 마르크스주의

본래 마르크스는 역사의 발전단계를 변증법적 유물론에 입각하여 전개하고 모든 사회정책, 정치, 경제를 변증법적 관점에서 파악하고 있다. 그는 모든 생산제도는 지배계급인 자본가가 피지배계급인 노동자를 착취하는 관계라고 보고 하부구조인 경제가 상부구조인 정치를 지배한다고 한다. 지배계급인 자본가는 피지배계급인 노동자에 의존한다. 마르크스는 역사적 발전단계를 공동 생활관계인 원시공동체사회에서 노예제사회로 여기서 농노의 착취를 통하여 중세봉건사회로 발전되고 다시 근대 시민혁명의 결과로 자본가의 이익을 옹호하고 노동자를 착취하는 부로지아적 자본주의가 탄생했고 이러한 자본주의의 자본가 위주의 불평등사회를 노동자의 계급투쟁을 통하여 자연스레 폐기되고 마침내 아무런 지배계급도 없는 완전한 평등사회인 공산주의가 필연적으로 온다고 한다.

자본주의는 자본가의 이익을 위한 제도이고 노동자에 의하여 폐기되어야 할 체제이며 자본주의 사회복지정책도 부루지아적 이해에 반할 수 없다. 마르크스주의의 창시자인 마르크스와 엥겔스는 19세기 독일의 비스마르크에 의하여 도입된 사회보험을 비판하면서 이는 노동자에 대한 시혜에 불과하고 노동자들에게는 보험료 부담을 지우지 말아야 한다고 하면서 자본계급에게만 보험료부담을 지울 것을 요구했다. 왜냐하면 노동자는 받는 임금이 매우 낮기 때문에 보험료를 부담할 능력이 없기 때문이다. 또 노동자의 생계 불안은 자본가의 이익에 봉사하는 자본주의체제의 잘못에 있으므로 노동자는 보험료를 낼 필요가 없다는 것이다. 마르크스주의자들은 자본주의 복지정책을 신랄하게 비판하고 있다. 그 사회복지정책이 비록 노동자계급이나 빈민을 위한 것이라 하더라도 부로지아 국가가 시행하는 한 구조적으로 부로지아적 이해에 반할 수 없고 따라서 노동자계급은 이를 수용해서는 안 된다고 한다. 또 사회개량주의 같은 보수적 사회주의는 자본주의 폐기를 부정하고 부로지아 사회의 존립을 보장하기 위해 사회적 폐해를 제거하고자 할 뿐이다. 자본주의 국가의 사회복지정책은 노동자계급의 혁명적 의지를 약화시키는 해독제에 불과하지만 계급투쟁을 통해 얻은 사회복지정책은 의미가 있다고 한다(원석조, 2010: 167). 마르크스주의에서는 자본주의사회에서의 복지는 노동자를 위한 것이 아니며 역사적 발전단계에 따라 자본주의가 붕괴되면 공산주의사회로 되는데 공산주의사회에서는 모든 생산수단은 공동체 소유이고 사람들의 생활도 공동으로 하며 분배도 공동으로 하여 완전한 평등사회가 건설되므로 명실상부한 복지가 완전히 이루어진다고 보는 것이다.

라. 현대 자본주의의 복지이념

1970년대에 와서 세계적인 유류 파동으로 세계경제는 침체에 빠지게 되어 사회민주의 복지이념은 더 이상 지탱할 수 없게 되었다. 이렇게 하여 나타난 것이 신자유주의, 현대적 코포리타리즘, 수정 사회민주주의의 하나라고 생각할 수 있는 제3의 길이다. 제3의 길에 대해서는 수정 사회민주주의에서 이미 설명하였으므로 여기에서는 신자유주의와 현대적 코포리타리즘에 대하여 설명하겠다.

가) 신자유주의

(가) 개 념

신자유주의는 아담 스미스와 데이비드 라카도 등 자유방임적 자유주의 사상을 이어받은 하이에크(Hayek)로 대표되는 오스트리아학파와, 프리드만(Friedman)으로 대표되는 시카고학파, 영국의 보수정치인 포엘(Powell)이 주장하는 이론이다. 신자유주의는 근본적으로 자유주의 사상에 토대를 두고 국가의 개입을 배제하는 절저한 시상경제주의를 말하고 국가가 책임을 지는 국가복지정책은 국민을 국가에 예속시키고 시민적 자유를 박탈한다고 한다. 신자유주의는 국가주도의 국가복지를 부정하고 민간복지를 가장 선호한다. 신자유주의는 1970년대에 영국과 미국에서 급속하게 전파되었고 우리나라에도 1990년대 이후에 신자유주의 신봉자가 많이 나타나고 있다. 신자유주의는 국가의 시장경제에 대한 지나친 간섭이 복지국가의 위기를 초래했다고 본다. 국가의 지나친 복지 프로그램의 확대가 국민의 노동력 약화로 있어 지고 저축과 투자의 감소는 산업생산의 위축을 가져와 전체 자원이 감소된다. 자원이 감소하면 재정위기가 온다는 것이다.

(나) 특 성

신자유주의의 특성을 요약하면 다음과 같다.

첫째, 자본주의 시장경제를 신봉한다. 정부의 개입을 비판하고 개인의 자유를 신장하고 효율적인 자원배분기구로서의 시장을 존중하고 신뢰한다. 시장은 정치적 권위와 강제력의 제동장치이고 자유로운 경쟁, 수요와 공급, 이윤, 자유로운 임금교섭을 가능하게 하는 시장경제는 결국 사회적 평등의 신장에도 크게 기여했다고 한다(George & Wilding, 1987; 원석조, 2010: 145 재인용). 정부의 개입은 절대적인 권위와 힘으로 시장질서를 왜곡시키고 노동의욕을 고갈시키며 결과적으로 사회 전체를 파멸 속으로 몰아넣는다고 한다. 그러므로 정부는 시장질서의 유지를 위한 최소한의 개입만 해야 하고 자원분배기구인 시장의 기능을 중시해야 한다고 보았다.

둘째, 신자유주의는 국가(정부)를 싫어하고, 작은 정부를 지향한다. 공공서비스나 공공재화의 공급을 특징으로 하는 사회복지 지출은 유효수효 창출과 총 수요관리를 정부가 부담하는데 이렇게 되면 정부가 과잉 부담을 하게 되어 재정의 파탄을 초래하므로 정부의 사회적 수요에 대한 지출을 적게 하는 작은 정부를 지향한다. 정부가 시민의 사회생활에 적극 개입하면 국가의 사회복지정책은 사회적 분열을 가져오고 자원의 낭비, 경제적 비효율성의 조장, 개인의 자유 억압이라는 현상이 나타나므로 정부의 개입은 배제해야 한다는 것이다. 원석조(2010: 145-146)는 이를 다음과 같이 설명한다. 가령 국가복지에서는 사회적 욕구에 따른 국가복지를 하나의 권리로 인정하기 때문에 이로 인하여 수혜자층과 재정을 부담하는 계층들 사이에 적대감이 조성된다는 것이다. 또 사회복지정책에 필요한 자원은 한정된 반면에 그에 대한 수요는 무한한데 무상의 사회복지정책은 가수요를 조장하고 수혜자의 자존심을 손상시키고 서비스의 질을 하락시킨다. 그리고 국가의 사회복지정책 비용이 시장의 이윤과 가격 메커니즘의 효율성을 도저히 따라갈 수 없다. 민주주의사회에서 완전한 합의란 있을 수 없기 때문에 집합주의적 계획은 개인의 자유를 억압하는 전체주의를 가져오고 그 형태는 파시즘, 사회주의, 공산주의로 나타난다고 한다.

셋째, 신자유주의는 복지국가에 대하여 비판적이다. 복지국가는 인간의 자유를 억압하여 개인과 가족의 복지노력을 감소시키고 평등과 분배를 지나치게 강조함으로써 자본주의 정신과 인간의 욕구라는 본성마저 무시한다. 그리고 복지국가 아래서도 모든 사람이 평등한 것이 아니고 빈부의 격차는 막을 수 없다. 따라서 신자유주의는 국가의 복지지출을 삭감하고 복지에 대한 국가의 개입을 최소화하고 복지서비스의 민간부문의 역할을 강조한다. 즉 민간복지를 가장 좋은 것으로 본다.

넷째, 현대적인 신자유주의를 사상적으로 실천한 사람이 영국의 대처 수상이다. 그의 사상을 대처리즘이라고 한다. 대처리즘은 1979년에 영국경제가 쇠퇴하고 노동당 정부의 사회민주주의가 퇴조함에 따라 대처의 보수당이 집권하면서 등장한 이론이다. 이것이 미국에도 영향을 주어 레이건(Regan)이 1980년에 대통령에 당선되어 레이거노믹스를 탄생시켰는데 이도 신자유주의 이념이다.

대처리즘은 개인과 국가, 경제와 복지에 대한 신념으로서 다음과 같이 요약할 수 있다. 국가는 사회적인 해악을 방지하는 데는 큰 힘을 발휘하지만 사회적인 선을 지키는 데는 그 능력에 한계가 있고 정부의 개입은 사회변화에 대한 사회의 적응능력을 저하시키므로 비생산적이다. 따라서 국가는 법과 질서의 유지, 국방에만 힘쓰면 된다. 개인의 책임이 중요하고 국민들은 자신의 문제를 스스로 해결해야 하며 정부에 미루어서는 안 된다. 시장은 경제성장과 자유선택을 촉진하고 개인의 자유를 수호하는 가장 좋은 수단이고 경제성장 없는 공공지출의 증대는 국민들의 세금부담을 증가시키고 선택의 자유를 축소할 뿐이다. 한 부분의 지출 증가는 다른 부분의 지출 감소를 가져온다. 그렇지 않으려면 부채 증가와 인플레가 불가피하다. 그 비용은 결국 납세자가 부담해야 하므로 납세자의 상당수는 그 수혜자보다 가난할 수 있다(원석조, 2010: 149-150 재인용). 이와 같이 대처리즘은 국가복지의 위기 극복방안으로 복지예산 삭감, 공영주택 매각, 의료서비스 일부의 유료화, 복지수혜자의 자기부담 증가, 사회복지시설의 축소, 사립교육 진흥 등의 정책을 추진하였다. 그리고 연금과 현금급여를 대폭 삭감했다. 국가는 복지의 생산자에서 조정자로서의 기능을 담당한다. 대처리즘은 민간복지를 가장 선호한다. 민간의 자원봉사 부문을 강조했고 복지를 경제의 활성화 정책으로 이용하였다.

다섯째, 미국은 레이거노믹스의 이념 아래 복지개혁을 주장했다. 그 결과 빈곤은 사회구조적인 문제보다는 개인적인 결함에서 비롯되는 경우가 많으므로 복지는 진실로 이를 필요로 하는 자에게만 제공해야 한다. 따라서 공공부조 수혜자를 엄격하게 제한하고 공공부조 프로그램을 감축하고 복지서비스를 민영화하고자 했다.

나) 현대적 코포라티즘

(가) 개 념

코포라티즘(corporatism)은 학자에 따라 여러 가지로 정의되나 이를 요약 정리하면 다음과 같다. 국가, 자본, 노동이 사회적인 협약이나 합의를 통하여 서로 타협하면서 이익을 교환하는 행위가 제도화된 체제를 말한다(원석조, 2010: 63). 여기에서 말하는 이익의 교환이란 국가와 자본가, 노동자가 협약을 맺어 노동자는 임금억제 등의 국가정책을 지지해주는 대신에 국가나 자본가는 그 대가로 반대급부를 제공하는 것을 말한다. 이는 중세사회에서 마치 농노 또는 시민은 왕실과 귀족에게 복종하고 왕실과 귀족은 이들을 보호하는 체제와 유사하다. 이런 점에서 코포라티즘의 기원은 중세사회에 있다고 한다. 코포라티즘을 주장하는 학자에는 윙클러(Winkler, 1976), 루버트(Luebbert), 슈미트(Schmitter, 1979) 등이 있다.

(나) 특 성

코포라티즘은 1990년대에 와서 신자유주의에 대한 저항과 부작용을 극복하는 방안으로 나타났다. 자본주의 경제체제 내의 노동계급과 자본가계급 사이의 근본적인 이해의 대립관계를 화해와 조정을 통하여 공통의 이익을 달성할 수 있게 한다. 이 코포라티즘에 대하여는 자유주의자들은 이 주의는 시장에 대한 불필요한 개입을 조장하고 모든 경제는 시장을 통하여 자연스럽게 형성되어야 한다고 한다. 그러나 협약과 사회 합의를 통한 개입은 국가의 개입과 다르고 오히려 시장경제를 활성화하는 측면이 있으므로 코포라티즘의 장점을 무시할 수 없을 것이다.

마르크스주의자들은 코포라티즘이란 자본주의자들에 의하여 고안된 정치구조에 지나지 않으며 자본주의 및 노동의 희생을 정당화하기 위한 도구에 불과하다고 한다. 그러나 자본주의에서 경제적인 약자인 노동계급은 코포라티즘의 자본가, 노동자 간의 타협 아래서 노동계급의 권익이 더 신장될 수 있을 것이다. 복지국가와 코포라티즘의 관계는 다음과 같이 말할 수 있다.

코포라티즘은 사회적 코포라티즘과 국가적 코포라티즘으로 나눌 수 있는데 사회적 코포라티즘은 정부, 노동, 자본이 물가와 복지 문제를 상의하고 결정하는 삼자 협동주의가 핵심이다. 사회 코포라티즘은 복지국가의 확대를 가져왔다. 또 사회적 코포라티즘은 노동조합의 힘이 강할 때 나타난다. 코포라티즘이 활성화되면 의회가 무력화 된다(원석조, 2010: 134 참조).

마. 결 언

지금까지 사회복지에 관한 여러 가지의 이념에 관하여 살펴보았다. 사회복지이념은 시대와 장소에 따라 변화하여 왔다. 현대사회는 국가, 지방정부, 기업, 노동조합, 시민단체가 저마다 자신들의 이익을 위하여 여러 가지의 복지를 주장하는 다원적인 사회이므로 어느 이념을 바탕으로 복지정책을 펼 것인지를 모를 만큼 다양한 복지의 모습이 나타난다. 따라서 지금까지 열거한 여러 가지 이념의 장단점을 분석하여 궁극적으로 국민의 삶의 가치를 실현하여 모든 국민들로 하여금 인간다운 생활을 할 수 있는 정책을 펴나가야 할 것이다. 한 가지 분명한 것은 우리나라는 자유민주주의를 헌법적인 가치로 하고 이를 바탕으로 자유와 평등을 실현을 보장하고 그리고 인간다운 생활을 할 수 있는 것을 국민의 생존권적 기본권으로 국가가 책임을 지고 보장한다는 이념이 헌법상의 이념이다. 이 생존권은 국가의 복지정책에 영향을 받는다. 헌법은 국가는 복지의 증진에 노력해야 한다고 규정하고 있다. 따라서 사회복지의 실현을 통한 생존권적 기본권의 보장이 헌법상의 가치이므로 자유주의를 바탕으로 하되 복지에 대한 국가의 적극적인 개입이 필요한 복지정책을 펴나가야 할 것이다.

2. 복지국가

1) 개 념

복지국가라는 개념은 영국의 칸타베리 대주교인 템플(Temple)이 1941년에 간행한

『시민과 기독교인』이라는 책에서 처음 사용했다고 한다(김종명, 2009: 77). 그 이후 1945년에 집권한 영국의 노동당 정부가 베버리지 보고서(1942)를 바탕으로 1948년에 '요람에서 무덤까지'라는 이념 아래 각종 사회보장제도를 실시함으로써 보편적으로 사용되기 시작했다. 그러나 복지국가 개념은 19세기 독일의 비스마르크 정부에 의한 각종 사회보험에서 시작되었고 20세기 중반에 영국의 노동당 정부에서 정착시켰다.

복지국가에 대한 정의는 학자마다 서로 조금씩 다르게 정의하고 있다. 소개하면 다음과 같다.

로웨(Lowe, 1993)는 복지국가를 좁게는 사회복지서비스를, 넓게는 시민의 복지를 위해 정부가 제공하는 모든 사회경제적 서비스를 제공하는 국가를 말하고 기능적으로 보면 개인과 가족에게 최저소득과 생활을 보장하는 것이다. 그리고 국가가 개인과 가족이 사회적 위험을 극복할 수 있도록 함으로써 보장의 범위를 확대하고 국가가 모든 시민이 지위와 계급과 관계없이 사회복지서비스를 받을 수 있도록 한다는 것이다.

브릭스(Briggs, 1961)는 국가가 개인의 능력과 재산의 시장 가치와 관계없이 모든 개인과 가족에게 최소한의 수입을 보장하고, 개인과 가족에게 위험을 초래하는 것에 대응할 수 있도록 보호하며, 모든 국민에게 지위와 계급의 차이에 관계없이 최고 수준의 사회서비스를 제공하는 국가를 말한다.

윌렌스키(Wilensky, 1975)는 복지국가의 핵심적 요소는 국가가 모든 국민에게 최소한의 수입과 건강, 주택, 교육을 보장하고 소득의 재분배를 통하여 평등을 증진하는 국가로 정의한다.

미쉬라(Mishra, 1990)는 복지국가란 국민의 인간다운 삶과 관련된 최소한의 전국적인 기준을 유지하기 위한 국가의 책임을 제도화한 것이라고 한다. 이 기준을 보장하기 위하여 완전고용을 실현하고, 국민의 기본욕구를 충족하기 위한 보편적인 서비스를 제공하며 빈곤의 해소와 예방에 초점을 두는 국가를 복지국가라고 한다.

우리나라의 학자들은 다음과 같이 보고 있다. 김종명은 복지국가란 일반적으로 국민 전체의 복지증진과 확보 그리고 행복 추구를 국가의 가장 중요한 기능으로 보고, 국가가 주도적으로 각종의 사회보장제도를 적극적으로 수행하는 국가를 말한다고 한다(김종명, 2009: 79). 김태성과 성경륭(2006)은 가장 단순한 차원에서 국민의 비복지를 제거하고 복지를 향상시키기 위하여 노력하는 국가라고 정의한다. 또 이진숙은 복지국가란 수정 자본주의제도, 민주주의 정치제도, 국민 최저수준의 보장, 복지에 대한 국가의 책임을 특징으로 하는 국가를 말한다고 한다(이진숙 외, 2010: 114). 그리고 원석조는 복지국가란 좁게는 사회서비스를, 넓게는 시민의 복지를 정부가 제공하는 모든 사회 · 경제적 서비스를 말하고, 복지국가는 요람에서 무덤까지의 보장을 지향하여 탄생하였으며 복지국가는 최저소득의 보장, 사회적 위험의 감소, 적정수준과 보편주의 혜택을 목적으로 한다고 한다(원석조, 2010: 122). 복지국가란 결국 국민의 인간다운 생활을 헌법상의 기본권으로 보장하고 이를 위하여 국가가 사회복지와 사회보장의 실현에 노력하는 국가를 말한다.

이런 점에서 복시국가는 다음과 같은 특성을 가진다. 첫째, 평등의 실행이다. 이는 인간다운 생활을 보장하기 위한 전제 조건이다. 둘째, 사회적, 정치적인 위험과 불안을 제거해야 한다. 셋째, 민주주의를 바탕으로 이를 실현해야 한다. 여기에서 인간의 자유와 평등을 국가가 보장해야 한다. 자유는 개인이 국가의 정책결정에 참여할 수 있는 자유를 포함하고 평등은 앞에서 본 바와 같이 인간다운 생활을 보장하기 위한 요소로서 기회의 균등과 분배의 평등을 의미하므로 자유와 평등의 보장을 바탕으로 할 때 복지국가가 실현될 수 있다고 본다. 셋째, 경제체제는 자유주의적 개인주의를 바탕으로 하는 자유경제체제와 국가의 개입을 전제로 하는 사회주의적인 경제를 혼합하는 혼합경제체제를 가져야 한다. 이를 '수정자본주의'라고 한다. 우리나라도 경제에 있어서 자유와 창의를 존중하되 국가가 국민경제 전체적인 입장에서 통제와 조정을 할 수 있다고 헌법에서 규정하고 있으므로 우리나라의 경제체제는 헌법상 혼합경제체제를 취하고 있다. 순전히 자유주의적인 시장에 경제를 맡기는 경우에는 자본가의 이익 추구와 시장경제의 경쟁원리 때문에 소득 분배는 불평등해지고 빈부의 격차가 심화되어 도리어 부자유 불평등한 사회가 되고 만다. 따라서 이런 것을 고쳐서 평등을 실행하고 자유를 회복하여 주기 위해서는 국가의 조정과 간섭이 불가피한 것이다. 따라서 이러한 혼합경제체제를 취할 때 경제적 약자인 노동자와 일반 시민의 복지를 실행할 수 있는 것이다.

2) 서구 및 미국의 복지국가 변천과정

서구사회와 미국의 복지국가 변천과정을 분석한 학자들에 의하면 실험기(1870~1920), 강화기(1930~1940), 확장기(1950~1960), 재조직화기(1970년 이후)로 보는 사람(Heclo, 1984), 탄생기(1880~1914), 성장기(1920~1970), 축소기(1975)로 보는 사람(Pierson), 태동기(1880~1920), 정착기(1920~1945), 성장기(1945~1970)로 보는 사람(Gilbert & Terrell, 1998), 태동단계(1870~1920), 정착단계(1920~1945), 성장단계(1945~1975), 침체단계(1978~)로 보는 사람(김종명) 등 다양하다.

태동단계는 영국과 독일에서 19세기말에서 20세기 초까지 사회보험과 산업재해보상보험, 건강보험이 사회연대성을 바탕으로 국가에 의하여 시행된 시기를 말한다. 정착단계는 20세기 초에서 그 중반까지 세계대전과 경제공황을 거치면서 유럽의 많은 국가들은 국가 주도의 복지정책을 실시했고 국민총생산의 약 3% 정도를 복지비로 지출했다. 그리고 미국은 뉴딜정책이라는 국가 주도의 대규모사업을 실시하여 일자리 창출과 복지급여를 제공하고 사회보장법을 만들어 사회적 취약계층에 대하여 각종의 복지 프로그램을 제공하였다. 다음으로 1945년부터 1975년까지를 성장기로 보고 이 시기에는 보편적인 복지국가로의 이행이 이루어지고 사회보험의 대상과 급여수준을 확대하며 혼합경제체제 아래서 사회복지를 확대하면서 경제성장과 완전고용을 실행하는 정책을 펴고 복지 지출도 크게 증가하였다. 이 시대에는 OECD국가들의 평균 복지비 지출이 국민 총생산대비 1950년에는 12.3%, 1975년에는 21.9%나 되었다고 한다(김종명, 2009: 83 표 4-1 참조). 그러다가 1975년 이후에 접어들면서 유류 파동으로 인하여 정부 재정이 악화되자 복지도 침체기로 들어갔다. 이 당시 발생한 경제불황과 복지국가에 대한 비판을 배경으로 하여 등장한 영국의 대처 정부와 미국의 레이건 정부(신자유주의 정부)는 경기침체의 주요 원인은 과다한 복지비 지출에 있다고 보고 공공부조 등 복지 분야에 정부 지출을 큰 폭으로 삭감하였다.

3) 우리나라의 발전과정

우리나라의 복지국가는 복지준비기, 태동기, 발전기, 정착확대기로 나누어 볼 수 있다.

(1) 복지준비기(1945~1950년대)

이 시기는 미군정 시대와 이승만 정권 시대이다. 미군정 시기에는 빈곤과 사회 혼란에 대처하기 위한 구호적 성격의 시혜적 성격이었고 국가가 계획적이고 창의적인 복지제도를 마련하지 못한 시기이다. 그 후 정부수립 후에 근로기준법을 만들어 초보수준의 노동자 보호를 실시하였고 어린이헌장을 발표하여 아동복지에 관심을 가졌다. 그리고 미국 등 외부 국가에 의한 원조를 통하여 빈곤을 해결하려는 시대였다. 따라서 이 시기에는 복지 그 자체가 없었고 다만 나중의 복지를 준비하는 시기였을 뿐이다.

(2) 태동기(1960~1970년대)

박정희 정권의 강력한 근대화 추진으로 국가 전반에 관하여 획기적인 변화를 가져왔고, 오늘날의 근대화, 경제 번영을 가져오게 된 기틀을 마련한 시기이다. 잘 살아보자는 구호 아래 새마을사업 등을 통하여 근대화를 이룩한 터전을 세웠으며 급격한 상업화와 도시화가 이루어졌다. 이 결과 지역 간, 사람 간의 빈부격차가 커지고, 분배의 불평등, 상대적인 빈곤감, 빈부격차로 인한 노동자들의 심한 갈등과 투쟁이 일어났다. 여기서 박정희 정권은 국가복지를 생각하게 되었고 이를 통하여 위와 같은 제반 문제를 해결하려고 했다. 이렇게 하여 나타난 것이 각종의 사회복지 입법이다. 이 시기에 공무원연금법을 제정하여 후일 각종 연금법의 모델이 되었고, 상이

군경과 그 유족을 보호하기 위한 법률을 만들었다. 또한 생활보호법을 만들어 공공부조를 초보적이나마 시행하였고 이 법이 후일에 국민기초생활보호법으로 발전하였다. 그리고 아동보호법을 제정하여 아동복지를 시행하였고, 이 밖에 군인연금법, 국민복지연금법, 산업재해보상보험법, 의료보험법, 사립학교교원연금법 등이 제정되어 앞에서 본 공무원연금과 더불어 사회보험이 실시되었다. 그러나 1960년대에 만들어진 생활보호법이나 산업재해보상보험법 등은 그 내용이 보잘 것 없고 복지라고 이름 붙이기가 어려울 정도의 입법이 있었고 정부도 시민도 사회복지에 관한 인식을 하지 못했던 시기였다. 그러다가 1970년대에 와서 경제가 급속도로 발전하게 됨에 따라 내용적으로 부실했던 사회복지관련법을 개선하여 현대적인 사회복지의 기틀을 마련하게 되었다. 따라서 이 시기를 복지국가의 태동기라고 부른다.

(3) 발전기(1980년대)

노동조합의 획기적인 증대, 산업화 및 도시화의 가속화, 산업의 발전과 생활의 현대화로 인한 산업재해와 환경오염, 핵가정의 가속으로 인한 가정문제, 장애인 문제, 청소년 비행문제, 노인문제 등 지금까지 사회복지에 대한 수요와 필요성이 나타난 시기이다. 이에 1960, 70년대에는 알지도 못했던 사회복지 입법을 하게 되었다.

사회복지사업기금법을 마련하여 기금조성의 틀을 만들었고, 노인복지법, 심신장애자복지법, 생활보호법의 개정, 국민연금법의 제정, 최저임금법의 제정, 모자복지법의 제정, 아동복리법의 전면 개정, 사회복지사업법의 제정, 각종의 사회복지서비스법이 제정되었다. 이 시기에는 국민들의 사회적인 욕구에 따라 사회보험, 공공부조, 사회복지서비스에 관한 입법을 완성한 시기이므로 복지국가의 발전기라고 할 수 있다.

(4) 정착확대기(1990년대 이후)

이 시기는 정치적으로 평화적 정권교체와 문민 민주화가 이루어졌던 시기이다. 1995년에 일인당 국민소득이 16,000불, 2000년대에는 20,000불을 돌파한 후 잠시 후퇴했다가 2010년에는 다시 20,000불을 돌파했고 2015년 현재 약 28,000불을 기록하고 있다. 그러나 이런 가운데서도 고도의 산업화와 재벌경제의 폐단으로 기업이 연쇄부도나고, 실업자가 증가했으며 실직 노숙자 문제가 사회문제로 되었다. 또 과격한 노동조합 활동으로 생산력이 감퇴하고, 가정파탄, 생활범죄가 사회문제로 되었고, 빈부의 격차에 따른 갈등도 해결되지 못했다. 이리하여 이 시기에는 사회복지법제를 이 시기에 알맞게 손질하고 개선하였다. 이 시기에는 사회복지관련법이 매년 빈번하게 개정되었다. 이 시기에 사회복지법의 기본법이라고 할 수 있는 사회보장기본법이 제정되어 현재까지 제정된 사회복지법들의 상호 연계를 위한 사회보장에 관한 법을 확대 개편하였다. 그리고 여권 신장의 결과 여성복지에 관한 법을 만들고 영유아보호에 관한 법도 만들어 사회적 취약계층을 위한 법제정에 박차를 가했다. 여성발전기본법과 영유아보호법, 성폭력방지법, 가정폭력방지법이 대표적이다. 이 밖에 사회복지공동모금법을 제정하여 자발적 자원봉사자 등을 지원하는 체계를 마련했다. 그리고 남녀차별금지법, 장애인복지법이 제정되었는데 장애인복지법은 장애인의 복지증진과 장애인의 사회참여의 증진에 기여하고자 한 것이다. 이 시기에 국민건강보험법을 제정하여 모든 국민에게 의료복지를 시행하게 되었다. 특히 국민기초생활보장법을 제정하여 공공부조의 확대를 실시하였고, 장애인고용촉진법을 제정하여 장애인의 고용을 위한 토대를 마련하였다. 건강가정기본법을 제정하여 가족구성원의 복지에 대한 지원을 명문화하였고 청소년에 대한 복지 입법도 이 시기에 나왔다. 이 시기는 실로 우리나라의 복지가 한 단계 높아지고 정착·확대된 시대이다. 그리고 2013년 이후에는 종래의 생활형 복지에서 생애주기별 맞춤형 복지를 목표로 하는 정책을 설정하고 기초연금법을 만들어 노령자에 대한 무상복지를 확대하고 있다.

4) 복지국가의 유형

(1) 퍼니스와 틸톤의 복지국가

미국의 퍼니스와 틸톤(Furniss & Tilton, 1977)은 사회복지욕구에 대한 정부의 개입 형태를 기준으로 적극적 국가, 사회보장국가, 사회복지국가로 나누었다.

적극적 국가란 정부의 역할은 개인의 재산소유를 보장하고 경제적 안정을 목표로 하는 국가이다. 국가는 기업과 정부의 상호 협력을 통하여 경제성장과 안정을 도모한다. 기업은 이에 대한 보답으로 자신이 해도 될 의사 결정을 일정부분 국가에 양도한다. 그러므로 적극적 국가에서는 일차적으로는 가족과 시장경제에 의하여 개인적 욕구충족을 하고 만약 가족이나 시장이 그 기능을 발휘하지 못할 때에는 국가의 사회복지제도가 이를 보완한다는 사회복지의 잔여적 개념을 인정한다. 이 국가에서는 사회보험을 선호한다. 그 이유는 수급자가 보험원칙에 따라 보험료를 부담하기 때문에 정부의 지출이 억제될 수 있고 사회보험에 의하여 소득의 재분배가 정부 개입 없이 이루어지므로 정치적인 부담이 없기 때문이다. 적극적 국가는 초보적인 복지국가의 단계이다. 적극적 국가의 복지정책은 경제성장과 기업이익의 보호라는 경제정책의 범위 내에서 이루어지기 때문에 복지국가의 범주에 넣기는 곤란하다고 한다. 이 국가의 특징을 요약하면 국가정책의 목적은 자유시장의 불안정성과 재분배의 요구로부터 자본가를 보호하는 데 있다. 그리고 국가정책의 방향은 경제성장을 위한 기업의 협조와 완전고용정책의 최소화에 둔다. 사회정책의 방향은 경제적 효율성이 기여할 수 있는 복지서비스만 실시하고 수익적 부담원칙에 의한 사회보험과 잔여적 복지에 두고 복지정책은 사회통제수단으로 한다. 미국이 대표적인 국가이다.

다음으로 사회보장국가란 사회복지정책을 통하여 국민의 최저생활을 보장하는 국가이다. 사회보장국가는 개인의 사유재산을 보장하고 국가와 기업 간의 상호 협동을 바탕으로 하면서 사회보험뿐만 아니라(여기까지는 적극적 국가와 같다) 공공부조나 사회복지서비스를 통하여 보충한다. 즉 국민의 생존권을 보장한다는 것이다. 그러나 사회보장국가에서는 최저수준의 생활을 보장하는데 이는 기회균등과 일정수준까지의 평등을 보장한다는 것이지 완전한 평등을 보장한다는 것이 아니다. 따라서 국가는 기회균등과 일정수준까지 평등을 보장하면 그 이상의 부분은 개인이나 가족이 자발적으로 스스로의 노력을 통하여 해결해야 한다는 것이다. 국가는 공공적 책임의 범위 내에서만 책임을 진다는 것이다. 요약하면 국가의 목적은 국민 전체의 생활안정에 두고, 국가정책의 방향은 완전고용정책의 극대화와 기회균등의 실현 그리고 모든 국민에게 직접적 혜택을 부여하는 데 둔다. 사회정책의 방향은 최저생활수준만 보장하고 기본생활수준은 국민의 생활수준 향상에 따라 개선하며 사회보험제도 이외에 무상의 공공부조를 확대하는 데 둔다. 영국이 대표적인 나라이다.

마지막으로 사회복지국가란 최저수준의 생활만을 보장하고 그 이상은 경쟁에 맡기는 사회보장국가를 비판하는 입장이다. 이 국가는 국민의 실질적 평등을 실현하고 국민의 정치활동의 참여를 적극화하여 모든 국민의 안녕을 보장하는 국가라는 것이다. 이 국가는 모든 국민들의 평등한 삶의 질을 추구한다. 사회복지국가는 경제정책에 있어서 실질적 평등의 실현과 정부와 기업 그리고 노동조합의 단결과 협력을 무엇보다 강조한다. 이 실질적 평등에 대하여 국가가 책임진다는 점과 노동조합과 기업 그리고 정부의 협력이 있는 점이 사회보장국가와 다르다. 따라서 사회복지국가는 특히 정부와 노동조합의 협력을 강조하는 복지체제이다. 사회복지국가는 이러한 실질적인 평등을 실현하기 위한 방안으로 사회보험이나 공공부조뿐만 아니라 사회복지서비스를 통한 수혜를 보다 강화한다. 이를 요약하면, 국가정책의 목적은 국민 모두의 실질적 평등과 화합에 둔다. 국가정책의 방향은 정부와 노동조합 간의 협력에 의한 완전고용정책과 환경계획, 최하위층의 우선적 고려에 둔다. 사회정책의 방향은 최저수준 이상의 보장, 사회보험과 공공부조 프로그램의 확대와 복지서비스의 확대, 정부지원의 확대 그리고 시민의 참여와 권력분산에 둔다. 스웨덴이 대표적 국가이다.

(2) 윌렌스키와 르보의 복지국가

윌렌스키와 르보(Wilensky & Lebeaux)는 잔여적 복지제도와 제도적 복지제도의 개념을 도입하여 복지국가 유형화 했다. 잔여적 복지제도는 일차적으로는 가족과 시장경제에 의하여 개인의 문제나 욕구를 충족하고 만약 가족과 시장 같은 정상적인 공급구조가 제 기능을 발휘하지 못할 경우 비로소 복지가 활동하는 사회복지제도이다. 정부의 역할을 최소화하고 가족과 시장이 주된 기능을 수행한다. 그 기능이 실패할 경우 정부가 개입한다. 자유 개인주의 시장경제 원칙을 기본가치로 하는 자본주의 정신에 충실한 제도이다. 개인의 빈곤에 대하여는 개인적 책임을 강조하고 국가 책임을 최소화한다. 사회복지 수혜자는 일반인보다 비정상적이고 약하고 적응을 못하는 병리적 사람으로 간주한다. 공공부조가 잔여적인 복지제도에 해당하는 대표적 경우이다. 미국과 일본이 여기에 속한다.

제도적 복지제도는 사회복지제도가 사회에서 정상적인 제 일선의 주요 기능을 담당하는 것을 말한다. 국가 역할을 극대화하고 복지는 사회권으로서 보편적으로 급여가 제공된다. 급여수준은 높고 집합적 사회결속을 강조한다. 이 제도의 기본적 가치는 실질적 평등의 실현, 빈곤으로부터의 자유, 우애이다. 빈곤에 대한 사회적 책임을 강조하고 빈곤의 수준을 높게 책정하고 사회복지 수혜자를 지극히 정상적인 사회구성원으로 본다. 이 제도는 국민연금, 건강보험, 고용보험, 산재보험 등 사회보험이 대표적인 복지 프로그램이다. 스웨덴, 노르웨이가 대표적 나라이다.

(3) 티트머스의 복지국가

티트머스(Titmuss, 1974)는 복지국가의 유형을 잔여적 유형, 산업적 수행(industrial achievement performance) 유형, 제도적 재분배 유형으로 구분하였다. 여기의 잔여적 복지 유형과 제도적 재분배 유형은 위의 윌렌스키의 잔여적 복지 유형 및 제도적 복지 유형과 유사하다.

잔여적 유형은 복지제공에 있어서 시장과 가족의 역할을 중시하고 공공부조 프로그램을 강조한다. 가족과 시장이 제대로 작동되지 않을 때 사회복지제도가 시행된다고 한다. 미국이 대표적 국가이다.

제도적 배분배 유형은 시장과 가족보다는 사회적인 욕구에 따라 모든 사회구성원에게 보편적으로 제공되는 복지 프로그램을 강조하고 이러한 보편적인 서비스를 제공하는 사회통합제도가 곧 사회복지이다. 사회복지서비스는 가난한 사람에게 서비스를 제공하는 치료적인 것이 아니라 다양한 사회적인 위험이나 욕구를 해결함에 있어서 보편적인 서비스를 사회구성원 모두에게 제공하는 적극적인 역할을 수행한다. 스웨덴, 노르웨이, 네덜란드가 대표적 국가이다.

산업적 수행 유형은 사회복지급여가 시장에서의 역할 즉 직무수행 및 생산성의 정도에 따라 차등화 되어야 한다는 것이다. 따라서 개인의 업적, 성취도, 생산성을 중시한다. 사회보험 프로그램을 중시한다. 독일, 프랑스, 스위스, 영국, 캐나다, 오스트리아가 대표적인 국가이다.

(4) 미쉬라의 복지국가

미쉬라(Mishra, 1984)는 복지국가를 분화적 복지국가, 통합적 복지국가로 분류했다. 분화적 복지국가란 사회복지를 경제와 대립된 개념으로 파악하고 경제에 장애가 되는 복지는 제한하고 결국 잔여복지만이 제공되는 국가유형이고 복지는 포괄적이지 못하고 시장경제와 거의 연관성이 제공된다. 이에 대하여 통합적 복지국가 유형은 조합주의를 바탕으로 하여 경제정책과 사회복지정책이 서로 밀접하게 관련되어 이 둘을 포괄적으로 통합하는 복지정책을 펴는 국가이다. 이 둘의 차이를 경제 형태, 사회복지 형태, 정치형태로 나누어 보면 다음과 같다.

경제 형태에 있어서 보면 문화적 복지국가의 경우에는 정부의 개입이 주로 수요 측면에서 이루어지고 수요의 창조와 억제를 위한 정부의 경제활동의 활성화 조치가 있게 되지만, 통합적 복지국가의 경우에는 수요 측면과 공급 측면 모두에서 경제의 조절을 하게 되고 광범위하게 경제 문제를 국가가 조절하고 합의를 이끌어낸다. 다음으로 사회복지 영역에서 보면 분화적 복지국가의 경우에는 사회복지가 경제로부터 구별되는 상대적인 자율성을 띠면서 경제와 거의 연계성을 갖지 아니하고 국가가 사회적 복지서비스를 제공하는 데 대하여 통합적 복지국가에서는 사회복지는 경제정책과 밀접한 관계에 있으며 사회복지정책과 경제정책은 상호 의존성을 가지고 상호 관련성이 제도화되어 있다. 따라서 사회정책과 경제정책은 통합의 필요성을 제도화하고 경제와 복지가 서로 협력하는 관계를 실행한다. 정치 형태에 있어서는 분화복지국가는 이익집단의 다원주의가 지배하고 자유경쟁과 시장이 중심이며 의회주의 및 완전한 시민의 정치적 자유를 최고의 가치로 한다. 이에 대하여 통합적 복지국가는 중앙집권적 다원주의를 바탕으로 하고 경제와 사회복지정책에 있어서 주요 이해집단의 대표와 최고 조합 사이의 협상과 협의를 중시한다. 따라서 사회복지정책은 각 계층 간의 갈등과 경쟁보다는 협력과 협의를 바탕으로 한다. 그리고 주요 경제집단에 사회적 책임이 존재한다. 이 국가도 의회주의를 존중하고 완전한 시민적, 정치적 자유를 보장한다.

(5) 에스핑 안델센의 복지국가 유형

에스핑 안델센(Esping-Andersen, 1990)은 그가 개념화한 탈상품화 정도와 계층화 정도를 기준으로 복지국가를 자유주의 복지국가, 보수주의 복지국가, 사회민주주의 복지국가로 구분하였다(이진숙 외, 2010: 128; 원석조, 2010: 123). 탈상품화란 근로자가 자신의 노동력을 상품으로 시장에 내다 팔지 않고서도 공공 사회보장제도를 통하여 소비능력을 사회적으로 보장받고 일정수준의 삶의 질을 유지할 수 있는 것을 말한다. 자본주의 국가에서는 노동자는 생존을 위하여 노동력을 상품으로 시장에 팔아야 한다. 그러나 사회복지가 높은 수준에 올라있는 나라에서는 실업보험, 연금제도, 그리고 정부가 주도 시행하는 각종의 사회복지제도를 통하여 노동력의 탈상품화가 가속화 된다. 따라서 생존하기 위하여 노동력을 상품화하는 데 덜 의존하고 탈상품화의 수준에 따라 사회복지의 발달 수준을 가늠할 수 있다는 것이다.

에스핑 안델센은 탈상품화 점수라는 것을 개념화하여 그 점수가 높을수록 사회복지가 잘 되어 있는 것으로 판단했다. 탈상품화 점수란 연금, 건강보험, 실업보험 등

3대 사회보험에 있어서 첫째, 최저급여액의 평균 임금에 대한 비율, 둘째, 평균 급여액의 평균 임금에 대한 비율, 셋째, 급여수급 자격요건, 넷째, 전체 재정 중 수급자 부담의 비중, 다섯째, 전체 인구 중 실제 수급자의 비율 등을 점수로 매긴 것이다. 오스트리아, 벨기에, 네덜란드, 덴마크, 노르웨이, 스웨덴 등의 사회민주주의 국가가 가장 점수가 높고, 이탈리아, 일본, 프랑스, 독일, 핀란드, 스위스 같은 코포라티즘적 복지국가가 중간 수준이고, 미국, 호주, 영국, 캐나다, 뉴질랜드, 아일랜드 같은 자유주의 복지체제를 가진 나라가 가장 낮다고 한다(원석조, 2010: 123).

자유주의 복지체제는 국가가 노동시장에서 적절한 소득을 획득하지 못하는 사람들을 대상으로 국민 최저수준의 복지급여를 제공한다. 복지 대상자 선정에서 가장 중요한 기준은 구제 가치가 있는 빈민이고 이는 복지대상자의 노동 동기를 강화하기 위한 것이다.

코포라티즘적 복지국가는 복지 대상자를 직업의 범주에 따라 구분하고 국가는 이들이 직무능력을 쌓아가도록 교육과 훈련을 적극 지원하며 소득보장은 주로 사회보험을 통하여 담보되며 소득보장 수준은 국민의 최저수준 이상으로 한다는 것이다. 사회민주 복지국가는 사회적 평등과 국가적인 사회연대성의 제고를 위하여 국가가 적극 개입한다. 조세, 임금격차의 축소, 정책, 각종의 복지급여, 적극적인 노동정책 등 각종 국가정책을 통하여 소득의 평등이 확대되고 모든 시민들이 평균적인 생활수준을 향유한다. 복지급여는 보편주의적이고 높은 수준을 유지한다고 한다(원석조, 2010: 124).

5) 우리나라의 복지국가론

(1) 헌법상의 복지국가 지향성

우리나라 헌법은 모든 국민에게 인간다운 생활을 할 수 있도록 국가에 요구할 수 있는 권리를 보장하고 있다. 이 권리가 이른바 생존권적 기본권이다. 이 생존권적 기본권은 자유권에 비하여 현대적인 권리이며 국제인권법은 이를 사회적, 경제적 권리, 즉 복지주의적 권리라고 부른다. 또 이 생존권적 기본권은 사회적 실질 평등을 핵심요소로 한다. 이는 자유주의적 시장경제를 넘어 사회적 시장경제주의에 근거하고 있다. 우리나라는 자유와 법적인 평등을 이념으로 하는 자유주의를 존중하면서 국가의 자유시장에 대한 규제와 조정을 할 수 있도록 헌법에서 규정함으로써 사회적 시장경제체제 내지 혼합경제체제를 정책으로 하고 있다. 헌법에서는 국가는 국민을 위하여 사회보장과 사회복지의 증진에 노력할 의무가 있다고 규정하고 있다. 이 사회보장과 사회복지의 증진의무에 대응하는 권리가 국민의 국가에 대한 사회보장요구권(다른 면으로 보면 국가로부터 사회보장급여를 받을 권리 곧 사회복지수급권이 된다)이며 이 권리가 바로 생존권적인 기본권의 핵심이 되는 국민의 복지권이다. 이와 같이 본다면 우리나라는 헌법상으로 자유와 평등을 바탕으로 하면서 복지국가를 지향하겠다고 하는 것을 선포하고 있다.

(2) 현재의 복지 실태와 대비책

우리나라는 앞에서 본 바와 같이 21세기에 접어들면서 여러 가지로 사회복지제도와 법제를 다양하게 만들어 운영하고 있고 헌법상으로도 복지국가의 형성을 위한 법적인 뒷받침을 하고 있다. 그러나 현재 우리나라의 복지비지출은 30개 OECD국가 중에서 멕시코 다음으로 낮은 국민 총생산 대비 9%에 불과하다. 우리나라는 현재 저출산, 고령화, 저임금, 비정규직 노동자 문제, 저소득층과 고소득층의 양극화 현상이 더욱 심해지고 있다. 따라서 이로 인하여 발생하는 사회복지욕구를 복지를 통하여 해결해야 한다. 이를 위하여 신자유주의 사고 또는 잔여적 복지 입장에서 시장에서 1차 배분이 불완전하기 때문에 이를 보조하기 위하여 국가가 2차 배분에 개입하는 복지정책을 펴야 하고 이와 같이 할 때 자본주의는 유지된다고 한다. 이에 대하여 국가가 적극적으로 개입하여 보편적 적극적 복지를 펴야 하고 경제와 복지를 한 묶음으로 보는 역동적 복지국가로 가야 해결된다고 보는 입장으로 나누어져 있다.

이 입장은 앞에서 본 바와 같이 제도적 복지국가형, 사회복지국가형, 통합적 복지국가형, 사회민주주의 복지국가형에 해당한다. 스웨덴은 경제와 복지가 유기적으로 통합된 가장 좋은 모델이다. 그러나 어떠한 모델을 취하던 국가의 복지비 지출을 늘리려면 국가의 재정 상태가 그에 따라야 하는데 여기에는 조세정책과 일자리 창출을 통한 근로자의 소득을 증가시켜야 한다. 그리고 또 시급한 것이 지속적인 경제성장을 해야 국가재정을 확충할 수 있다. 그런데 스웨덴식의 복지정책을 펴기에는 우리나라의 정치적, 경제적 이념에 비추어 볼 때 무리가 있다. 우선 시장경제 아래서 기업의 생산성을 높이고 경제성장을 해서 노동자의 소득을 증가 시키고 아울러 국가 취약계층부터 복지를 확대하면서 종국에 가서는 모든 국민에게 보편적 공정한 복지를 펴나가야 할 것이다. 따라서 무조건 퍼주기식 복지가 아니라 경제성장과 연결되는 복지모델을 만들어 나가야 할 것이다. 모든 것을 국가에 의존하는 식의 복지보다 복지 수혜자들이 자립할 수 있도록 도와주는 복지가 중요하다는 것을 인식해야 할 것이다. 그리고 이를 바탕으로 하면서도 보편적인 복지가 가능하도록 연구하여 나가는 것이다. 말하자면 보수와 진보를 함께 안고 가자는 것이다. 우리나라는 2010년대에 접어들어 보편적 복지가 가능하도록 여러 가지 복지정책을 실현하고 이를 바탕으로 사회복지 관련 법제를 수시로 개정하고 있다.

Chapter

Social Welfare Policy

08 사회복지정책의 역사

1. 서 언

흔히 사회복지정책의 발전 단계를 빈민법 시대, 사회보험 시대, 복지국가 시대로 나눌 수 있다. 또 복지국가의 개혁 시내를 추가할 수 있다. 이 가운데 복지국가 시대는 앞에서 이미 논의한 복지정책의 시대적인 이념과 복지국가의 변천과정과 그 궤를 같이 한다. 따라서 복지국가 시대는 이미 살펴본 복지국가의 변천과정을 상세히 살펴보는 것이다.

빈민법 시대는 유럽에서 중세 봉건사회가 붕괴하고 절대군주체제가 들어옴에 따라 국가가 빈민을 구제하기 위한 정책수단으로써 빈민법을 만들어 시행하였다. 이것은 진정한 의미의 사회복지정책은 아니고 오늘날의 공공부조의 기원이 되는 정도이다.

사회보험 시대는 19세기 말에 독일에서 비롯된 것인데 산업재해, 실업, 노령화로 인한 사회적 위험을 국가와 노동조합이 보장해주는 단계이다.

복지 시대는 제2차 세계대전 이후 영국에서 시작된 것인데 모든 국민에게 복지급여를 확대하는 사회복지정책을 펴나가기 시작한 시대이다. 시장경제를 보완하기 위하여 나온 케인즈주의를 사상적 배경으로 한다. 이 시기는 모든 국민들에게 사회복지수급권을 보장해야 한다는 시대이다. 그러나 1970년대 이후 세계경제가 불황에 빠지자 복지국가의 이념과 그 실현이 후퇴하자 신자유주의나 그 이후에 등장한 수정 사회민주주의 이론과 제3의 길에 의하여 복지국가의 개혁이 강조되어 서구와 미국을 중심으로 전통적인 복지국가의 이념과 제도를 개혁하기 시작하여 오늘에 이른다. 따라서 여기에서는 빈민법 시대, 사회보험 시대, 복지국가 시대, 복지국가의 개혁 시대로 나누어 살펴보고자 한다. 그리고 마지막으로 우리나라의 사회복지정책의 역사를 상세하게 살펴보겠다.

2. 빈민법 시대

중세 봉건 시대에는 봉건영주와 교회를 중심으로 당시의 농민인 농노를 보호 구제하였고 특히 교회가 빈민구제사업을 하여 왔다. 예컨대 1349년의 영국 에드워드(Edward) 3세의 노동자 조례(부랑인들에게 강제노동을 시켜 구제한다), 1531년의 영국 헨리(Henry) 8세의 빈민법령(국왕이 빈민구제에 적극적으로 나선다는 법이고 전국의 부랑인 등록을 받아 구제토록 한다는 것이다)이 그 예이다. 이후 봉건주의가 붕괴되고 중상주의를 바탕으로 하는 자본주의가 시작되는 절대군주 시대에 접어들자 수많은 농민들은 토지로부터 쫓겨나 부랑아로 전락하였다. 또 이 시기에는 종교개혁으로 교회의 수도원이 해산되면서 교회를 통하여 구제를 받던 빈민들도 부랑인으로 길거리에 내몰리게 되었다. 이에 국가는 빈민을 구제하기 위한 정책을 펴기 시작했다. 이런 정책의 결과가 나온 것이 빈민법이다.

1) 영국의 엘리자베스 빈민법

이 빈민법의 대표적인 예는 1601년의 영국의 엘리자베스 빈민법이다. 빈민법은 과거의 빈민구제를 위하여 제정한 법령들을 체계적으로 정리한 것이다. 영국의 엘리자베스 빈민법의 내용을 소개하면 다음과 같다.

빈민구제에 대한 국가의 책임을 인식한다. 교회의 구민사업을 국가사업으로 한다. 교회 교구단위로 부과한 주민의 주민세를 복지 재원으로 한다. 노동 능력자와 노동무능력자를 구분하여 처리한다. 즉 노동 능력이 있는 빈민은 노역장에 강제 수용하여 이들에게 노동의 재료를 주어 노동을 강제하고 노동 능력이 없는 빈민은 구빈원에 수용하여 보호하였다. 또 장애인, 노인, 맹인 등을 공공 비용으로 구제하였다. 그리고 고아와 빈민 아동을 보호하고 직업교육을 하였다. 즉 직업교육은 도제 방식으로 하고, 직업교육의 목적은 치안 유지와 구빈 대상으로서의 복귀를 예방하기 위한 것이다. 도제 연령은 남자는 24세, 여자는 21세 또는 결혼할 때까지로 했다.

사회복지와 공공부조의 근원을 이 영국의 빈민법에서 찾고 있다. 그 이유는 이 빈민법이 최초로 빈민구제를 국가 책임으로 하고 국세를 국가사업에 투입하였기 때문이다.

2) 정주법

빈민법은 교구를 단위로 빈민을 구제했으므로 빈민들은 가능하면 부유한 교구로 이동해 다니기 시작하였다. 이로 인하여 많은 부랑인들이 생겨났고 구빈 비용은 증가하게 되었다. 이에 따라 빈민의 자유로운 이동을 금지하고 부랑자들을 연고지로 추방하기 위하여 정주법을 만들었다. 정주법(1662)은 부랑인을 단속하기 위한 법이고 각 교구는 자기 교구에서 출생한 자에 대해서만 구제의 책임을 진다는 것이다.

3) 작업장법

작업장법(The Workhouse Test Act of 1772)은 노동이 가능한 빈민을 고용하여 국가의 부의 증대에 기여하고자 하는 목적에서 제정되었다. 동시에 빈민에게 노동을 강제함으로써 구빈재정의 지출을 줄여 보자는 의도도 있었다.

1696년 영국의 브리스톨 시에서 여러 교구가 모여 연합체를 형성하여 공동작업장을 마련하고 빈민에게 일을 시키고 노임을 지불하였다. 이것이 효과적이라고 보아 작업장법에서는 작업장 수용을 거부하는 빈민은 구제등록부에서 이름을 삭제하여 구제받을 자격을 박탈하였다.

그 후 1722년의 노역심사법은 구제할 가치가 없는 게으른 빈민의 자유를 박탈하고 그 구제의 남용을 방지하기 위한 목적으로 제정되었다. 그래서 상습적 걸인이나 부랑자가 사라졌다. 그러나 빈민의 학대와 노동력의 착취 등 부작용이 많았다. 이 직장 작업법은 오늘날 직업 알선의 성격을 띤 것이라고 할 수 있다.

4) 길버트법

영국의 리치필드(Richfield)의 하원의원인 토마스 길버트(Thomas Gilbert)가 제안하여 제정된 법으로 그의 이름을 따서 길버트법(Gilbert Act of 1782)이라고 한다. 이것은 작업자에서의 비참한 생활과 착취를 개선할 목적으로 하는 법이다. 노동력이 있는 빈민을 작업자에 보내는 대신 자기 가정이나 인근의 적당한 직장에서 취업하도록 알선해주는 원외구호를 인정하는 내용이었다.

5) 스핀햄랜드법

스핀햄랜드법(Speenhamland Act of 1759)은 영국의 버크셔 주 스핀햄랜드 지역의 치안판사회의에서 제정된 법으로 빈민에 대한 일종의 임금보조제였다. 즉 최저생활비 미달의 임금에 대하여 그 부족분을 보조해주는 제도로 이것이 오늘날 가족수당이나 최저생활비의 기반이 되었다.

이때 최저생활의 기준은 남자는 매주 3갤런의 빵, 여자는 매주 1.5갤런의 빵이 필요하다고 하였다. 이를 기준으로 빈민에 대한 구제 금액을 결정하고 또 가족의 수에 비례해서 금액을 산출했다. 이 제도의 시행결과 다음과 같은 부작용이 나타났다.

첫째, 고용주가 저임금을 지급해도 구빈세로부터 보조금이 나오기 때문에 이것은 노동자를 위한 임금보조금이 아니라 고용주에 대한 보조금이 되었다. 둘째, 노동자는 수입이 적어도 교구로부터 부족분을 받을 수 있기 때문에 열심히 일을 하지 않았다.

6) 신빈민법

1834년에 제정된 영국 및 웨일즈의 빈민에 대한 법의 수정과 개선에 관한 법령(An Act for Amendment and Better Administration of Laws in England and Wales)을 1601년의 엘리자베스 빈민법에 대해서 일반적으로 신빈민법이라고 한다. 이 법에 의하여 확립된 몇 가지 원칙은 20세기의 사회보장제도가 확립되기까지 영국 공공부조의 기본 원리로 간주되었는데 그 내용은 다음과 같다.

첫째, 균일처우의 원칙이다. 이것은 행정기구를 개혁하여 전국적인 행정 수준의 통일과 구빈행정의 중앙집권화를 뜻한다.

둘째, 열등처우의 원칙이다. 이것은 구빈대상자의 구제수준이 자활노동자의 생활수준보다 높지 않아야 한다는 것이다.

셋째, 작업장 활용의 원칙이다. 이것은 노역장 강제 수용의 원칙이다. 즉 원조를 억제할 수 있는 작업장 수용을 원칙으로 하고 다만 병자, 노인, 허약자, 모자 가속에게만 원외구조를 허용한다.

그 외에도 빈민에 대한 선거권의 제한, 사적 부양의무의 이행, 자산조사의 실시 등을 규정했다. 이것은 가능한 한 보호를 청구하지 않도록 하려는 데 그 목적이 있다. 이때는 빈곤의 원인을 도덕심의 결여에 있다고 보아 빈민을 범죄자 같이 취급하였다.

3. 1948년 영국의 국가부조법

영국의 빈민법은 공공부조의 출발이라고 할 수 있으나 오늘날과 같은 적극적인 사회보장제도로 나타난 것이 아니고 빈민에게 종교적 차원에서의 시혜나 극히 제한된 범위에서 국가 재정과 국가 책임으로 구제 활동을 하는 것이고 빈민을 도덕심 결려자로 취급하여 가능한 한 보호 청구를 하지 못하도록 하는 것도 있었다. 즉 빈민법은 빈곤의 원인이 개인에게 있다는 개인 책임의 이념을 바탕으로 하고 있다. 그러나 빈곤의 원인이 사회제도에 있다고 보고 빈곤에 대한 사회의 책임에 대한 인식을 바탕으로 하고 있는 최초의 법이 1948년의 국가부조법이다. 영국에서는 빈곤 문제가 가장 큰 사회문제로서 국가가 이를 제거해야 한다고 생각하기 시작한 것은 1900년대 와서였다. 1930년대에 와서 비로소 영국에서는 오랜 역사를 가진 빈민법으로부터 근대적인 공공부조제도로의 전환이 이루어졌다. 이때에 와서 겨우 빈곤은 저임금 및 실업 등 사회적인 요인에 있다고 보았다. 따라서 최저생활의 보장은 국가의 책임이므로 국민은 이의 보장을 받을 권리를 가진다는 것이 인정되어 공공부조가 사회보장제도의 하나로 정착되었다. 이에 따라 1948년의 국가부조법이 제정되어 국민의 생존권적 기본권이 어느 정도 보장되었다.

4. 사회보험 시대

1) 서 언

사회보험은 19세기말에서 출현한 근대 자본주의의 산물이다. 자본주의는 시장과 경쟁을 기본으로 하는 사회이어서 구매력을 갖지 못한 사람은 인간의 기본적인 욕구를 충족할 수 없다. 이리하여 인간의 사회적인 욕구를 충족하기 위하여 나온 것이 사회보험이다. 사회보험은 사회적인 위험, 즉 산업재해, 실업, 가족 질병 등 중세 봉건 시대에는 존재하지도 않았던 위험에 대비하기 위하여 만들어졌으며 주된 대상은 초기에는 자본가에 패배하고 그에게 노동을 제공하는 무산 근로대중이었다. 빈민법이 중세 봉건 시대 내지 절대군주 시대의 정책이라면 사회보험은 자본주의의 사회복지정책이다. 사회보험은 자본가, 노동자, 국가가 그 재정을 부담한다. 여기서는 세계 최초의 사회보험인 1880년대의 독일 비스마르크의 사회보험 입법, 영국의 1911년의 국민보험, 미국의 1935년의 사회보장법을 소개한다. 그리고 공공부조가 빈민법에서 나온 데 대하여 사회보험은 공공조합에 그 기원을 두고 있으므로 공제조합에 대하여 먼저 살펴본다.

2) 공제조합

1880년대 독일제국이 사회입법의 일환으로 건강보험을 도입(1883년)할 때 중앙집중적 관리기구를 만드는 대신에 이미 질병급여를 제공하고 있었던 기존의 공제조합을 중심으로 질병 금고(건강보험조합)를 만들었고 영국도 1911년 국민보험의 하나로 건강보험을 실시하면서 별도의 관리기구를 신설한 게 아니라 기존의 공제조합 중에서 정부가 공인한 조합에게 맡겼다. 프랑스 역시 1930년 공적연금을 시행할 때 기존의 공제조합을 일선 금고로 활용했다.

공제조합이란 노동자들로 구성된 조합원 간의 부조와 복지를 목적으로 하는 상호부조 조직인데 조합원이 갹출한 일정한 부금을 재원으로 하여 조합원이 노령, 재해, 실업, 질병, 사망 등의 사고를 당했을 경우 급여를 지급한다(조합원이 사망했을 경우에는 그 미망인과 자녀에게 지급). 오늘날과 같은 국가 주체의 사회보장제도가 전혀 없어 노동자 가족들의 생계문제는 전적으로 스스로 해결할 수밖에 없었던 19세기 말까지 공제조합은 노동자들이나 서민들의 복지를 위한 유일하고도 유력한 사회조직이었다.

공제조합이 채택한 보장의 기술, 즉 일정한 사회적 위험에 대한 보상을 사전에 약정한 다음 실제로 그러한 위험이 발생하면 약정된 급여를 하나의 권리로 제공하며 이러한 권리를 갖기 위해서는 사전에 일정한 부금을 납부해야 하는 기술은 현대적인 사회보험의 기본원리와 본질적으로 같은 것이다. 또한 이는 오늘날의 공제사업의 기원이기도 하다.

영국에서는 17세기경부터 노동자들의 자생적인 상호부조조직인 우애조합이 발전했다. 우애조합은 점차 초기 형태의 노동조합으로 성장하였다. 18세기 들어 빈곤과 저임금이 만연되면서 노조의 호전성도 크게 증대되었다. 1789년에는 프랑스 대혁명이 발발했다. 당시 지배계급은 임금인상은 물론이고, 음모와 소요의 근원지가 노동조합이라고 여겼다. 노동조합을 불온시한 영국정부는 1793년 로즈법(Roses Act)을 제정하여 호전적 조합원과 온건한 노동자를 분리시키기 위하여 공제조합의 등록을 의무화하고 그 활동을 규제하였다. 1799년에는 단결금지법(The combination Act)을 만들어 모든 노동조합을 불법화하였다.

이와 같이 노동조합을 불법화하고 공제조합이 합법화되자 공제조합의 수가 크게 늘어났으며 공제조합은 조합원들의 복지활동에 주력하였다.

독일에서도 17세기경부터 직인과 도제 및 광부의 상호부조 조직이 전국 각지에서 자연발생적으로 생겨났다. 1845년 프로이센은 영업법을 제정하여 독일 최초로 공제조합 즉 노동자들의 생계와 건강을 위한 상호부조 조직을 합법화하였다. 이로써 공장노동자는 공제조합에 가입할 수 있게 되었고 지역별로 공제조합을 설립하여 공장노동자의 가입을 의무화할 수 있게 되었으며 노동자가 부담하는 공제조합 갹출료의 절반까지 고용주가 부담하는 것을 의무화할 수 있게 되었다. 이후 직업별, 공장별, 지역별로 결성된 공제조합들은 통・폐합을 거듭했으며 우후죽순처럼 생긴 건강보험조합과 직장, 지역, 수공업자 조합이 공존하였다. 독일이 세계 최초로 사회보험을 만든 후 그 시행이 비교적 순조로웠던 중요한 요인 중의 하나가 지역별, 직능별, 공제조합이 잘 조직되어 있었다는 데 있다.

프랑스에서도 19세기에 공제조합이 상당히 발달했다. 프랑스의 공제조합도 영국이나 독일과 같이 동일직업에 종사하는 노동자, 예컨대 목수, 미장이, 재화공, 방직 및 방족공 등이 직업연대성에 기초하여 자생적으로 결성하였다. 프랑스 정부는 노동조합은 물론 공제조합까지도 형법상의 집회금지조항의 대상으로 삼았다. 그러다가 1848년 제2공화국의 성립 이후 조직이 허용되어 1850년에는 약 2천개로 늘어났고 19세기 후반기에는 노동자 및 가족의 생활안정보장의 수단으로 성장하였다. 1889년에는 공제조합헌장이 공포되어 공제조합 결성의 촉매제가 되었다.

프랑스는 특이하게도 국가가 직접 공제조합을 만들어 노동자와 가족의 생활안정대책을 강구하였다. 1850년에 설립된 국가 노령퇴직 금고가 그것이다. 이 금고는 국가의 재정적 지원에 힘입어 여타의 저축보다도 많은 이윤을 보장함으로써 저임금노동자들의 노후에 대비한 예방적 노력을 장려하기 위한 제도였다. 그러나 한편으로는 노동자들의 무관심과 다른 한편으로는 높은 수준의 이자 수입을 노린 중산층의 대폭적 참여 때문에 본래 목적에서 빗나간 제도로 변질되었다. 그러나 공제조합이나 고용주 금고는 그 혜택범위가 한정되어 대부분의 노동자들은 여전히 질병, 산업재해, 실업, 퇴직 등의 사회적 위험을 스스로 해결해야 했다. 19세기 말에 이르러 노사 간의 계급대립이 심화되고 노동자계급의 생활 처지의 개선 요구가 강해지자 노동자복지에 대한 국가의 관심이 증대되었다. 그와 함께 종전까지는 통제와 감시의 대상이었던 노동자들의 공제조합을 국가가 앞장서서 적극 관장하기 시작하였다.

공제조합은 노동자의 복지문제에 국가가 본격적으로 개입하기 전까지 노동자의 재해, 질병, 노령, 사망 등 사회적 위험을 상호부조를 통하여 스스로 해결하고자 했던 자조조직이었다. 그러나 조합원의 범위가 좁고 비조합원에 대하여 배타적이었으며 재정 규모가 영세한 공제조합은 상업화가 본격적으로 진행되면서 규모가 엄청나게 커진 사회적 위험(대량실업, 산업재해, 직업병 등)에 대응하긴 역부족이었다. 이때 등장한 것이 국가의 사회보험이었다.

3) 독일의 사회보험 입법(비스마르크 입법)

비스마르크는 1883년에 독일제국의 건강보험을 만들었다. 이것이 세계 최초의 사회보험이다. 독일제국은 건강보험의 관리운영을 위하여 국가의 중앙집중식 기구를 별도로 만들지 않고 이미 질병급여를 제공하고 있었던 기존의 길드, 공장, 기업 및 상호부조 조직(공제조합)을 중심으로 건강보험조합인 질병금고를 만들었고 이와 별도로 소매업자를 위한 지역 질병금고와 여기에 가입할 수 없는 사람들을 위하여 교구 금고를 만들었다. 보험료는 통상 노동자가 3분의 2, 고용주가 3분의 1을 분담하도록 했다. 그리고 모든 금고는 해당 조합원들의 대표자들이 통제하도록 했는데 노동자와 고용주는 분담 비율만큼의 대표를, 교구 금고는 지역에서 선출된 대표를 보내 관리하도록 하였다.

이듬해인 1884년에는 산업재해보상보험법이 제정되었다. 비스마르크 사회보험 중에서 논란이 가장 심했고 또 비스마르크가 가장 관심을 두었던 것이 바로 산업재해보상보험이었다. 산업재해보상보험법은 건강보험에 앞서 1880년에 논의가 시작되었는데 당시 비스마르크는 강제보험, 제국보험공단의 중앙집중식 통제, 민간보험회사의 배제, 국가보조금의 지급 등 몇 가지 기본방침을 세워 이를 관철시키고자 했다. 이런 방침에는 산업재해의 보상 책임을 자본가가 아닌 국가가 지고 국가의 직접적 보조가 필요하며 이윤을 목적으로 하는 사기업 즉 민간보험회사가 국가의 책임 영역에 들어오는 것을 허용할 수 없다는 그의 의지가 내재되어 있었다.

비스마르크는 특히 국가 보조금 지급을 중시했는데 노동자에게 국가가 직접 보조금을 지급해야만 노동자가 자본가가 아닌 국가에 대하여 고마움을 느끼고 국가에 통합된다고 확신하였다. 그의 지시에 따라 만들어진 산업재해보상보험법의 초안(1881)에 의하면, 연소득 750마르크 미만의 노동자는 보험료가 면제되고 영소득 750~1500마르크의 노동자는 보험료의 3분의 1, 그리고 연소득 1500마르크 이상의 노동자는 보험료의 2분의 1을 부담하도록 되어 있었다.

그러나 비스마르크의 법안은 좌우 양쪽으로부터 격렬한 비난에 봉착하였다. 노동계의 좌파 지도자들은 산업재해보상보험이 노동운동의 자유에 강철 족쇄를 채우려 하는 것이라고 비난했고 사회주의자들은 산업재해보상보험이 노동자를 복지국가의 노예로 만드는 병영사회주의라고 맹비난하였다. 반면에 보수적인 자유주의자들은 비스마르크의 사회보험이 국가권력의 강화와 관료화를 초래할 것이라고 우려했으며 국가보조는 그만큼 노동자들의 부담을 줄이는 대신 자본가의 부담이 늘어나는 것이라고 하여 이를 거부하고 나섰다. 결국 이 법안은 부로조아지들이 장악한 의회를 통과하는 데 실패하였다. 이로써 비스마르크는 국가의 중앙집중식 통제와 국가보조를 포기할 수밖에 없었다.

이리하여 자본가들이 중심이 되어 노동자를 완전히 배제하고 비스마르크 원안을 상당히 수정하여 1884년에 산업재해보상보험법이 제국의회를 통과하였다. 대신 자본가들은 제국보험공단의 운영비를 제외한 모든 비용을 부담해야만 했다. 그래도 그들은 그들로서는 가장 중시한 상업재해보상보험에 대한 통제권한만큼은 확보할 수 있었다.

다음은 연금이었다. 연금은 건강보험과 달리 장기보험이다. 따라서 비스마르크는 연금에 관심을 두지 않을 수 없었다. 비스마르크는 연금 즉 노령폐질보험에서 다시 한 번 자신의 의도를 관철시키고자 했다. 그는 적은 금액이지만 국가가 전적으로 부담하는 연금을 수령하는 국민이 많다면 이들로부터 국가에 대한 충성심을 이끌어 낼 수 있다고 생각했다. 그러나 1889년 제국의회를 통과한 노령폐질보험에서도 비스마르크는 자신의 의지를 완전히 관철시키지 못했다. 즉 그의 집요한 요구였던 직접적인 국가보조에는 성공했지만(재무성이 지급하는 50마르크의 정액기초연금), 이 국가보조금은 미미했으며 재정은 노사 양측이 각각 반씩 부담하는 것으로써 노동자의 국가에 대한 충성심을 이끌어 내는 데 실패했다.

4) 1911년 영국의 국민보험

1911년에 영국의 자유당 정부가 제정한 국민보험법은 건강보험과 실업보험으로 구성되었는데 당시 자유당 정부의 개혁을 주도했던 로이드 조지와 윈스턴 처칠의 합작품이었다. 국민보험의 1부이자 로이드 조지가 앰뷸런스라고 부른 건강보험은 공제조합, 보험회사, 의사 등과 같은 강력한 기득권 집단과의 장시간 협상을 거쳐 탄생하였다. 이미 조합원에게 의료급여를 제공하고 있었던 공제조합은 국가의 건강보험이 자신들의 사업 영역을 침해하는 것으로 보아 극구 반대했다. 결국 정부는 공제조합에 건강보험 운영권을 맡김으로써 이들을 포섭할 수 있었다. 다른 한편 공제조합에게 건강보험 운영권을 부여하자 보험회사들이 크게 반발하였다. 이에 로이드 조지는 보험회사의 요구를 수용하여 실업보험상의 미망인 급여와 고아급여를 폐지하였다. 또 건강보험을 운영하는 공제조합이 언제나 진료비를 깎으려 하여 의사들이 반발하게 되자 협상 끝에 연소득 250파운드 이하 16~70세의 육체노동자와 연소득 160파운드 이하의 비육체노동자만 건강보험의 대상자로 하였다.

국민보험의 제2부는 실업보험이었다. 실업보험은 처칠이 주도했다. 처칠은 당시 실업문제 전문가로 인정받고 있던 베버리지의 도움을 받아 실업보험을 입안하였다. 건강보험이 관련 이익집단들 때문에 상당한 진통을 겪는 반면 실업보험은 비교적 순탄하게 진행되었다. 그리고 건강보험은 독일의 전례가 있지만 실업보험은 생소한 분야였다. 영국에서는 실업기금을 가진 노조가 일부 있었을 뿐이었다. 먼저 실업사태에 직면할 가능성이 많은 특정한 실업분야에 한정하고 갹출방식으로 하며 국가 등 여러 쟁점 분야에 관한 논의가 이루어졌지만 가장 중요한 문제는 실업의 책임이 자신들에게 있는 사람의 실업급여를 회수해야 하는가의 여부였다. 이에 대한 로이드 조지와 윈스턴 처칠의 입장은 명확했다. 실업급여와 실업의 책임과는 관계가 없다는 것이었다. 이들에게 사회보험은 도덕의 문제가 아니라 수학의 문제였다. 이러한 이들의 견해는 영국 사회보험의 고전적 원칙으로 평가받고 있다.

그리고 베버리지는 보험료에 비례하여 급여가 정해져야 한다고 주장했고 그의 의견은 법안에 반영되었다. 그리하여 주당 실업급여액은 5주간 불입한 보험료에 상당하도록 정해졌고 대상은 경기 변동에 민감한 산업인 건축, 토목, 조선, 철강, 자동차, 제재업 등이었으며 고용주와 피용자가 각각 25펜스씩 부담하고, 대장성이 고용주와 피용자 보험료 합계액의 3분의 1을 보조하도록 하였다. 실업수당은 성인 남성의 경우 기본액이 주당 7실링이었고 그 이상은 보험료에 비례하고 최고 15주간 지급되도록 하였다. 당시 직업소개소법에 의하여 신설된 각 지역의 직업소개소들이 실업수당 지급실무를 담당했고 실업수당 청구인에게 적절한 일자리를 제공함으로써 청구인의 진실성을 조사할 권한을 부여받았다.

5) 1933년 미국의 사회보장법

1929년에 발생한 대공황으로 심각한 경제 위기가 계속되던 1933년에 대통령으로 취임한 루즈벨트는 이른바 제1차 뉴딜이라고 불린 일련의 위기극복정책을 폈다. 통화의 흐름과 외환거래를 통제할 수 있는 권한을 대통령에게 부여함으로써 예금의 인출사태를 수습한 긴급은행법, 농산물 가격을 인상시키기 위하여 경작면적과 생산량을 줄임으로써 몰락한 농업부문을 회생시키기 위한 농업조정법, 최저임금과 최저노동시간 및 가격 고정에 관한 기준을 정하여 상품가격 인하 임금삭감이라는 악순환을 종식시키기 위한 산업부흥법 등을 만들어 경제위기를 극복하고자 하였다.

그러나 루즈벨트의 뉴딜정책은 1935년 5월 27일 검은 일요일 대법원이 산업부흥법을 위헌이라고 판결함으로써 결정적 위기에 빠졌다. 이로써 루즈벨트는 1차 뉴딜의 국가통제 계획사상을 포기해야만 했다. 그 대신 정부가 대기업의 독점을 막고 노동자들의 권익을 보다 적극적으로 보호하는 방향으로 정책을 선회하였다. 다시 말해 위헌판결을 계기로 정부의 산업정책이 경기회복과 사회개혁을 동시에 추구한 신국가주의적 정책에서 반독점과 노동자 보호를 지향한 개혁정책을 도모하는 방향으로 정책기조가 전환되었다는 것이다.

여기서 더욱 진보적인 색채를 띤 이른바 제2차 뉴딜이 시작되었다. 제2차 뉴딜에서 가장 중요한 것이 와그너법(노동자들의 단체교섭권을 인정한 법)과 사회보장법이었다. 뉴딜과 노동조직이 서로 정치적 동맹을 맺는 데 기여한 사회보장법은 미국 최초의 연방정부 차원의 복지 프로그램이었으며 명실상부하게 미국 사회보장제도의 근간이 되었다. 이 법은 연방정부가 관장하는 노령보험, 주정부가 관장하고 연방정부가 재정을 보조해주는 실업보험, 주정부가 관장하고 연방정부가 재정을 보조하는 공공부조와 사회복지서비스로 구성되어 있다.

사회보장법의 성격은 1934년 6월 루즈벨트가 의회에 보낸 사회보장에 관한 교시에 잘 나타나 있는데 거기서 루즈벨트 대통령은 미국 역사상 처음으로 미국 헌법이 경제적 안정에 대한 개인의 권리를 포함하고 있다고 말하면서 가정의 보장, 생활의 보장, 사회보험의 보장이 필요함을 역설했다. 그리고 그는 경기회복과 병행해서 사회재건이 추진되어야 하고 사회재건의 가장 중요한 목표는 시민의 생활보장이며 생활보장은 주택과 고용기회 그리고 생활변동에 대한 대비책에 달려 있고 그 같은 대비책으로 사회보험과 공공부조를 수립해야 한다고 주장했다. 특히 사회보험의 기본방침은 여러 종류의 사회보험을 하나로 묶어 포괄적 제도를 수립하고 사회보험의 운영은 주와 연방정부의 어느 한쪽이 전담하는 것이 아니라 양자의 긴밀한 협조 하에 이루어져야 하며, 필요한 재원은 일반조세 수입이 아니라 보험료로 조달하고 연방정부가 기본적인 적립금을 관리하고 전국적인 사회보험을 만든다는 것 등이었다.

이 같은 기본방침 하에 1934년 6월 작업기구로서 경제보장위원회가 설치되었다. 그 해 8월부터 실업보험, 노령연금, 건강보험 등의 사회보험과 기타 공공부조를 포괄한 사회보장제도 전반에 관한 기초적인 연구작업에 들어갔다. 여러 차례의 협의와 의견 조정을 거쳐 연방의 권력을 되도록 제한하면서 각 주가 독자적으로 시행할 수 있는 실업보험제도, 노령연금제도 공적부조제도의 도입을 내용으로 하는 사회보장법이 1935년 6월 19일 상원을 통과하여 발효되었다. 그러나 건강보험은 의사집단과 보험회사들의 완강한 반대에 부딪쳐 이 당시의 사회보장법에는 포함되지 못했다.

5. 복지국가 시대

1) 서 언

복지국가란 자유와 법 앞에 평등을 바탕으로 하면서도 시장경제와 경쟁체제라는 자본주의의 내적 모순으로 인한 사회적, 경제적 불평등을 시정하고 경제적 · 실질적 평등을 실현하기 위하여 시민의 인간다운 생활을 보장하는 사회복지를 실현하는 것을 목표로 하는 국가이다. 일찍이 마르크스적인 공산주의 사상이 복지실현을 바탕으로 하고 있지만 이 공산주의는 시민의 기본적인 자유와 시장경제를 완전히 부정하므로 여기의 복지국가와는 거리가 멀다. 자유주의와 실질적 평등을 아울러 강조하는 사회민주주의 사상이 복지의 틀을 만들었다고 할 수 있다. 그러나 자본주의의 시장경제를 바탕으로 해도 시민들의 복지를 위하여 국가가 시장경제에 개입하는 혼합경제체제는 복지국가를 구현하는 이념적 바탕이 된다. 요컨대 복지국가는 시민의 정치적 성장에 힘입어 확대 발전했으며, 시장의 불평등에 대하여 사회적 연대와 소득의 평등을 추구하는 복지권을 모든 시민의 권리로 보장하는 국가이다. 이 복지국가는 흔히 영국의 베버리지 보고서에 그 기원을 두고 있다.

2) 베버리지 보고서

제2차 세계대전 직후 총선에서 예상을 뒤엎고 윈스턴 처칠의 보수당을 애틀리가 이끈 노동당이 이기고 집권하였다. 애틀리와 노동당은 베버리지 보고서에 입각하여 복지국가를 만들어 나갔다. 그리하여 영국인에게 베버리지 보고서는 복지국가와 동의어로 인식되었다. 베버리지 보고서는 영국에만 국한하지 않았고 프랑스, 독일, 스웨덴 등 서유럽복지국가의 기틀 형성에도 큰 영향을 미쳤다. 베버리지 보고서는 서유럽 복지국가의 청사진이 되었다.

사회보험과 관련 서비스에 관한 위원회, 즉 베버리지위원회는 영국 노총이 연립정부의 전후 사회재건에 대한 책임을 지고 있던 노동당 소속 무임소장관 그린우드에게 권고하여 만들어졌다. 영국 노총은 그린우드에게 기존의 국민연금을 전면적으로 재검토할 필요가 있고 이를 위해 정부 각 부처 고위 관료들로 구성된 베버리지위원회를 조직할 것을 요구했던 것이다.

이 위원회에서 베버리지는 1942년 9월에 베버리지 보고서를 완성하였다.

베버리지는 다음과 같은 세 가지 원칙에서 출발하였다. 첫째, 과거의 경험을 바탕으로 삼되 분파적 이해는 무시한다. 그는 1911년의 국민보험법이 여러 이익집단 간의 타협의 산물이었고 또 그러한 타협이 결코 쉽지 않다는 것을 잘 기억하고 있었다. 그러나 전쟁 중인 지금은 그런 이해관계에 발목이 잡혀서는 안 된다. 둘째, 국가재건을 위해서는 5대 악을 극복해야 한다. 5대 악이란 결핍, 질병, 무지, 불결, 나태를 말한다. 그의 계획은 이 가운데 우선 결핍에 초점을 맞추고 소득보장을 기하는 데 중점을 두었다. 그러나 그것은 사회적 진보를 향한 포괄적 정의의 일부에 불과하다. 셋째, 사회보장은 국가와 개인의 협력을 통해서 달성된다. 국가는 단지 국민 최저수준만을 보장하고 그 이상은 개인과 가족의 노력에 달려 있다. 국가는 사회보장을 자산조사 없이 하나의 권리로 제공하고 그 외는 국민이 자유롭게 선택한다.

베버리지가 제안한 핵심 내용은 다음과 같다(베버리지 보고서).

① 모든 시민을 포함하고 대상자 집단을 경제적 곤란의 원인과 그 보호 방법에 따라 분류한다.

② 사회보험이 성공하기 위해서는 세 가지 기본 조건이 필요하다. 즉 가족수당, 포괄적 보건서비스, 완전고용이 그것이다. 가족수당은 가족의 크기와 소득을 고려하여 결정되어야 하고 보건서비스는 치료적일 뿐만 아니라 예방적이어야 했다. 실업은 실업수당의 비용과 그에 따른 임금손실을 감안하면 가장 낭비적인 문제이므로 완전고용은 매우 긴요한 전제조건이었다.

③ 연금은 자산조사 없는 정액제에 최저수준 이상이어야 한다.

④ 재정은 피보험자, 고용주, 국가가 공동 부담한다.

⑤ 소득에 관계없이 모든 국민이 정액의 보험료를 낸다.

⑥ 사회보험으로 해결되지 않은 부분은 근대적이고 인도주의적인 공공부조가 담당한다.

영국인은 베버리지 보고서의 계획을 "요람에서 무덤까지"의 사회보장이라고 표현하였다. 이 베버리지 보고서에 대하여 일반대중은 물론이고 노동자와 자본가도 찬성하였다. 또 노동당은 물론이고 보수당도 원칙적으로 지지하였다. 그러나 1942년 당시의 정부의 각료와 관료들의 반응은 그리 우호적이 아니었다. 그럼에도 불구하고 베버리지 보고서는 사회보장의 기틀을 마련한 작품으로 평가받고 있다.

6. 복지국가의 개혁 시대

1973년 세계적인 유류 파동으로 인하여 국민의 실질적 평등과 국가의 개입을 의미하는 사회민주주의적 복지국가는 신자유주의에 의하여 위기에 봉착하게 된다. 신자유주의에 대하여는 이미 말한 바 있다. 1970년에서 1990년대 말까지 신자유주의가 지배하였다. 20세기에 와서 확립된 사회민주주의적인 복지국가는 관료화, 비효율, 의존성 등의 부정적인 결과로 1970년대부터 시민들이 외면하기 시작했다.

1979년에 영국에서 대처정부가 들어섰고 1980년에는 미국에서 레이건 정부가 들어섰는데 이들은 모두 신자유주의를 국가복지정책으로 내걸었다. 이를 대처리즘과 레이거노믹스라고 한다.

1973년과 1979년 두 차례의 유류 파동은 스태그플레이션을 유발했고 이는 20세기 복지국가의 이념적 기반인 케인주의를 버리게 했다. 이렇게 탄생한 신자유주의는 국가개입정책에 반대하고 자유주의시장경제 및 경쟁을 강조한다. 그리고 국가복지의 민영화를 주장했다. 말하자면 시장과 민간 원리에 의한 복지를 모색했다. 따라서 복지에 대한 정부 지출을 줄이고 결과적으로 복지 축소로 나갔다. 따라서 신자유주의 시대를 복지국가 침체기로 보기도 한다.

대처리즘과 레이거노믹스는 국가의 역할이 미진한 부분에 대하여는 기업이나 종교, 자선단체의 다원적인 복지활동을 강조하여 사회민주주의적 복지국가 전체를 포기하고 경제의 자율성을 회복시켜야 한다고 하였다. 그렇게 해야 국가의 부가 더 창출되고 그래야만 경제성장이 가능하고 국민의 전반적인 소득을 널릴 수 있다고 보았다.

그러나 2000년대에 와서는 유럽에서는 복지, 평등과 같은 사회민주주의 가치와 시장의 자유, 노동의 탄력성 같은 사장자유주의 가치를 동시에 추구하는 수정 사회민주주의 내지 제3의 길이라는 이념이 나타나기 시작했다. 영국의 토니 블레어 정부나 독일의 슈뢰더 정부가 추구하는 경제정책이 그것이다. 미국의 클린턴 정부도 이를 지지했다. 이들은 신자유주의로는 복지와 평등을 실현할 수 없고 이 제3의 길 노선이야말로 신자유주의를 개혁하고 복지국가를 달성하기 위한 대안이라고 보았다. 수정 사회민주주의 또는 제3의 길의 내용에 대해서는 이미 살펴본 바와 같다.

7. 우리나라 사회복지정책의 역사

1) 서 언

이에 대하여는 우리나라 복지국가의 발전 단계에서 간단하게 살펴본 바가 있는데 여기서는 상세하게 살펴보겠다. 일제강점기, 미군정 시대, 1960~1970년대, 1980년대, 1990년대, 2000년대로 나누어 본다.

2) 일제강점기의 사회복지정책

우리나라에서 이루어진 일제강점기의 사회복지정책은 1944년의 조선구호령 이외에는 별다른 정책을 찾을 수 없다. 일본은 내선일체를 부르짖으며 한편으로는 한국을 일본의 영토로 편입하고 천황의 신민으로 통치하려 했으나 사회복지정책이나 법제에는 관심을 두지 않았다. 이 조선구호령은 1929년에 일본의 구호법을 시혜적 차원에서 한국에도 확대 시행하기로 한 법령이다.

일본의 1929년 구호법은 구호기관, 구호내용, 구호방법, 구호비분담 등을 자세하게 규정했다. 그리고 구호 대상을 65세 이상의 노약자, 13세 이하의 유아, 임산부, 질병 · 상병 · 심신장애 때문에 노무에 지장이 있는 자를 위한 제한적 부조의 입장을 취했다. 일제강점기의 조선구호령은 광복 후 미군정기를 거쳐 1961년에 생활보호법이 제정되기까지 한국의 공공부조법의 기본법으로 위치를 가지고 있었으며 1961년 이후에는 생활보호법의 기본골격으로 남아 있었다는 점에서 사회복지정책사에서 중요한 역사적 의미를 부여할 수 있다. 이는 1999년에 와서 국민기초생활보장법이 제정됨에 따라 새로운 공공부조의 기본 틀을 갖추게 되면서 구법 시대는 막을 내렸다.

3) 미군정 시대의 사회복지정책

미국 군정하의 사회복지정책은 빈곤과 사회적 혼란에 대처하기 위한 구호적, 응급적 대책으로서의 성격을 가진다. 구호정책과 연관된 미군정의 사회복지정책은 후생국보 제3호(1946. 1. 12)와 후생국보(1946. 1. 14) 및 후생국보 제3C호를 들 수 있다. 후생국보 제3항의 C호는 공장구호를 규정하고 있는데, 조선구호령과 유사하게 구호의 대상으로 ① 65세 이상인 자, ② 6세 이하의 소아를 부양하고 있는 모, ③ 13세 이하의 소아, ④ 불치의 병자, ⑤ 분만 시 도움을 요하는 자, ⑥ 정신적, 육체적 결함이 있는 자로서 구호시설에 수용되지 않고 가족이나 친척의 보호가 없고 노동할 수 없는 자로 규정하고, 구호내용으로는 식량, 주택, 연료, 의류, 매장으로 분류하였다. 후생국보 3A호는 이재민과 피난민에 대한 구호를 규정하고 구호내용으로는 식량, 의류, 수가, 연료, 주택부조, 긴급의료, 매장, 자료제공 등을 들고 있다. 후생국보 3C호는 빈민과 실업자에 대한 구호 규칙으로서 거택구호 시 세대인원에 대한 지급한도액을 규정하고 있다.

미군정은 1946년 9월 18일에 아동노동법규를 발표하여 아동의 노동을 보호하였다. 그 후 이 정신을 발전시켜 1947년 5월 16일에는 전문 12조로 된 과도정부 법령 제4호로 미성년자 노동보호법을 공포하여 미성년자를 유해, 위험한 직업 또는 과중한 노동으로부터 보호하고 아동의 건전한 발육과 정당한 이익을 보장하도록 하였다.

미군정기의 사회복지정책은 구호법규, 아동노동법규 혹은 미성년자보호법 등과 같이 당시의 시대적 환경에 대응하는 임시변동적 구호정책이 주류를 차지하고 있었고, 이 역시 일제강점기의 조선구호령이 가진 기본적 성격의 연장선상에서 전개된 것으로 이해할 수 있으므로 계획적이고 창의적인 정책이나 입법은 발견할 수 없었다. 다만, 미성년자 노동보호정책은 1953년 8월 9일에 근로기준법이 실시되어 폐기되기 전까지의 아동복지에 영향을 미친 것으로 이해할 수 있다.

4) 1950년대의 사회복지정책

1948년에 대한민국 정부가 수립되었으나 정치적, 사회적으로 인정되지 못하였고 1950년에 한국전쟁이 발발한 이후에는 전쟁고아의 수용과 보호, 전쟁 이재민을 구호하기 위한 각종 구호시설이 등장하였고 이들 시설을 지도 감독하기 위하여 사회부장관의 훈령으로 후생시설 운영요령을 제정, 시행하였다.

그리고 1953년 5월 1일에는 근로기준법을 제정하여 근로자 보호제도의 기틀을 마련하였고 1956년에는 어린이헌장을 제정, 공포하여 미래의 국가 사회의 주역으로 성장할 어린이를 밝고 건전하게 육성하려는 정책의지를 밝혔다.

1950년대 중반 이후의 시기는 국가사회의 혼란을 종결하고 외부 원조기관으로부터 유입된 물자를 통하여 빈곤과 고통을 해결해 나가는 시기이다. 그리하여 정부가 독자적 사회복지정책을 준비할 수 있는 사회적 기반을 마련해 가는 시기로 이해할 수 있다.

5) 1960~1970년대의 사회복지정책

1960년대부터 1970년대 이르기까지 20년간은 박정희 정권의 강력한 근대화 정책으로 말미암아 국가 전반에 획기적 변화를 가져온 시기이고 오늘날의 근대화 내지 경제적 번영을 가져오게 된 기틀을 마련한 시기이다. 그러나 다른 한편으로는 급격한 도시화와 산업화로 인하여 지역 간의 빈부격차, 상대적 빈곤감, 분배의 불평등, 빈부의 격차로 인한 노동자의 희생 내지 심한 갈등 및 투쟁이 일어났던 시기이기도 하였다. 이와 같은 배경에서 새로운 사회복지 입법을 제정, 시행하게 되었다.

이 시기의 사회복지 입법을 살펴보면 1961년 1월 1일에 제정된 공무원연금법이 있다. 이 법은 한국 사회복지 입법의 효시로서 의미를 찾을 수 있다. 다음으로는 1961년 9월 30일에 제정된 갱생보호법으로서 동법은 징역 또는 가석방자, 선고유예, 가퇴원자 등을 대상으로 재범의 위험을 방지하고 자립활동의 경제적 기반을 조성시켜 사회를 보호하고 공공의 복리 증진을 목적으로 하고 있다. 1961년 11월 1일 군사원호보상법이 제정되었는데 이는 한국전쟁 후의 상이군경 전몰 군경, 그리고 그 유족을 보호하기 위한 법적 장치이다.

한편으로는 1961년 11월 9일에 윤락행위 등 방지법을 제정하여 전쟁의 후유증과 서구적 가치관의 유입으로 인한 윤락 등의 문제가 발생하자 여기에 대처하기 위하여 법적, 제도적 장치를 서둘렀다. 그리고 역시 과거의 조선구호령을 폐지하고 새로운 시대 상황에 요청되는 생활보호법을 1961년 12월 30일에 제정하였다. 이 법은 2000년 7월 1일에 시행된 국민기초생활보호법이 있기까지 약 40년간 공공부조의 기본적 법제로서 중요한 역할을 수행하였다.

아동복리법이 생활보호법과 함께 1961년 12월 30일에 제정되었는데 이는 앞에서 보았던 미군정기의 어린이헌장과 미성년자 노동보호 입법 등이 아동복지에 대한 관심이 고조되자 독립적 입법으로 제정되었다. 이외 비슷한 시기인 1961년 9월 30일에는 고아입양특례법이 제정되어 외국입양을 합법화시켰다.

1962년도에 들어와서는 선원보호법이 1월 10일에 제정되었고 같은 해 3월 30일에 재해구호법이 제정되었다.

1963년에는 군인연금법, 산업재해보상보험법, 사회보장에 관한 법률, 의료보험법이 각각 제정되었다. 특히 산업재해보상보험법은 국가의 경제성장정책을 추진하기 위한 중요한 기반으로서 노동자의 업무상 재해에 대하여 신속하고 공정한 보상을 행하는 것이 목적이다. 또한 사회보장에 관한 법은 당초 이 법 초기에는 사회보장 관계전문가들이 장래의 국가 발전에 따른 사회보장계획을 구상하여 원대한 꿈을 가지고 입법을 추진하였으나 이 법의 제정과정에서 실제적 내용은 빠지고 형식적인 법이 되고 말았다. 하지만 동법은 1995년 사회보장기본법으로 확대 개편됨으로써 폐지되었다.

의료보험법 역시 1963년에 제정되었으나 실시할 수 있는 경제적, 기술적 여건의 미비로 인하여 1977년 7월 1일에 가서야 500인 이상 사업장을 중심으로 강제 적용을 하는 사회보험제도로 실시되었다.

1968년에는 자활지도에 관한 임시조치법이 제정되어 생활보호법의 보충적 성격을 띤 법으로서 가능하였다.

1970년대 초기에는 사회복지 입법이 활발하였는데 1970년에는 사회복지서비스법의 모법이라고 할 수 있는 사회복지사업법이 제정, 시행되었다. 동법은 사회복지사업을 공정하고 효과적으로 운영할 수 있는 법적 근거를 제공하는 역할을 수행하고 있다.

1973년 12월 30일에는 사립학교 교원연금법이, 그리고 동년 12월 24일에는 국민복지연금법이 제정되었다. 그러나 국민복지연금법 역시 의료보험법과 유사하게 경제적, 기술적 여건의 성숙이 이루어질 때까지 기다려야 했는데 1988년에 국민연금법으로 개정되어 비로소 실시되었다.

의료보험법이 1977년에 실시되었는데 이는 생활보호법과 함께 공공부조의 양대 지주를 이루는 법제로서 공공부조의 기본 골격이 이루어졌다고 볼 수 있다. 또 1977년에는 공무원 및 사립학교 교직원 의료보험법이 제정 실시되어 사업장과 함께 의료보험제도의 적용범위가 확장되었다.

이상과 같이 1960년대와 1970년대에는 사회복지에 관한 입법을 만들었으되, 시행할 만한 여건이 갖추어져 있지 않았다. 정부 책임자나 시민도 사회복지에 관한 인식을 가지 못하던 시기였다. 국민 대다수가 절대 빈곤에 처해 있던 1960년대에는 공공부조법이 중심이 되었고 이런 점에서 1961년에 제정된 생활보호법은 중요한 뜻을 가진다. 그러나 이 법은 그 내용이 부분적이고 보잘 것 없었다. 그리고 국가의 경제개발 5개년 계획에 따라 사회복지도 이러한 수출 주도의 국가정책에 의해 필요한 경우에만 도입하였다. 1963년의 산업재해보상보험법이 그것이다. 이 법도 형식은 사회복지 입법이지만 그 내용은 보잘 것 없었다.

그러나 1970년 이후 점차 경제가 고도로 성장하게 됨에 따라 도시화, 산업화가 급속하게 진행되었고 다른 한편 가족구조도 핵가족화 되었다. 그 결과 도시빈민 문제, 노동자의 생존권문제, 계층 간의 불평등문제 등이 발생하여 사회복지 입법에 대한 관심이 높아지게 되었다. 이리하여 1070년 중엽에 들어와서 내용적으로 부실했던

1960년대의 사회복지입법을 개선하여 그 내실을 다지고 현대적인 사회복지 입법의 기틀을 마련했다고 볼 수 있다.

6) 1980년대의 사회복지정책

이른바 제5공화국 시대인 이 시기는 노동조합의 획기적인 증대, 산업화와 도시화의 가속화, 산업의 발전과 생활의 현대화로 인한 산업재해와 환경오염 등은 물론이고 핵가족의 가속으로 인한 가정문제, 장애인문제, 청소년 비행문제, 노인문제 등 지금까지 경험하지 못했던 사회복지에 대한 수요의 필요성이 나타나게 되었다. 따라서 새로운 사회복지욕구를 해결하기 위한 정책을 펴게 되었다. 이에 1960년대와 1970년에는 알지도 못했던 사회복지 입법을 하게 되었다.

1980년 12월 13일에는 사회복지사업기금법이 제정되어 사회복지사업의 기금조성을 위한 법적 기틀을 마련하였다. 그리고 1981년에는 사회복지서비스법 중 노인복지법과 심신장애자복지법이 독립된 법으로 입법화되었고 1961년에 처음으로 제정되었던 아동복리법이 아동복지법으로 전면 개정되었다.

1983년에는 사회복지사업법과 생활보호법이 개정되었고, 1986년 12월 23일에는 갱생보호법이 개정되었다. 동시에 1986년에는 국민연금법이 국민복지연금법을 대신하여 개정되어 1988년에 비로소 실시되는 한편, 최저임금법도 제정되어 1988년 1월 1일부터 시행되기에 이르렀다. 1988년부터는 농어촌지역 의료보험이 전면 실시되었다. 동년 11월에는 보호관찰법이 입법화됨으로써 갱생보호제도와 함께 범죄자의 건전한 사회복귀를 도울 수 있는 제도적 장치를 마련하였다.

또한 1989년에는 모자복지법이 입법화되고 동년 7월 1일부터는 도시지역 의료보험이 시행되어 의료보험법 시행 12년만에 모든 국민을 대상으로 한 의료보험제도가 정착되었다.

1980년대의 사회복지정책은 기존의 사회복지제도를 확대 개편하려는 것과 사회복지서비스를 제도적으로 정착하기 위한 것이었다. 예컨대 국민연금의 전면 실시와 의료보험의 확대가 대표적이다. 이는 결국 사회보험을 전면 실시하는 토대를 마련한 것이다. 다음으로는 각종 사회복지서비스법의 제정이다. 사회복지사업법의 제정은 사회복지서비스법의 모법으로서 각종의 복지서비스를 할 수 있는 기틀을 마련했다는 점에서 그 의미가 크다. 이 시기는 경제 사회의 새로운 변화에 따른 복지욕구에 대처하기 위한 정책을 수립했던 시대이다. 공공부조와 그 뒤를 이은 사회보험에서 나아가 복지서비스로 나아간 시대로 평가된다.

7) 1990년 이후 2000년대의 사회복지정책

이 시기는 정치적으로는 1988년 노태우 정권, 1993년 김영삼 정권, 1998년 김대중 정권으로 이어지면서 평화적 정권교체와 민주화가 이루어졌던 시대이다. 경제적으로는 1997년에 IMF 구제금융을 받게 되는 위기를 겪었지만 2005년에 1인당 국민소득이 약 16,000달러로 전체 경제규모가 당시에 세계 11위가 되었다. 2010년 현재는 1인당 국민소득이 2만불을 돌파했고 경제 총 규모도 2010년 현재 세계 14위로 되었다. 그러나 그 사이의 고도의 산업화 및 재벌경제의 폐단과 정치적인 변혁의 결과로 1990년 후반에는 기업의 연쇄부도와 파산이 이어지고 이를 개선하기 위하여 기업과 금융의 과감한 구조조정이 있게 되어 명예퇴직자의 실업자가 양산된 것이 새로운 사회문제가 되었다. 또 실직노동자의 문제, 과도한 노동조합운동으로 인한 경제의 불안정과 생산력의 저하, 가정파탄, 자살, 생활범죄 등의 사회문제가 나타났다. 그리고 소득의 증대로 중산층이 튼튼하게 형성되고 빈민의 비율이 많이 줄어들고 빈부의 격차가 예전보다는 어느 정도 개선되기는 했으나 아직도 빈부의 갈등이 여전하고 그 격차를 개선, 해소해야 할 과제를 낳고 있다. 더욱이 이 시기는 과거 어느 때보다 부동산 투기가 극심하여 상대적 박탈감에 빠진 시민이 많았다. 위와 같은 시대적인 배경에서 1990년 이후 2010년 현재까지 우리나라 사회복지정책은 사회복지의 내실화를 기하고 그 범위를 확대하였다. 그리하여 정책의 결과물이라고 할 수 있는 사회복지 법제가 더욱 정비되고 확대되었으며 새로운 법제가 탄생하였다.

먼저 1995년의 사회보장기본법은 현재까지 다양하게 입법화된 사회복지법의 상호 관계를 위한 사회보장에 관한 법을 확대 개편한 것으로 이해할 수 있다.

다음으로는 여권신장의 결과 여성의 복지에 관한 내용을 입법화한 것을 찾을 수 있다. 1991년의 영유아보육법은 영유아복지증진을 위한 것이지만 한편으로는 여성의 사회진출과 여권신장을 위한 것으로 해석할 수 있다. 1995년에 제정한 여성발전기본법은 여성복지에 관한 획기적인 입법이다. 그리고 성폭력방지와 가정폭력방지에 관한 법이 제정되어 성폭력에 따른 여성보호와 가정복지에 관심을 보이게 되었다. 또한 모든 국민을 상대로 한 국민건강보험과 국민의 생존권 보장 차원에서 국민기초생활보장법을 만들어 모든 국민의 의료복지정책과 생존권 복지정책을 실현했다. 특히 중요한 것은 노인들의 장기 복지를 위한 정책을 펴고 그 결과 기초노령연금(현, 기초연금)제도와 노인장기요양보험을 도입하였다. 우리나라는 2008년에 벌써 고령화사회로 들어가서 고령화가 그 어느 나라보다 빠르게 진행되고 있다. 이 결과 노인의 노후생활 안정을 꾀하는 요양, 의료, 간병 등의 복지정책을 강화할 필요가 생겼다. 그리고 국민연금이나 기초생활보장의 혜택을 받지 못하고 그 제도의 사각지대에 놓여 있는 극빈자의 실질적 생활안정을 위해서 이들 계층의 생활안정을 꾀하는 정책도 수립하였다. 나아가 영유아를 안심하고 돌볼 수 있는 제도를 보완하고 장애인의 복지를 확대하는 등의 복지정책을 현실에 맞게 펴나가게 되었다.

이 시기의 사회복지 입법을 소개하면 다음과 같다.

1991년에는 영유아보육법이 제정되어 영유아를 건전하게 보육, 보호할 책임을 국가 사회가 공동으로 지게 됨을 명시하였다. 또한 동년 12월 13일에는 청소년기본법을 제정하여 청소년에 대한 복지정책을 체계화하였다. 이 청소년기본법은 새 시대에 맞게 2004년 2월 9일에 전면 개정되었다. 동시에 동년에는 고령자고용촉진법을 제정하여 증가하는 고령자문제에 대응하는 법적인 체계를 수립하였다.

1993년에는 그동안 실업과 고용촉진 등의 문제를 취급하던 기구를 종합화, 체계화하여 12월 27일에 고용보험법을 마련하였다. 1995년 7월 1일부터 시행한 동법은 근로자의 소득보장과 함께 실업의 예방, 고용의 촉진, 근로자의 직업능력개발과 향상에 이바지할 수 있도록 제도적 장치를 마련하였다.

1990년대에 들어오면서 경제성장으로 인한 풍요로운 사회가 도래함에 따라 가치관의 혼란과 한편으로는 여권신장으로 성폭력문제가 사회적인 쟁점으로 되면서 드디어 1994년 1월 5일에 성폭력범죄의 처벌 및 피해자보호 등에 관한 법률이 제정되었다.

1995년은 농어민연금의 시행, 사회보장기본법의 제정 및 정신보건법의 제정 등이 이루어졌다. 동년 12월 30일에 제정되었던 사회보장기본법은 1963년에 제정되었던 사회보장에 관한 법률을 새로운 사회경제적 변화에 따라 대체한 입법이다. 또 정신보건법은 정신질환자의 증가에 따라 이들을 효과적으로 예방 치료함은 물론 건전한 사회적 복귀를 위한 체계적 법제화가 요청되었던 것에 대응한 법적 조치라고 생각된다. 나아가 남녀평등을 촉진하고 여성의 발전을 도모하기 위하여 여성발전기본법을 제정하였다.

1997년에는 사회복지공동모금회법이 제정되었는데 이 법은 사회복지사업을 지원하기 위한 국민의 자발적 성금 등으로 모금된 재원을 효과적으로 관리 운용하여 사회복지의 증진에 이바지하기 위한 목적에서 제정한 법이다. 또한 1997년에는 새로운 복지사업법과 청소년보호법이 제정되었고 동년 12월 13일에는 가정폭력방지 및 피해자보호 등에 관한 법률이 제정되었다. 이 법은 증가하는 가정폭력을 예방하고 그 피해자를 보호하여 건전한 가정을 육성하는 것을 목적으로 하고 있다. 또한 동년 8월에는 노인복지법을 제정하여 노인의 복지증진에 기여하도록 했다.

1999년 2월 8일에는 남녀차별금지 및 구제에 관한 법률과 장애인복지법이 제정되었는데 장애인복지법은 장애인의 복지증진과 사회참여증진에 기여함을 목적으로 한다. 그리고 국민건강보험법이 제정되었는데 특히 국민건강보험법은 종래의 의료보험법을 확대 개편하여 직장근로자, 공무원, 교직원, 농어촌 및 도시자영업자 전체를 포괄하는 종합의료보험체계를 구축하는 기반을 만들었다. 동법에 의거하여 2000년 7월 1일부터 국민건강보험공단이 설립되어 동법이 실시되기에 이르렀다.

또한 1999년 1월 12일에는 장애인고용촉진 및 직업재활법을 제정하여 장애인의 고용과 직업재활을 촉진하고 있다. 또한 같은 날에 아동복지법을 개정하여 아동이 건전하게 출생하여 행복하고 안전하게 자라나도록 보장하고 있다. 이후 2001년에 재해구호법을 제정하여 재해피해자의 보호와 생활안정에 기여하고 있다. 또 2001년 5월에 종래의 의료보험법을 폐지하고 생활이 어려운 자에 대한 의료급여를 실시함으로써 새 국민보건과 사회복지의 증진에 이바지하고자 의료급여법을 제정하였다.

그리고 2003년 12월 30일에는 청소년활동진흥법을 제정하여 청소년활동의 진흥을 꾀하고 하고 있다. 또 2004년 2월 9일에는 건강가정기본법을 제정하여 가족구성원의 복지증진에 이바지할 수 있는 지원정책을 강화함으로써 건강가정 구현에 기여하고 있다. 또 2004년 3월 22일에는 성매매방지 및 피해자보호에 관한 법률을 제정하여 성매매를 방지하고 성매매피해자의 자립을 지원하고 있다. 그리고 여성발전기본법이 2005년 12월 29일에 개정되면서 남녀차별금지 및 구제에 관한 법률이 폐지되었다.

특히 21세기에 들어와서 사회 각 영역에서 사회복지관련 제도와 시설이 대폭 확대되었는데 이에 따라 중앙정부 수준의 사회복지관련 기구가 대폭 개선되었고 지방정부 말단기관 내지 동 주민자치센터가 복지서비스를 최일선에서 담당하게 되었다. 이와 관련하여 2004년 이후 2016년 현재까지 현대의 복지국가 실현을 위하여 사회복지 관련법을 꾸준히 개정하였다. 기초노령연금법과 노인장기요양보험법이 제정되었고, 국민연금법, 노인복지법, 국민건강보험법, 산업재해보상보험법, 고용보험법, 국민기초생활보장법, 사회복지사업법, 아동복지법, 장애인복지법, 영유아보육법, 한부모가족지원법, 사회복지공동모금회법, 정신보건법이 정신건강증진 및 정신질환자 지원에 관한 법으로 개정되고, 가정폭력방지법 등이 개정되었다. 그만큼 사회복지정책과 제도가 확대 재편된 시기이다.

그리고 2012년 이후에는 우리나라의 사회복지는 모든 국민을 대상으로 하고 청소년·아동복지가 크게 개선되고 영유아에 대한 무상보육을 전면 실시하고 2013년 이후에는 노령자에 대한 기초연금을 실시하여 무상복지를 확대하고 있다. 또한 생애주기별 맞춤형 복지정책을 펴고 있는 한편 나아가 보편적 복지사회로 진입하고 있다. 그러나 저소득층이 빈곤에서 벗어 날 수 있도록 하는 정부의 자산형성정책을 지원하는 보편적 사회보장정책을 펴는 것이 필요하다는 주장이 세를 얻고 있으나 이를 실현하기 위해서는 정부의 재정확보가 문제이다.

Chapter

Social Welfare Policy

09 사회복지정책의 목표와 가치

1. 사회복지정책의 목표

1) 개 념

사회복지정책의 목표란 사회복지정책을 통하여 달성하고자 하는 장래의 바람직한 여러 조건들을 말한다. 이는 사회복지와 관련하여 보다 나은 방향으로 나가기 위한 방침이다. 이 목표와 유사한 몇 가지 개념과 구별함으로써 목표라는 개념을 확실하게 이해할 수 있을 것이다. 첫째, 목표는 목적과 구별된다. 일반적으로 정책의 목적은 일반적이고 추상적이며 광범위한데, 정책의 목표는 세부적이고 구체적이다. 일반적으로 정책의 목표는 특정집단을 주요 대상으로 삼게 되므로 구체적인 대상의 명확성이 중요하다. 이와 관련하여 목표의 달성 기간, 목표의 질과 량을 구체적으로 정해야 한다. 둘째, 목표달성을 위한 수단과 구별해야 한다.

2) 유 형

사회복지정책의 목표의 내용을 명확하게 하기 위해서는 여러 가지 목표의 유형을 설정할 필요가 있다. 이 유형에는 장기적 목표와 단기적 목표, 공표된 목표와 숨어 있는 목표, 의도한 목표와 의도하지 않은 목표가 있다.

(1) 장기적 목표와 단기적 목표

장기적 목표는 목표 달성에 오랜 기간을 설정한 목표이다. 이에 대하여 단기적 목표는 단기간에 달성하도록 설계된 목표이다. 장기적 목표는 정책 산출과 관련하여 장래의 여러 가지 변화요인들에 의하여 장기간 뒤의 정확한 예측이 어려워 목표달성이 불분명해질 염려가 있으므로 단기적 목표와 혼용할 필요가 있다.

(2) 공표된 목표와 숨어 있는 목표

공표된 목표는 정부의 문서를 통하여 발표되거나 책임있는 관리자를 통하여 발표된 공식적인 정책목표이다. 이에 대하여 숨어 있는 정책목표는 밝힐 필요가 없는 사소한 사항에 관한 것이거나 고위 정책결정자 사이에서 이해되는 목표라고 한다(George & Wilding, 1984). 정책목표를 분석할 때는 이 두 가지 목표를 분석할 필요가 있다. 공표된 목표만을 분석할 때에는 정책목표를 완전히 이해하기 어렵기 때문이다. 그러나 숨어 있는 목표는 정치지배집단의 이익이 내포되어 있는 수가 많기 때문에 공표된 목표와 상충될 수가 있어 문제이나, 그러하기 때문에 역설적으로 숨어 있는 목표를 분석할 필요가 있다.

(3) 의도한 목표와 의도하지 않은 목표

의도한 목표는 정책 수립 당시부터 특정한 정책의 대상, 계획, 실현방안, 효과 등이 미리 의도한 목표를 말하고 의도하지 않은 목표는 정책목표를 설정할 당시에는 예상하지 못했던 부수적인 결과가 정책의 집행과정에서 나타난 것을 말한다. 아무리 과학이 발달하고 인지능력이 뛰어나다할지라도 미래의 사회변동을 예측하기가 쉽지 않으므로 의도하지 못했던 정책목표가 나타날 수 있다(한국사회복지행정학회, 2007: 114). 그러므로 정책의 목표를 분석함에 있어서는 이 두 가지 목표의 효과를 아울러 분석할 필요가 있다.

3) 사회복지정책목표의 방향

사회복지정책의 목표는 구체적인 사회복지정책의 내용에 따라 정책목표가 다르게 설정된다. 두 가지 방향으로 목표를 설정할 수 있다. 첫째는 사회구성원 개인의 빈곤문제 해결과 같이 개인이나 집단을 향한 목표를 설정하는 기본적 목표와 국민의 건강, 교육 등과 같이 사회 전체 측면에서 요구되는 정책목표의 설정을 말하는 사회기능적 목표로 나누어 볼 수 있다(김신복, 1982; 한국사회복지행정학회, 2007: 114).

(1) 기본적인 목표

여기에는 인간의 존엄성 존중과 행복추구권의 보장, 자립성의 회복, 개인적 성장과 개빌이 있다.

가. 인간의 존엄성 존중과 행복추구권의 보장

인간의 존엄성이란 인간은 인종, 종교, 연령, 성별, 교육수준, 사회적 신분에 관계없이 인간으로서 존엄한 가치를 가진 존재라는 것이다. 이는 1919년 독일의 바이마르헌법에서 생존권 조항을 규정함으로써 인간의 존엄성 보장을 위하여 국가가 적극적으로 개입하겠다고 선언했고 국제연합인권선언에서도 국가와 인종을 떠나서 인간의 존엄성을 선언하였다. 우리나라 헌법 제10조도 "모든 국민은 인간으로서 존엄과 가치를 가지며 행복을 추구할 권리를 가진다. 국가는 개인이 가지는 불가침의 기본적 인권을 확인하고 이를 보장할 의무를 진다"라고 규정하고 있다. 이 인간의 존엄과 가치 조항은 주관적으로는 인간은 인간으로서의 존엄과 가치를 소유한다는 것을, 객관적으로는 모든 인간이 소유하는 인간으로서의 존엄과 가치를 국가 공권력은 물론이고 개인도 존중해야 한다는 것을 확인하고 강조한 것이다.

이 인간의 존엄과 가치는 헌법 전문의 기본권 존중 규정과 함께 헌법상의 여러 기본권이 근거하는 근본 규범이다. 행복추구권이란 풍족하고 안락한 삶을 추구할 수 있는 권리이다. 이 행복추구권 역시 여러 기본권이 근거해야 할 근본 규범이다. 따라서 우리 헌법은 인간의 존엄성 보장과 행복추구권을 실현하기 위하여 제34조에서 "모든 국민은 인간다운 생활을 할 권리를 가진다. 국가는 사회보장, 사회복지의 증진에 노력할 의무를 진다. 국가는 여자의 복지와 권익의 향상을 위하여 노력하여야 한다. 국가는 노인과 청소년의 복리 향상을 위한 정책을 실시할 의무를 진다. 신체장애자 및 질병, 노령, 기타의 사유로 생활능력이 없는 국민은 법률이 정하는 바에 의하여 국가의 보호를 받는다. 국가는 재해를 예방하고 그 위험으로부터 국민을 보호하기 위하여 노력하여야 한다"라고 규정하고 있다. 즉, 사회복지의 토대가 되는 국민의 생존권 보장을 규정하고 이의 실현을 위하여 국가는 각종의 복지정책을 추진하고 복지를 증진할 책임을 진다는 것을 규정하고 있다. 그러므로 우리나라는 인간의 존엄성 보장과 행복추구권 그리고 국가의 생존권 보장이 사회보장정책의 목표가 되고 있다.

나. 자립성의 회복

사회복지의 목표 중 하나는 궁극적으로 복지 대상자 스스로 자립할 수 있는 것을 도와주는 데 있다. 사회복지서비스가 아무리 전문적이고 수준이 높다할지라도 자신이 스스로 삶을 영위하는 것과 비교가 안 된다. 따라서 자립성 회복을 사회정책목표의 가치로 삼아야 한다.

다. 개인적 성장과 개발

사회복지는 인간의 생존적 권리를 실현할 뿐만 아니라 개인의 성장을 발전시키는 데 잠재력을 발휘한다. 따라서 모든 사람들이 각각의 능력에 따라 성장하고 발달할 수 있는 잠재력을 발휘할 수 있도록 원조하는 데 목표를 두기도 한다. 여기에서 사회복지는 인간을 합리적이고 이성적인 존재로 보고 자신의 문제를 스스로 해결할 수 있는 자기결정권의 원리를 중시한다. 사회복지는 인간의 잠재력과 성장 가능성을 인정하는 원리를 바탕으로 하여 정책이 수립되고 있으므로 개인적 성장과 개발은 사회복지정책의 목표가 되고 있다(한국사회복지행정학회, 2007: 116).

(2) 사회 기능적 목표

가. 사회통합 기능

사회복지가 사회 전체적인 수준에서 어떠한 기능을 수행하고 있는지에 대하여 여러 가지 견해가 있을 수 있지만 사회통합 기능을 가지고 있다는 데 동의하고 있다(한국사회복지행정학회, 2007: 116 참조). 사회복지는 사회 전체적인 측면에서 볼 때 사회생활에 있어서 어려움을 당하고 있는 개인이 사회복지라는 원조를 통하여 사회생활을 가능하게 함으로써 개인적으로는 사회생활에 적응하고 사회 전체적으로는 사회혼란을 방지하게 되어 사회통합과 안정에 기여한다는 것이다. 사회복지는 다른 사회제도가 기능을 발휘하지 못할 때 그 제도를 보완하게 함으로써 사회 전체의 질서와 안정에 기여한다.

나. 경제성장과 안정

건강과 보건, 교육, 주택, 기타 사회복지서비스 등의 사회복지는 노동자의 복지증진과 노동력의 질적 수준을 향상시킨다. 이는 인적 자본을 축적시키고 결국은 경제성장으로 이어진다. 그러므로 경제성장을 위하여 사회복지를 활용할 수 있다. 소비를 억제하고 저축을 증대하여 투자재원으로 활용하기 위하여 사회보험 같은 장기보험을 활용하곤 하는데, 국민연금이 대표적이다. 국민연금을 투자하여 연금가입자에 대한 지급에 대비하고 그리고 경제에 투자되어 경제성장에 기여하게 된다. 또한 사회복지는 경기변동에 영향을 미쳐 경기를 안정시킴으로써 경제성장에 간접적으로 기여할 수도 있다. 예컨대 사회복지 재원으로 사용되는 누진적 직접세나 기여금 등은 경기변동에 영향을 미치는 폭이 크므로 경기변동의 안정에 크게 기여한다. 이런 면에서 경제성장과 안정을 사회복지정책의 목표로 삼는 나라가 있다(한국사회복지행정학회, 2007: 117).

다. 정치적 안정

다원적 민주주의는 사회적으로 분파적인 계층적 갈등이 많이 일어나고 그 결과 사회적인 불평등이 심화된다고 보고 각종의 복지제도는 이러한 불평등을 해소하는 데 중심을 둔다고 한다. 이런 면에서 보면 정치적인 안정을 통하여 계층 간의 사회적 불평등을 시정하는 것을 복지정책의 목표로 삼을 필요가 있다고 본다(한국사회복지행정학회, 2007: 117).

2. 사회복지정책의 가치

1) 서 언

사회복지정책에 대한 논의는 1970년대에 와서 활발하게 전개되었다. 사회복지정책의 가치는 사회복지정책을 결정하는 데 중요한 영향을 미치므로 사회복지정책의 가치를 알아보는 일은 매우 중요하다. 사회복지정책의 가치는 나라나 시대마다 다르다. 하지만 오늘날의 사회복지정책은 실질적인 경제적 민주주의를 달성하여 실질적 평등과 배분적 정의를 실현하여 정치적 민주화에 덧붙여 경제적 민주화를 실현함으로써 복지국가를 달성하는 데 두고 있다. 따라서 사회복지정책의 가치도 이러한 관점에서 논의되고 있다. 여기에는 여러 사람들의 견해가 있다. 중요한 견해를 소개하고 이 가운데 공통적인 가치를 중심으로 개략적으로 살펴보고자 한다.

2) 퍼니스와 틸튼(Furniss & Tilton)의 견해

사회복지정책이 추구하는 일반적인 가치로서 자유, 평등, 민주주의, 사회적 연대, 생존권의 보장 그리고 경제적 효율성 등을 들고 있다.

3) 프리드랜더(Friedlandler)의 견해

그는 개인적 가치, 기회균등의 가치, 사회연대성의 가치 등을 들고 있다.

4) 길버트와 스펙트(Gilbert & Specht)의 견해

사회복지정책의 가장 기본이 되는 목표는 배분적 정의의 실현이라고 보고 배분적 정의의 기준이 되는 가치로서 생존권, 평등, 형평의 세 가지를 들고 있다.

5) 기타의 견해

사회적 양심론을 주장하는 자들은 사회복지정책의 가치는 타인에 대한 사랑, 자선, 박애 등으로 보고 있다. 마샬(Marshall)은 인간의 기본권 및 생존권 가치를 사회복지정책의 가치로 본다. 음모이론 주장자들은 질서 유지와 사회통제를 복지정책의 가치로 본다.

그리고 우리나라의 사회복지정책이 지향해야 할 가치로서, 사회체제 자체에 대한 가치(자본주의, 자유민주주의, 사회주의, 사회개량주의), 사회와 인간의 관계에 관한 가치(개인주의와 집단주의, 개인책임사상과 국가책임사상), 인간과 인간관계의 가치(자유, 평등, 사회적 형평, 배분적 정의, 공익), 인간 자체의 성격, 본질에 관련된 사상(성선설, 성악설, 인간의 존엄성)을 드는 사람이 있다(송근원, 1986).

이상 사회복지정책의 가치에 대한 여러 가지의 견해를 보았는데 각 견해들이 주장하는 가치 가운데 공통적으로 중요한 가치를 보면, 평등, 효율성, 최저생활의 보장, 자유, 생활의 질 향상, 사회적 적절성(합리성)을 들 수 있다. 아래에서는 이들에 대하여 간략하게 설명한다.

6) 평 등

평등의 개념에는 헌법에 규정되어 있는 법 앞의 평등, 기회의 평등, 절대적 평등, 상대적 평등이 있다.

(1) 법 앞의 평등

우리나라 헌법 제11조 제1항은 "모든 국민은 법 앞에 평등하다. 누구든지 성별, 종교, 또는 사회적 신분에 의하여 정치적, 경제적, 문화적 생활의 모든 영역에 있어서 차별을 받지 아니한다"라고 규정하고 있다.

이 헌법 규정은 모든 국민을 법 앞에서 평등하게 다루어야 한다는 평등의 원칙을 선언한 것이며 모든 기본권이 근거해야 할 근본규범이다. 법 앞의 평등은 행정, 사법만을 구속하는 것이 아니라 입법자도 구속한다. 이 법 앞의 평등은 국민이 국가에 대하여 요구할 수 있는 기본권이며 그 내용은 기회균등과 차별금지가 그 핵심이다. 차별금지는 성별, 종교, 사회적 신분에 따른 차별을 해서는 안 된다는 것이며 정치적 생활 영역에서의 정치적 평등권, 경제적 · 사회적 영역에서의 경제사회적 평등권, 문화적인 영역에서의 문화적 평등권을 보장받는 것이다. 특히 법 앞에서의 차별금지와 기회균등은 형식적 평등인 데 대하여 경제적 복지의 평등은 실질적 평등이다. 헌법 제11조의 평등은 형식적 평등뿐만 아니라 형식적으로는 차별금지, 예컨대 빈자와 부자를 놓고 단순히 법적으로 빈자를 부자와 똑같은 인격자로 다루어 차별을 하지 않는다 하더라도 실제로 생기는 경제적, 실질적인 불평등을 시정하는 데도 적용된다고 본다. 우리나라 헌법 제119조는 경제 민주화를 위하여 국가가 규제와 조정을 한다고 규정하고 있으므로 우리나라는 경제질서에 있어서 경제적, 실질적 평등의 실현을 목표로 하고 있다

(2) 기회의 균등

기회의 균등은 결과는 무시하고 결과를 얻을 수 있는 과정에서 기회를 똑같이 제공한다는 것이다. 그러나 이는 가능성의 평등이고 형식상의 평등이다. 이 기회의 평등은 결과적인 불평등에 대하여는 신경을 쓰지 않는다. 그러나 이 기회의 균등도 평등의 중요하고 핵심적인 요소이고 이를 보장하지 않으면 평등의 원칙에 위반된다.

(3) 절대적 평등과 실질적 평등

절대적 평등은 모든 인간을 모든 면에서 언제나 균등하게 대우해야 한다는 원칙이다. 모든 사람이 자신의 능력 차이에 관계없이 똑같이 대우받고 사회적 자원을 똑같이 분배하는 것을 의미한다. 그러나 이는 현실적으로 달성할 수 없는 평등이며 헌법에 규정된 평등도 절대적 평등을 뜻하는 것이 아니다. 이를 수량적 평등 또는 결과의 평등이라고 한다. 이 절대적 평등은 실질적, 경제적 평등과도 다르다. 실질적 평등은 모든 인간을 능력에 관계없이 똑같이 대우해야 한다는 것이 아니라 인간으로서의 개별적 능력이나 차이를 인정하되 경제적인 약자의 경제적 능력을 높여 부자와의 격차를 줄여서 인간으로서의 인간다운 생활을 할 수 있도록 국가가 복지를 펴는 것을 말한다. 이 실질적 평등은 위에서도 말한 바와 같이 우리 헌법도 채택하고 있는 원칙이다.

(4) 상대적 평등

모든 인간을 평등하게 대우하되, 정당한 이유가 있고 합리적 근거에 의한 차별 내지 불평등은 허용한다는 원칙이다. 헌법에서 규정하는 평등은 바로 상대적 평등이다. 이것은 비례적 평등의 요소이다. 비례적 평등이란 개인의 능력, 기여 정도에 따라 사회적 자원의 배분을 달리하는 것이며 공평이라고도 한다. 비례적 평등은 합리적인 불평등을 허용한다. 사회보장제도 가운데 사회보험의 경우 보험금을 많이 낸 사람이 더 많은 급여를 받도록 하고 있는 것이 그 예이다. 이와 같이 기여금을 낸 것에 비례하여 급여액의 차등을 인정하는 것이 비례적 평등을 반영한 것이다.

7) 효율성

인간의 욕구를 충족할 수 있는 사회적 자원은 한정되어 있기 때문에 최소한의 자원을 투입하여 최대의 효과를 얻는 것이 중요하다. 이것이 효율성이다. 사회복지정책에 있어서는 평등의 가치와 함께 효율성의 가치도 고려되어야 한다. 그러나 이 효율성은 평등의 가치를 달성하는 수단이지 그 자체 목표가 되는 것은 아니다. 효율은 평등을 위한 여러 사회복지정책을 실행하는 데 적은 자원으로 더 많은 평등을 이루어 낼 수 있는가를 판단하는 기준일 뿐이다.

사회복지정책을 평가하는 수단으로써의 효율성에는 운영 효율성과 목표 효율성이 있다. 목표 효율성이란 정책이 목표로 하는 대상들에게 그 정책에 사용되는 자원이 얼마나 집중적으로 할당되는가로 판단된다. 운영 효율성은 정책을 관리, 운영하는 비용이 얼마나 적게 투입되는가로 판단된다. 예컨대 공공부조제도는 목표 효율성은 높으나 자산조사 등 대상자 선정의 복잡성으로 인하여 운영 효율성은 떨어진다(이진숙 외, 2010: 151 참조).

이상에 대하여 효율을 평등과 대등한 위치에 두고 효율도 평등과 함께 궁극적인 정책의 목표로 삼아야 한다는 것이 있다. 이를 파레토 효율(pareto efficiency)이라고 한다. 이는 배분적 효율을 의미하는 것인데 사회적 자원의 바람직한 배분에 초점을 두고 다른 사람의 효용을 저해하지 않고는 특정한 사람의 효용을 높이는 것이 불가능한 상태를 말한다. 즉 A의 효용이 증가하면 B의 효용이 감소해야만 하는 것이 파레토 효율적인 배분 상태로서 이 상태에서는 추가적인 교환만으로 A와 B의 효용이 동시에 증가할 수 없다. 경제학자들은 원칙적으로 파레토 효율적인 배분은 완전 경쟁시장에서 각자의 효용을 극대화하려고 하는 이기적인 사람들이 충분한 정보를 바탕으로 합리적이고 자발적인 선택에 의하여 교환을 수행할 때 결국 자동적으로 달성된다고 본다. 그러나 실제로는 파레토 효율을 충족시키는 완전한 경쟁시장은 성립 불가능하기 때문에 시장을 통한 자원배분은 비효율적일 수 있다는 것이다(이상 이진숙 외, 2010: 152 참조).

8) 최저생활의 보장

복지정책은 빈곤자, 사회적 · 경제적 약자의 구제 내지 보호로부터 일반국민으로 그 대상을 확대하였다. 이는 사회복지정책이 추구하는 궁극적인 목표가 모든 국민으로 하여금 인간다운 생활을 보장해 주는 데 두고 있음을 뜻한다. 이것이 헌법에 보장된 국민의 생존권적 기본권 보장이다.

최저생활이란 인간의 존엄성에 상응하는 생활을 할 수 있는 상태를 말하고 최소한의 생활의 유지에 필요한 상태와 건강하고 문화적인 최소한의 생활을 보유하는 것을 말한다. 즉 정신적, 육체적으로 건강한 상태를 유지하면서 노동력을 재생산할 수 있는 정도의 생활 상태를 확보하는 것을 의미한다. 이러한 최저생활을 보장하기 위하여 헌법은 이른바 최저생활보장을 생존권적 기본권으로 규정하고 국가는 여러 가지 복지증진에 노력해야 하고 장애인, 노약자, 청소년, 질병자, 여자 등의 복지를 할 의무와 책임을 진다고 규정한다. 이리하여 입법된 것이 각종 사회보험, 국민기초생활보장, 사회복지서비스에 관련된 각종 복지정책과 입법이다.

9) 자 유

(1) 정치적 · 사상적 자유의 개념

자유란 정치적으로는 국가권력의 속박과 간섭으로부터의 해방을 의미한다. 사상적으로는 타인의 강제와 속박이 없는 상태이고 국가의 강제성이 없는 상태이다. 개인의 자유가 보장되려면 국가는 개인의 생활에 간섭과 통제를 말아야 한다. 정부의 개입은 없거나 최소한에 그쳐야 한다. 자유사상은 18세기 계몽주의 사상가인 존 로크(John Locke)가 주장했고 당시 절대군주가 곧 국가인 국가로부터의 속박에서 벗어나기 위한 개념이었으며 이 사상이 프랑스혁명의 도화선이 되었다. 이 자유는 정치적 의미뿐만 아니라 개인의 재산권을 국가로부터 보호하려는 개인재산의 자유(사유재산 소유의 자유)라는 뜻도 가진다.

(2) 헌법상 자유의 개념

현대 각국의 헌법에는 국민의 각종 자유권 보장을 규정하고 있는데 이는 근대의 자연법사상의 자연권에 기초를 두고 있다. 자유의 자연권은 태어날 때부터 하늘로부터 천부불가양(양도할 수 없는)의 자유권을 가지고 있으며 이는 국가 이전에 가지고 있다는 것이다. 이 자연권으로서의 자유가 헌법에 선언되고 국가에 의한 보장으로 나타난 것이 헌법상의 자유권이다. 이와 같이 헌법상의 자유권은 자연권으로서의 성격도 가지고 있으면서 헌법상의 기본권이라는 권리로 되었다. 헌법상의 자유권이란 국민이 그의 자유 영역에 대해서 국가권력으로부터 간섭이나 침해를 받지 않을 권리이다. 따라서 자유권은 복지의 바탕인 생존권과 달리 국가에게 국민의 자유를 침해하지 말도록 요청하는 방어적 권리이지 국가에 대하여 적극적으로 그 행동을 요구하는 적극적 권리가 아니다. 자유권은 원칙적으로 자기 마음대로 생각하고 행동할 수 있는 자유이다. 이는 인간의 본성으로부터 당연히 나오는 것이며 인간의 존엄과 가치, 행복추구권에서 나오는 것이다. 이런 의미에서 자유권은 국가 이전의 자연권으로서의 성질도 가지고 있으므로 행동의 자유와 같은 적극적 기능을 당연히 가지는 것이다. 다른 한편 자유권은 그의 자유 영역에 대하여 국가 권력으로부터 침해받지 않을 소극적 기능을 가진다. 국민의 자유권은 결국 자유의 적극적 기능이 침해되었을 때 국가에 대하여 침해배제를 요청할 수 있는 소극적 방어 기능에 귀착된다. 헌법은 행동자유권으로서 신체의 자유, 사회적 자유, 경제적 자유, 정신적 자유, 정치적 자유를 규정하고 있다.

(3) 사회복지정책에서의 자유

여기에는 소극적 자유와 적극적 자유로 나눌 수 있다. 소극적 자유란 타율적 강제로부터 벗어나는 자유, 즉 "~로부터의 자유"를 말하고, 적극적 자유는 자신이 바라는 것을 할 수 있는 자유 즉 위에서 말한 행동의 자유를 말한다. 즉 "~을 향한 자유(이진숙 외, 2010: 158 참조)이다. 소극적 자유는 국가의 간섭이 없거나 최소한에 그쳐야 하고, 적극적 자유는 최소한의 인간다운 생활의 보장을 위하여 국가의 적극적인 간섭을 요구한다. 사회복지정책은 특정한 개인(예컨대, 경제적 강자)들의 소극적 자유를 제한하고 사회적 약자들에게 원하는 것을 할 수 있는 적극적 자유를 증대시키고자 한다. 적극적 자유로부터 증대되는 효용이 소극적 자유로부터 감소되는 효용보다 더 클 수 있다. 예를 들어, 사회적 약자에게 생계비를 지급하기 위하여 개인이 가진 사유재산의 행사를 제한하는 것을 생각해 보면, 일부 사람들이 소극적 자유를 제한 당하더라도(사유재산의 자유 제한), 적은 자유를 갖고 있던 사람(경제적 약자)의 적극적 자유가 그보다 늘어난다면 사회 전체가 가지고 있는 자유의 양은 커지게 되어 사회적으로 바람직한 상태가 된다는 것이다(이진숙 외, 2010: 159 참조).

(4) 자유의 진정한 의미와 자유권의 제한

가. 자유의 진정한 의미

자유는 무제한 방임적 자유가 아니다. 다른 개인이나 사회에 해를 끼쳐서는 안 된다. 예컨대 자신의 행위로 인하여 타인에게 신체적인 해나 물질적인 해를 끼치거나, 고도의 산업화사회에서는 정서적·심리적인 해도 끼쳐서는 안 된다. 그리고 한 개인의 자유가 공동사회에 해를 끼치거나 사회구성원에게 해를 끼치고 사회 전체적으로 해를 주게 되는 경우에는 개인의 자유는 자연스레 제한할 수 있는 근거가 발생한다. 개별적인 사람들의 행위가 개별적으로는 해가 되지 않으나 많은 사람들이 그러한 행위를 하게 되면 사회적인 해가 될 수 있다.

나. 자유권의 헌법상 제한

헌법은 인간의 천부적인 자유를 자유권이라는 국민의 기본권으로 보장하고 있다. 그러나 이는 절대적으로 제한할 수 없는 절대적인 권리가 아니라 헌법에서 정하는 요건에 따라 법률로써 제한할 수 있는 상대적 권리이다. 즉 헌법 제37조 제2항은 "국민의 모든 자유와 권리는 국가안전보장, 질서유지 또는 공공복리를 위하여 필요한 경우에 한하여 법률로써 제한할 수 있으며, 제한하는 경우에도 자유와 권리의 본질적 내용을 침해할 수 없다"라고 규정하고 있다. 그러나 법률에 의하여 제한한다 하더라도 첫째, 자유권(기본권)의 본질적 내용을 침해해서는 안 되고 둘째, 자유권(기본권)의 제한 목적이 국가안전보장, 질서유지, 공공복리에 국한되어야 할 것이고, 셋째, 자유권(기본권) 제한에 있어서는 비례성의 원칙이 적용되어야 할 것이다. 기본권의 본질적 내용은 무엇으로도 침해하거나 제한할 수 없다.

(5) 자유와 평등의 관계

두 가지 측면에서 다루어야 한다. 자유와 형식적 평등은 대립되는 관계가 아니고 보완적인 관계에 있다. 여기의 자유는 구속으로부터의 해방을 의미하고 형식적 평등은 인간을 구체적 인간으로서가 아니라 추상적인 인격자로서 평등하게 대우한다는 것이다. 즉 권리자가 될 수 있는 가능성의 평등이며 실제로 그가 권리를 취득(예컨대 재산의 소유)하는지는 묻지 않는다. 따라서 형식적 평등은 타인의 간섭을 받지 않고 자유로운 행동을 하는 데 도와주는 관계이며 형식적 평등이 보장되어야 자유도 보장받을 수 있다. 그러나 자본주의 경제가 발달함에 따라 실제로는 빈부의 심한 격차로 말미암아 부자유, 불평등하게 되었다. 이를 시정하기 위하여 나온 것이 실질적 자유와 실질적 평등 개념이다.

자유와 실질적인 평등의 관계는 대립적 관계에 있다. 즉 실질적 평등은 인간이 인격자로 평등하게 대우받는 것은 물론이고 나아가 구체적인 인간으로서 인간다운 생활을 할 수 있도록 하여 빈부의 격차를 줄여서 복지를 실행하는 것을 말하고 실질적 평등을 달성하는 데는 국가의 경제생활에 대한 개입이 필요하다. 그런데 자유는 국가의 개입을 싫어하고 개입이 없어야 자유권이 보장된다. 그러므로 자유와 실질적 평등은 대립된다.

그러나 다른 한편, 자유권에는 생존에 대한 공포와 위협으로부터의 자유나 빈곤으로부터의 자유도 포함되므로 실질적 평등을 내용으로 하는 생존권은 이러한 생존에 대한 위협이나 공포로부터의 자유를 실질적으로 확보하기 위한 것이다. 이 점에서 보면 생존권은 자유권에 대하여 보완관계에 있다. 실질적 자유와 실질적 평등은 사회주의적인 요청이지만 형식적 자유와 형식적 평등을 부정하는 사회주의에서는 생존권도 보장될 수 없다. 이 점에서 생존권은 사회정책적, 사회개량적 기본권이며 사회적 시장경제, 사회국가(사회주의국가가 아님)를 요청하고 있다. 따라서 생존권의 보장을 통한 실질적 평등을 위해서 자유권을 지나치게 희생해서는 안 된다. 민주국가에서는 인간의 존엄과 가치, 행복추구권을 존중해야 하며 국민의 경제적 자유와 창의를 존중해야 하므로 실질적 평등을 위하여 자유권을 제한하는 것은 가능한 한 최소한에 그쳐야 하며 실질적 평등과 자유는 조화를 이루어야 한다.

10) 생활의 질 향상

현대 복지국가가 지향하는 궁극적인 사회복지정책의 목표는 생활의 질의 항싱에 있다. 전통적인 복지정책에서는 국민의 최소한의 생활을 보장하는 데 두고 있으나 오늘날 선진 사회에서 물질적 풍요를 달성한 국가는 삶의 질의 향상에 복지정책의 방향을 두기 시작하고 있다. 우리나라는 아직도 풍요로운 사회가 되었다고 할 수 없으나 삶의 질 향상을 복지정책의 하나의 요소로 할 수 있다고 본다.

11) 사회적 적절성

사회적 적절성은 사회복지급여가 개인의 신체적, 정신적 안녕을 위하여 적절한 수준인가 하는 것이다. 이러한 가치는 사회가 변화함에 따라 함께 변화한다. 예컨대 1960년대나 1970년대만 하더라도 최소한의 의식주만 해결하여 주어도 복지의 사회적 적절성을 갖추었다고 할 수 있지만 21세기 오늘날에서는 이 정도의 기본욕구충족만으론 부족하고 자아실현, 안전과 행복 등 정신적 측면에 대한 욕구충족도 강조되고 있다(이진숙 외, 2010: 161 참조). 자본주의 국가에서는 평등보다 능력만큼 보상받는 공평성이, 사회주의 국가에서는 사회구성원의 평등을 더욱 강조하는 것이 적절성의 기준이 된다고 볼 수 있다.

Chapter

Social Welfare Policy

10 사회복지정책결정의 과정과 평가

1. 사회복지정책결정의 과정

1) 서 언

사회복지정책의 결정은 여러 가지 복잡한 단계를 거쳐서 이루어진다. 학자미다 다양한 여러 가지의 과정을 설명하고 있다. 그러나 공통적인 것은 사회문제를 인식하고 정책 대안을 만들어 이 가운데서 정책을 결정하고 집행하는 단계를 거친다. 마지막으로 정책결과를 평가한다.

정책결정과정에 대한 학자들의 견해는 다음과 같다. 칸(Kahn)은 기획의 선동, 탐색, 기획과제의 정의, 정책 형성, 프로그램화, 평가, 환류의 6단계 기획과정으로 설명한다. 디니토(Dinitto)는 정책문제의 확인, 정책 대안의 형성, 정책의 정당화, 정책의 집행, 정책의 평가라는 5단계의 정책형성과정으로 한다. 프리먼과 셔우드(Freeman & Shewood)는 기획, 프로그램 개발과 집행, 평가라는 3단계 정책개발로 설명한다. 길버트와 스펙트 및 터렐(Gilbert & Specht, Terrell)은 문제 확인, 문제 분석, 공중 홍보, 정책목표의 개발, 공중 지지의 형성과 정당화, 프로그램 설계, 집행, 평가와 사정이라는 8단계의 정책형성과정으로 구성하고 있다. 죤스(Johnes)는 문제 규명의 단계, 정책 개발의 단계, 정책집행의 단계, 정책평가의 단계, 정책 종결의 단계로 하고 있다. 다이(Dye)는 문제의 규명, 정책 대안의 형성, 정책의 합법화, 정책의 집행, 정책의 평가로 구성하고, 안데르손(Anderson)은 정책의제의 설정, 정책의 형성, 정책의 채택, 정책의 집행, 정책의 평가로 구성한다.

사회복지정책은 어떠한 과정을 거쳐 형성, 결정되는가를 분석함으로써 사회복지정책의 목적과 기능을 이해할 수 있다. 위에서 소개한 정책결정과정의 단계들을 공통분모로 살펴보면 보면 이진숙 등(2010: 235)은 정책문제의 형성, 정책 아젠다의 형성, 정책 대안의 형성, 정책결정, 정책집행, 정책평가 등 여섯 단계로 분류하여 설명한다. 김종명(2009: 114)은 문제 요구와 이슈화, 의제 형성, 정책 대안의 형성, 정책의 결정, 정책의 집행, 정책의 평가로 분류하고 있다. 이들의 주장을 종합하여 여기서는 사회복지정책의 결정과정을 사회문제의 인식과 쟁점화, 정책 쟁점의 의제 형성, 정책 대안의 제시, 정책의 결정, 정책의 집행, 정책의 평가로 구분하여 설명한다.

2) 사회문제의 인식과 쟁점화

(1) 사회문제의 의의

사회복지정책은 사회에서 일어나는 여러 가지의 사회문제를 해결하기 위한 것이며 이 사회문제가 복지정책과정의 출발점이다(김종명, 2009: 114). 사회복지 문제 해결을 위한 방안 중 하나가 사회복지정책이기 때문에 사회복지 문제는 정책 형성을 촉발시키는 원동력이자 원료이다(이진숙 외, 2010: 236; 송근원 · 김태성, 2003). 사회문제는 어떠한 경우에 발생하는가? 사회 내에서 어떠한 상황에서 해결되어야 한다고 생각할 때 사회문제가 된다. 그것은 다소 주관적이므로 사람마다 사회문제라고 생각하는 인식이 다를 수 있다. 사회문제는 사람들의 개인적, 사회적 욕구가 충족되지 않고 그것이 사회 내의 갈등으로 이어질 때 발생하고 사회 내의 사람들이 인식하게 된다. 어떤 사건이 불특정 다수에게 반복적으로 일어나게 됨으로써 많은 사회구성원들이 그것을 해결해야 한다는 공론이 제기될 때 사회문제로 되며, 개인문제가 사회문제로 되기 위해서는 불특정 다수에게 불만족스런 상태가 일정기간 지속되어야 한다는 조건이 갖추어져야 한다(이진숙 외, 2010: 237 참조). 또는 어떤 사회 현상이 사회적 규범에서 벗어나고, 상당수의 사람들이 그 현상으로 인하여 부정적 영향을 받고 있으며 그 원인이 사회적인 것이며 다수의 사람들이나 영향력있는 사람들이 문제로 판단하고, 사회가 그 개선을 원하고 있고, 개선을 위하여 집단적, 사회적 요청이 되는 것을 사회문제라고 한다(최일섭 외, 1994: 24-25).

(2) 사회문제의 쟁점화

가. 서 언

사회복지정책을 결정하는 데 있어서는 제일 먼저 발생하고 인식한 사회문제 내지 사회복지문제를 쟁점화해야 한다. 사회문제를 쟁점화하는 것은 쉬운 일이 아니다. 사회문제는 정치적, 경제적 약자의 문제이기 때문에 쟁점화해서 여론을 환기시켜서 공론화를 거친 후 사회문제 내지 사회복지 문제의 의제로 형성되지 못하고 무시되는 수가 많기 때문이다. 사회문제가 쟁점화되면 일반국민들이 관심을 가지게 되고 이 문제는 공론이 되어 사회복지정책을 위한 대안을 제시하기 위한 사회문제 내지 사회복지 문제의 의제를 형성하게 된다.

나. 쟁점화의 개념

쟁점화(이슈)란 이해 당사자들 사이에서 나타나는 의견의 불일치로 인하여 발생하는 것이라고 정의하기도 하고(이태영, 2008: 25; 김종명, 2009: 115), 이해 당사자들이 서로 유리한 위치에 서기 위해 명분을 내세우고 합리화시키기 위한 투쟁과정에서 나타나는 것으로서 문제의 정의들 사이에서의 갈등을 가리킨다고 하는 자도 있다(Jones, 이진숙 외, 2010: 237).

일반적으로 쟁점화에는 두 가지 방식으로 규정하고 있다. 넓은 의미에서는 어떤 문제나 요구가 공공의 관심을 끌어 공공정책상의 논점으로 제시되는 것을 의미한다. 어떤 문제에 대하여 해결해야 할 행위가 발생했다하더라도 공공의 관심을 끌지 못하고 공공정책상의 논점이 되지 못하는 경우에는 그것은 쟁점화 되었다고 할 수 없다. 공공정책의 논의대상이 되는 정책문제는 일반적으로 공공의 관심을 쉽게 끌 수 있기 때문에 쟁점으로 등장하는 것이 보통이다(이진숙 외, 2010: 238). 넓은 의미의 쟁점화는 공공의 관심과 공공정책과정상의 논의라는 두 가지 조건을 갖추면 성립한다. 좁은 의미에서는 어떤 문제나 요구가 공공의 관심을 끌어 공공정책상의 논점으로 제시되어 이해 갈등이 나타나는 경우를 말한다. 특히 정책결정자의 관심을 끌어 정책행위자에 의하여 논의되고 여기에 관련된 사람 간의 이해관계가 드러나는 경우를 말한다(김종명, 2009: 115).

사회복지 문제나 요구가 정치적으로 논점화되어 정치체제의 정책의제에 오르면 쟁점화 내지 이슈로 되었다고 할 수 있지만 그 정책의제에 오르지 못하여 그 의제의 지위를 획득하지 못하고 밀려나 억압되는 경우가 있는데 이를 억압된 쟁점 또는 이슈 또는 난 이슈라고 한다. 그리고 정책의제에 오르긴 했으나 논의되지 않은 이슈를 가짜 의제라고 한다. 사회복지 문제나 요구가 정책의제에 오르기 위해서는 쟁점화를 통하여 정치적 논점으로 부각되어야 한다. 정치적 논점으로 부각되면 쉽게 정책의제에 오를 수 있다. 그리고 공공의 관심을 끌긴 했으나 공공의 관심 밖으로 사라지거나 논의가 중단된 이슈를 시간이 지나면 다시 이슈로 등장할 가능성이 존재한다는 이유에서 잠재적 이슈라고 한다. 난 이슈 또는 억압된 이슈는 공공의 관심을 끌긴 했으나 정치체제에 의하여 통제되어 공공정책상의 논점으로 제시되지 못하고 무시된 이슈인데 계속 억압되는 경우에는 언젠가는 체제가 허용되는 범위를 넘어선 요구 표명 행위를 통하여 억압된 이슈가 표출된다.

난 이슈가 존재하는가 존재하지 않는가에 대하여 논의가 있다. 달(Dahl) 등의 다원론자들은 민주주의체제 특히 미국의 정치체제에서는 난 이슈는 존재할 수 없다고 한다. 그 이유는 첫째, 다양한 이익집단들이 정책결정에 영향을 미치고자 경쟁을 하고 있는 다원주의체제에서는 난 이슈가 존재할 수 없다. 둘째, 미국의 정치체제는 입법, 행정, 사법으로 삼권이 분리되어 있고 연방정부, 주정부, 지방정부라는 세 개의 정부를 가지고 있기 때문에 정부의 정책의제로 접근할 통로가 많다. 셋째, 사회가 다원화한 이익집단들로 구성되어 있고 쟁점화시키는 데 필요한 권력 자원이 이들에게 널리 분산되어 있으며 이들 사이에 견제와 균형이 이루어져 어느 한 계층이나 집단이 계속해서 권력을 독점할 수 없기 때문이라고 한다. 따라서 다원론자들은 난 이슈란 있을 수 없다고 한다(이진숙 외, 2010: 239 참조).

다른 한편 사회집단들은 권력 자원을 가진 자만의 견해가 반영되고 가지지 못한 자의 문제는 억압되기 때문에 난 이슈로 남는다고 한다. 정부의 의제 형성은 가진 자들에게 안전한 이슈로만 구성되고 그들에게 해가 되는 이슈는 받아들이지 않는 까닭에 억압되고 만다는 것이다. 이것이 난 이슈가 존재하는 이유가 된다고 한다(송근원 · 김태성, 2003; 이진숙 외, 2010: 240).

다. 쟁점화 과정

쟁점화 과정이란 어떤 문제나 요구를 쟁점화하여 일반국민들과 정책자의 관심을 끌게 하는 과정이다. 사회문제나 요구는 사회적 약자의 문제이므로 쟁섬화하지 않은 경우 정책의제로 채택하기 어렵기 때문에 쟁점화 과정은 사회복지정책과정에서 매우 중요한 의미를 지닌다.

쟁점 제기자나 쟁점유발장치에 의하여 쟁점화된다. 쟁점 제기자란 어떤 문제를 해결하기 위하여 그 문제를 제기하고 국민에게 널리 인식시키려고 하는 사람이고, 쟁점유발장치란 문제가 쟁점화되는 과정에 도움을 주는 예기치 못한 사건들이다. 쟁점 제기자는 보통 그 문제로 인하여 고통을 받고 있는 클라이언트나 사회복지전문가, 언론, 정치인 등이다. 그런데 사회복지 문제로 고통을 받고 있는 사람들은 사회적 약자이기 때문에 쟁점 제기자로 활동하지 못하는 경우가 많아 결국 이들의 욕구를 진단하고 도움을 제공해주는 사회복지전문가가 사회복지 문제의 쟁점 제기자로 활약해야 한다(이진숙 외, 2010: 240; 김종명, 2009: 116).

사회복지정책에 사회복지 문제를 반영하여 그 정책결정에 영향을 미치려면 사회복지 문제를 쟁점화하여야 하는데 이를 위해서는 사회복지 쟁점을 구체화해야 하고 사회적으로 관심을 일으킬 수 있는 정도로 중요성을 가져야 하며 그 문제가 널리 퍼져서 전파 및 유행 가능성이 있어야 한다. 그리고 일반국민들이 사회복지 문제에 관하여 효과적으로 인식할 수 있게 만들어야 한다. 그렇게 만드는 방법은 이성이나 감성에 호소하는 것이 있다.

3) 사회복지정책 쟁점의 의제 형성

(1) 의제(아젠다) 형성의 개념

의제란 공공정책으로 전환하기 위하여 정책결정자의 관심을 불러일으키고 논의될 수 있는 상태에 있는 문제를 말한다. 의제 형성이란 사회의 다양한 요구가 정부의 진지한 관심의 대상이 되는 항목으로 전환되는 과정이고 정부가 사회문제를 정책적으로 해결하기 위하여 심각하게 검토하기로 결정하는 행위 또는 과정을 의미한다(김종명, 2009: 117).

사회복지정책의 의제 형성에 가장 많은 영향을 미치고 참여하는 자는 사회복지 문제를 쟁점화하고 정책가로 하여금 논의하게 만드는 쟁점 제기자, 사회복지 쟁점과 관련된 이해관계자, 사회복지 문제를 정책의제로 다루는 정책가들이다.

(2) 사회복지정책의 의제 형성에 관한 이론 모형

의제 형성에 관한 이론적 모형은 학자들에 따라 다양하게 분류되고 있으나 일반적으로는 사회문제에서 사회 쟁점으로 발전시키고 여기서 공공의제로 채택되어 다음으로 정부의제로 채택되는 과정을 거친다.

가. 존스(Johnes)의 이론

그는 정책의제 형성과정을 사건인지 및 문제 정의 단계, 결집 및 조직화 단계, 대표 단계로 제시하고 있다.

가) 사건인지 및 문제 정의 단계

문제가 정부에서 다루어지기 위한 초기 단계가 사건에 대한 인지 및 문제 정의 단계이다. 잠재해 있던 사회문제가 어떤 사건을 계기로 국민에게 인식되고 그것이 해결되어야 할 문제로 정해지는 경우 그것이 정부의 조치나 관여를 필요로 하는 문제인지, 개인이 스스로 해결해야 할 문제인지가 명백해진다. 어떤 문제를 어떻게 정의 내리느냐에 따라 그 해결책은 달라지고 이 과정 속에서 사회적 갈등이 야기된다(이진숙 외, 2010: 247; 김종명, 2009: 119).

나) 결집과 조직화 단계

문제가 정의되면 문제에 영향을 받거나 공통적 관심을 가진 사람들이 결집되고 조직화 된다. 보다 더 관심을 가진 사람들을 중심으로 효율적으로 사회문제를 해결하기 위한 조직화가 이루어진다. 이 결집과 조직화는 정책과정에 영향을 미치게 된다. 그리고 조직화의 정도 및 조직의 형태 등은 정책과정에 영향을 미치는 중요한 요인으로 작용한다(이진숙 외, 2010: 217; 김종명, 2009: 120).

다) 대표 단계

대표란 국민과 국민들의 문제를 정부로 연결시키는 활동을 말한다. 문제로 정의된 모든 욕구가 다 정책의제로 다루어지는 것은 아니고 이들 중 일부만 공공의제 내지 정부의제로 채택된다. 사회복지 문제를 정부의제로 가져가는 데 커다란 영향을 미치는 대표자는 대통령, 국회의원 등의 정치인, 신문 및 방송 등의 언론기관, 사회복지전문가 및 클라이언트 전문가를 들 수 있다. 대표자와 대표된 자의 사회복지 문제에 대한 인지 상태와 이들의 그 문제에 대한 정의에 따라 그 문제가 어떻게 대표되는가 즉 정부의제로 되는 여부가 결정된다(이진숙 외, 2010: 248; 김종명, 2009: 120).

나. 아이스톤(Eyestone)의 이론

그는 의제형성과정을 다음과 같은 단계로 보고 있다. 사회문제가 집단에 의하여 인지되고 다른 견해를 가진 집단이 관여하면 사회문제가 사회적 이슈로 성립하고,

더 많은 집단들이 계속 관여함으로써 공공의제가 되고, 이슈제기자의 활동을 통하여 공식의제로 발전한다고 본다.

여기서 사회문제의 인식 단계란 어떤 문제가 관련 사회집단에 의하여 사회문제로 인식되고 해결이 요구되는 상태이다. 사회문제란 사회구성원의 사회적 상황에 대한 광범위한 결핍감이나 불만족의 상태를 말한다. 사회적 이슈화 단계란 인식된 사회문제에 대한 해결방법에 대하여 사회집단들이나 구성원의 의견이 엇갈리는 갈등이 야기되는 단계이다. 공공의제 단계란 사회적 이슈로 등장한 쟁점 가운데 정부의 정책적 해결이 필요하다고 많은 사람들이 믿게 되면 그 이슈들이 모여서 공공의제를 구성하게 된다. 공식의제 단계란 공공의제 이슈들이라 해서 모두 정책결정의 대상이 되는 것이 아니라 공공의제 이슈들 가운데 이슈제기자의 활동에 의하여 정책결정의 대상이 되어 정책결정이 이루어지는 의제를 말하고 정부의제 목록에 수록된다(이진숙 외, 2010: 249; 김종명, 2009: 121).

다. 코브와 로스(Cobb & Ross)의 이론

코브와 로스는 정책의사 형성과정을 이슈의 제기, 구체화, 확산, 진입의 네 단계로 나누고, 외부주도형, 동원모형, 내부접근모형 등 세 가지 모형을 제시하였다.

가) 외부주도형

공식적 정부구조의 외부에 있는 개인이나 집단이 고통이나 불만을 제기하여 사회문제로 만들어 사회적 이슈화하고 이를 언론 등이 대중매체를 통하여 확산시켜 공공의제를 만들고 정책결정자에게 문제 해결을 심각하게 고려하도록 영향력을 행사하여 공식의제 즉 정부의제로 설정하는 모형이다. 이 모형은 여론 정치의 설명에 유용하며 정부의 반응도가 높은 민주적 정치체제에의 정책의제를 설명해 주는 데 적합하다.

나) 동원모형

이 모형은 정치 지도자들이 정책을 주도하며 그 집행을 위해 대중의 지지가 필요할 때 확산과정을 거치는 의제형성과정이다. 이 모형에서는 새로운 이슈가 정부기관이나 정치지도자에 의하여 먼저 창출되고 그 후에 국민의 지지를 획득하기 위하여 공공화되는 것이고 이슈가 제기되고 국민의 기대나 요구를 수렴하는 구체화 단계를 거쳐 정부의제에서 공공의제로 이슈가 옮겨가는 모형이다.

다) 내부접근모형

이 모형은 이슈가 정부기관이나 정책결정자에 의해서 창출되고 이것을 일반 공중에게 확산시키지 않고 정부나 정책결정자가 바로 공식의제로 채택하게 하는 경우이다.

라. 킹돈(Kingdon)의 이론

그는 의제가 형성되고 대안들이 모색되는 과정을 문제의 흐름, 정책의 흐름, 그리고 정치의 흐름 등 세 가지로 나누어 논의하고 있다.

문제의 흐름이란 정책의제 형성에 영향을 미칠 수 있는 문제들이다. 정책의 흐름은 특정 정책 분야의 전문가들이 지식과 학문 연구를 통하여 사회문제에 대한 대안을 만들고 이 만들어진 대안들이 정부의제의 형성에 영향을 끼친다는 것이다. 정치적 흐름이란 국민적인 분위기의 흐름이나 여론 선거결과와 행정부의 변동 등을 통하여 나타나는 데 이 역시 정책의제 형성에 영향을 끼친다(이진숙 외, 2010: 251 참조).

(3) 사회복지정책의제(아젠다) 형성에 영향을 미치는 요인

정책의제 형성에 영향을 미치는 요인에는 크게 보아서 사회복지 의제 형성 참여자, 정치체제, 다른 이슈들의 존재가 있다. 정책의제 형성 참여자에는 이슈제기자, 사회복지 이슈와 관련된 이해 당사자들, 사회복지 이슈를 정책의제로 다루는 정책꾼을 들 수 있다. 이슈제기자는 사회복지 문제를 이슈화시키고자 하는 의욕을 가지고 활동하는 사람이고 누구나 될 수 있다. 이슈제기자는 사회복지 문제를 이슈화시켜 일반국민들에게 인식시키고 정책꾼들로 하여금 논의하게 만드는 활동을 한다. 이해 당사자들이란 사회복지 문제로 고통을 당하는 클라이언트들이며 이들은 사회복지 문제가 해결될 때 이익을 받는 사람이다. 그러므로 사회복지 문제가 제기되는 경우 정책의제 형성에 지지를 보내는 층이다. 또한 사회복지비용 부담자도 이해 당사자로서 의제 형성에 참여하게 되는데 여기에는 현 체제 속에서 비용부담을 많이 부담한다고 느끼는 기득권자와 비교적 비용부담을 느끼지 못하는 일반국민이 있다. 정책꾼들이란 정부의제 위에 오른 정책의제를 다루는 사람인데 사회복지정책의제 형성에 큰 영향을 미친다. 다음으로 사회복지전문가도 사회복지정책의제 형성에 많은 영향을 행사할 수 있다. 이들은 클라이언트를 대리하여 언론 및 정치인들에게 사회복지 문제를 쟁점화시키고 정책의제로 삼도록 영향을 줄 수 있는 사람들이다. 그리고 일반국민들도 사회복지 문제가 이슈화하는 경우 사회복지정책에 관심을 가지게 되고 정책꾼들에게 영향력을 행사하기도 한다. 그러나 일반국민들은 대부분 역할을 하지 않는다. 일반국민들 가운데 시민단체를 만들어 사회복지 문제 해결에 앞장서는 경우가 오늘날에는 많이 나타나고 있다.

다음으로는 정치체제가 정책의제 형성에 많은 영향을 미친다. 어느 사회이든 그 사회의 정치체제가 사회복지 문제 해결에 영향을 미치게 된다. 그리고 사회복지 이슈는 국민 전체보다는 일부 클라이언트에게 국한된 문제로 인식되는 경향이 있고 그러므로 국민 전체와 관련된 이슈 즉 사회복지 문제가 아닌 다른 정책이슈가 제기되는 경우 사회복지 이슈는 그 다른 이슈와 정책의제로 채택되기 위한 경쟁을 벌여 이겨야 하는 어려움에 봉착하게 된다.

4) 사회복지정책의 대안 형성

(1) 정책 대안의 의미

특정한 사회문제나 이슈가 정부가 다루어야 할 의제가 되면 정책과정의 다음 단계는 이 문제를 해결하기 위한 여러 가지 방안을 모색하고 개발하는 것이다. 이러한 과정을 정책 대안의 형성과정이라고 한다. 정책 대안 문제의 해결 방안이며 협의로는 주어진 목표의 달성을 위한 여러 방법을 강구하고 이들 방법을 비교 분석하는 과정을 말한다. 정책 대안을 광의로 말하면 정책문제가 무엇인지를 파악하고 그 문제를 둘러 싼 상황을 파악하여 정책목표를 세우고 그 목표를 달성할 수 있는 정책 수단으로써 정책 대안을 개발하여 어떠한 정책 대안이 가장 바람직한 것인지를 비교 분석하는 과정을 의미한다.

(2) 사회복지정책 대안의 형성과정

가. 사회복지 문제와 상황파악

사회복지 문제와 그 문제를 둘러싼 상황을 정확하게 파악하기 위해서는 사회복지 분야에서 그 문제를 다루는 전문가 또는 관료와의 면담이 필요한 경우도 있고 비슷한 문제나 선례에 관하여 문헌 소사를 할 수도 있다. 또 클라이언트나 이해 관계자를 상대로 현지 조사를 할 수도 있다. 이러한 조사를 하여 문제를 파악하는 데는 다음과 같은 여러 가지를 고려해야 한다(이진숙 외, 2010: 256; 김종명, 2009: 124).

첫째는 문제나 욕구의 원인을 고려해야 한다. 어떤 사회복지 문제가 발생하게 된 원인이 그 문제로 인하여 고통 받고 있는 그 사람 개인에게 있는지 아니면 사회체제나 사회변동에 있는지를 파악해야 한다.

둘째는 문제의 영향을 고려해야 한다. 사회복지 문제가 미치는 영향이 직접 관련된 사람에게 미치는 것인지 다른 사람에게도 미치는 것인지 그리고 어느 정도로 영향을 미치는 것인지, 영향을 받는 사람들이 어느 정도나 심각하게 그 문제의 영향을 받아들이는지를 파악해야 한다.

셋째는 문제의 인식범위를 고려해야 한다. 사회복지 문제를 인식하고 있는 사람은 어느 정도이며, 어떠한 특성을 가지고 있는지, 어떠한 해결방법을 원하는지를 파악해야 한다.

넷째는 문제의 해결능력을 고려해야 한다. 그 사회복지 문제가 개인의 힘에 의하여 해결할 수 있는지의 여부 그리고 사회적 해결에 드는 비용이나 자원의 조달방법은 무엇인지에 관한 것을 파악해야 한다.

다섯째는 문제의 성격을 고려해야 한다. 사회복지 문제가 어느 정도로 사회적인 중요성을 가지는가 그리고 어느 정도로 정치적 성격을 가지는가에 관한 판단이 필요하다(김종명, 2009: 124; 이진숙 외, 2010: 256).

나. 미래에 대한 예측과 목표의 설정

사회복지 문제가 무엇인지 그리고 그 문제의 상황을 파악하고 나면 그 다음에는 미래에 관한 예측을 통하여 정책의 목표를 설정하는 일이다. 이 목표 설정에 고려해야 할 것들은 다음과 같다.

첫째는 정책의 대상 집단이다. 클라이언트의 비용부담자와 지역사회의 이해관계, 둘째는 정책문제의 특성이다. 정책문제가 사회적인가, 정치적인가? 셋째는 문제 해결목표의 종류와 성격이다. 단일 목표인가 복수 목표인가, 장기 목표와 단기 목표는 무엇인가, 사회 전체적인 목표인가 지역에 국한된 목표인가, 넷째는 다른 목표와의 관계, 다섯째는 목표가 기초하고 있는 가치 등이다.

다. 정책 대안의 탐색 및 개발

사회복지정책의 목표가 설정되면 그 정책수단으로써의 해결방법을 만들어야 한다. 이 해결방법이 정책 대안이다. 정책 대안을 만들기 위해서는 사회복지 문제와 그 상황 그리고 미래 예측을 위한 정보를 수집하여 종합적으로 분석해야 한다. 정책 대안을 개발하는 방법을 차례로 보면 다음과 같다(이진숙 외, 2010: 257-258; 김종명, 2009: 125 재인용).

첫째는 과거의 정책이나 현존의 정책을 분석하는 것이 가장 중요한 정책 대안의 근원이 된다.

둘째는 외국의 정책 사례를 참고할 수 있다. 정책문제로 하기로 결정된 사회복지 문제에 관하여 과거의 경험적 선례가 없는 경우 외국 또는 다른 지방정부의 정책 사례에서 좋은 아이디어를 얻어 정책 대안을 개발할 수 있다. 이 경우 사회적, 정치적, 문화적 차이로 예상한 결과를 얻지 못할 수도 있다.

셋째는 사회복지 문제를 해결하기 위한 정책 대안은 사회복지학, 심리학, 사회학, 정치학 등의 사회과학적 지식을 동원하여 만들어 낼 수 있다.

넷째는 정책 대안에 관한 선례나 전문지식 또는 사회복지 문제의 상황에 대한 정보가 부족한 경우 직관적인 방법에 의하여 주관적인 판단 하에 정책 대안을 만들 수도 있다. 그러나 이 방법은 부정확하고 실현이 어려울 수도 있으므로 관련 전문가들의 의견을 널리 수렴할 필요가 있다.

라. 정책 대안의 비교 분석

정책 대안들이 형성되면 여러 가지 기준에서 분석하고 대안을 시행할 때 나타날 수 있는 결과를 예측하여 다른 대안들과 서로 비교하여 평가한다. 정책 대안을 비교 분석하기 위한 기준으로는 다음과 같은 것을 든다(이진숙 외, 2010: 258-260; 김종명, 2009: 125-126 참조).

첫째는 기술적인 실현 가능성이다. 정책 대안을 실행하는 데 걸림돌이 되는 기술적인 문제점은 없는가? 또는 그 문제를 다루는 집행기관의 전문화 수준, 재정 능력, 행정 능력에 비추어 그 정책 대안이 만족스럽게 시행될 수 있는지에 관한 것이다.

둘째는 정책 대안이 정치적으로 받아들여질 수 있는지에 관한 것이다. 아무리 좋은 정책 대안이라 하더라도 국회에서 통과되지 않거나, 국회에서는 통과되어도 대통령이 거부권을 행사하든가, 정책 대안 집행 시에 주민들의 반대 때문에 집행 자체가 유야무야로 될 때는 그 정책 효과는 낮아질 것이다.

셋째는 능률성이다. 이는 투입과 산출의 비율을 말한다. 투입이 일정하면 산출을 최대한으로 하는 것이 능률적이고, 반대로 산출이 일정하다면 투입을 최소화하는 것이 능률적이다. 예컨대 사회복지 문제의 해결에 동원할 수 있는 자원이 한정되어 있는 경우 그 자원을 가지고 문제 해결을 위한 복지서비스를 최대한으로 창출 제공하는 것이 능률적이다.

넷째는 효과성이다. 효과성은 문제 해결에 동원되는 자원과 이로부터 나타나는 복지서비스와의 관계에서 자원이 얼마가 들든지에 상관없이 복지서비스를 최대한도로 창출해내는 것을 말한다.

다섯째는 사회적 효과성이다. 이는 사회복지정책의 시행결과로 나타나는 사회복지의 유대감 즉 통합성을 달성하는가에 관한 것이다. 사회복지정책에서는 인간의 존엄성을 존중해야 하므로 능률성이나 효과성보다 사회적 효과성을 중시하는 경우가 많다(이진숙 외, 2010: 259 참조).

여섯째는 사회적 형평성이다. 이는 사회복지정책이 시행되는 경우 사회계층 사이의 불평등이 어느 정도 시정될 수 있는가에 관한 것이다. 사회적, 경제적 약자에게 복지서비스를 많이 제공함으로써 인간의 생존권 확보 차원에서 실질적 평등 즉 복지의 평등을 실행하는 것이다. 이는 배분적 정의를 실현하는 것이다.

사회복지정책의 대안을 비교 분석하는 방법에는 두 가지 방법이 있다. 하나는 정책문제를 둘러싼 상황을 파악하여 정책목표를 세우기 위하여 미래의 상황을 예측하는 방법과 개발된 정책 대안을 비교 분석하기 위하여 사용하는 방법이다.

정책 대안들 중에서 어느 대안이 가장 좋은가를 비교 분석을 통해서 확인하기 위하여는 어떤 대안을 채택할 경우 그 채택되어 집행될 경우에 어떤 결과를 가져올 것인지를 예측하고 그 결과를 일정한 기준을 적용하여 비교하여 선택하게 된다. 여기에는 미래의 예측방법과 정책 대안의 비교분석기법이 있다.

먼저 미래의 예측방법에는 다음의 방법이 있다. 첫째는 유추의 방법이다. 이는 비슷한 구조를 미래의 상황예측에 적용하는 방법이다. 둘째는 경향성 분석이다. 과거의 경향이나 추세를 미래에 연장하여 추측하는 방법이다. 셋째는 마르코프(Marcov) 모형이다. 과거에 있었던 변화를 토대로 하여 앞으로 나타날 변화를 연속적으로 예측하는 모형이다. 넷째는 회귀 분석이다. 통계적 결과를 토대로 둘 이상의 변수 간에 상관관계를 도출하여 이를 근거로 미래를 예측 추정하는 방법이다. 다섯째는 델파이(Delphi)기법이다. 이는 예측하려는 현상에 관한 선례가 없거나 적절한 자료가 없는 경우 전문가로부터 의견을 모으고 교환하고 발전시킴으로써 미래를 예측하는 방법이다. 여섯째는 모의실험 방법이다. 미래에 발생할 수 있는 사건과 문제를 예측하기 위하여 유사한 모형을 만들어 그 결과를 이용하여 실제 현상의 특성을 예측하려는 수리적 기법이다.

다음은 정책 대안의 비교분석기법이다. 첫째는 비용편익분석이다. 각각의 정책 대안을 집행할 때 사용될 비용과 예상편익을 비교, 분석, 평가함으로써 어떠한 정책 대안이 가장 효율적인지를 찾아내는 기법이다. 둘째는 비용효과분석이다. 정책 대안의 집행 시 사용되는 비용과 나타나는 효과를 비교 분석하는 방법이다. 비용편익분석과 비슷하나 비용은 화폐단위로 측정되고 효과는 화폐가치뿐만 아니라 물건 단위, 용역 단위 등으로 측정된다. 셋째는 결정분석기법이다. 정책 대안의 결과를 예측하기 위하여 나타날 수 있는 확률적 사건을 그려 놓고 분석하는 방법이다. 넷째는 줄서기분석기법이다. 줄서서 기다리는 시간 등의 사회적 비용과 이를 줄이기 위해 투자하는 시설 투자비의 적정 수준을 찾아내기 위한 분석기법이다. 대기시간과 공공서비스의 수준을 결정하기 위하여 사용하는 경제학적 분석기법의 하나이다(김종명, 2009: 127 참조).

(3) 사회복지정책 대안 형성의 한계와 문제점

정책 대안을 개발하는 데 있어서는 앞에서 본 바와 같이 미래 상황에 대하여 정확한 예측을 해야 한다. 그러나 미래 상황에 대한 정보와 자료는 부정확하고 또 부족한 수가 많아 미래 예측이 잘못될 수 있다. 이것이 예측능력의 한계이다. 이를 극복하기 위해서는 행정정보체계를 체계화하고 행정기관 사이의 유기적인 자료 교환 및 정책 형성에 관한 기록과 보관 그리고 공개가 필요하다.

사회복지정책의 대안을 개발하는 데는 대안 마련에 필요한 자료를 계량화하는 작업이 필요하다. 그러나 사회복지정책 대안들은 주로 사람을 대상으로 하기 때문에 계량화할 수 없는 부분이 많다는 문제점이 있다. 이를 극복하기 위해서는 사회복지 목표 자체를 명확하게 규정하고 측정에 필요한 지표 및 척도의 개발이 요구된다. 다음으로는 사회문제를 해결하기 위하여 최선의 대안을 찾아내기 위해서는 여러 대안들을 비교 분석해야 하는데 이들을 비교하기 위해서는 이들의 장단점을 비교해야 한다. 그러나 이들을 서로 비교할 수 있는 공통척도가 없는 경우가 많다. 이런 점이 문제이다. 또한 정책 대안의 형성에는 시간과 비용이 든다. 그런데 시간과 비용이 한정되어 있으므로 이 한계 속에서 정책의 대안이 개발될 수밖에 없다. 마지막으로 단순히 정책문제로서 사회복지 문제만을 고려하여 정책 대안을 만드는 경우 다른 국가 목표와 대립하고 상충되는 수가 있을 수 있다. 이를 극복하기 위해서는 다른 분야의 정책목표를 함께 고려해야 하고 인접 정책 분야에 대한 이해를 넓히는 것이 중요할 것이다.

5) 사회복지정책의 결정

(1) 사회복지정책결정의 의미와 특성

가. 의 미

사회복지정책이란 권위 있는 정책결정자가 어떠한 사회복지 문제를 해결하기 위하여 여러 개의 대안 중에서 하나를 선택하는 과정이다(김종명, 2009: 128; 이진숙 외, 2010: 262; 송근원, 1999). 좁은 의미로는 정책결정자가 하나의 대안을 정책으로 채택하는 과정 그 자체를 말하기도 하나, 이를 포함하여 정책 대안의 비교 분석행위나 그 과정을 포함하는 것이 보통이다.

나. 정책결정의 특성

정책결정과정은 정책 대안의 형성과정과는 여러 가지로 다른 특성이 있다. 이하 구체적으로 설명한다.

가) 권위 있는 정책결정자의 결정

정책결정은 정책을 결정할 수 있는 자만이 할 수 있다. 정책결정 권한을 가진 자이다.

나) 정책결정자에 의한 대안의 채택

사회복지정책결정자는 사회복지 문제에 대하여 여러 가지 서로 다른 이해관계를 가진 자들의 이해를 분석하고 제안된 여러 개의 정책 대안 가운데 어느 하나를 선택하여 사회복지 문제에 관한 해결 방안을 마련하는 것이다. 그러므로 정책결정은 이해 관계자들의 다툼 속에서 권위있는 정책결정자에 의하여 정책 대안이 채택된다는 특징이 있다.

다) 공익적 기준에 의한 정책결정

정책결정자가 여러 정책 대안 가운데 어느 하나를 대안으로 선택 결정할 때 정책결정자는 사회 전체의 공익을 기준으로 해야 하며 정책문제를 둘러 싼 이해관계 사회세력 사이의 이해를 조정해야 한다. 어느 한편의 이해를 대변해서는 안 되고 공익적 관점에서 결정이 내려져야 한다.

라) 사회복지정책의 결정과정의 정치적 성격

사회복지정책의 결정과정이 사회 전체를 위한 공익적 특성을 가지고 있지만 결정된 사회복지정책은 여러 이해관계를 가진 사회 여러 세력들 사이의 타협의 산물이기 때문에 사회복지정책의 결정과정은 정치적 특성을 지닌다.

마) 거시적인 고려

사회복지정책을 결정할 때 논의되는 해당 사회복지문제만을 고려할 것이 아니라 다른 정책과의 관계 및 장래의 사회적 상황변화 등 사회 전체적인 입장에서 거시적인 고려가 필요하다.

(2) 사회복지정책결정의 모형

가. 다원주의 이론과 공공선택 이론

다원주의 이론이란 어떤 권력이 어떤 개인이나 한 집단에 집중되어 있는 것이 아니라 광범위하게 확산되어 있다고 하고 영향력을 끼치고자 하는 모든 집단들의 주장이 동등하게 청취된다는 이론이다. 달과 폴스비(Dahl & Polsby)에 의하여 개발된 이론이다. 그러나 실제로는 많은 권력을 가진 집단은 그렇지 못한 집단보다 대중에게 더 많은 영향력을 끼쳐 사회복지 문제를 자기들에게 유리한 방향으로 이끌어 가고 있는 점을 이 이론은 간과하고 있다.

공공선택 이론이란 모든 정치 이해 관계자들 즉 유권자, 납세자, 정치가, 관료, 이익집단, 정부 등이 자신의 이익을 최대로 늘리고자 노력하는 가운데 어떠한 정책이 선택된다고 본다(이진숙 외, 2010: 264). 정치인들은 선거에서 승리해야 하기 때문에 정책 방향도 유권자들의 지지를 가장 많이 받는 쪽으로 결정한다. 따라서 이론적으로는 유권자들의 보수와 진보 성향을 아우르는 중도적 결정을 하게 된다는 것이다. 그러므로 정책결정을 함에 있어서 공공선택이 있게 된다는 것이다. 이 이론에서 정치가는 선거를 고려하고, 이익집단은 자신들에게 유리한 방향으로 정책이 결정되도록 정치인과 관료를 대상으로 로비를 하고 관료들은 자신들의 소속 부처 예산이 증대된다는 점을 고려하여 이익집단, 정치인, 관료, 유권자가 상호 협력체제를 구축한다는 것이다.

나. 합리모형

인간은 합리적인 사고를 가지고 있는 존재이므로 정책결정자가 고도의 합리성을 가지고 주어진 상황에서 주어진 목표 달성을 위해 가장 합리적인 최선의 정책 대안을 찾아낼 수 있다고 보는 것이 합리성 모형이다.

정책결정자가 합리적인 정책결정을 하기 위해서는 몇 가지 조건을 갖추어야 한다고 한다. 첫째, 사회가 선호하는 것이 무엇이며 그것들의 상대적 비중을 알아야 한다. 둘째, 가능한 모든 정책 대안을 알아야 한다. 셋째, 각 정책 대안들로 인한 결과를 모두 알아야 한다. 넷째, 각 정책 대안들을 수행할 경우 가져올 이익과 손해비율을 계산해야 한다. 다섯째, 가장 효율적인 정책 대안을 선택해야 한다는 것이다(이진숙 외, 2010: 265).

이 합리모형은 정책결정을 하는 인간은 인간으로서의 이성과 합리성을 가지고 있다는 것을 가정하고, 주어진 목표와 상황에서 최선의 정책 대안을 찾을 수 있다고 가정한다. 그리고 인간은 주어진 상황에서 최선의 정책 대안을 만들 수 있다는 인간의 능력에 대한 신뢰를 전제로 한다. 또한 정책 대안을 비교 평가하는 데 필요한 판단 기준이 명백하게 존재한다는 점을 가정하고 있다. 또 이 모형은 합리적 정책결정자에 의하여 문제 해결에 필요한 최선의 정책 대안을 찾아냄으로써 정책결정이 이루어진다고 본다(김종명, 2009: 130). 이와 관련하여 합리적 모형에 대하여 다음과 같은 비판이 있다(김대성 · 송근원, 1998; 이진숙 외, 266; 김종명, 2009: 130 참조).

첫째, 인간은 언제나 이성적이고 합리적인 것은 아니므로 정책결정자가 언제나 최선의 정책결정을 한다고는 할 수 없으며 비합리적인 결정을 할 때도 있는데 합리적 모형은 이를 설명할 수 없다. 둘째, 정책목표는 언제나 명백하게 주어지는 것이 아니고 정책과정에 참여하는 사람들과의 타협과 협상에 의하여 형성되고 정책 상황은 수시로 변할 수 있기 때문에 가장 합리적인 정책 대안은 처음부터 존재할 수 없다는 것이다. 셋째, 인간의 능력은 합리모형 이론처럼 언제나 최선의 정책 대안을 만들어 낼 수 있을 만큼 무한한 것이 아니고 한계가 있다. 넷째, 정책문제의 해결을 위한 정보가 언제나 정확하고 충분한 것이 아니고 최선의 방안을 강구할 수 있는 시간적 여유가 없는 경우도 있다. 다섯째, 합리모형에서 가정하는 정책 대안의 비교 평가기준이 언제나 명백하게 존재하는 것은 아니다. 다섯째, 최선의 정책 대안을 알고 있으나 비용 때문에 선택하지 못하는 경우가 있다. 이 경우는 현재 시행 중인 정책에 많은 자원이 투입되어 있는 상황이라면 최선의 정책 대안을 새로 선택하기보다는 현재 시행 중인 정책 대안을 계속 사용하거나 일부 수정하여 사용할 수밖에 없는 경우도 생긴다.

다. 점증모형

점증모형은 기존의 정책결정을 토대로 하여 그보다 조금 차이가 있는 정책 대안을 마련하고 기존의 정책결정을 점증적으로 수정해 나가는 모형을 말한다. 정책결정은 기존의 정책, 전년도 예산, 전례, 관례 등에 기초하여 부분적으로 수정하거나 결함을 개선하는 수준에서 결정된다는 것이다. 점증모형은 과거의 정책 대안을 기초로 차이가 있는 대안을 검토하고 기존의 정책을 약간 수정한 수준에서 결정되므로 보수적 성격을 가진다.

정책결정자가 여러 대안들을 분석 평가하여 새로운 대안을 만들기보다는 기존의 정책에서 일부 수정하는 대안을 마련하는 이유는 첫째, 정책결정자가 기존 정책의 대안이 될 수 있는 모든 정책들을 조사하는 것은 시간적 제약 그리고 비용, 지식 부족으로 사실상 불가능하기 때문이다. 둘째, 완전히 새로운 정책을 마련하면 그로부터 어떠한 결과가 생길지 모르기 때문에 이미 실행 경험이 있는 안전한 기존의 정책을 더 선호하게 되기 때문이다. 셋째, 이미 기존의 정책에 많은 자원이 투입되었을 경우 투입된 자원에는 수많은 관료, 행정조직, 정치적 명분, 국민적 합의 등이 있기 때문이다. 그러므로 정책결정자는 사회적, 경제적, 행정적으로 가장 혼란이 적은 정책들만 대안으로 고려하게 되는 것이다. 넷째, 기존 정책에서 단순히 예산의 증감이나 프로그램의 수정만 논의하면 되므로 비교적 정치적 저항을 피하고 쉽게 합의를 도출할 수 있다(이진숙 외, 2010: 267 참조).

이 점증모형은 다음과 같은 특색이 있다. 먼저 현재의 정책에서 소폭적으로 가감하여 정책을 결정한다. 정책결정자가 정책 대안이 가져올 모든 것을 분석하지 않고 결과 중에서 일부만을 제한적으로 분석 비교하는 것이다. 이 모형은 한꺼번에 정책을 결정하지 않고 조금씩 서서히 정책을 수정 보완하는 식으로 계속적 정책결정을 추진하는 것이다. 정책결정은 다양한 행위자에 의한 상호 조정을 통하여 이루어진다. 점증모형은 어느 일방에 의한 타방의 지배가 아니라 타협에 의하여 정책을 결정하는 것이 바람직하다는 상대주의와 민주주의 이념이 배후에 숨어 있다(정정길, 1993: 405-411).

그러나 이 점증모형에 대하여는 다음과 같은 비판이 있다. 첫째, 점증에 대한 확고한 기준이 없다. 정책결정의 계획성이 결여되고 그 평가 기준이 뚜렷하지 않다(평가기준의 부재). 둘째, 사회적 가치의 근본적인 재분배를 필요로 하는 정책보다는 항상 정치적으로 실현 가능한 임기응변적 정책을 모색하는 데 치중한다. 셋째, 점증모형은 기존 정책의 혁신에 장애가 되며(점증모형의 보수성), 쇄신이 요구되는 사회에는 적합하지 않다. 따라서 이 점증모형은 보다 합리적인 정책결정방법을 시도하지 않는 구실로 사용될 수 있다(반쇄신성). 넷째, 점증모형은 과거나 현재의 사업에 근거를 두고 이를 약간 변화시키는 것이므로 새로운 대안을 과감하게 채택, 추진하는 데는 미흡하다(적용의 문제)(이진숙 외, 2010: 267-268 참조).

라. 혼합모형(최적모형)

합리모형의 이상주의 성격에서 나오는 비현실성과 점증모형의 보수 성향을 절충한 모형으로, 드로르(Dror, 1964)가 제시한 모형이다. 혼합모형은 기본적인 결정에 있어서는 합리성이 작용하지만 세부적인 결정에서는 점증적인 결정이 이루어진다는 것이다. 이런 점에서 질적 모형이라 히고 최적모형이라 한다(김종명, 2009: 133; 이진숙 외, 2010: 271 참조). 이 모형에서는 현실의 여러 상황이 합리성을 제약하므로 경세직 합리성과 함께 초합리성을 동시에 고려한다. 여기서 경제적 합리성이란 합리적 결정의 효과가 합리적 결정에 드는 비용보다 많은 경우이고 초합리성이란 직관, 통찰력 등 초의식적 요소이다.

이 모형은 정책결정과정에서 초합리성을 중시하고 인간이 노력하면 최적수준에 도달할 수 있다는 발전 가능성을 제시하고, 상위정책을 강조하는 등의 장점이 있다고 한다. 그러나 정책결정과정에서 사회적 과정에 대한 고찰이 미흡하고 초합리성의 구체적 달성방법이 명확하지 않고, 초합리성과 합리성과의 관계가 모호하며 너무나 유토피아적인 모형이라는 단점이 있다(김종명, 2009: 133 참조).

마. 쓰레기통 모형

이 모형은 정책결정이 협상이나 타협에 의하여 이루어지는 것이 아니고 혼란상태에서 세 가지의 흐름 내지 네 가지의 흐름이 서로 다른 시간에 통 안으로 들어와 우연히 한 곳에 모여 결합될 때 의사결정이 이루어진다는 것이다. 이는 코헨(Cohen), 마취와 올손(March & Olson)이 고안하였다. 마취와 올손은 정책결정에 필요한 네 가지 흐름으로서 선택 기회의 흐름, 해결되어야 할 문제의 흐름, 문제에 대한 해결 방안의 흐름, 정책결정자에의 참여자의 흐름을 들고 있다.

이들의 이론을 발전시켜 쓰레기통 모형을 제시한 자는 킹돈이다(이진숙 외, 2010: 268). 그는 문제의 흐름, 정책 대안의 흐름, 정치의 흐름이 각각 독자적으로 형성되며 각 참여자의 주요 참여자도 다르다고 본다. 문제의 흐름은 언론 및 클라이언트에 의하여, 정치의 흐름은 정치인 및 이익집단, 여론, 사회운동 등에 의해서, 그리고 정책의 흐름에는 관료, 전문가, 학자들에 의해서 활성화되며 각각 독자적으로 흘러간다는 것이다. 이러한 세 가지 독자적인 흐름이 우연한 기회에 한 곳으로 연결되면서 정책의제가 형성된다고 본다. 어떤 사회문제가 등장하면 그 문제는 자체적으로 그대로 존재하면서 흘러가다가 그 사회문제가 심각해지면 정책 공동체는 이에 대한 여러 가지 정책 대안들을 마련하고 이들 대안들을 비교 평가한다. 이러한 정책 대안들도 그대로 존재하면서 흘러간다. 정책 전문가들은 사회문제에 대한 정책 대안을 마련하고 문제가 정책의제로 등장할 때까지 기다린다. 이러한 상황에서 정치적 분위기 또는 국민적 여론이 바뀌거나 국회의석 분포가 변화하게 되면 정책을 변화시켜야 한다는 정치의 흐름이 나타나게 된다는 것이다. 요컨대 어떠한 사회문제에 대한 정책 대안들은 그 문제가 이슈화되어 정책의제가 되든지 안 되든지 간에 학자들이나 관료들에 의하여 계속 연구되면서 흘러가고 있다가 정치의 흐름과 문제의 흐름에 의하여 정책의제가 형성될 때 이들과 재빨리 결합함으로써 정책결정으로 연결된다는 것이다. 이때 정책결정으로 연결되지 못하면 정책의 창문은 닫히게 되고 세 개의 흐름은 다시 제각각 흘러가게 된다는 것이다(이진숙 외, 2010: 269).

바. 만족모형

합리적인 결정이나 최적의 방안을 선택하는 데는 여러 가지 현실적인 제약이 따르기 때문에 어느 정도의 동의할 만한 차선의 대안을 선택을 하는 데 만족해야 한다는 모형으로, 시몬과 마취(Simon & March)가 제시한 것이다.

만족모형은 다음을 기본적인 가정으로 하고 있다. 첫째, 사람은 제한된 능력과 환경적인 제약으로 완전한 합리성을 발휘할 수 없고 다만 합리적이 되고자 노력할 뿐이다. 둘째, 정책목표에서 모든 목표를 동시에 달성하기보다는 일부 목표만을 고려한다. 셋째, 대안의 선택 시 최소한의 만족을 유지 못하는 경우가 계속된다면 그에 맞추어 대안의 선택 기준을 낮추어 가게 된다. 넷째, 어떤 정책의 대안을 결정함에 있어서 모든 정책 대안이 고려되지 않으며 소수의 대안만을 순차적으로 행한다. 다섯째, 의사결정을 하는 사람의 가치관 등 심리적 성향에 의하여 형성되는 주관적 합리성이 의사결정의 기준이 된다. 여섯째, 정책결정자의 대안 선택은 주위에서 쉽게 머리에 떠오르는 대안을 먼저 검토하여 그것이 최소한의 기대수준에 부응하면 다른 대안을 생각하지 않고 채택한다. 일곱째, 의사결정에서 만족할만한 대안을 찾는 데 목적을 두고 주관적으로 좋다고 생각되는 대안을 선택하게 된다.

이 이론은 다음과 같은 장점이 있다. 첫째, 실제의 의사결정을 설명하고 기술하는 경험적, 실증적 연구로서는 획기적이라는 것이다. 둘째, 대안 하나를 찾아내는 데는 많은 시간과 비용이 드는데 이 이론은 이 점을 명백히 하고 완전하지는 않지만 차선으로 만족할 만한 대안을 찾는 데 만족함으로써 이 비용을 줄일 수 있다는 점을 명백히 한 것이다. 그러나 다음과 같은 단점이 있다. 첫째, 최선의 대안이 아니라 만족할 만한 대안을 찾는다는데 그 만족할 만한 수준이 어느 정도인지 객관적인 기준이 없고 또 설령 만족할 만한 대안을 찾은 후에 대안탐색을 중단하면 검토되지 않은 대안 중에서 훨씬 더 중요한 대안이 있어도 이것을 탐색하지 않고 중단하게 된다. 둘째, 만족 수준은 경우에 따라 변하기 마련인데 습관적으로 매번 같은 수준의 대안이 마련되면 변동되는 사회문제 해결에 적용하기 어렵다.

6) 사회복지정책의 집행

(1) 정책집행의 의미

정책집행이란 정책목표를 달성하기 위하여 결정된 사항을 구체적으로 실천하는 과정이다. 이는 정책의 실현과정이므로 이를 달성하기 위하여 구체적인 활동이 이루어진다.

(2) 정책집행의 특성

첫째, 정책결정과정은 가치가 개입된 정치적 과정인 반면에 정책집행과정은 주어진 목표를 구체화시키는 데 있어 가치가 배제된 관리기술적 성격을 띤다. 그러므로 정책집행에 있어서는 정부 관료의 역할이 중요하다. 둘째, 집행되는 정책의 사회적 목표에 따라 집행 유형은 달라지며 효과적 집행은 상황에 따라 달라진다(송근원, 2004: 279). 셋째, 정책집행과정이 참여자의 협상과 타협으로 인하여 원래의 정책목표를 왜곡하거나 지연 또는 무산시킬 수 있다. 즉 결정된 정책이 그대로 모두 집행되는 것은 아니며 정책집행과정에서 이해집단 간의 의견 불일치, 이념적 논쟁, 정치적 반대가 존재하며 정책의 집행은 여러 사회세력의 세력관계를 반영해주는 과정으로서 정치적 성격을 띠게 된다.

(3) 사회복지정책의 집행에 영향을 미치는 요인

가. 정책환경적 요인

정책환경적 요인은 사회복지정책의 형성 및 정책참여자의 행태에 영향을 미치는 환경적 변수로서 정치, 경제, 사회적 상황의 변화와 관련된 변수들로 구성된다(이진숙 외, 2010: 275). 정책집행에 영향을 미치는 정책을 둘러싼 상황의 변화에는 다음과 같은 것이 있다.

첫째, 전쟁이나 쿠데타, 대통령의 소속 정당, 의회 내 보수와 진보의원의 세력 비율의 변화 등과 같은 정치상황의 변화는 사회복지정책의 내용과 정책결정자의 행태에 영향을 미침으로써 집행과정에 영향을 미친다. 둘째, 개방화, 국제화, 세계화 추세는 사회복지정책보다는 경제정책에 보다 중심을 두게 되어 사회복지정책 실현을 지연시키는 작용을 하게 되는 면도 있으나 외국의 사회복지제도나 정책이 유입됨으로써 사회복지정책의 내실화에 이바지할 수 있다. 그리고 국민소득, 가구소득, 실업률, 물가지수 등의 경제적 상황의 변화는 사회복지정책의 집행에 영향을 미친다. 셋째, 고령인구의 증가, 독신가구의 증가, 이혼의 증가, 사회양극화, 산업화 및 도시화, 교육수준의 변화 등은 사회복지정책의 집행에 영향을 미친다.

나. 정책 내재적 요인

사회복지정책의 집행에 영향을 미치는 정책 내재적 요인이란 형성된 정책내용에 영향을 미치는 요인들이다. 이런 요인에는 사회복지 정책목표의 타당성과 구체성, 정책방법 및 절차, 사회복지서비스의 형태에 대한 것들이 있다.

첫째, 정책목표의 타당성은 사회복지정책에서 해결해야 할 사회복지 문제를 얼마나 정확히 파악하여 정책목표를 설정했는시에 관한 것이고 정책목표의 구체성은 정책의 목표가 측정할 수 있을 정도로 뚜렷하고 구체적으로 표명되었는가에 관한 것이다. 이러한 정책목표의 타당성과 구체성은 정책의 성공과 실패에 많은 영향을 미친다.

둘째, 정책목표가 아무리 잘 세워졌다하더라도 그 목표를 달성할 수 있는 효율적인 정책수단과 절차가 규정되어 있지 않으면 그 정책은 성공적으로 집행하기 어렵다. 그리고 정책집행에 사용되는 재원으로 충분한 예산이 뒷받침되지 아니하면 정책의 집행을 성공적으로 할 수 없다. 또한 정책의 집행에 책임을 질 수 있는 정책집행기관이 존재하고, 복지서비스전달체계가 명확하며, 복지서비스의 전달방법이 명확한 경우에 정책집행이 쉽게 순조롭게 이루어지는 것이다. 마지막으로 사회복지서비스의 유형이 복지서비스의 효율성에 직접 영향을 미치게 된다. 복지서비스의 행태가 현금인가, 기회의 형태를 띠는가, 신용의 형태를 띠는가에 따라 정책의 효율성은 달라진다.

다. 정책 행태적 요인

정책의 형성이나 집행에 관여하는 정책 참여자들의 정치 행태와 관련된 요인이다. 정책의 상황이나 규정된 정책 내용에 의하여 정책의 집행이 영향을 받는다. 그리고 대통령, 국회, 시 구의회 등과 같은 정치를 담당하는 기관의 관심과 지지는 정책의 성공적인 집행에 영향을 미친다. 또 정책집행자나 정책기관의 가치와 이해관계, 이들의 전문성이나 능력 및 자질 등이 정책의 성공에 영향을 미친다. 정책집행기관의 상급관청과 경쟁 부서의 태도도 정책집행에 영향을 미친다. 이들 기관이 정책의 집행에 비협조적이면 그 정책은 성공하기 어렵다. 또한 클라이언트가 사회복지정책과정에 적극적으로 관여하여 관심을 가지느냐에 따라 정책집행에 영향을 준다. 마지막으로 이익집단, 지역주민, 일반국민의 적극적 지지, 저항, 무관심, 압력 등도 정책집행에 영향을 미친다. 지역사회의 주민이나 일반국민들이 정책에 호의적이라면 그 사회복지정책은 성공할 가능성이 높다.

2. 사회복지정책의 평가

1) 사회복지정책평가의 의의

사회복지정책평가는 사회복지정책의 성과에 관한 분석으로서 사회복지정책의 계획적인 결과를 기술하고 검토하는 것이다(Gilbert & Terrell, 1998). 즉 본래의 정책목표를 달성했는가를 평가하는 것이다. 평가된 내용은 다시 정책과정에 영향을 주게 되므로 사회복지정책과정에서 매우 중요한 과정이다. 여기에서 정책평가란 특정 정책과 프로그램이 그것의 목표를 달성했는지를 알아보기 위하여 정보를 수집, 분석, 해석하는 활동이다. 정책활동의 범위를 어떻게 잡느냐에 따라 좁은 의미와 넓은 의미로 나눌 수 있다.

좁은 의미의 정책평가는 정책이 처음 의도한 결과를 얼마나 효과적으로 달성했는지를 측정하는 활동이다. 그 정책이 성공했는지 실패했는지에 대한 평가 연구를 말한다. 넓은 의미의 정책평가란 정책과정 전반에 관한 활동을 말한다. 좁은 의미의 정책평가는 정책집행 이후에 이루어지지만 넓은 의미의 정책평가는 정책결정 이전부터 정책집행 이후까지의 모든 정책과정 속에서 이루어지는 정책활동에 대한 평가를 의미한다.

2) 사회복지정책평가의 기준

먼저 정책평가자의 자질이 평가 기준을 설정하고 적용하는 데 영향을 주므로 이 문제를 살펴보아야 한다. 정책평가자는 정책평가를 의뢰한 사람이 원하는 것을 파악할 줄 아는 능력이 있어야 한다. 또 평가자는 정책평가기법 및 분석기법에 관하여 잘 알고 있어야 한다. 그리고 평가자는 평가하고자 하는 정책 프로그램에 관하여 잘 알고 있어야 한다. 또한 정책평가자는 정책과정에 관한 지식을 갖추어야 하고 정책의제의 형성, 정책 대안의 형성, 정책결정, 정책집행 등 정책과정의 특성을 잘 알고 있어야 한다. 정책평가자는 타당한 정책평가 결과를 산출할 수 있어야 하고 정책담당자로 하여금 정책평가 결과를 사용할 수 있도록 설득할 수 있어야 한다. 마지막으로 정책평가자는 정책평가를 하는 동안 정책담당자들의 협력을 얻어 낼 수 있는 능력이 있어야 한다(이진숙 외, 2010: 280-281).

이러한 정책평가자의 자질을 전제로 하여 사회복지평가의 기준을 살펴보면 다음과 같다.

평가 기준은 그것을 설정하는 자의 관점에 따라 다르다. 그러므로 어떠한 것을 평가 기준으로 삼느냐에 따라 평가 결과는 달라질 수 있다. 평가 유형에 따라 정책평가 기준도 달라지는데 이들 유형에 따른 평가 기준을 보면 다음과 같다.

첫째, 정책문제 평가인데 이는 탐색적인 기준이 적용된다. 둘째, 정책의제의 평가인데 사회복지 문제가 정책꾼들에 의하여 어떻게 다루어지는가에 대한 평가로서 반응성, 사회적 형평, 공평성 등이 중요한 기준이 된다. 셋째, 정책설계 평가인데 이는 정책의 능률성, 효과성, 사회적 형평, 공정성, 반응성, 정치적 실현 가능성 등이 평가 기준으로 사용된다. 넷째, 정책결정 평가인데 능률성, 효과성, 사회적 형평, 공정성, 반응성, 합법성 등이 중요한 평가 기준이 된다. 다섯째, 정책집행 평가인데 정책이

계획된 대로 시행되느냐에 관한 평가인데 정책집행의 일관성, 공정성, 반응성, 효과성, 사회적 형평 등이 중요 평가 기준이다. 여섯째, 정책 영향평가인데 여기에는 목표달성도, 능률성, 클라이언트의 만족도, 사회적 효과성, 사회적 형평 등이 중요한 기준이 된다. 일곱째, 평가 가능성 평가인데 이는 정책평가를 할 것인지 여부를 결정하기 위하여 이루어지는 평가인데 비효과성, 정치적 제약점, 방법론적 제약점 등이 평가 기준이 된다. 마지막으로 정책 평에 대한 평가인데 이는 정책평가가 잘 이루어졌는가에 대한 평가인데 평가 가능성 평가가 정책평가가 이루어지기 전에 하는 평가 전 평가라고 한다면 정책평가에 대한 평가는 정책평가가 이루어진 이후에 행하는 평가 후 평가이다(이진숙 외, 2010: 281 참조).

3) 사회복지정책의 평가절차

사회복지평가는 먼저 평가목표를 설정하고 다음으로 평가범위를 설정한다. 이어서 프로그램 내용을 파악하고 평가설계서를 작성한다. 그리고 자료 수집과 측정을 하고 그것을 분석하고 해석을 한다. 마지막으로 보고서를 작성하고 이를 제출하는 절차를 거친다.

(1) 평가목표의 설정

정책평가는 정책 프로그램의 효과를 높이고 정책의 책임성을 명확히 하는 것이다. 정책평가를 하기 위해서는 평가목표를 설정해야 한다. 여기서는 평가목표에 따라 평가자를 선정하고 평가기준을 정하고 평가범위를 정한다.

(2) 평가범위의 설정

평가의 기간과 시점, 평가의 지역적 범위, 평가 대상이 되는 정책의 결정, 어느 시점의 정책을 평가할 것인지의 범위 등을 결정해야 한다.

(3) 프로그램의 내용 파악

평가대상이 되는 사회복지 프로그램의 목표, 내용, 정책결정과정 등에 관한 전반적 정보를 수집해야 한다. 정책목표의 구체성, 정책목표를 달성할 수 있는 정책 수단과 자원의 존재 유무와 그 활용도 등을 파악해야 한다.

(4) 평가설계서 작성

정책평가를 위한 프로그램 내용이 파악되면 평가설계서를 작성한다. 정책 프로그램이 어떤 결과를 가져왔으며, 그 결과는 바람직한 것인지, 그러한 결과를 가져오는 데 미친 요인은 무엇인가 등을 규명하기 위한 분석 틀을 만들어야 하는데 평가설계의 형태와 평가기법을 결정하는 데 기초가 된다. 이를 바탕으로 평가설계서를 작성한다.

(5) 자료 수집과 측정

평가설계가 끝나면 평가에 필요한 자료를 수집한다. 자료란 평가보고서에 직접, 간접으로 사용되는 모든 정보를 말한다. 직접 조사를 통하여 수집되는 1차적 자료와 기존 자료에서 가져오는 2차 자료가 있다. 1차 자료는 관찰법, 면접법, 설문자를 통한 질문지법 등이 있으며 일반적으로 많이 쓰인다. 2차 자료는 정부 문서, 각종 통계자료, 다른 평가보고서 등이 있다.

(6) 분석 및 해석

자료 수집 및 측정이 끝나면 그것을 분석하고 그 의미를 해석한다. 수집된 자료의 분석은 질적 분석과 양적 분석을 병행한다. 질적 분석은 논증과 설득력을 바탕으로 하는 이론적 논리적 분석이며 양적 분석은 통계적 기법이나 정책분석기법으로 개발된 여러 가지 분석기법을 사용하는 분석방법이다.

(7) 보고서의 작성 및 제출

정책보고서는 수집된 자료를 분석하여 해석한 후 이를 평가보고서의 형태로 작성하여 의뢰기관에 제출한다. 이는 학술논문이 아니므로 쉽고 간결하게 작성한다(김종명, 2009: 141-142).

4) 사회복지정책평가에 영향을 미치는 요인

(1) 인적 요인

인적 요인이란 정책평가 활동에 작용하는 정책꾼들의 영향력을 말한다. 여기에는 정책평가자, 정책담당자, 클라이언트, 주민, 일반국민 등의 영향력이 있다.

가. 정책평가자

사회복지정책을 평가하는 정책평가자가 정책 프로그램의 평가와 사회복지정책 프로그램에 영향을 미치는 것은 당연하다.

나. 정책담당자, 클라이언트, 주민, 일반국민

정책결정자나 정책집행자 등의 정책담당자는 그들의 의도나 관심이 정책평가에 작용하여 그 평가에 영향을 미치는 수가 있다. 클라이언트는 정책평가의 의뢰자이고 정책수혜자이므로 정책평가에 영향력을 행사하기를 원한다. 특히 시민단체를 통할 때는 큰 영향력을 발휘할 수 있다. 그리고 사회정책 프로그램에 의하여 직접 영향을 받는 지역주민들이나 이해관계자, 일반국민들의 여론도 정책평가에 영향을 미친다.

(2) 시간적 요인

정책의 평가에는 많은 시간을 필요로 한다. 그러므로 충분한 시간적 여유 없이 정책평가가 이루어지면 그 내용이 부실하게 되어 평가를 그르치는 수가 있다.

(3) 기술적 요인

정책평가를 잘하려면 평가를 위하여 자료를 분석할 수 있는 기법이 있어야 한다. 그렇지 않다면 올바른 평가를 할 수 없게 될 것이다.

(4) 제도적 요인

정책의 평가가 잘 이루어지려면 정책평가에 필요한 정보나 자료의 획득이 보장되어야 한다. 그리고 평가활동을 할 수 있도록 행정적인 뒷받침이 있어야 한다. 또 평가결과가 활용될 수 있는 환류 장치가 마련되어야 한다.

(5) 정책 자체 요인

정책평가가 잘 이루어지기 위해서는 평가되는 정책 프로그램의 목표가 뚜렷하고 그 목표를 달성하는 데 연계 수단이 명확해야 하며 평가될 내용에 관한 측정이 가능해야 한다(이상 이진숙 외, 2010: 281-283 참조).

5) 사회복지정책평가의 방법

정책평가 이론에서 가장 중요한 부분의 하나는 평가방법이다. 정책평가에는 여러 가지 평가방법이 적용된다. 대체로 질적 평가방법과 양적 평가방법, 내적 능률성 평가, 외적 능률성 평가방법, 정확성 평가방법 등이 있다.

(1) 질적 평가방법과 양적 평가방법

질적 평가방법은 정책을 질적 시각에서 하는 평가이다. 양적 평가방법은 정책평가를 양적시각으로 하는 평가방법이다. 질적 평가방법에는 참여관찰법, 심층면접법 등이 있다. 질적 평가방법은 선정된 문제를 이론적, 경험적으로 자세하게 연구하고 풍부한 자료를 통하여 정책을 평가하는 것이다. 오늘날에는 정책평가를 질적 평가와 양적 평가를 혼용하여 하고자 하는 것이 보통이다. 이념적인 질적 방법론은 질적 자료, 자연주의적 탐색에 기초한 총체론적 귀납적인 설계, 내용 분석 및 사례 분석으로 이루어지며, 양적 방법은 양적 자료, 실험적 연구설계, 통계분석으로 구성된다. 이들 방법을 혼합하여 두 방법을 구성하는 요소들을 혼용하여 평가하는 방법을 사용하는 것이 바람직하다. 예컨대 실험적 설계를 이용하면서 질적 자료를 수집하여 내용 분석을 수행한다든지, 자연주의적 연구설계와 질적 자료를 이용하면서 통계분석을 수행하는 등 다양한 조합을 이용할 수 있는 것이다.

(2) 내적 능률성 평가방법

내적 능률성은 산출÷투입비용으로 평가한다. 여기에는 비용, 편익 평가방법, 감사방식이 있다.

가. 비용, 편익 평가방법

내적 능률성을 측정하기 위한 수단으로써의 비용, 편익 평가방법에서는 정책이나 사업계획의 실시 결과로 얻은 산출과 그것의 실시에 투입된 비용을 공통의 단위(금전 등)로 환산하여 그 비율이나 차이를 구하는 것이다. 산출 그 자체가 편익이다. 그리고 정책이나 사업계획의 결과로 얻어진 산출은 공공의 재화와 용역이다. 총산출÷총 투입비용 〉 1이거나 총산출−총투입비용 〉 0이면 정책이나 사업은 능률적이라는 것이다.

내적 능률성 평가방법으로서의 비용, 편익 평가에서 중요한 것은 비용 항목과 편익 항목을 찾아내어 그 가치를 부여하는 일이다. 편익 항목은 산출 그 자체이므로 객관적인 관찰이 가능하다. 따라서 산출을 파악하는 것은 쉽다. 그러나 그 산출에 가치를 부여하는 일은 쉽지 않다. 그러므로 여기서는 비용의 항목과 산출에 대한 가치부여 문제만을 다룬다.

비용 항목은 고정비용, 투자비, 순환비용으로 구성된다. 고정비용은 연구조사비, 기획비, 감정 및 평가비로 구성된다. 투자비는 토지비, 건물 및 시설비, 장비 및 차량비, 훈련비 등으로 구성된다. 순환비용은 인건비, 장비, 차량, 건물 유지비, 대체 직원훈련비, 빈민에 대한 후생비, 비정부 시민봉사기관에 대한 지불금 자재, 물품비, 지원비 등으로 구성된다.

산출에 대한 가치 부여는 편익인 산출에 대하여 가치를 부여하는 것인데 그 산출물이 시장에서 판매된다면 그 가치는 시장에 의하여 결정되므로 문제될 것이 없지만 대부분의 편익은 시장에서 판매되는 것이 아니므로 가치부여가 쉽지 않다. 이 가치부여방법에는 잠재가격 방식과 지불의사 방식이 있다(한국사회복지행정학회, 2007: 273).

잠재 가격은 예컨대 정부가 건설한 댐의 가치는 홍수피해의 감소와 곡식 수확량의 증가를 이용하여 계산할 수 있고, 새로 선실된 교량의 가치는 시민이 부담하는 교통비의 절감을 이용하여 계산할 수 있는 것과 같이 특정한 공공재화(댐, 교량)가 초래하는 부가가치의 추정에 기초를 두고 편익의 가치를 부여한다. 그리고 어떤 경우에는 정책의 산출물과 같은 공공재는 그것이 제공하는 서비스에 대하여 그것의 이용자 또는 소비자가 얼마나 지불할 의사가 있느냐에 따라 결정한다(한국사회복지행정학회, 2007: 273 참조).

나. 감사방식

감사방식이란 감사할 때 사용하는 서면 검토나 면담 같은 방법으로 첫째, 어떤 산출을 얻는 데 사용된 투입이 적절했는지의 여부를 검토하고 둘째, 일정한 투입으로 얻은 산출의 양과 질의 적절성 여부의 검토와 같이 산출과 투입의 어느 한쪽에 중점을 두어 검토하는 방식을 말한다(한국사회복지행정학회, 2007: 274 참조).

(3) 외적 능률성 평가방법

외적 능률성 평가에서는 정책 또는 사업이 가져다주는 효과를 그 정책이나 사업이 이용한 투입과 대비시킨다. 여기에는 비용, 편익기법과 비용, 효과기법이 있다. 경제적, 산업적 성격의 사업에는 비용, 편익기법을 적용할 수 있고, 사회적 성격의 사업에는 비용, 효과기법이 보다 적절하다고 한다.

가. 비용, 편익기법

외적 능률성 평가방법으로 사용되는 비용, 편익기법은 정책이나 사업에 투입된 비용을 초과하는 편익이 발생되었는지의 여부를 검토하는 것이다. 문제의 정책에 투입된 모든 비용과 정책을 통하여 얻어진 모든 편익을 찾아내어 이들을 공통의 척도로 환산하여 산출한다. 편익 ÷ 비용 〉 1이거나, 순편익 〉 0이면 그러한 정책이나 사업을 능률적이라고 판단한다는 것이다(한국사회복지행정학회, 2007: 275).

여기서도 내적 능률성 평가에서와 같이 편익을 파악하는 일이 중요하다. 편익은 국민이나 지역사회, 국가에 미친 영향을 모두 반영해야 하고, 정책이나 사업이 의도했던 결과와 성과뿐만 아니라 의도하지 못했던 결과도 포함해야 한다. 그렇게 해야 정책이나 사업의 가치를 전반적으로 평가할 수 있다. 그리고 편익을 양적으로 측정할 수 없는 것은 질적, 주관적 측정을 통하여 측정할 수 있다.

다음으로 외적 능률성 평가에 있어서도 내적 능률성 평가와 마찬가지로 비용, 편익 평가에서 평가 대상 정책이나 사업이 결과한 효과에 가치를 부여하는 일이 중요하다. 그러나 정책에서 발생하는 효과에 가치를 부여하는 일은 어렵다. 왜냐하면 모든 편익과 비용을 찾아내는 일이 어렵고, 모든 계층의 사람이 동의할 수 있는 가치가 부여된다고 확신할 수 없기 때문이다. 사회적 성격의 정책이나 사업의 경우에는 그 사회적 정책은 그 효과가 비물질적 성격을 띠고 있기 때문에 경제적 정책이나 사업의 경우보다 편익에 대한 가치부여가 한층 어렵다. 그러므로 사회적 정책이나 사업의 경우에는 비용, 편익 평가기법보다 비용, 효과 평가기법이 더욱 적합하다고 한다(한국사회복지행정학회, 2007: 276 참조).

나. 비용, 효과 평가기법

이 기법은 특정정책이나 사업에 대한 평가는 소요된 비용과 실제로 얻어진 실질적 효과를 비교하여 평가하는 것이다. 이는 평가 대상이 되는 정책이나 사업의 효과 비용을 공통의 단위로 전환할 필요가 없는 경우에 사용된다.

(4) 정확성 평가방법

정책평가에 있어서는 결정 채택된 정책이 정확하게 이루어졌는지를 평가하는 것이 중요하다. 정확성 방법에는 관찰법, 문서조사법, 조사연구법 등이 있다.

관찰법은 사업실시 과정을 직접 관찰함으로써 자료를 수집하는 방법이다. 관찰자는 객관적인 관찰자로서 자료를 수집 평가하는 것이지만 관찰자 스스로 정책 수혜자의 신분을 위장하여 사업실시 과정에 참여할 수도 있다.

문서조사법은 어떤 정책이나 사업실시기관이나 사람들은 정책 실시를 위하여 수행한 내용을 기록하여 두는데 이 기록들을 조사, 검토하는 방법이다.

조사연구법은 정책실시 집단과 정책대상 집단에 대한 조사를 하는 것이다.

(5) 정책 효과성의 평가

정책의 효과성이란 정책의 설정 목표를 얼마나 달성했느냐 하는 문제이다. 효과성 평가는 특정의 정책 또는 사업이 의도했던 직접적인 목표의 달성 정도를 측정하는 것이다. 따라서 어떤 정책이나 사업의 목표가 명확히 설정되어야 한다. 정책이나 사업의 목표 설정방법에는 양적으로 표현하는 방법과 질적으로 표현되는 경우가 있다. 목표가 양적으로 표현된 경우 그 정책 또는 사업의 효과성은 정책이나 사업에서 달성한 순수한 목표 달성과 정책이나 사업을 통하여 달성하고자 계획되었던 당초의 목표 달성을 비교하여 또는 평가 당시의 목표 상태와 정책이나 사업이 없었다고 가정했을 때의 목표상태 예측치를 비교하여 평가한다. 목표가 질적으로 표현된 경우는 그 목표가 양적으로 표현되지는 않았지만 목표의 달성 정도를 측정할 수 있을 정도로 명백한 목적이 있는 경우를 말한다. 이 경우 사업이나 정책의 효과성 측정은 과거의 일정 시점 또는 경향치를 기준으로 하여 정책이나 사업의 효과가 바람직한 방향으로 중요한 변화가 발생했는지를 검토하는 것이다. 여기의 중요한 변화란 첫째는 과거로부터의 의미있는 변화를 통계학적인 방법으로 판단하는 것이고, 둘째는 정책평가의 결과를 정책결정자나 사업관리자의 입장에서 의미있는 변화를 판단하는 것이다(이에 대하여는 한국사회복지행정학회, 2007: 78-291에 상세하게 설명하고 있다).

Chapter 11

Social Welfare Policy

사회복지정책의 분석

1. 정책분석의 의미와 특징

정책분석이 무엇이냐에 대하여는 여러 가지 의견이 있다(외국 학자들의 견해에 대하여는 한국사회복지행정학회, 2007: 127 참조). 대체로 정책분석은 최선의 정책 대안을 창출하기 위하여 수행되는 체계적인 활동을 말한다. 이는 사회복지정책에 규정된 사회문제와 정책목표, 정책문제의 사회적, 역사적 배경, 정책 프로그램의 내용과 집행, 정치적 영향, 주요 제약 요인과 촉진 요인, 평가 요소 등을 분석하는 것을 말한다. 사회복지정책결정자가 어떤 사회복지 문제나 정책문제와 연관하여 기존의 사회정책을 변경하거나 폐지 혹은 새로운 정책을 창안할 수 있도록 과학적인 조사연구를 바탕으로 그 대안을 제시하는 활동이다.

사회복지정책분석은 다음과 같은 특성을 가지고 있다.

첫째, 정책분석은 하나의 응용과학이다. 법학, 행정학, 철학, 윤리학, 응용수학 등 다양한 학문 영역의 이론과 기법을 활용한다. 정책분석가는 그 실현 여부가 문제 해결의 여부를 판단하게 해 주는 가치들, 가치의 달성을 제약하거나 촉진시켜 주는 사실들, 가치의 달성이나 문제의 해결을 가져다주는 행동들 등 세 가지에 대하여 타당한 논증과 정보를 제공해야 한다.

둘째, 정책분석은 다양한 탐구방법을 가지고 있다. 정책의 과거 원인과 결과에 관한 정보를 산출하는 점검 절차, 정책의 미래 결과에 관한 정보 산출을 하는 예측, 과거와 미래의 정책이 내포하고 있는 가치에 관한 정보를 산출하는 평가, 미래의 행동노선이 가져다 줄 바람직한 결과에 관한 정보를 산출하는 제안, 총체적으로 어렵게 된 상황을 탐구하는 문제 구조화 등의 탐구방법을 사용하여 분석한다(한국사회복지행정학회, 2007: 128).

셋째, 정책분석가는 정책 정보와 자료를 공공정책에 원용하여 정책 대안으로 논의할 수 있게 하기 위하여 그에 타당한 논증을 제시해야 한다. 정책 논증은 다음의 여섯 가지를 포함하고 있다(나기산 외, 1994: 78-80; 한국사회복지행정학회, 2007: 129).

① 정책관련 정보: 정책분석은 정책문제, 정책 미래, 정책행위, 정책결과, 정책성과 등에 관한 정보를 산출해내기 위해 다양한 방법을 사용한다.

② 정책 주장: 정책 논증의 결론이며 정책 정보의 출현에 뒤따라 나타날 때 "그러므로"라는 표현으로 연결된다. 따라서 정책 주장은 정책관련 정보의 논리적 귀결이다.

③ 근거: 정책분석가가 정책관련 정보를 정책 주장화시키는 데 필요한 정책 논증에서의 가정이다. 이것은 정책관련 정보를 합의하지 못하거나 갈등이 유발될 수 있는 정책 주장으로 전환하는 과정에서 그 주장이 수용되도록 정당한 이유를 제공하는 역할을 한다.

④ 보강: 근거가 제대로 수용되지 않을 경우 근거를 보강하기 위해 사용될 수 있는 추가적 가정이다. 이것은 분석가로 하여금 좀 더 근본적인 가정들을 파악할 수 있게 해준다.

⑤ 반론: 원래의 주장이 수용되지 않거나 조건부로만 수용되는 상태를 말하는 제2의 결론, 가정, 혹은 논증이다. 정책 주장과 반론이 합쳐져서 정책 이슈를 형성하며 분석가들은 반론들로 인해 상대방의 입장을 이해할 수 있고 자신의 주장과 가정 및 논증들을 비판적 관점에서 조명해 볼 수 있다.

⑥ 정당화의 요건: 정책 주장에 대한 분석가의 확신 정도를 나타낸다(이상 한국사회복지행정학회, 2007: 129 참조).

넷째, 논증을 통하여 여러 가지 정책 정보를 체계화 했다고 해서 그것이 정책결정에 모두 반영되는 것은 아니다. 따라서 정책결정자가 결정한 경우 그 대안이 실현가능한 것이지, 정보의 형태와 내용, 시간과 자원 등의 요소를 고려하여 정책분석의 활용화를 위한 구체적인 계획을 수립해야 한다.

2. 정책분석과정

한국사회복지행정학회는 정책분석의 과정을 문제의 명확화, 목표와 기준의 설정, 대안의 탐색, 자료와 정보의 수집, 모형의 작성과 검증, 각 대안의 실현 가능성에 대한 검증, 비용, 효과의 분석, 제안의 8가지로 나누고 있다(한국사회복지행정학회, 2007: 131-133).

1) 문제의 명확화

현실에서 발생하는 복잡한 정책문제의 성질과 유형을 명확히 밝혀서 정책문제를 명확히 인식하는 데서 정책분석이 시작된다.

2) 목표와 기준의 설정

다음은 목표를 명확히 설정해야 한다. 목표가 명확하지 않으면 정책 대안을 탐색할 수 없다. 그리고 이 단계에서 여러 대안들을 평가할 때 사용될 평가 기준을 정해야 한다.

3) 대안의 탐색

정책문제를 해결하는 데 여러 가지 해결방법을 검토하고 대안을 탐색해야 한다. 그러나 현실적으로 시간이나 인적 자원 등의 제약으로 많은 대안을 탐색할 수는 없다.

4) 자료와 정보의 수집

정책문제를 해결하는 데는 대안 탐색이나 결과 예측을 위하여 많은 정보와 자료가 필요하다.

5) 모형의 작성과 검증

미래의 체제가 운영되는 여러 가지 방법에 따른 비용과 기타 영향을 비교하기 위하여 광범위하고 상이한 조건에 수반되는 체제의 성과를 평가할 필요가 있다. 이를 위하여 그 환경과 체제 간의 모형을 작성해서 사전에 모의실험 등의 실현을 통하여 미래에 대한 더욱 정확하고 필요한 정보를 얻을 필요가 있다.

6) 각 대안의 실현 가능성에 대한 검증

정책 대안이 마련되면 그것에 대한 정치적, 사회적, 경제적, 기술적 실현 가능성을 검토해야 한다. 바람직한 대안이라 하더라도 실현 가능성이 없을 때는 채택할 수 없는 것이다.

7) 비용, 효과의 분석

검토되는 각 대안의 비용과 효과를 분석하여 그 대안들의 우선순위를 정할 수 있다. 그러나 공공정책의 경우 비용의 효과를 정확하게 측정하는 일은 대단히 어려운데 이를 위하여 여러 가지 기법이 개발되고 있다.

8) 제 안

이러한 단계를 거쳐 각 대안 간의 우선순위가 정해지면 그 중에서 가장 바람직한 대안의 선택이 이루어진다. 정책 대안이 선택되고 나면 정책결정자에게 제안을 하게 된다. 최종안이 만족스럽지 못할 때는 처음 단계로 돌아가서 반복될 수 있다(이상 한국사회복지행정학회, 2007: 131-133).

3. 정책분석방법

1) 접근방법

사회복지정책을 분석하는 데 있어서는 경험적 접근방법, 평가적 접근방법, 규범적 접근방법 가운데 어느 하나 또는 전부를 사용한다. 경험적 접근방법이란 사실에 대한 정보를 근거로 하여 사실이 무엇인가에 관심을 두는 접근방법이다. 주어진 사회복지정책의 현황, 원인, 결과의 효과에 대하여 기술한다. 정책분석가가 사회복지 지출을 기술, 설명, 예측하는 것이 그 예이다. 평가적 접근방법이란 가치에 대한 정보를 바탕으로 무엇이 바람직한가에 대하여 관심을 두는 방법이다. 정책분석가는 제공받은 평가적 정보를 검토하고 그 결과를 평가한다. 규범적 접근방법이란 처방적 정보를 바탕으로 하여 무엇이 행해져야 하는가 즉 미래의 행동 방향을 제안하는 데 관심을 두는 방법이다. 빈곤문제 해결을 위하여 최저소득을 보장하는 정책을 취하는 것이 그 예이다.

2) 분석방법의 형태

일반적인 분석 형태는 과정분석, 산출분석, 수행분석으로 나눌 수 있다. 이는 길버트와 스펙트(Gilbert & Specht)가 처음으로 제시한 것이다.

(1) 과정분석

사회복지정책의 과정분석은 사회복지정책이 결정되기까지의 여러 과정을 사회과학적, 정치적, 기술방법론적인 여러 변수들과 관련하여 정치집단, 정부집단, 이익집단, 시민단체, 일반국민의 여론 등이 정책 형성에 어떠한 영향을 미치는가를 분석하는 것이다. 여기에는 과정 연구가 필수적이다. 일반적으로 과정분석에서는 사회정책 결정과정에 참여하는 예컨대 경제 집단, 정부 공무원, 시민의 이익집단, 정책주장 집단, 정책 전문가, 개별 유권자 등의 행위, 동기, 목적, 정책개발단계 등을 다룬다.

(2) 산출분석

사회복지정책의 산출분석은 그 정책을 기획하고 수립하는 데 있어서 여러 가지 정책들을 놓고 선택하게 될 때 이러한 선택과 관련된 여러 가지 쟁점에 대한 분석을 말한다. 정책계획을 구성하고 있는 구체적인 선택들의 형태와 내용은 무엇인가, 이 선택은 다른 선택을 포기하도록 하는가, 어떤 가치와 이론, 가정들이 이러한 선택을 지지해 주고 있는가 등이 산출분석의 핵심이다.

본질적으로 분석적 접근은 산출 연구를 위한 접근이다. 산출분석은 정책과정에서 선택된 정책을 할당, 급여, 전달, 재원의 측면에서 분석한다. 이러한 측면에서 선택된 것들은 정책 대안, 가치, 이론이라는 세 가지 측면에서 분석된다.

(3) 수행분석(성과분석)

수행분석은 정책 선택이 가져오는 프로그램상의 결과를 설명하고 평가하는 것과 관련하여 객관적이고 체계적인 분석방법이다. 수행성과는 질적, 양적 자료의 수집을 통하여 다양한 학문적 광범위한 방법을 적용하여 측정할 수 있다. 조사방법론과 통계학적 기법은 효과분석에 유용하다. 이 분석은 프로그램이 얼마나 잘 수행되고 있는가 즉 프로그램이 무엇으로 구성되어 있으며, 그 대상 집단에 도달하고 있는지,

얼마나 많은 비용을 요하는지를 파악하기 위하여 추적 조사가 이루어진다. 그리고 또 그 효과는 무엇인가에 대한 조사도 한다. 이 효과는 사전의 행동 및 상태와 정당하게 개입에 그 원인을 돌릴 수 있는 사후의 행동 및 상태 사이의 차이로 측정된다(Freeman & Sherwood, 1970: 13; 한국사회복지행정학회, 2007: 137). 수행분석은 사회복지 프로그램의 효과성과 능률성을 측정하고 정책과 프로그램의 목적과 목표가 그 분석의 출발점이 된다.

(4) 기 타

포플과 라이닝거(Popple & Leighinger)는 서술적 분석, 과정분석, 평가 등으로 나누어 분석한다. 서술적 분석은 내용 분석, 선택 분석, 비교 분석, 역사 분석으로 나눈다. 과정분석은 정책내용보다는 정책이 어떻게 형성되었는가에 관심을 두고 하는 분석이다. 평가는 논리적 평가, 양적 평가, 윤리적 평가로 나눈다. 논리적 평가는 사회복지의 내용을 상세하게 살피면서 또한 정책의 내적인 엄밀성과 연관성을 체계적으로 평가한다. 논리적 평가는 첫째, 복잡한 여러 가지 정책적 목적들을 평가한다. 둘째, 정책 목적과 그것을 달성하려는 수단 사이의 일관성을 평가한다. 셋째, 의도적 결과와 비의도적 결과의 다른 점을 평가한다. 양적 평가는 효과성 평가와 효율성 평가를 말한다. 윤리적 평가는 위의 탈가치적 평가와 달리 사회복지정책의 쟁점이 좋고, 나쁘고, 옳고, 그르고, 당위성과 비당위성이라는 가치적 윤리성의 평가가 그 핵심이 된다.

4. 정책의 분석틀

1) 의 의

사회복지 분석틀이란 복잡하게 얽혀 있는 사회복지정책 현상들을 체계적으로 정리하고 분해하여 요소 상호간의 논리적 연계성이나 인과관계 및 규칙성을 밝혀냄으로써 그 현상을 올바로 이해하기 위한 개념적 도구이다. 사회복지정책을 분석하기 위한 분석틀은 매우 다양하다. 한국사회복지행정학회는 사회복지정책의 분석방법에 따라 과정분석틀, 산출분석틀, 평가분석틀로 나누는가 하면(한국사회복지행정학회, 2007: 139), 여러 학자들의 견해를 소개하는 것도 있다(김종명, 2009: 147 이하; 이진숙 외, 2010: 171 이하). 가장 많이 사용하고 있는 분석틀은 길버트와 스펙트의 분석 유형이다. 여기서는 이들을 종합하여 사회복지정책 분석틀을 소개한다.

2) 과정분석틀

이는 주로 사회정책의 환경 분석을 복지정책의 분석의 기초로 삼는다. 정책환경은 정치적 환경, 경제적 환경, 시민사회적 환경으로 나눌 수 있는데 이에 관련된 이슈를 분석하는 것이다. 정치적 환경에서는 의회, 여당, 관료, 군부, 지방의회, 야당 등을 중심으로 사회복지 입법활동, 복지이념에 대한 정당정책, 방위비의 복지비용 억제, 선거 전략 등의 이슈를 분석한다. 경제적 환경에서는 경제성장 과정, 자본가계층, 노동자계층 등을 중심으로 경제성장, 물가상승, 복지재정 할당, 정경유착 정도, 노동권 확보 등의 이슈를 분석한다. 시민사회적 환경에서는 민주화 운동, 중간계층, 사회복지운동을 중심으로 복지의식의 행동화, 복지욕구의 확대, 사회복지운동의 조직화 등의 이슈를 분석한다(한국사회복지행정학회, 2007: 139 참조).

3) 산출분석틀(Gilbert & Specht의 분석틀)

길버트와 스펙트(2002: 60-61)는 사회복지정책의 산출분석에 따른 사회복지정책 분석틀을 만들었다. 이는 정책 내용을 분석하는 것이다. 이 분석틀은 평등, 자유, 효율, 사회적 적절성, 인간의 존엄성이라는 사회복지의 가치를 달성하고 있는지를 연구하고 사회복지정책을 급여와 할당의 틀 속에서 어떤 급여를 누구에게 제공할 것이며 이들 급여는 어떻게 전달할 것인가를 결정하는 원칙들을 분석하는 것이다. 이 분석틀은 다음과 같은 네 가지 선택의 차원에 따라 질문형태로 표현하고 있다.

① 누구에게 급여하는가? 사회적 할당의 기반은 무엇인가?(할당체계와 대상체계)

② 무엇을 급여하는가?(급여형태 및 체계)

③ 어떤 방법으로 급여를 전달할 것인가?(전달체계)

④ 어떻게 재원을 마련할 것인가?(재원체계)

이들은 위의 네 가지 선택 차원은 첫째, 각 차원과 관련한 정책 대안들의 범위(대안), 둘째, 그러한 대안들을 지지하는 사회적 가치(가치), 셋째, 그러한 대안들의 기초가 되는 이론(이론)이라는 세 가지 축에 의하여 분석될 수 있다고 제안하였다. 사회복지정책에서 기본적으로 고려해야 할 가치는 평등성, 형평성, 사회적 적절성이고 이러한 세 가지 자치와 위의 네 기지 분석 영역을 실천하는 과정에서 발생하는 가치지향으로 개인주의적 가치지향과 집단주의적 가치지향으로 나누어 볼 수 있다고 한다. 이 분석틀은 구체적인 사회복지정책을 분석하고 그 정책의 구성요소를 밝혀내는 데 많은 도움을 줄 것이다. 이하 이들의 분석틀을 네 가지 선택차원의 분석 영역에 따라 소개하면 다음과 같다.

(1) 급여대상자의 선택과 대상자 선정기준(급여대상체계)

가. 대상자 선택

사회복지급여대상자 선택은 급여의 수급자격에 관한 문제이고 이는 연령, 성별, 결혼 여부, 고용 상태, 가족 규모, 건강 상태, 소득수준을 고려하여 보편주의와 선별주의에 의하여 복지정책의 급여대상을 할당한다. 보편주의는 누구든지 자신의 당연한 권리로서 급여대상자가 되는 것이고 정부가 사회의 모든 구성원에게 복지서비스를 제공하는 것이다. 여기에는 국민연금제도, 국민건강보험제도가 있다. 보편주의는 특정한 요건(65세 이상의 노인, 아동, 청소년 등)에 해당하는 모든 국민 또는 특별 요건

없이 모든 국민을 대상으로 하므로 제한적인 자격요건이 없으며 자산조사도 하지 않는다. 선별주의는 사회복지 대상자를 사회적, 신체적, 경제적 등 일정한 기준에 따라 수급자격을 엄격하게 제한하고 복지서비스를 제공하는 것이다. 선별주의는 자산조사를 통하여 원조의 필요가 있다고 인정되는 사람 즉 결손가정, 기초생활보호대상자, 장애인, 빈민, 독거노인 등 사회적·물질적 도움이 필요한 사람들만을 선택하여 복지서비스를 제공한다.

나. 대상자 선정기준

위의 급여대상자 선택 원칙인 보편주의와 선택주의는 복지급여 할당원칙이고 이에 대하여 세부적인 대상자 선정기준이 마련되어야 한다는 것이 길버트와 스펙트의 이론이다. 이 선정기준에는 귀속적 욕구, 보상, 진단적 차별, 자산조사 등이 있다.

첫째, 귀속적 욕구란 급여자격은 현재의 복지체계에서 충족되지 않은 공통적 욕구를 가진 사람의 집단에 속하는지의 여부에 따라 결정되고 이것을 급여대상자 선정기준으로 고려한다는 것이다. 우리나라에서는 의무교육이나 노인교통수당이 여기에 속한다고 한다. 이 기준은 사회통합에 유리하고 정책의 효율성이 크다는 장점이 있으나 욕구가 없는 사람에게까지 급여가 제공되어 사회적 자원의 낭비를 초래하며 복지급여의 적절성을 해치는 단점이 있다.

둘째, 보상이란 일정한 요건을 갖추고 경제적 기여나 사회적 공헌을 기준으로 급여를 제공하는 것이다. 예컨대, 국가유공자에 대한 급여, 여성과 같은 성차별의 희생자를 대상으로 하는 급여가 그것이다.

셋째, 신체적·정신적 장애와 같이 특별한 보호와 복지서비스를 필요로 하는 개인에게 전문가가 판단을 내린 대상자에게 급여를 제공하는 것이다. 장애인복지법, 노인장기요양보험법에 의한 복지서비스가 그것이다.

넷째, 사회구성원인 개인이 재화와 용역을 스스로 구입할 능력이 없다는 것을 소득과 자산조사를 통하여 확인하고 급여를 제공하는 것이다. 국민기초생활보장법에 의한 복지급여가 그 예이다.

(2) 사회복지정책의 급여형태

사회복지정책을 통하여 제공되는 급여에는 일반적으로는 현금급여와 현물급여로 나눌 수 있다. 이 밖에도 증서, 기회 등이 있다.

가. 현금급여

현금급여는 필요한 재화를 시장에서 구매할 수 있도록 화폐 형태로 지급되는 급여이다. 현금급여는 수급자에게 선택의 권리를 줌으로써 수급자의 효용을 극대화할 수 있어 사회적 자원의 효율적 배분이 가능하고 현금급여는 현물급여에 비하여 유통비용이 들지 않기 때문에 프로그램의 운영비용이 적게 든다. 그리고 현금급여는 수급자에게 선택의 자유와 자기 결정권을 보장해 준다. 그러나 현금급여는 원래 정책이 목표로 했던 바대로 사용되지 않고 불필요한 소비 지출에 사용될 수 있는 한계를 지니는 단점이 있다.

나. 현물급여

현금급여에 대하여 현물급여는 수급자에게 물품이나 서비스를 직접 제공함으로써 수급자의 욕구를 충족시키고 이들의 복지수준을 향상시키는 것을 목적으로 한다. 현물급여는 급여를 받는 사람이 정책 이외의 부분에 사용할 수 없기 때문에 정책목표에 맞는 소비가 이루어짐으로써 정책의 목표 효율성을 높일 수 있다. 그리고 현물급여는 납세자가 낸 세금이 어떤 용도로 사용되었고 어떤 성과를 이루었는지가 현금급여에 비해 더 명확하기 때문에 정치적인 측면과 정부관료에 의하여 선호된다. 그리고 또한 현물급여가 현금급여보다 대량생산과 대량소비로 인한 규모의 경제효과가 커서 프로그램의 비용을 줄일 수 있다. 그러나 현물급여는 수급 여부가 노출되어 개인의 존엄성을 해칠 수 있다. 또 현물급여는 현물의 보관, 유통과정에 추가비용이 들어서 운영의 효율성이 낮다. 그리고 현물급여는 현물을 제공하는 집단과 정치적 거래에 의하여 필요 이상의 현물이 제공될 경우 자원의 낭비가 발생할 수도 있다.

다. 바우처 급여

다음으로 현금급여와 현물급여 이외에 사회적 급여라는 것이 있다. 여기에는 바우처 급여, 기회, 서비스, 권력 등이 있다고 한다. 바우처(voucher) 급여는 정해진 용도 내에서 복지급여인 재화나 서비스를 이용할 수 있는 권리가 붙어 있는 증서이다. 식료품 바우처, 상품구매 바우처, 경로 버스이용 바우처, 복지시설 이용 바우처, 기타 복지급여를 받을 수 있는 바우처 등이 있다. 또 복지수급자들이 다양한 교육을 제공받을 수 있도록 하는 교육 바우처, 주택 증서 바우처도 있다. 이 바우처는 일정한 범위에서만 구입하거나 이용할 수 있기 때문에 사회적 통제가 가능하고 다양한 자원의 구입과 이용이 가능하여 소비자의 주권을 보장할 수 있다는 장점이 있다. 그러나 바우처 남용의 우려가 있어서 현물급여보다 목표효율성이 낮아질 수 있다는 단점이 지적되고 있다(김종명, 2009: 152).

라. 기 회

그리고 무형의 급여형태로 기회를 드는 사람도 있다(김종명, 2009: 152). 예컨대 학생이나 장애인에게 특례 입학을 허가하는 경우, 기업의 장애인 의무고용, 여성에 대한 고용 할당과 같이 사회적으로 취약한 지위에 있는 집단이나 불평등한 처우를 받는 집단에게 유리한 기회를 주어 보다 나은 생활을 유지할 수 있도록 하는 것을 복지급여의 하나로 본다. 그러나 이는 복지급여가 아니라 다른 사람보다 더 유리하게 급여를 받을 수 있다는 지위에 지나지 않는다. 아무튼 기회급여의 우선권 부여는 재정과 직접 연계되지 않아 조세저항이나 재정압박이 적고 복지수급자의 재활을 돕고 명예훼손이나 수치심을 주지 않는다. 또한 물질로 해결할 수 없는 영역의 복지 구현이 가능하다.

마. 서비스 급여

서비스 급여는 일반적인 복지급여의 형태이다. 무형적인 서비스는 복지제공의 가장 중요한 부분을 차지한다. 대상별로는 노인서비스, 가족서비스, 아동서비스, 청소년서비스, 출산서비스, 장애인서비스가 있고 그 내용은 교육, 치료, 요양, 재활, 보호, 의료, 직업훈련 등이 있다. 서비스 급여는 복지 대상자에게 직접 현금이나 현물가치를 부여하는 것은 아니기 때문에 가변성이 크고, 서비스 제공자에 따라 내용도 다르다. 서비스 급여는 사회복지 대상자의 자립과 자활을 가능하게 하는 것이기 때문에 매우 중요한 급여형태로 평가되는 것이다.

바. 권력 급여

권력 급여는 물품과 자원에 대한 통제력을 재분배하는 것과 관련된다. 사회복지의 이해 당사자가 정책결정과정에 직접 참여하여 자신의 이해관계를 제시하며 정책에 영향을 미칠 수 있는 것이다. 사회복지정책 중에는 사회복지정책의 수급자로 하여금 정책결정에 대한 권력을 주어 급여자격, 급여수준 등이 그들이 유리하게 결정되도록 하는 것들이 있다. 우리나라의 경우 국민건강보험이나 국민연금에서 가입자 대표, 노동조합, 시민단체의 추천을 받은 사람을 각종 위원회의 의사결정에 참여시키는 것과 같이 이들에게 복지정책의 영향력을 재분배하는 것이 권력의 예이다.

권력 급여는 현금이나 신용급여처럼 직접 사용할 수는 없지만 다른 사회복지 자원을 보다 폭넓게 선택할 수 있어서 유동적 교환가치를 지닌다. 사회복지수급자가 정책결정에 참여하여 복지정책에 자문 등의 방법으로 영향을 주게 되면 사회복지수급자는 실질적으로 많은 이득을 얻을 수 있다고 생각되지만 정책결정에 시민이 참여하는 것은 명목에 그칠 가능성이 크다. 그 이유는 사회복지수급자들의 참여율이 낮고 참여한 사람들이 사회복지수급자들의 이익을 제대로 반영하지 못하며, 사회복지수급자들은 복지정책의 내용에 대한 전문적 지식이나 이해가 적기 때문에 참여를 하더라도 실질적 복지정책의 변화에 영향을 주지 못하기 때문이다.

(3) 급여전달체계

사회복지급여전달체계란 사회복지정책의 서비스 공급자와 서비스 수급자를 연결시키는 조직적 체계를 말한다.

급여전달체계는 중앙정부에 의하여 모든 국민에게 전달되는 수도 있고, 지방정부가 주체가 되어 지역주민들에게 제공되기도 하며, 중앙정부와 지방정부 또는 정부와 민간부문 사이의 혼합체계로 제공되는 경우도 있다. 사회복지서비스는 공공 재화의 성격을 지니기 때문에 복지가 발달한 나라일수록 중앙정부의 주도하에 또는 중앙정부와 지방정부의 혼합체계로 급여 전달을 한다. 지방정부에 의한 전달체계는 지역주민의 욕구를 효율적으로 충족시켜주기 위하여 강조되는데 지방정부 단독으로 정책을 관장하기보다는 중앙정부의 재정 보조를 받아 지방정부가 서비스를 전달하는 혼합체계가 많이 이루어지고 있다. 정부와 민간부문의 혼합체계는 사회복지서비스를 민간부문이 제공하되 중앙정부나 지방정부가 재정 지원을 담당하는 형태이다.

(4) 사회복지정책의 재원체계

사회복지정책을 수행하고 서비스를 전달하는 데 있어서 충분한 재원을 확보하는 것이 필요하다. 사회복지에 필요한 재원을 조달하는 방법에는 크게 보아 공공부문의 재원체계와 민간부문의 재원체계로 나눌 수 있다. 공공부문의 재원으로는 정부의 일반 조세, 사회보장 조세(보험료), 조세지출로 구성된다. 일반 조세는 사회복지의 예산을 구성하는 것으로서 가장 중요한 복지 재원이며 조세 수입과 사회복지정책은 밀접한 관련이 있다. 사회보장 조세는 법적으로는 조세가 아니다. 사회보험료 즉 국민연금, 국민건강보험료, 고용보험료, 산업재해보상보험료를 말하는데 이는 관련 법률에 의하여 강제로 징수된다는 점에서 조세로 보고 이를 사회보장 조세라고 하는 것이다. 조세 지출(조세비용)은 각종의 조세감면방법을 통하여 내야 하는 세금을 징수하지 않거나 낸 세금을 되돌려 주는 것을 말한다. 여기에는 조세감면, 본인의 근로소득에서 본인, 배우자, 노인 부모, 장애인자녀, 피부양자녀 등에 대한 인적공제, 근로소득공제, 보험료공제, 교육비공제, 의료비공제와 같은 소득공제, 그리고 내야 할 세금을 줄여주는 세액공제 등이 있다.

민간부문의 재원으로는 자발적 기부, 기업복지, 사용자 부담, 비공식부문의 재원

등이 있다. 자발적 기부는 개인이나 기업이 자발적으로 특정 목적을 위하여 금품을 제공하는 행위이며 가장 중요한 민간 재원이다. 이것은 개인이 선택한 사회복지기관을 통하여 이루어지거나, 사회복지모금회를 통하여 이루어진다. 기업복지는 기업이 종업원에게 제공되는 후생복지차원의 부가급여이다. 기업연금, 퇴직금, 유급휴가, 사내어린이집 등이 그것이다. 사용자 부담은 사회복지서비스를 받는 사람이 그러한 사회복지서비스를 이용하는 비용에 대하여 본인이 일부 부담하는 것이다. 국민건강보험료의 본인부담이나, 국민연금의 경우 본인부담하는 경우가 그것이다. 비공식부문의 재원이란 예컨대 노인의 복지는 자녀나 가족의 지원과 돌봄을 통하여 이루어지는 것과 같이 복지정책의 재원이 가족이나 친지, 이웃 등에 의하여 해결되는 경우이다.

위의 여러 가지 재원형태 중 어느 것을 선택하느냐에 따라 사회복지정책의 대상, 급여수준 등이 영향을 받는다. 그리고 제도의 안정성과 소득재분배 효과가 달라질 수 있다. 예컨대 제도의 안정성 면에서는 공공부문 재원이 민간부문 재원보다 우월하고 소득재분배 효과는 누진적인 소득세의 비중이 큰 일반조세 재원이 우월하다.

4) 평가 분석틀

평가 분석틀은 성과 분석을 위한 이론적 분석도구이다. 이는 정책요소들을 세분화하여 사회복지정책의 성과를 분석하고 최종적 평가를 할 수 있게 한 것이다. 이 평가 분석을 위해서는 목적과 목표, 전달되는 급여나 서비스의 형태, 자격 규정, 서비스전달을 위한 행정적, 조직적 구조, 재원 충당방법, 위 요소들 간의 상호작용이라는 정책요소를 연구하여 정책성과를 분석해야 한다. 또한 이 정책요소들은 정책 프로그램이나 정책의 시스템을 집행하는 데 필요하다(Chambers, 2000: 71-74; 김종명, 2009: 141-144 참조).

Chapter

Social Welfare Policy

12 사회복지정책의 기본적인 내용

1. 서 언

사회복지정책의 기본적인 내용은 사회복지정책의 대상이 되는 복지급여이다. 복지급여에서 문제가 되는 것 가운데 복지 대상자의 선택, 대상자 선정 기준, 급여형태(유형), 급여전달체계, 재원체계는 정책의 분석틀에서 이미 다루었기 때문에 여기서는 급여의 목표, 국민기초생활보장제도의 급여의 유형, 급여수준에 대해서만 설명하기로 한다.

2. 급여의 목표

사회복지급여는 사회복지정책의 선택에 의하여 무엇을 복지 대상자에게 전달할 것인가에 관한 문제이다. 사회복지정책의 목표에 따라서 그 안에 급여의 목표가 정해져야 한다. 급여는 예방, 재활, 보상이라는 목표를 달성하고자 하며 복지제도로서 복지수혜자에게 적절한 급여를 제공해야 한다는 목표가 복지정책에 내포되어 있다.

1) 예 방

이것은 문제의 발생을 예방하고 그 문제를 조기에 발견하며 발견한 문제를 빨리 해결하는 원조활동을 말한다. 사전 예방적인 급여를 통하여 사회적 문제나 위험의 발생을 사전에 예방하고자 하는 것이다. 그러므로 예방은 복지급여의 목표가 되는 것이다. 사회복지정책은 피해를 사전에 예방하는 것을 목표로 다양한 형태의 예방적 급여 프로그램을 운영하고 있다. 예컨대 건강보험제도에서 질병의 예방을 위한 건강검진이나, 산업재해보상보험제도에서 산업재해의 사전방지를 위하여 이루어지는 근로감독, 고용보험에서 실업의 예방을 목표로 운영되는 직업능력향상 교육 프로그램 등을 들 수 있다.

2) 재 활

재활이란 신체 장애인에게 정신적, 사회적, 경제적, 직업적으로 가능한 생활능력의 회복을 도모하는 과정이다. 재활에는 의학적 재활, 직업적 재활, 사회적 재활, 교육적 재활로 나눌 수 있다. 이 재활은 복지급여의 목표 중 하나다.

3) 보 상

사회복지정책 급여에는 국민이 입게 되는 경제적, 육체적, 정신적 피해를 보상해 주기 위한 목표가 있다. 이것에는 다양한 형태의 복지 프로그램이 있다. 개인이 노령, 실업, 폐질 등의 사유로 소득활동을 중단하게 되었을 경우 상실된 근로소득을 별도로 보상해주기 위하여 제공되는 소득대체형의 급여가 있다. 또한 질병의 치료, 주거의 제공, 아동의 양육 등의 사유로 개별 가계의 경제적 부담이 가중될 경우 이를 완화해 주기 위한 목적으로 제공되는 소득 보충형의 급여도 있다. 그리고 국가유공자가 상해를 입거나 사망 또는 근로능력을 상실하여 본인이나 가족, 유족의 생활이 빈곤하게 될 때 국가가 그 본인과 가족 또는 유족의 생활을 보장하기 위하여 국가의 재정으로부터 받는 급여가 있다. 이러한 것들은 모두 그 급여가 보상을 목표로 하고 있음을 알 수 있다.

3. 국민기초생활보장제도의 급여 유형

우리나라는 빈민계층의 복지를 위하여 국민기초생활보장제도를 시행하고 있는데 여기에서 제공되는 급여에는 생계급여, 주거급여, 자활급여, 교육급여, 해산급여, 장제급여, 의료급여 등이 있다.

생계급여는 의료, 교육, 자활급여의 특례자, 에이즈 쉼터 거주자, 노숙자 쉼터 또는 한국갱생보호공단시설 거주자 등 정부로부터 생계를 제공받는 자를 제외하고 국민기초생활보호법상의 기초생활수급자에게 의복, 음식물, 연료비 및 그 밖에 일상생활에 필요한 금품을 지급하는 것을 말한다.

주거급여는 수급자에게 주거 안정에 필요한 임차료, 유지수선비, 기타 대통령령이 정하는 수급품을 지급하는 형태로 이루어진다.

교육급여는 수급자에게 입학금, 수업료, 학용품비, 기타 수급품을 지원하는 것으로 하되, 학교의 종류, 범위 등에 관하여 필요한 사항은 대통령령으로 정한다.

해산급여는 수급자에게 조산, 분만 전과 후의 필요한 조치와 보호 등의 급여를 행하는 것을 말한다.

장제급여는 수급자가 사망한 경우 사체의 검안, 운반, 화장 또는 매장, 기타 장제조치를 행하는 것으로서 보건복지부령이 정하는 바에 따라 실제로 장제를 행하는 자에게 장제에 필요한 비용을 지급함으로써 행한다.

자활급여는 수급자의 자활을 조성하기 위하여 자활에 필요한 금품의 지급 또는 급여, 자활에 필요한 근로능력의 향상 및 기능습득의 지원, 취업 알선 등 정보의 제공, 자활을 위한 근로기회의 제공, 자활에 필요한 시설 및 장비의 대여, 창업교육,

기능 훈련 및 기술 경영 지원 등 창업지원, 자활에 필요한 자산 형성 지원, 기타 대통령령이 정하는 자활 조성을 위한 각종 지원 등의 급여를 행하는 것으로 한다.

4. 사회복지정책의 급여수준

1) 급여수준의 결정 기준

사회복지정책의 급여수준은 일반적으로 최저 기준으로 하고 균등선을 중간축으로 하여 형평성에 입각하여 일정한 상한선의 범위 내에서 상하로 신축성있게 하는 것이 이상적이라고 한다(한국사회복지행정학회, 2007: 222). 그러나 구체적으로는 사회복지정책의 급여 사유에 따라 급여수준은 달라야 한다. 속성적 수요는 당해 욕구에 따라 보다 균등선에 가깝도록 사회복지정책 급여수준이 결정되어야 하고, 보상인 경우는 사회적 공헌도나 사회적 편견에 의한 희생을 보상받을 수 있을 정도로 충분해야 하며 적어도 균등선은 유지되어야 한다. 진단의 경우는 전문가의 진단에 기초하여 재활이 가능한 최소한의 급여수준이 유지되어야 한다. 그리고 자산 조사에 의한 수요인 경우 최저한의 경제적 욕구를 충족시킬 수 있는 하한선 즉 최저생계비인 빈곤선이 유지되어야 한다(신상준, 1989: 216-217; 한국사회행정복지학회, 2007: 222).

그리고 이 밖에 사회복지급여수준을 결정함에 있어 사회적 효과와 비용 효과를 고려해야 한다. 사회적 효과는 복지정책이 근로동기 유발이나 기타 미치는 사회적 영향을 의미하고, 비용 효과는 복지 예산과 복지정책 산출성과 사이의 비교분석을 의미한다(신상준, 1989: 160; 한국사회복지행정학회, 2007: 222-223).

오자와(Ozawa, 1978: 41-48)는 사회복지정책의 구현 방법을 소득보장정책에 두고 이 소득보장정책을 평가하는 기준으로 적정선, 형평성, 경제적 능률성, 근로동기유인, 복지대상자의 낙인과 명예 보장, 반빈곤민효과, 저축의욕에의 영향, 행정능률을 들고 있다(신상준, 1996: 217-219, 한국사회복지행정학회, 2007: 223)

적정선이란 소득보장은 한 가정에 적정한 최저소득을 보장받도록 한다는 것이다. 형평성이란 동일한 규모의 가족에게는 동일한 사회복지정책의 급여가 전달되어야 한다는 수평적 형평성과 가족은 동일한 규모라 하더라도 많은 소득을 필요로 하는 수직적 형평성 모두를 말한다. 경제적 능률성이란 사회복지급여가 필요한 빈곤한 대상주민에게만 집중적으로 투자되어야 한다는 것이다. 복지 대상자의 낙인과 명예보장이란 소득보장은 복지수급자에게 낙인이나 명예를 침해하지 않도록 해야 하고 자산조사의 과정에서 복지수급자라는 낙인이 찍히거나 이미지를 침해받지 않도록 해야 한다는 것이다. 반빈곤 효과란 빈곤예방의 정도를 측정하는 지표는 첫째, 소득보장급여에 의하여 빈곤자가 빈곤 아닌 자로 전환되기 전후의 전체 가정에 대한 빈곤가정의 비중, 둘째, 빈곤과 빈곤 아닌 것의 전환기에 빈곤자를 위하여 급여한 소득조장으로 보충되는 빈곤자의 총소득 결손과 빈곤과 빈곤 아닌 것으로의 전환기의 총소득결손의 비중 모두를 말한다(이상 한국사회복지행정학회, 2007: 223). 저축의욕에의 영향이란 소득보장급여가 저해되어서는 안 된다는 것이다. 마지막으로 행정 능률이란 최소의 비율, 시간, 인력으로 최대의 행정 효과를 올린다는 것이다. 이상과 같은 소득보장정책의 평가 기준을 바탕으로 하여 사회복지정책 급여수준을 결정해야 한다.

사회복지정책 최저급여수준은 우리나라 헌법 제34조에서 규정하고 있는 것처럼 인간다운 생활을 할 수 있는 정도의 최저생활보장 수준이 되어야 할 것이다. 이 최저생활보장 수준은 각종 복지급여의 기초가 되고 있다.

2) 공공부조와 사회보험의 급여수준

공공부조는 수급자 본인의 개인적 욕구와 일반국민의 평균적 욕구에 의하여 급여수준이 결정된다. 공공부조의 급여수준은 빈곤선을 기초로 한다. 빈곤수준은 생존에 필요한 최저생존 수단과 기본적 욕구를 충족하여 생활의 유지 상태를 말하는 최저생계 수단으로 나누어진다. 공공부조정책은 절대 빈곤을 토대로 하여 소득의 최저수준에 두고 있는 데 대하여 일반 사회복지정책은 상대적 빈곤을 토대로 소득의 적정수준에 두고 있다. 공공부조의 급여수준인 빈곤선은 소득이 최저생계 수준에 미달되는 상태에 의하여 결정된다(김정현, 2002: 465).

사회보험에 있어서는 사회보험 수급자의 갹출액(보험료)과 소득에 의하여 사회보험의 급여수준이 정해진다.

3) 현금급여의 수준

현금급여의 수준은 개인의 경제적, 사회적 상황, 복지정책에 따라 다르게 나타난다. 현금급여산정 기준으로 고려되는 것은 개인의 욕구수준, 국가에 의하여 책정된 금액, 개인의 종전소득 등이다.

개인의 욕구수준은 소득수준에 상관없이 국민 개개인의 욕구수준을 기준으로 하여 현금급여가 제공되도록 하는 방법을 말한다. 국가에 의하여 일률적으로 책정된 금액은 특정한 사회적 애로 요인에 대하여 국가가 일정한 보상금액을 책정하고 피해의 당사자들에게 동일한 수준의 급여를 일괄적으로 제공하는 방법이다. 개인별 종전 소득은 소득의 단절문제가 발생할 경우 종전 소득을 기준으로 하여 현금급여를 제공하는 방법이다.

개인이 소득이 단절된 경우에 사회복지정책으로 어느 정도의 수준으로 급여를 제공할 것인가에 대한 결정기준으로는 위의 여러 요소를 고려하여 완전생활수준의 보장, 부분생활수준의 보장, 기초생활보장, 최저생활보장으로 나누어진다(이정우, 2004: 283 참조).

완전생활수준의 보장은 사회적 문제의 발생으로 인한 소득의 단절 현상에도 불구하고 개인이 종전과 동일한 생활수준을 영위할 수 있도록 하는 것을 목표로 한다. 이 완전생활수준의 보장은 근로자의 근로동기를 저하하고 국민의 복지 의존심을 부추길 염려가 있다. 부분생활수준의 보장은 사회적 문제로 인하여 소득의 단절현상이 발생하게 될 경우 피해의 당사자인 개인은 생활수준의 하락으로 인하여 고통을 받게 되는데 이 경우 사회복지정책은 종전과 같은 생활수준을 영위할 수 있도록 급여를 제공받아야 한다는 것이다. 이는 사회적 문제로 상실된 소득의 일부를 보상해 주는 것이다. 사회보험이 이 방식을 채택하고 있다. 기초생활보장은 당해 개인에게 최저수준의 소득을 보장해 주는 것을 말한다. 최저생활보장은 육체적 최저 생존을 위하여 필요한 수준의 소득을 보장해 주는 것을 말한다.

4) 현물급여의 수준

현물급여는 물질적 재화나 상품의 형태로 제공되는 급여이다. 이 현물급여는 무상으로 제공하는 방법과 그 비용의 일부를 개인이 부담하도록 하는 방법이 있다. 현물급여를 완전 무상으로 제공되는 경우에는 급여가 과도하게 지급되는 등 낭비되는 수가 있으므로 사회복지정책은 대부분 현물급여 가격의 일부를 개인이 부담하도록 하고 있다.

Part 02 각 론

Chapter 01

Social Welfare Policy

사회보장에 대한 기본 정책

각론에서는 우리나라의 사회복지정책을 살펴보고자 한다. 사회복지정책은 그 나라의 복지제도에 나타나 있고 또 그 정책이 각종의 사회복지관련법에 반영되어 있다. 따라서 여기서는 주로 우리나라의 사회복지관련법에 나타나 있는 복지정책을 살펴본다.

1. 서 언

사회보장에 대한 기본 정책은 구체적으로 사회보장기본법에 반영되어 있다. 사회보장기본법은 사회보장에 관한 국민의 권리와 국가 및 지방자치단체의 책임을 정하고, 국민의 생존권적 기본권을 실현함으로써 국민의 복지증진에 기여하고 사회보장제도에 관한 기본적 사항을 정하는 데(동법 제1조) 복지정책의 목적을 두고 있다. 사회보장정책의 기본이념은 첫째, 모든 국민이 다양한 사회적 위험으로부터 벗어나 행복하고 인간다운 생활을 할 수 있도록 자립을 지원하고 둘째, 사회참여와 자아실현에 필요한 제도와 여건을 조성하며 셋째, 사회통합과 복지사회를 실현하는 데 있다(사회보장기본법 제2조).

2. 사회보장의 기본 개념

1) 사회보장

사회보장은 사회정책의 핵심이 되는 제도이다. 사회보장은 사회보험, 공공부조, 민간보험으로 구성되어 있다. 사회보장은 빈곤의 예방, 사회통합, 사회적 불평등의 완화, 소득재분배를 목표로 한다. 사회보장은 1935년 미국의 사회보장에 기원을 두고 있다. 사회정책은 1880년 독일에서 출발하였다. 베버리지는 사회보장을 결핍, 질병, 무지, 불결, 나태 중 결핍으로부터의 자유를 지향하며 빈민과 같은 특정한 집단을 넘어 모든 국민을 대상으로 삼고 모든 국민에게 최저한의 소득을 보장해 주기 위한 제도라고 하였다. 그리고 베버리지는 최저소득보장정책으로서의 사회보장은 생계유지능력의 중지와 붕괴에 대비하기 위한 사회보험과 출생, 결혼, 사망에 따른 특별한 지출을 지원하기 위한 조치들로 구성된다고 했다.

미국의 사회보장법은 사회보장법을 다음과 같이 정의하고 있다. 일반 복지의 증진을 위하여 연방정부가 관장하는 노령급여제도를 실시하고 주정부가 관장하는 노인, 맹인, 요보호아동, 장애아동을 위한 복지, 모자복지, 공중보건, 실업보장의 관리 운영을 지원하며 사회보장청의 신설과 재정 조달 및 기타 목적을 추진하기 위한 법이라고 규정하고 있다.

세계 각국의 사회보장 프로그램(미국사회보장청 발간)에서는 사회보장이란 생계능력의 중단 또는 감소 및 결혼, 출생, 사망 등으로 인한 특별한 지출로부터 개인을 보호하는 법정 프로그램을 말한다고 하고 있다.

우리나라의 사회보장기본법에서는 "사회보장이란 질병, 장애, 노령, 실업, 사망 등의 사회적 위험으로부터 모든 국민을 보호하고 국민 삶의 질을 향상시키는 데 필요한 소득 · 서비스를 보장하는 사회보험, 공공부조, 사회서비스를 말한다"고 규정하고 있다(동법 제3조 제1호). 사회보장은 위와 같은 다섯 가지의 사회적 위험으로부터 국민들을 보호하고 인간다운 생활을 할 수 있도록 국민의 삶의 질을 향상시키는 제도적 장치를 말하는 것이다.

이러한 사회보장기본법상의 사회보장 개념은 사회보험과 공공부조 이외에 사회서비스를 포함하고 있으므로 넓은 의미의 사회보장 내지 사회복지(널리 사회보장의 틀 속에서 사회복지정책 또는 사회정책의 실현과 관련되는 복지를 말함)로 파악된다. 이 가운데 사회복지서비스(도움이 필요한 국민에 대하여 정상적 생활이 가능하도록 지원하는 제도)는 좁은 의미의 사회복지(사회적, 경제적 약자나 보호가 필요한 자를 위한 사회복지정책 및 사회정책과 관련되는 복지)로 파악된다. 사회보장법은 사회보장정책의 범위를 사회보험, 공공부조, 사회서비스의 3개 부문으로 나누어 각각 정의하고 있다. 이에 대하여 좁은 의미의 사회보장은 사회보험과 공공부조를 말한다고 할 수 있다. 그리고 사회보장의 궁극적인 목표는 위의 3개 부문에 대한 평생안전망의 구축에 있다. 평생안전망이라는 생애주기에 걸쳐 보편적으로 충족되어야 하는 기본적 욕구와 특정한 사회위험에 의하여 발생하는 특수욕구를 동시에 고려하여 소득서비스를 보장하는 맞춤형 사회보장제도를 말한다(동법 제3조 제5호).

오늘날에 와서 신자유주의가 풍미하면서 로이 새인버리(Roy Sainbury, 1999: 360)는 사회보장은 사회보장의 생산적 측면과 근로유인의 강화를 새로운 목표로 추가하여 전통적인 사회보장의 목적인 빈민구제, 욕구충족, 소득 유지, 보상, 소득재분배에 추가하여, 사회보장의 생산적 측면 즉 적극적 목적의 추구, 근로유인, 행동의 변화(바람직하지 않은 시민의 행동은 억제하고 바람직한 행동은 고무하는 것)를 목적으로 한다고 보고 있다.

베버리지는 사회보장 형태에는 사회보험, 공공부조, 보편주의 수당, 공적 개인저축계정을 포함시키고 있다. 미국의 사회보장청은 사회보장의 급여를 현금급여와 현물급여로 나누고 현금급여를 소득유지 프로그램이라고 한다. 소득유지 프로그램에는 고용관련 제도(건강보험, 실업보험, 산재보험 등), 보편주의 프로그램(소득수준, 고용여부, 생계수준 등 개인의 경제적 지위를 고려하지 않고 국민 모두에게 제공되는 정액의 현금급여), 자산조사 프로그램(최저생계수준에 기초하여 개인과 가족의 자원을 조사하여 급여자격 여부를 결정한다)을 들고 있다. 이상의 공적제도에 들어가지 않지만 민간보험, 공적공제기금

(고용주와 피용자가 공동부담하는 보험료로 재정을 충당하는 강제 저축), 고용주책임제도(고용주가 지급하는 퇴직금, 산재보상금)도 사회보장의 기능을 하고 있다.

베버리지는 사회보장의 기본원칙으로 최저수준의 정액급여, 정액보험료, 국가책임, 급여의 충분성, 포괄성, 분류화를 제시하고 있다. 미국의 사회보장법은 이외에 형평성을 매우 중요시한다.

2) 사회보험

사회보장제도 가운데 가장 중요한 것은 사회보험이다. 사회보험은 국민연금 같은 사회보장연금, 건강보험, 산재보험, 고용보험 등 흔히 4대보험이라는 공적 보험이 여기에 속한다. 독일과 일본 그리고 우리나라는 제5의 사회보험이라 하여 노인장기요양보험을 신설하였다(일본은 개호보험). 요양보험은 장기요양을 필요로 하는 노인환자를 보험을 통하여 보호하기 위한 제도이다. 노인환자는 원래 건강보험의 대상이고 지금도 건강보험 수급자이지만 인구의 노령화로 그 수가 크게 증가하여 건강보험 재정에 심각한 부담을 주자 노인환자 중 장기요양을 요하는 사람을 병원이 아니라 자기집이나 요양시설에서 보호하고 그 비용을 사회보험방식으로 조달하고자 하는 것이 요양보험이다. 우리나라도 노령화사회에 대비하고자 2008년 7월에 노인장기요양보험을 도입하였다. 이 밖에 우리나라는 2007년 7월에 기초노령연금을 실시하였으나 2014년 7월 1일부터 기초노령연금을 폐지하고 65세 이상 노인을 대상으로 소득인정액이 소득하위 70% 이하인 사람에게 연금을 지급하는 기초연금법이 시행되고 있다.

사회보험이란 국민에게 발생하는 사회적 위험을 보험방식에 의하여 대처함으로써 국민건강과 소득을 보장하는 제도를 말한다(사회보장기본법 제3조 제2호). 사회보험은 사보험의 원리를 채택하지만 사회적 위험을 보장한다는 점에서 사보험과 여러 가지 특성을 가지고 있다. 그 중에서 가장 특징적인 것은 가입의 운영주체가 국가라는 점, 가입의 강제성이다.

3) 공공부조

공공부조란 국가 및 지방자치단체의 책임 하에 생활유지능력이 없거나 생활이 어려운 국민의 최저생활을 보장하고 자립을 지원하는 제도이다(사회보장기본법 제3조 제3호).

4) 사회서비스

사회서비스란 국가, 지방자치단체 및 민간부문의 도움을 필요로 하는 모든 국민에게 상담, 재활, 직업소개 및 사회복지시설 이용 등을 제공하여 정상적인 사회생활이 가능하도록 지원하는 제도이다(사회보장기본법 제3조 제4호). 사회서비스는 사회보험, 공공부조와는 달리 주로 심리사회적, 정신적 서비스 등과 같이 비경제적, 추상적 서비스를 제공하는 것을 특징으로 하고 있다.

이하에서는 우리나라의 사회보장기본법에 담겨있는 사회보장정책을 살펴보고자 한다.

3. 사회보장 기본정책의 주요 내용

1) 사회보장책임의 주체

사회보장을 할 책임은 국가 및 지방자치단체가 지고 있으며 국민도 그 책임을 지고 있다. 국가 및 지방자치단체는 국가 발전의 수준에 부응하는 사회보장제도를 확립하고 이에 필요한 재원을 조달할 책임을 진다. 그리고 가정이 건전하게 유지되고 그 기능이 향상되도록 노력해야 하며 사회보장제도를 시행함에 있어서 가정과 지역

공동체의 자발적 복지활동을 촉진해야 한다(사회보장기본법 제6조 참조). 이는 가정 기능의 건전한 유지와 강화가 사회보장제도의 실행에 중요하고, 가정과 지역공동체의 자발적 복지활동이 국가나 지방자치단체의 사회보장정책의 실행에 매우 중요한 요소로 되며, 가정과 지역공동체와 국가 및 지방자치단체가 사회보장정책의 실시에 있어서 상호 보완적인 기능을 해야 한다는 것을 의미한다.

모든 국민은 자신의 능력을 최대한 발휘하여 자립, 자활할 수 있도록 노력하고 국가의 사회보장정책에 협력해야 한다(사회보장기본법 제7조 참조). 이는 국가나 지방자치단체의 사회보장은 개인이 최대한 노력을 한 다음에 그것을 바탕으로 하는 것이고 국가나 지방자치단체의 사회보장정책은 언제나 개인이 자립, 자활할 수 있도록 돕는 데 있다. 이런 점에서 국민도 사회보장정책의 실행에 책임을 진다고 할 수 있다.

2) 사회보장의 대상

사회보장의 대상은 역사적으로 소수의 국민에서부터 점차로 국민 전체를 포함하는 것으로 확대되었다. 우리나라도 포괄적으로 모든 국민을 대상으로 한다. 그리고 국내에 거주하는 외국인도 국제법상의 상호주의 원칙에 따라 사회보장 대상으로 하고 있다. 오늘날에는 국가 간에 교류와 왕래가 빈번해지면서 사회보장 협정을 체결하여 관계국 상호간의 국민에게 사회보장혜택을 주는 사례가 일반화되고 있다. 우리나라도 상호주의에 입각하여 국가 간 협정을 맺거나 국제기구에 가입함으로써 상호간 외국인에게 사회보장급여를 제공하는 사례가 확대되고 있다. 우리나라와 캐나다 간의 사회보장협정(1998년)이 그 예이다.

3) 사회보장수급권(사회복지수급권)

(1) 개 념

사회보장수급권이란 헌법에서 보장하는 국민의 사회보장권이 사회보장 관련법(사회복지 관련법)의 규정에 따라 국민이 구체적으로 국가로부터 사회보장(사회복지)의 급여를 받을 권리를 말한다(사회보장기본법 제9조 참조). 즉 국민이 국가에게 사회보장 급여를 청구할 수 있는 권리이다.

(2) 수급권자

앞에서 본 사회보장 대상자가 수급권자이다. 즉, 국민과 관련 외국인이다. 구체적 수급요건은 각각의 세부적인 사회보장관계법에서 자격 규정을 정하고 있으므로 당해 법규에서 결정될 것으로 본다.

(3) 급여수준

국가는 국민이 문화적 생활을 유지할 수 있는 정도로 급여수준의 향상을 위하여 노력해야 하고 국가는 법령이 정하는 바에 따라 최저보장수준과 최저임금을 매년 공표하여야 한다. 사회보장급여수준은 적어도 최저보장수준과 최저임금을 참작하여 정하도록 하고 있다(사회보장기본법 제10조 참조).

(4) 급여의 신청

사회보장급여는 관계 법령이 정하는 바에 따라 국가 또는 지방자치단체에 신청해야 한다(사회보장기본법 제11조 참조).

(5) 수급권의 보호, 제한 및 포기

사회보장수급권은 관계 법령이 정하는 바에 따라 타인에게 양도하거나 담보 제공할 수 없으며 이를 압류할 수 없도록 하여 이를 보호하고 있다(사회보장기본법 제12조 참조). 사회보장수급권은 제한되거나 정지될 수 없으나 관계 법령이 정하는 예외적인 경우에는 제한 또는 정지될 수 있다. 그러나 이는 그 제한 또는 정지의 목적에 필요한 최소한에 그쳐야 한다. 사회보장수급권은 수급자가 포기할 수 있도록 하고 있는데 만약 그 포기가 타인에게 손해를 주거나 사회보장에 관한 관계법령에 위반하는 경우에는 이를 포기할 수 없다(사회보장기본법 제14조 참조).

4) 사회보장위원회

각종의 사회보장에 관한 주요 정책이나 시책을 수립, 계획하거나 개선하고 이를 심의 · 조정하기 위하여 국무총리 산하에 사회보장위원회를 둔다(사회보장기본법 제20조). 이 위원회는 사회보장정책과 제도를 수립하고 실행하는 것을 목적으로 하는 것이다. 사회보장위원회는 국무총리가 위원장이 되고 부위원장은 기획재정부장관, 교육부장관, 보건복지부장관이 되며 위원장, 부위원장, 행정안전부장관, 고용노동부장관, 여성가족부장관, 국토교통부장관을 포함하여 위원 30인 이내로 구성된다(사회보장기본법 제21조 참조). 그 직무는 사회보장 증진을 위한 기본계획, 사회보장 관련 주요 계획, 사회보장제도의 평가 및 개선, 사회보장제도의 신설 또는 변경에 따른 우선순위, 둘 이상의 중앙행정기관이 관련된 주요 사회보장정책, 사회보장급여 및 비용부담 등을 심의하는 것이다(사회보장기본법 제20조 참조).

5) 사회보장 기본계획 수립과 연도별 시행계획의 수립·시행 등

사회보장정책에 있어서는 사회보장의 장기발전 방향을 수립하는 것이 매우 중요한데 이에 관하여 사회보장기본법은 구체적으로 수립 절차와 방법에 관하여 정하고 있다. 보건복지부장관은 관계 중앙기관의 장과 협의하여 사회보장 증진을 위하여 사회보장에 관한 기본계획을 5년마다 수립하도록 한다(사회보장기본법 제16조 제1항). 그 장기발전 방향에는 국내외 사회보장환경의 변화와 전망, 사회보장의 기본목표 및 중장기 추진방향, 주요 추진과제 및 추진방법, 필요한 재원의 규모와 조달방안, 사회보장의 전달체계, 그 밖에 사회보장의 추진에 필요한 사항이 포함되어야 한다(동법 제16조 제2항). 이 기본계획은 사회보장위원회와 국무회의의 심의를 거쳐 확정하도록 되어 있다(동법 제16조 제3항).

일단 사회보장 장기발전방향이 수립되면 보건복지부장관, 관계중앙행정기관의 장은 기본계획에 따라 사회보장과 관련된 소관 주요 시책의 추진 방향을 매년 수립, 시행하여야 한다(동법 제18조 제1항).

그리고 관계 중앙행정기관의 장은 수립한 시행계획 및 전년도 추진 실적을 대통령이 정하는 바에 따라 보건복지부장관에게 제출하여야 한다(동법 제18조 제2항).

다음으로 보건복지부장관은 위에 따라 제출받은 관계 중앙행정기관 및 보건복지부 소관의 추진실적을 종합하여 성과를 평가하고 그 결과를 위원회에 보고하여야 한다(동법 제18조 제3항). 또 보건복지부장관은 이에 따른 평가를 효율적으로 시행하기 위하여 이에 필요한 조사, 분석을 전문가에게 의뢰할 수 있다(동법 제18조 제4항).

그리고 특별시장 · 광역시장 · 특별자치시장 · 도지사 · 특별자치도지사 · 시장 · 군수 · 구청장은 관계법령이 정하는 바에 따라 사회보장에 관한 지역계획을 수립 · 시행하여야 하고 이는 위의 기본계획과 연계되어야 한다(동법 제19조).

6) 사회보장제도의 운영

(1) 운영 원칙

사회보장기본법은 사회보장제도를 운영하는 과정에 요청된 기본운영 원칙을 다음과 같이 정하고 있다(동법 제25조).

첫째, 국가 및 지방자치단체는 사회보장제도를 운영함에 있어서 필요로 하는 모든 국민에게 적용해야 한다.

둘째, 국가 및 지방자치단체는 사회보장제도의 급여수준 및 비용부담 등에 있어서 형평성을 유지해야 한다.

셋째, 국가 및 지방자치단체는 사회보장제도의 정책결정 및 시행과정에 공익의 대표자 및 이해관계인 등을 참여시켜 민주성을 확보해야 한다.

넷째, 국가 및 지방자치단체는 사회보장제도를 운영함에 있어서 국민의 다양한 복지욕구를 효율적으로 충족시키기 위하여 연계성, 전문성을 높여야 한다.

다섯째, 사회보험은 국가의 책임으로 시행하고, 사회서비스는 국가와 지방자치단체의 책임으로 시행하는 것을 원칙으로 한다. 다만, 국가와 지방자치단체의 재정 형편 등을 고려하여 이를 협의·조정할 수 있다.

사회보장기본법에서 말하는 운영원칙은 보편성, 민주성, 효율성, 연계성, 전문성을 말하는 것으로서 이는 사회보장제도의 기본원칙을 말한 베버리지, 국제노동기구 및 세계노동조합 등의 견해를 반영한 것이다.

(2) 협의 및 조정

각 국가와 지방자치단체는 사회보장제도를 신설하거나 변경할 경우 기존 제도와의 관계, 사회보장 전달체계와 재정 등에 미치는 영향 등을 사전에 충분히 검토하고 상호협력하여 사회보장급여가 중복 또는 누락되지 아니하도록 하여야 하고, 중앙행정기관의 장과 지방자치단체의 장은 사회보장제도를 신설하거나 변경할 경우 신설 또는 변경의 타당성, 기존 제도와의 관계, 사회보장 전달체계에 미치는 영향 및 운영방안 등에 대하여 대통령령으로 정하는 바에 따라 보건복지부장관과 협의하여야 한다. 이 협의가 이루어지지 아니할 경우 위원회가 이를 조정하고, 보건복지부장관은 사회보장급여 관련 업무에 공통적으로 적용되는 기준을 마련할 수 있다(동법 제26조 제1항, 제2항, 제4항).

중앙행정기관의 장과 지방자치단체의 장은 위에 따른 업무를 효율적으로 수행하기 위하여 필요하다고 인정하는 경우에는 관련 자료의 수집·조사 및 분석에 관한 업무를 정부출연 연구기관, 사회보장정보원 그 밖에 대통령령으로 정하는 기관 또는 단체에 위임할 수 있다(동법 제26조 제3항).

(3) 민간의 참여

사회보장은 필요에 따라 민간이 참여해야 할 것이다. 사회보장기본법은 사회보장 부문에 있어 민간참여의 길을 터놓고 있다.

① 국가와 지방자치단체는 사회보장에 대한 민간부문의 참여를 유도할 수 있도록 정책을 개발·시행하고 그 여건을 조성하여야 한다(동법 제27조 제1항).

② 국가와 지방자치단체는 개인·법인 또는 단체가 사회보장에 참여하는 데에 드는 경비의 전부 또는 일부를 지원하거나 그 업무를 수행하기 위하여 필요한 지원을 할 수 있다(동법 제27조 제3항).

민간참여는 최근 신보수주의 이념이 중요한 정책기조로 대두되면서 더욱 강화되고 있는데, 우리나라에서는 특별히 사회복지분야에서 민간참여가 두드러지고 있다. 민간참여를 유도하기 위하여 국가와 지방자치단체는 다음과 같은 사업이 포함된 시책을 수립·시행할 수 있다(동법 제27조 제2항).

① 자원봉사, 기부 등 나눔의 활성화를 위한 각종 지원 사업, ② 사회보장정책의 시행에 있어 민간 부문과의 상호협력체계 구축을 위한 지원사업, ③ 그 밖에 사회보장에 관련된 민간의 참여를 유도하는 데에 필요한 사업 등이 그것이다.

국가와 지방자치단체는 개인·법인 또는 단체가 사회보장에 참여하는 데에 드는 경비의 전부 또는 일부를 지원하거나 그 업무를 수행하기 위하여 필요한 지원을 할 수 있다(동조 제3항).

(4) 비용의 부담

사회보장비용은 국가, 사용자, 피용자 등의 3자가 부담하는 것이 세계 각국의 일반적 경향이다. 그러나 각국의 사정에 따라 각 사회보장제도의 내용과 부담주체와 비율이 다르다. 우리나라 사회보장기본법은 사회보장비용의 부담은 각각의 사회보장제도에 대한 역할분담에 따라 국가, 지방자치단체, 민간부문 간에 합리적으로 조정되어야 한다고 규정하고 있다. 사회보험에 소용되는 비용은 사용자, 피용자, 자영업자가 부담하되 국가가 그 비용의 일부를 부담할 수 있도록 하고, 공공부조와 일정 소득수준 이하의 국민에 대한 사회복지서비스에 소요되는 비용의 전부 또는 일부는 국가 및 지방자치단체가 부담한다. 그리고 부담능력이 있는 국민에 대한 사회복지서비스에 소요되는 비용은 수익자 부담을 원칙으로 하되 관계법령이 정하는 바에 따라 국가 및 지방자치단체가 그 비용의 일부를 부담할 수 있도록 한다(이상 사회보장기본법 제28조 참조).

7) 사회보장제도의 운영에 관한 국가와 지방자치단체의 책무

(1) 사회보장 전달체계

사회보장제도의 실시에 있어서 전달체계는 매우 중요하며 사회보장의 성패를 가늠할 수 있는 요인이 된다. 사회보장 전달체계는 균형성, 조정성, 이용의 용이성 등이 지켜져야 한다. 우리나라 사회보장기본법은 국가 또는 지방자치단체는 모든 국민이 쉽게 이용할 수 있고, 사회보장급여가 적시에 제공되도록 지역적 · 기능적으로 균형잡힌 사회보장 전달체계를 구축하여야 하고, 공공부문과 민간부문의 사회보장 전달체계가 효율적으로 연계되도록 노력하여야 한다라고 규정(동법 제29조)하여 이 원칙을 지키고 있다.

(2) 사회보장 급여의 관리와 전문인력의 양성 등

국가와 지방자치단체는 사회보장 수급권의 보장 및 재정의 효율적 운영을 위하여 사회보장급여의 관리체계(동법 제30조 제1항 1~4호에서 규정)를 구축 · 운영하여야 한다(동법 제30조 제1항). 국가 및 지방자치단체는 사회보장제도의 발전을 위하여 전문인력의 양성, 학술조사 및 연구, 국제교류의 증진 등에 노력해야 한다(사회보장기본법 제31조). 국가 및 지방자치단체는 이러한 전문인력의 양성 등에 관한 정책을 수립해야 한다.

(3) 기 타

사회보장에 관한 정보의 공개 및 홍보는 사회보장 수급권자의 권리를 보장하는 중요한 수단이므로 국가 및 지방자치단체는 이를 위한 정보관리 체계를 확립해야 하고(사회보장기본법 제32조), 사회보장 업무에 종사하는 사는 사회보장과 관련하여 알게 된 개인, 법인, 단체의 비밀을 보호해야 하며(동법 제38조), 국가 및 지방자치단체는 사회보장에 관한 권리, 의무를 국민에게 설명하도록 노력하고 국민의 상담에 응해야 한다(동법 제35조, 제36조 참조). 그리고 정보화 시대에 맞추어 전자정보시스템에 의한 사회보장 정보의 관리를 규정하고 있다(동법 제37조 이하).

8) 사회보장급여의 이용·제공 및 수급권자 발굴

사회보장의 실현을 효과적으로 하기 위하여 지원을 받지 못하는 지원대상자를 발굴하여 지원하고 사회보장급여를 필요로 하는 사람의 인간다운 생활을 할 권리를 최대한 보장하여 사회보장의 사각지대에 있는 사람을 찾아 사회보장을 적극적으로 실천할 필요가 있다. 또한 사회보장을 공정하게 시행하고 지역사회에서 효과적으로 제공하기 위한 기반을 구축할 필요가 있다. 이러한 정책적 취지에서 사회보장의 이용제공 및 수급권자 발굴에 관한 법률을 제정 시행하고 있다.

Chapter

Social Welfare Policy

02 사회보험정책

1. 서 언

사회보험은 국민에게 발생하는 사회적 위험을 보험방식에 의하여 대처함으로써 국민건강과 소득을 보장하는 제도이다(사회보장기본법 제3조 제2호). 사회보험에 속하는 것으로는 국민연금, 기초연금, 공적연금, 퇴직연금, 노인장기요양보험, 국민건강보험, 산업재해보상보험, 고용보험, 근로자 퇴직급여보장법 등이 있다. 여기에서는 이러한 사회보험에 관한 정책을 이들 관련법을 통하여 살펴본다. 사회보험의 특성, 사보험과의 차이, 사회보험의 기본원리는 이미 살펴본 바와 같다.

사회적 위험에 대하여 민간보험으로는 부족하고 공적제도인 사회보험으로 대비해야 한다는 근거는 이른바 역선택과 도덕적 해이에 있다. 역선택이란 불완전한 정보로 인하여 보험시장에 바람직하지 않은 결과가 초래하는 현상이다. 예컨대, 보험가입자는 자신의 위험에 대하여 많은 정보를 가지고 있지만 이를 숨기게 되면 보험회사는 위험에 대하여 충분한 정보를 가지고 있지 않기 때문에 보험시장에서 고위험집단의 가입은 늘어나고 저위험집단의 가입은 낮아져서 결국 보험회사는 파탄되고 시장의 실패로 되는 현상이 생긴다. 이를 피하기 위해서는 정부가 개입하여 사회보험을 만들어 보험대상자의 가입을 의무화할 수밖에 없는 것이다. 그리고 도덕적 해이란 예컨대 어떤 사람이 보험에 가입했다하여 보험에 가입하기 전에 비하여 위험발생의 예방을 게을리하는 현상을 말한다. 이와 같이 사회보험에서는 위험발생률이 높은데, 이는 민간보험으로서는 감당할 수 없다. 결국 사회보험이 맡을 수밖에 없는 것이다.

2. 사회보장연금

1) 서 언

21세기에 접어들면서 경제발전, 영양상태, 보건환경의 발전과 근로조건의 개선 등으로 인간의 평균 수명이 크게 늘었다. OECD국가의 대부분은 65세 이상의 노인인구가 전체의 15%에 육박하고 있다. 우리나라도 2019년 현재 65세 이상의 노인인구가 전체 국민의 13%를 넘는 고령화사회에 이미 접어들었다. 통계청 자료에 의하면 2020년에는 우리나라도 노령인구가 15%에 달하여 초고령사회로 들어간다고 보고 있다. 노후생활에 대비하여 만든 제도를 공식적 노후보장정책이라고 한다. 여기에는 사회보장연금, 기업연금, 개인저축연금 등이 있다. 이러한 공식적 노후보장정책이 나오기 전에 노후 문제는 개인의 저축이나 가족의 부양으로 대비하였다. 이러한 비공식적 노후대책으로는 안정적인 노후생활을 조장할 수 없고 소득이 없는 빈곤자는 아무런 대책이 없게 된다. 이에 노후생활의 안정적 소득을 보장하고 인간다운 최소한의 생활을 할 수 있도록 국가가 개입하고 여기에 보충적으로 기업이 관여 또는 개인저축연금을 통한 공식적 노후대비정책이 나오게 된 것이다. 이 가운데 사회보장연금은 대부분의 국가가 채택하고 있는 제도이고, 근로자와 자영업자를 대상으로 하는 법정연금이다. 정부가 재정운용, 관리운용, 가입 등 거의 모든 부분에서 책임을 지고 급여와 기여를 연결시키지 않는 부과방식이나 또는 확정급여방식으로 운용되고 재정은 통상 사용자와 근로자가 부담하는 보험료 또는 사회보장비(정부)로 충당한다.

기업연금은 기업이 근로자복지 차원에서 제공하는 민간연금이다. 일정한 정부 규제가 있으며 조세감면의 혜택이 주어진다. 확정급여방식으로 운영된다. 영국, 미국, 일본 등의 선진국에서 발달한 제도이다. 이들 나라는 근로자의 약 40% 이상이 기업연금의 적용을 받고 있다.

개인저축연금은 완전적립 확정기여방식의 연금으로서 근로자 자력으로 노후를 대비하는 저축성 연금제도이다. 급여가 확정되어 있지 아니하고 투자선택이 가입자에게 있으므로 가입자 개인은 투자위험을 감수해야 한다. 가입은 임의적이고 조세감면 혜택이 주어진다. 일부 국가는 개인저축연금을 법정연금으로 하는 나라가 있다(말레이시아, 싱가포르, 일부 아프리카 국가). 우리나라는 종래에 퇴직금을 기업이 책임지고 운영하는 기업연금의 형태를 가지고 있었으나, 2005년 12월 근로자 퇴직급여보장법이 시행됨으로써 종래의 근로기준법상의 퇴직금을 퇴직연금제도에 흡수 통일하여 독립적인 공적 연금제도로 운영되고 있다.

2) 사회보장연금의 재정운용방식

사회보장연금의 재원은 사용자와 피용자가 부담하는 보험료와 정부의 지원(비용부담) 등 삼자가 부담한다(대부분의 나라는 삼자 부담원칙을 택하고 있다. 사용자와 피용자가 공동 부담하는 보험료로 재정을 충당하고 정부 지원의 재원은 정부의 일반조세나 목적세(담배세, 유류세, 주세 등) 등이다. 정부가 운영비만 부담하는 것도 있고 일정 소득 이하의 저소득층의 보험료를 정부가 대신 부담하는 것도 있다. 우리나라도 삼자부담의 원칙을 따르고 있다.

사회보장연금의 보험료는 적립방식이나 부과방식으로 운영된다. 적립방식은 장래에 지급할 연금을 가입기간 동안 보험료, 국고 출연금, 누적 기금의 이자 등으로 적립하는 방식이다. 이 적립방식의 연금은 근로기간 중 규칙적으로 저축한 것을 정년 후 되돌려 받는 일종의 강제저축이다. 그리고 재정관리는 수지균등의 원칙(원칙적으로 개인이 낸 보험료 총액과 개인이 받는 급여총액은 같아야 한다는 원칙)에 입각하므로 소득재분배 기능이 없다. 이는 민간보험(영리 사보험)이나 기업연금이 택하고 있는 방식이다. 부과방식은 일정 기간에 지출될 급여를 동일 기간의 보험료 수입으로 충당하는 방식이다. 즉 매년 전체 가입자가 낸 보험료로 당해연도 연금급여액을 충당하는 방식이다. 수지차액이 없기 때문에 지불 준비금 이외에 적립금이 필요 없다. 그리고 부과방식은 연도별 수지균형의 원칙(매년 수입과 지출이 균형을 이룸)에 따르고, 일정 정도 소득재분배 기능을 가질 수 있다. 서유럽과 미국 등의 선진국이 채택하고 있다. 우리나라의 연금재원조달방식은 적립식과 부과방식을 절충하여 부분적 적립방식을 택하고 있다.

최근에는 위의 두 가지 연금재원조달방식 이외에 확정기여방식과 확정급여방식이란 용어가 사용되고 있다. 우리나라의 근로자 퇴직급여제도가 그 예이다. 확정기여방식이란 사전에 확정된 보험료를 부담하되 그에 상응하는 연금급여는 확정하지 않고 가입자 개인이 결정한 투자의 적립수익금을 월정연금이나 일시금으로 되돌려 주는 방식이고, 확정급여방식은 개인이 부담한 보험료의 크기에 관계없이 사전에 확정된 연금급여를 지급하는 방식이다. 부분적립방식이란 일부 개발도상국가(이집트)나 선진국 일부(캐나다, 미국, 일본, 스웨덴)에서 택하고 있는데 지불 준비금의 형태로 약간의 적립금을 보유하고 보험료율을 부과방식보다 높게 책정하여 제도의 초기에 적립금이 누적되게 하는 방식이다. 우리나라 국민연금도 부분적립방식을 택하고 있다.

사회보장 민영화 논의가 본격화되기 전만 해도 사회보장연금 재정운용방식의 전통적인 견해는 사회보험에서는 적립방식이 필요 없다는 것이다. 민간 영리보험에서는 완전 적립이 필요하나 사회보험은 그렇지 않다는 것이다. 사회보험은 일정기간만 운용되는 것이 아니고 영속적인 프로그램이어서 완전 적립이 필요 없고, 강제 가입이기 때문에 가입자가 계속 발생하며, 사회보험은 중앙정부가 궁극적으로 책임을 져야 하므로 재정문제가 발생하면 보험료를 인상하고 정부 지원으로 해결할 수 있기 때문이다.

부과방식은 인플레이션으로부터 연금의 가치를 보호할 수 있고, 경제성장에 비례하여 연금가치를 높일 수 있으며, 과거의 연금보험료 불입요건과 관계없으므로 완전연금을 즉시 지불할 수 있는 장점이 있다. 이는 적립식 방식의 단점이다. 적립식은 인구구조의 변화에 상응한 급여를 할 수 있다는 장점이 있으나 부과식은 그렇지 못하다.

두 방식은 소득재분배 기능에 차이가 있다. 부과방식은 현재 일하는 근로자들의 부담으로 정년퇴임한 노인인구의 연금재정을 충당하도록 설계되어 있고 노인들의 연금 총액이 그들의 청년기에 부담한 총액을 상회하므로 세대 간 소득재분배가 발생한다. 그러나 적립방식은 개인별로 청년기에 적립한 것을 정년퇴직 후 되찾는 것이므로 재분배는 일어나지 않는다(상세는 원석조, 2010: 237-243 참조).

3) 국민연금정책

(1) 의의와 특성

가. 의의와 목적

국민연금은 사회보험의 하나인 사회보장연금에 속하는 사회보장제도이다. 우리나라는 적립식을 원칙으로 하면서 초기에는 보험료율을 낮게 책정했다가 점진적으로 상향 조정했고 일정부분 재분배 기능도 하고 있으므로 부과식 방법도 혼용하고 있다고 할 수 있다. 즉 부분적 적립방식을 채택하고 있다. 우리나라는 1960년에 공무원연금, 1963년에 군인연금, 1973년에 사립학교교원연금 등의 특수직역연금이 먼저 만들어졌다. 일반국민 전체를 대상으로 하는 국민연금은 1986년에 만들어졌다. 그 후 국민연금법은 여러 차례 개정을 거쳤다. 1998년 이후 경제성장에 발맞추어 주로 연금급여의 대상자 확대, 연금재정의 안정을 위한 급여조정 등을 중심으로 개정이 이루어졌다.

국민연금은 국가가 보험의 원리를 도입하여 만든 사회보험의 하나로 가입자, 사용자로부터 보험료를 받고 국가도 일정한 운영에 필요한 비용을 부담하여 이들을 재원으로 소득능력이 상실 또는 감퇴된 경우 가입자 본인이나 그 유족에게 일정액의 급부를 행하여 안정된 생활을 할 수 있도록 국가가 운영하는 장기적 소득보장을 위한 제도이다. 또 단일한 연금체계 안에 소득재분배를 통한 빈곤 완화 기능과 소득 비례적 요소를 통한 퇴직 전 생활수준 유지 기능을 조화시켜 궁극적으로 사회적 위험으로부터 안정적 노후소득을 보장하는 것을 목적으로 한다. 노령인구의 증가, 노인부양의식의 약화, 각종 사회적 위험의 증대에 따른 생계안정대책으로 국민연금의 정책 형성이 필요했던 것이다. 국민연금의 도입으로 가족을 통한 노인부양에서 연금제도를 통한 노인부양으로 부양방식이 이행되었다. 이하에서는 국민연금법상의 규정을 통하여 국민연금정책을 살펴본다.

국민연금은 국민의 노령, 질병, 폐질 또는 사망에 대하여 연금급여를 실시함으로써 국민의 생활안정과 복지증진에 기여하는 것을 목적으로 하는 사회보험제도이다. 이러한 국민연금제도는 국가가 운영하는 장기적인 소득보장제도로서 의료보험제도와 함께 우리나라 사회보장정책과 제도의 커다란 두 축이다. 이를 위하여 만든 법이 국민연금법이다.

나. 특 성

가) 사회보험, 공적연금제도

국민연금은 국가가 국민의 생활안정과 복지증진을 위하여 보험의 원리를 도입하여 만든 사회보험의 일종이며 가입자, 사용자로부터 일정한 보험료를 받고 여기에 국가의 비용부담을 재원으로 하여 여러 가지 정형화된 보험금의 지급을 특징으로 하는 사회보장제도이다. 국가는 연금급여가 안정적·지속적으로 지급되도록 필요한 시책을 수립·시행하여야 하고, 급여수준과 연금보험료는 국민연금재정이 장기적으로 균형을 유지하도록 하여야 한다(국민연금법 제4조 참조). 그리고 국민연금은 연금가입이 법적으로 강제되는 공적연금이기 때문에 관리운영비의 상당부분이 국가에서 지원되고 영리를 추구하지 않는다.

나) 소득보장제도

국민연금은 노령, 폐질, 질병, 사망 등으로 소득이 상실되거나 감퇴된 경우에 빈곤에 빠지지 않도록 연금을 지급하여 본인이나 유족의 기본생계를 보장하고, 소득이 높은 계층으로부터 낮은 계층으로 소득이 재분배되는 기능을 가진다. 또 국민연금은 원칙적으로 일정한 가입기간을 수급요건으로 하고 사망할 때 또는 지급 사유가 소멸될 때까지 연금급여가 지급되며 가입기간이 20년이고 60세(앞으로는 60세 이상 65세로 점차 확대된다)에 이르렀을 때 노령연금을 지급받을 수 있는 장기보험이다. 의료보험이나 산업재해보상보험제도는 단기보험이다.

(2) 국민연금정책의 내용

가. 가입정책

국민연금은 국내에 거주하는 18세 이상 60세 미만의 국민을 가입대상으로 하되 연금혜택을 중복하여 받는 것은 있을 수 없으므로 다른 법률에 의하여 공적연금을 받는 자(공무원, 군인, 사립학교 교직원 등) 등은 당연히 제외한다. 외국인에 대하여는 그 외국인의 본국법이 우리나라 국민에게 연금혜택을 주는 경우에 한하여 우리나라의 국민연금법의 적용을 받도록 하는 정책을 펴고 있다(국민연금법 제6조, 제126조 참조). 우리나라가 외국과 사회보장협정을 체결한 경우는 국민연금법의 규정에 불구하고 국민연금의 가입, 연금보험료의 납부, 급여의 수급요건, 급여액 산정 및 급여의 지급 등에 관하여 당해 사회보장 협정에 정하는 바에 따른다(동법 제127조).

국민연금법은 가입자 종류를 사업장가입자, 지역가입자, 임의가입자 및 임의계속가입자 등 네 종류로 구분한다(국민연금법 제7조).

사업장가입자란 사업장에 사용되는 근로자와 사용자로서 국민연금에 가입된 자를 말한다. 여기는 다시 당연적용사업장가입자와 가입이 임의에 맡겨진 임의적용사업장가입자로 나누어진다. 1인 이상의 근로자를 사용하는 사업장 및 주한 외국인기관으로서 1인 이상의 대한민국 근로자를 사용하는 사업장에 종사하는 18세 이상 60세 미만의 근로자와 사용자는 당연히 사업장가입자가 된다(국민연금법 제8조 제1항 본문). 그러나 다른 법률(공무원연금법, 사립학교교직원연금법 등)에 의한 수급권자(퇴직연금 등)는 가입대상에서 제외된다(동법 제8조 제1항 단서). 이는 이 중 수혜 금지원칙상 당연하다. 그리고 일용근로자, 일월 미만의 기한을 정하여 사용되는 근로자 소재지가 일정하지 아니한 사업장에 종사하는 근로자, 법인의 이사 중 소득이 없는 사람, 1월간의 근로시간이 60시간 미만인 단시간 근로자(다만 단시간 근로자 중 생업을 목적으로 3개월 이상 계속하여 근로를 제공하는 사람으로서 고등교육법 시행령 제7조 제3호에 따른 시간강사, 둘 이상 사업장에 근로를 제공하면서 1개월 소정근로시간의 합이 60시간 이상인 사람으로서 1개월 소정근로시간이 60시간 미만인 사업장에서 근로자로 적용되기를 희망하는 사람은 당연적용사업장 근로자가 됨) 등은 당연적용사업장 근로자에서 제외된다(동법 시행령 제2조).

국민연금에 가입한 사업장에 종사하는 18세 미만의 근로자는 자기가 원하면 사용자의 동의를 얻어 사업장가입자가 될 수 있다(동법 제8조 제2항).

지역가입자란 사업장가입자가 아닌 자로서 지역에 가입된 자인데 18세 이상 60세 미만인 자는 당연히 지역가입자로 된다. 다만 국민연금 가입대상 제외자, 사업장가입자, 지역가입자 임의계속가입자, 노령연금 수급권자 및 퇴직연금 등 수급권자의 배우자로서 별도의 소득이 없는 자, 국민기초생활 수급자, 의료급여 수급자, 퇴직연금 수급자, 18세 이상 27세 미만인 자로서 학생이거나 군복무 등으로 소득이 없는 자 등은 지역가입자에서 제외된다(동법 제9조).

임의가입자란 사업장가입자와 지역가입자에 해당하는 자 이외의 자로서 18세 이상 60세 미만인 자는 국민연금연금공단에 임의로 가입신청을 하여 가입자가 될 수 있는 자를 말한다(동법 제10조 참조).

임의계속가입자란 국민연금 기간이 20년 미만인 가입자가 60세에 달한 때에는 가입자의 자격이 상실되지만 국민연금공단에 가입신청서를 제출하는 경우에는 65세에 달할 때까지 임의 계속가입자가 될 수 있는 것을 말한다(동법 제13조 참조).

국민연금법은 가입자 자격의 취득 시기와 상실 시기를 규정하고 있다.

먼저 자격취득 시기에 대하여는 다음과 같이 정하고 있다. 사업장가입자의 경우에는 당연적용사업장에 근로자로 고용된 때 또는 그 사업장의 사용자가 된 때, 당연적용사업장으로 된 때의 어느 하나에 해당하게 된 날에 가입자 자격을 취득한다. 지역가입자는 사업장가입자의 자격을 상실한 때, 국민연금 제외 대상자에 해당하지 아니하게 된 때, 국민연금대상제외자 · 사업장가입자 · 지역가입자 퇴직연금 등 수급권자 별정 우체국 직원 등의 배우자로서 별도의 소득이 있게 된 때, 18세 이상 27세 미만인 자로서 소득이 있게 된 때의 어느 하나에 해당하게 된 날에 그 자격을 취득한다. 임의가입자는 가입 신청이 수리된 날에 그 자격을 취득한다(이상 동법 제11조 참조). 임의계속가입자는 가입 신청이 수리된 날에 그 자격을 취득한다(동법 제13조 제1항).

그리고 국민연금법은 사업장가입자, 지역가입자, 임의가입자, 임의계속가입자의 자격 상실 시기를 규정하고 있다(동법 제12조, 제13조 3항).

국민연금법에 의하면 국민연금공단은 가입자 자격의 취득 · 상실 및 기준소득월액에 관한 확인을 해야 하며 가입자 자격의 취득과 상실은 국민연금공단의 확인에 의하여 각 자격의 취득 및 상실의 시기에 그 효력을 발생한다(동법 제14조).

국민연금 가입기간은 중요한 수급 요건인데 월단위로 계산하며 가입자의 자격을 취득한 날이 속하는 달부터 가입자가 그 자격을 상실한 날의 전날이 속하는 달까지 한다(동법 제17조 제1항). 가입기간을 계산할 때 연금보험료를 내지 아니한 기간은 가입기간에 산입하지 않으나 사용자가 근로자의 임금에서 기여금을 원천 공제하면서도 연금보험료를 내지 않은 경우에는 그 미납기간의 2분의 1에 해당하는 기간을 근로자의 가입기간에 산입한다(동법 제17조 제2항). 현역병, 전환복무를 한 사람, 상근예비역, 사회복무요원의 어느 하나에 해당하는 자가 노령연금 수급권을 취득한 때에는 6개월을 가입기간에 추가산입한다(동법 제18조 참조).

또 고령화사회에 대비한 출산의 장려를 위하여 둘 이상의 자녀가 있는 가입자 또는 가입자이었던 자가 노령연금 수급권을 취득한 때에는 둘째 자녀에 대하여 12개월, 셋째 자녀부터는 초과하는 자녀 1인마다 둘째 자녀에 대하여 인정되는 12개월에 18개월을 가입기간에 추가한다(동법 제19조 제1항). 이 추가기간은 50개월을 추가할 수 없고(동조 제1항 1항 단서), 부모가 모두 가입자 또는 가입자이었던 자인 경우에는 부와 모의 합의에 따라 2인 중 1인의 가입기간에만 추가 산입하되 합의하지 아니한 경우에는 균등 배분하여 각각의 가입기간에 산입한다(동조 제2항). 이와 같이 출산에 따른 가입기간의 추가 산입을 인정함으로써 연금액이 인상되거나 연금수급권자가 늘어나도록 함으로써 고령화사회에 대비한 출산 장려를 꾀하고 있다. 가입기간 추가에 따른 재원은 국가가 전부 또는 일부를 부담한다(동조 제3항).

실업 중 구직급여를 받는 기간을 가입기간에 추가산입한다(동법 제19조의2).

나. 관장기구

공적연금의 관리운영 방식은 국영 방식, 민영 방식, 위탁 방식으로 구분할 수 있는데 국민연금법상 관장 주체를 보건복지부장관으로 규정하고 있어 국영 방식을 채택하고 있다. 그러나 보건복지부장관은 실제로는 국민연금을 효율적으로 수행하기 위하여 국민연금공단에 위탁운영하고 있으므로(동법 24조) 국영과 위탁관리 방식이라는 혼합 형식을 관장정책으로 하고 있다. 그러므로 국민연금은 중앙행정기관인 보건복지부장관이 운영 전반에 관한 사항을 관장하고 사업의 집행은 국민연금공단이 하고 있다.

국민연금법은 공단의 설립, 업무, 복지사항, 임원, 업무위탁 등에 관하여 규정하고 있다. 공단은 정관을 작성하고 주된 사무소 소재지에서 설립 등기를 함으로써 성립한다(국민연금법 제28조, 제29조). 따라서 공단은 법인이다(동법 제26조). 공단은 가입자에 대한 기록의 관리 및 유지, 연금보험료의 부과, 급여의 결정 및 지급 등에 관한 업무를 한다(동법 제25조, 제46조, 제46조의3 참조).

국민연금제도의 합리적·효율적 운영을 위하여 보건복지부 내에 국민연금심의위원회가 설치되어 있어 여기에서 국민연금정책에 대한 모든 것을 심의한다(동법 제5조 참조).

다. 국민연금의 보험금 급여정책

가) 급여의 종류

급여에는 노령연금, 장애연금, 유족연금, 반환일시금, 사망일시금 등 다섯 가지 종류가 있다(동법 제49조, 제80조).

나) 수급권과 급여의 지급

(가) 수급권의 발생과 소멸

급여는 그 지급을 받을 권리를 가지는 자(수급권자)의 청구에 의하여 공단이 지급하며 연금액은 그 지급 사유에 따라 기본 연금액과 부양가족연금액을 기초로 하여 산정한다(동법 제50조 제2항).

각종 급여의 수급권은 법정요건을 충족한 경우에 발생하게 된다. 그러나 그 구체적인 발생 시기는 명문의 규정이 없으나 그 지급해야 할 사유가 발생한 날을 수급권의 발생 시기로 보아야 할 것이다. 수급권의 소멸 시기는 급여의 종류에 따라 다르게 규정하고 있다. 노령연금의 수급권은 수급권자의 사망으로 소멸하고(동법 제61조), 장애연금의 수급권은 수급권자가 사망하거나 장애등급에 해당되지 않게 된 때에 소멸한다(동법 제67조). 유족연금의 소멸 시기는 수급권자가 사망한 때, 배우자인 수급권자가 재혼한 때, 자녀 또는 손자녀인 수급권자가 다른 사람에게 입양되거나 파양된 때, 장애등급 2급 이상에 해당하지 아니하였던 자녀인 수급권자가 25세가 된 때 또는 장애등급 2급 이상에 해당하지 아니하는 손자녀인 수급권자가 18세에 달할 때, 장애로 인하여 수급권을 취득한 자가 장애등급 2급 이상에 해당하지 아니하게 된 때이고 부모, 손자녀 또는 조부모인 유족의 유족연금 수급권은 가입자 또는 가입자이었던 자의 사망할 당시에 그 가입자 또는 가입자였던 사람의 태아가 출생하여 수급권을 갖게 된 때에는 소멸한다(동법 제75조). 반환일시금의 수급권의 소멸은 수급권자가 다시 가입자로 된 때, 수급권자가 노령연금의 수급권을 취득한 때, 수급권자가 장애연금의 수급권을 취득한 때, 수급권자의 유족이 유족연금의 수급권을 취득한 때이다(동법 제79조).

(나) 미지급의 급여

급여의 수급권자가 사망한 경우 그 수급권자에게 지급해야 할 급여로서 아직 지급되지 아니한 것이 있을 때에는 그 배우자, 자녀, 부모, 손자녀, 조부모 또는 형제자매의 청구에 따라 그 미지급금을 지급한다(동법 제55조 참조).

(다) 부당지급액의 환수

공단은 거짓이나 그 밖의 부정한 방법으로 급여를 지급받거나 수급권의 소멸사유를 공단에 신고하지 아니하거나 늦게 신고한 경우, 가입자 또는 가입자였던 자가 사망한 것으로 측정되어 유족연금 등의 급여가 지급된 후 해당 가입자 또는 가입자였던자의 생존이 확인된 경우, 그 밖의 사유로 급여가 잘못 지급된 경우에는 그 지급금액을 환수해야 하고 이 경우 거짓이나 그 밖의 부정한 방법으로 급여를 지급받은 경우에는 이자를 가산하여 환수해야 한다(동법 제57조).

다) 국민연금액의 산정

(가) 의 미

국민연금급여에는 노령연금, 장애연금, 유족연금, 반환일시금, 사망일시금이 있는데 노령연금이란 보험료를 납부하는 가입자 본인이 연금수급 연령에 도달하면 지급되는 급여이다. 장애연금은 가입자가 가입 중에 질병 또는 부상으로 인하여 그 완치 후에도 신체 또는 정신상태의 장애가 남는 경우 장애 정도에 따라 지급하는 연금급여이다. 유족연금은 가입자의 사망 시 그 유족을 보호하여 사회보장의 목적을 달성하려는 연금이다. 반환일시금은 가입기간이 10년 미만인 자가 60세에 달할 때, 국적상실 또는 국외이주한 때, 공무원연금 등 다른 공적연금 가입자가 된 때, 가입자 또는 가입자이었던 자가 사망한 때 지급한다. 사망일시금은 가입자 또는 가입자였던 자가 사망한 경우 유족연금 규정에 의한 유족이 없을 때에는 그 배우자, 자녀, 부모, 손자녀, 조부모, 형제자매 또는 4촌 이내의 방계혈족으로서 가입자 또는 가입자이었던 자에 의하여 생계를 유지하고 있던 자에게 사망일시금을 지급한다.

위의 모든 연금의 금액은 기본적으로 기본연금액과 부양가족연금액을 기초로 하여 산정한다(동법 제50조 제2항). 여러 가지 연금액은 기본연금액의 일정비율에 부양가족연금액을 합산하는 형태로 구성되어 있다.

보통 연금제도의 산정방식은 균일급여방식과 소득비례급여방식 및 이들의 혼합방식으로 분류된다. 균일급여방식은 평등주의 이념을 강조하는 영국이나 북유럽에서 채택하고 있는 형태로서 연금의 급여는 모든 수혜자에게 차이가 없는 기본적 욕구 즉 최저생계비만을 보장하고 그 이상의 욕구충족은 본인이 책임져야 한다는 기본전제 아래 이루어졌다. 소득비례급여방식은 능력주의 이념을 강조하는 대륙형 보장방식으로 가입자의 갹출금액에 비례하여 급여하는 방식이다. 혼합형 급여방식은 최저생계비의 보장은 균일보장방식을 취하고 최저생계비 이상의 급여에 대해서는 소득비례급여방식을 취하는 형태이다. 이 방식은 균일급여방식에서 사회적 연대에 의한 위험분산과 소득재분배의 효과를 기할 수 있고 개인의 능력과 인센티브에 따라 보상을 한다는 자본주의 기본원칙과 일치한다는 점에서 오늘날 많은 선진국에서 채택하고 있다. 우리나라는 이러한 혼합형 방식을 채택하고 있다고 볼 수 있다.

(나) 기본연금액

수급권자의 기본연금액은 연금수급 전 3년간의 모든 가입자 평균소득월액(A: 균등부분)과 가입자 개인의 모든 가입기간 평균 월소득월액(B: 소득비례부분)을 합산한 금액에 1000분의 1200을 곱한 금액으로 한다. 다만, 가입기간이 20년을 초과하는 경우에는 그 초과하는 1년마다(1년 미만의 매 1월은 12분의 1년으로 계산한다)(n: 20년 초과연수) 위 금액에 1000분의 50을 곱한 금액을 가산한다(동법 제51조 제1항).

그러나 국민연금의 장기 재정 안정을 도모하고 자녀세대의 부담을 완화하기 위하여 평균적 소득이 있는 자가 40년 동안 가입할 경우 지급하는 급여수준을 현행 평균소득의 60%에서 2008년에는 50%로, 2009년부터는 매년 0.5%씩 낮춰 2028년에는 40%로 인하하여 기존 수급자 및 기존 가입기간에 대하여는 종전대로 지급하여 기득권을 보장하고 있다(동법 부칙 제20조, 부칙 제34조).

이를 계산식으로 표현하면 다음과 같다.

기본연금액 = $1.2 \times (A+B) \times (1+0.05n)$

이 경우 평균 월소득액이란 매년 12월 31일 현재 사업장가입자 및 지역가입자 전원의 기준소득월액의 총액을 가입자 전원의 인원수로 나누어 산출한 금액을 말하고(동법 제3조 제1항 제4호, 동법 시행령 제4조), 기준소득월액이란 연금보험료 및 급여의 산정을 위하여 가입자의 소득월액을 기준으로 하여 대통령령이 정하는 금액을 말한다(동법 제3조 제1항 제5호). 이에 따라 기준소득월액은 하한액과 상한액의 범위에서 사업장가입자는 사용자가, 지역가입자는 가입자가 신고한 소득월액에서 천원 미만을 버린 금액으로 한다(동법 시행령 제5조).

(다) 부양가족연금액

부양가족연금은 일종의 가족수당 성격의 부가급여이다. 부양가족연금은 연금수급권자가 권리를 취득할 당시 그 자에 의하여 생계가 유지되고 있던 피부양자를 보호하기 위하여 지급된다. 부양가족연금액은 수급권자가 그 권리를 취득할 당시 그 자에 의하여 생계를 유지하고 있거나 노령연금 또는 장애연금의 수급권자가 그 권리를 취득한 후 그 자에 의하여 생계를 유지하고 있는 다음의 자에 대하여 다음의 금액으로 한다. 배우자에게는 연 15만원, 18세 미만 또는 장애등급 2등급 이상에 해당하는 자녀에게는 연 10만원, 60세 이상 또는 장애등급 2급 이상에 해당하는 부모(배우자의 부모 포함)에게는 연 10만원을 부양가족연금액으로 한다(동법 제52조).

(라) 연금액의 최고한도

국민연금의 월지급액은 연금수급 모든 연도를 기준으로 하여 소득 비례부분의 평균 월소득액에 준하여 조정한 가입자였던 최종 5년간의 기준월소득액의 평균액과 가입기간 중 기준소득월액의 평균액을 전국소비자 물가변동률을 기준으로 조정한 각각의 금액 중에서 많은 금액을 초과하지 못한다(동법 제53조).

연금은 그 지급사유가 발생한 날이 속하는 달의 다음 달부터 수급권이 소멸한 날이 속하는 달까지 지급한다.

라) 수급요건과 급여수준

연금의 수급요건과 급여수준은 국민연금법 제4장 급여의 제2절 노령연금 이하에 자세히 규정되어 있다. 연금급여수준은 가입자의 소득보장을 목적으로 하고 있으므로 이에 적절한 수준이어야 할 것이다. 또한 가입자는 일정한 소득을 기반으로 하고 있으므로 연금수급 전에 가졌던 소득을 적절하게 반영하는 선에서 결정되어야 한다. 이러한 점에서 연금급여의 최저수준은 최저생계비 이상에서 급여수준이 결정될 것인데 이 경우 최저임금수준도 참고해야 할 것이다. 반면에 급여수준의 최고수준 혹은 상한선은 이론적으로 통상 사적 소득보장수단을 합한 경우에 퇴직 이전에 받았던 소득액을 넘지 않은 선을 그 한계로 해야 할 것이다(동법 제53조 참조).

각 연금급여의 수급요건과 급여수준에 대한 내용은 국민연금법 제4장 급여의 제2절 노령연금 이하에 자세하게 규정되어 있다.

라. 분할연금제도

이 제도는 사회적 여건의 변화와 함께 이혼과 별거 등이 늘어남에 따라 여성의 권리보호, 특히 전업주부의 노후보장을 위하여 1998년 12월 법개정 시에 도입되었다. 또 분할연금의 근거는 가입자의 연금소득 형성에 주부인 배우자의 공동 기여를 인정한 점이다. 그리고 개정법은 이혼한 배우자에게 지급되는 분할연금을 그 배우자가 재혼한 경우에도 계속 받을 수 있도록 하고, 자신의 노령연금과 함께 지급받을 수 있도록 하여 여성의 연금수급권을 강화한 것이다. 혼인기간(배우자의 가입기간 중의 혼인기간으로서 별거, 가출 등의 사유로 인하여 실질적인 혼인관계가 존재하지 아니하였던 기간을 제외한 기간을 말한다)이 5년 이상인 자가 노령연금 수급권자인 배우자와 이혼하였고, 배우자였던 사람이 노령연금수급권자이며, 60세가 되었을 것이라는 요건을 모두 갖추면 그때부터 그가 생존하는 동안 배우자이었던 자의 노령연금을 분할한 일정한 금액의 연금을 지급받을 수 있다(동법 제64조 제1항).

마. 비용부담과 연금보험료징수정책

가) 재원조달방식과 재정운용

연금재원의 조달방식은 적립방식과 부과방식으로 나뉜다. 부과방식은 매년의 급부 금액을 매년 조달하는 방식인 반면에 적립방식은 장래에 대하여 산정한 보험료율에 따라 평균화한 보험료를 징수하고 징수한 보험료에 비하여 연금 발족 당초의 급부 지출은 적기 때문에 그 차액은 적립금으로 축적하는 방식이다(순보험료방식). 부과방식을 취하든 적립방식을 취하든 간에 사용자, 근로자 및 국가 중 부담을 누가 하느냐에 따라 3자부담, 2자부담 및 1자부담방식이 있다. 대부분의 사회보험제도는 3자부담방식을 채택하고 있는 경향이 있다. 연금 재원을 부과할 때 연금가입자의 소득에 비례하여 부과하는 소득비례 갹출제와 소득과 관계없이 부과하는 균일갹출방식이 있다. 또 다른 한편으로는 정액갹출제와 정률갹출제 등으로 구분할 수 있다. 우리나라의 국민연금법에 의한 연금보험료는 소득비례방식과 균일급여방식을 혼용하고 있고 또 정률갹출제에 속한다고 볼 수 있다. 그리고 국민연금 기금을 조성한다는 점에서 적립방식이지만 그러나 시행 초기에는 보험료율을 낮게 책정했다가 점진적으로 상향 조정하고 일정한 소득재분배 기능도 가지고 있는 부과방식도 취하고 있으므로 부분적립방식이라고 할 수 있다.

우리나라 국민연금법상의 연금급여 등에 사용되는 비용의 재원조달은 가입자 및 사용자로부터 징수하는 연금보험료와 이를 근거로 조성되는 국민연금 기금을 통하여 이루어진다. 그리고 국가는 매년 공단 및 국민 건강보험공단이 국민연금사업을 관리·운영하는 데 필요한 비용의 전부 또는 일부를 부담한다.

나) 연금보험료

(가) 의 의

연금보험료란 국민연금사업에 필요한 비용이다. 사업장가입자의 경우에는 부담금 및 기여금의 합계액을, 지역가입자·임의가입자·임의계속가입자에 있어서는 본인이 내는 금액을 말한다(동법 제3조 제10호). 연금보험료를 측정하는 데는 사망률, 퇴직률, 폐질률, 인구증가율, 연금 수급자에 대한 취업인구의 비율, 가입연령, 물가와 임금상승률 등을 고려하여 정한다. 연금보험료는 가입자의 소득에 부가된다. 사업장가입자 경우의 소득이란 근로소득에서 비과세 근로소득을 차감한 소득을 말하고, 지역가입자의 소득이란 농업소득, 임업소득, 어업소득, 사업소득을 말한다.

(나) 연금보험료율

사업장가입자의 연금보험료 중 기여금은 사업장가입자 본인이, 부담금은 사용자가 부담하되, 그 금액은 기준월소득의 1000분의 45에 해당하는 액으로 한다(동법 제88조 제3항). 여기에서 소득이란 일정 기간 근로를 제공하여 얻은 수입에서 대통령령이 정하는 비과세소득을 제외한 금액 또는 자산을 운용하여 얻은 수입에서 필요경비를 제외한 금액을 말한다(동법 제3조 제1항 제3호). 이 경우 국민연금 가입자의 종류에 따른 소득 범위는 대통령령으로 정하도록 하고 있다(동법 제3조 제1항 제3호). 국가는 사업장 가입자로서 그 근로자가 대통령령으로 정하는 저소득자인 경우 기여금 및 부담금의 일부를 예산범위 내에서 지원하는 보험료지원정책을 펴고 있다(동법 제100조의3 참조). 사용자는 사업장가입자가 부담할 기여금을 그에게 지급할 임금에서 공제하여 내야 한다(동법 제90조 제1항).

지역가입자, 임의가입자, 임의계속가입자의 연금보험료는 그 금액을 가입자 본인이 부담하되, 그 금액은 기준 월소득액의 1000분의 90으로 한다(동법 제88조 제4항).

(다) 연금보험료의 징수와 납부

연금보험료의 징수는 국민연금공단이 하고 그 징수는 국민건강보험공단이 한다(동법 제88조 제2항). 부과와 징수가 분리되어 있다.

연금보험료는 그 납부의무자가 다음 달 10일까지 내야 하며, 다만 대통령령으로 정하는 농업·임업·축산업·수산업을 경영하거나 이에 종사하는 자는 본인의 신청에 의하여 분기별 연금보험료를 해당분기의 다음 달 10일까지 낼 수 있다(동법 제89조 제1항). 연금보험료를 1월 이전에 선납한 경우에는 그 전달의 연금보험료의 납부기한이 속하는 날의 다음 달에 낸 것으로 본다(동법 제89조 제2항).

납부의무자가 사업중단, 실직, 휴직, 병역의무 수행, 초·중·대학교에 재학 중인 학생, 치료감호시설에 수용 중인 경우, 종전의 보호감호시설이나 치료감호시설에 수용 중인 경우, 1년 미만의 행불자 등 연금보험료를 낼 수 없으면 그 사유가 계속되는 기간에는 연금보험료를 내지 않을 수 있다(동법 제91조 제1항 참조).

기타 국민연금법은 연금보험료의 추후 납부(소급 산입), 연금보험료의 납기 전 징수, 연금보험료의 독촉, 체납처분, 연체금에 대한 규정을 두고 있다(동법 제92조, 94조, 95조, 97조 참조).

바. 국민연금기금 조성정책

가) 기금의 설치와 조성

국민연금의 급여 및 운영을 담보하기 위해서는 일정한 기금을 조성하여 대비하지 않으면 안 된다. 특히 20011년부터 연금 지급이 급격히 증가하여 2050년경에는 기금이 고갈된다는 연구보고가 있는 만큼 기금재원의 확충과 효율적인 운영은 그만큼 중요하고 앞으로의 국민연금정책은 기금의 확충과 효율적인 운영에 두어야 할 것이다. 보건복지부장관은 국민연금사업에 필요한 재원을 원활하게 확보하고, 각종 연금급여에 충당하기 위한 책임준비금으로서 국민연금기금을 설치 · 운영한다. 연금기금은 연금보험료, 기금운용수입, 적립금, 공단의 수입지출결산상 잉여금으로 조성한다(동법 제101조). 공단은 국민연금기금 전문인력을 양성하기 위하여 교육 · 연수 프로그램을 운영하거나 국내외 교육기관 · 연구소 등에 교육훈련을 위탁할 수 있다(동법 제27조의3).

나) 기금의 관리 · 운영

기금은 보건복지부장관이 관리 · 운영한다. 보건복지부장관은 국민연금 기금의 장기적 안정유지를 위하여 그 수익을 최대로 증대시킬 수 있도록 국민연금기금운용위원회가 의결한 바에 따라 금융기관에의 예탁 및 금전신탁, 공공사업을 위한 공공부문에의 투자, 주식 등 유가증권의 매매, 대여 등 투자, 복지사업 및 대여사업 등의 방법으로 기금을 관리 · 운용하되, 가입자 · 가입자였던 자 및 수급권자의 복지증진을 위한 사업에의 투자는 국민연금재정의 안정을 해치지 아니하는 범위 안에서 해야 한다(동법 제102조). 이는 국민연금사업이 노령연금 등 연금의 지급으로 소득을 보장하는 기능도 있지만 가입자의 복지를 위한다는 기능도 있다는 것을 의미하지만 그 복지 기능은 소득 기능의 아래에 놓인다는 뜻이다. 2011년에 와서 정부는 연금기금이 투자한 대기업에 대하여 적극적인 의결권을 행사하여 대주주의 경영에 감시를 하겠다는 방침을 천명하자 이를 두고 정부의 대기업에 대한 경영 간섭이라고 하여 기업 측에서 반발하고 있다. 주주가 의결권을 행사하겠다는 것은 상법상 주식회사 주주의 당연한 권리이므로 이론상은 전혀 탓할 바가 아니다. 그러나 문제는 기금을 운영하는 기금운영위원회의 위원에 정부의 장관들이 포진하고 있어 기금이 의결권을 행사하게 되면 대기업에 정부의 경영간섭이 이루어질 가능성이 있기 때문에 문제가 될 소지가 있다. 기금 운영의 본래 목적은 투자 수익을 올려 기금 재정을 튼튼히 하고 이것을 연금급여에 충분한 담보가 되도록 하는 데 있다는 점에서 투자 수익과 이를 위한 방안을 확보하면 기금의 목적은 달성할 수 있는 것이다.

다) 국민연금기금운용위원회 및 실무평가위원회

기금 운용에 관한 여러 사항을 심의 의결하기 위하여 보건복지부에 국민연금기금운용위원회를 둔다. 보건복지부장관을 위원장으로 하고, 기획재정부차관, 농림수산식품부차관, 지식경제부차관, 고용노동부차관과 공단이사장을 당연직 위원으로 하고, 위원장이 위촉하는 사용자단체가 추천하는 사용자 대표위원 3인, 노동조합 연합단체가 추천하는 근로자 대표위원 3인, 농어업단체·자영관련단체·소비자 및 시민단체가 각 2인씩 추천하는 지역가입자 대표위원 6인 및 관계전문가로서 국민연금에 관한 학식과 경험이 풍부한 자 2인 등으로 구성한다(동법 제103조). 기금운용위원회는 가입자의 권익을 극대화하기 위하여 국민연금기금 운용지침을 마련하도록 되어 있다. 그리고 보건복지부장관은 매년 자금운용 계획을 수립하여 기금운용위원회 및 국무회의의 심의를 거쳐 대통령의 승인을 얻어 국회에 보고해야 한다. 결국 국민연금의 최고정책결정은 보건복지부장관과 기금운용위원회에서 수립, 결정하게 되어 있다.

국민연금기금의 운영과 성과를 평가하는 기구가 필요한데 이를 위하여 국민연금기금 운용실무평가위원회를 두도록 하고 있다. 이 위원회는 기금운용 자산의 구성 및 기금회계 처리, 기금조성 성과의 측정, 기금관리 운용에 개선할 사항 등에 관하여 심의 의결하기 위한 기구로서 기금운용위원회 내에 둔다(동법 제104조).

그리고 국민연금의 가입기간과 공무원연금, 사립학교교직원연금, 군인연금, 별정우체국직원연금의 재직기간, 복무기간을 연계하여 연계 연금을 지급하게 되었다(국민연금과 직역연금의 연계에 관한 법률).

(3) 국민연금정책의 과제

2010년 이후부터 연금지급이 급격하게 증가함에 따라 2050년에는 연금이 고갈될 지경에 이른다고 한다. 그 이유는 평균적 소득이 있는 자가 40년 동안 가입을 할 경우 현재 평균 월소득액의 48.5% 정도를 지급하도록 설계되어 있기 때문이다. 정부는 국민연금의 장기재정안정을 도모하고 자녀세대의 부담을 완화하기 위하여 2008년 평균월소득의 50%, 2009년부터는 매년 0.5%씩 낮춰 2028년에는 40%로 인하하고 있지만(국민연금법 부칙 제20조, 제34조), 이렇게 하여도 2050년경에는 연금이 고갈된다고 한다. 2015년 7월 현재 기준 소득월액 상한한도를 421만원으로 하고 이러한 고소득자도 가입기간이 40년이면 납입금액(37만원)의 5배(약 180만원을 연금으로 지급받고 최저소득자는 납입금액의 10배가량)를 연금으로 지급받게 설계되어 있는데 이는 다른 연금(공무원, 사립학교 교직원, 군인연금)과 달리 국민연금의 국민 모두의 소득재분배 기능에 비추어 보면 연금지급액이 보험료 납입액에 비하여 많이 받는 구조로 되어 있고 또 지역가입자인 농어민이나 자영업자의 소득이 제대로 파악되지 않은 탓이 그 원인이 된다. 또 국민연금 적용제외자나 납부예외자가 약 40%에 이르고 있는 것도 연금재정의 악화 요인이 된다. 정부는 2010년부터 많이 내고 덜 받는 형태로 연금정책을 세우고 국민연금법을 개정하고 있지만 그럼에도 이상과 같은 이유로 재정이 악화된다고 하는 것은 매우 문제가 된다. 따라서 이를 개선하여 연금재정을 안정시키기 위한 정책 방향이 세워져야 할 것이다.

우선 생각할 수 있는 것은 고소득자의 연금 산정의 기초가 되는 실질 소득의 한도를 대폭 높이고 그에 따른 보험료도 대폭 인상해야 할 것이다. 물론 그렇게 되면 연금액도 인상을 하게 될 것이다. 다음으로 소득이 없는 고소득자의 무소득 배우자가 재테크의 하나로 연금에 임의가입하고 있는데 이 경우 가입자인 배우자의 소득을 고려하여 연금보험료 불입액을 산정할 필요가 있으며 자영업자나 농어민의 소득을 제대로 파악하여 연금재정에 보탬이 되도록 할 것이다. 그리고 연금납부예외자나 제외자를 조사하여 소득을 숨기거나 허위로 신고하는 경우를 밝혀 예외자 숫자를 줄여야 할 것이다. 정부는 2011년 5월에 1인 1연금체제로 전환하기 위한 방안을 연구하고 현행 연금적용제외 대상자를 다른 공적연금 가입자와 조기노령연금 수급자로 축소하여 현재 납부대상자 1,413만 명을 잠재납부대상자 총 1,628만 명을 더하여 총 납부대상자를 3,041만 명으로 대폭 증가하여 재정을 확충하고 연금의 사각지대에 놓여 있는 자를 보호하는 방안을 검토하고 있다. 또한 현재는 기본 연금액 계산은 실질소득을 기준으로 하는데 자산이 많으나 소득이 없는 부자에게도 연금가입을 하도록 하는 조치가 필요할 것 같다.

이러한 노력을 한다 해도 정부 중심의 공적연금으로는 개인의 욕구충족을 다할 수 없고 또 국민들이 보험료를 더 많이 부담하는 데는 한계가 있다. 따라서 국민연금기금에 정부의 출연이 필요하다고 본다. 더 나아가 기업연금제도나 금융기관에의 개인연금제도의 확충을 통하여 공적 연금을 보완하는 것도 국민연금의 개선을 위하여 좋은 일이라고 생각된다. 그러나 미국의 예에서 보듯이 기업연금 같은 민간제도는 근로자가 노동조합의 투쟁을 통하여 기업에게 과도한 퇴직연금의 지급을 요구하게 되면 그 기업은 복지 때문에 생산성이 떨어져 결국 파산하게 되는 사태가 벌어지고 이렇게 되면 대량실업 사태가 일어나게 된다. 이러한 기업의 과다한 복지비 지출 때문에 미국에서는 GM이 파산 직전까지 갔고 뉴욕시도 한때 파산선언을 한 적이 있다. 따라서 기업연금의 확충은 이런 현상을 감안하여 신중하게 모색할 필요가 있다.

다음으로 우리나라 국민연금제도는 고소득층과 저소득층 간의 소득재분배를 위하여 소득이 낮을수록 급여의 소득대체율이 높아지도록 설계되어 있다. 즉 국민연금제도를 통하여 자본주의사회에 내재된 불평등을 완화시킴으로써 국민의 생활안정과 복지증진에 기여하려는 목적을 가지고 있다. 그러나 본래의 목적과 달리 지역가입자들이 소득 불성실 신고를 하는 경우가 많아 사업장 근로자로부터 불성실신고자인 자영업자나 농어민에게 소득이 이전되는 왜곡현상이 발생하게 된다. 이러한 소득신고 문제는 소득재분배 효과를 악화시키고 급여의 형평성을 해치게 되는 것이다. 따라서 이러한 자들의 소득성실신고에 대한 대책이 마련되어야 한다.

(4) 노후지원정책과의 관계

노후준비지원법(2015.6.22. 제정)에 따르면 국가와 지방자치단체는 재무, 건강, 여가, 대인관계 등 분야별로 적절한 노후준비를 위하여 진단, 상담, 교육, 사후관리를 제공하고 이를 위하여 노후준비서비스에 필요한 시책을 수립하고 시행하여야 한다(동법 제2조, 제3조). 이에 따라 국가와 지방자치단체는 국민의 노후 준비를 위한 정책을 실시하여야 한다. 이는 모든 국민을 위한 보편적 복지 실현의 한 단계이다.

이러한 노후준비서비스의 제공, 조사·연구, 프로그램의 개발·공급, 노후준비서비스 제공자의 양성·관리 등 노후준비서비스에 필요한 실무는 국민연금공단에서 총괄하고 담당한다(국민연금법 제46조의3).

4) 기초연금제도

(1) 의 의

노인의 생활 어려움을 덜고 연금혜택을 공평하게 나누어주기 위하여 2014년 7월부터 기초노령연금제도가 폐지되고 기초연금제도가 2014년 7월 1일부터 시행되었다.

노인의 안정된 노후생활을 도와주기 위해 1988년부터 국민연금제도가 시행된 지 오래되지 않아 국민연금에 가입하지 못한 사람이 많고, 가입을 하였더라도 그 기간이 짧아 충분한 연금을 받지 못한 사람들이 많다. 따라서 노인의 편안한 노후생활을 도와주고 연금혜택을 공평하게 나누기 위하여 주는 연금으로 현재의 심각한 노인빈곤문제를 해결하여 미래세대의 부담을 덜어주고 노후에 안정된 혜택을 누릴 수 있도록 하기 위하여 도입된 제도이다.

(2) 기초연금의 대상자(동법 제3조 참조)

기초연금은 만 65세 이상이고 한국국적을 가지고 있으며 국내거주(주민등록법 제1, 2호에 따른 주민등록자)하는 노인 중 가구의 소득인정액이 선정기준액 이하인 사람에게 준다. 부부 중 한 명만 신청하는 경우도 부부가구에 해당된다. 보건복지부장관은 선정기준액을 정하는 경우 65세 이상인 사람 중 기초연금 수급자가 100분의 70 수준이 되도록 한다(동법 제3조 제2항).

선정기준액(2019년도 기준)

단독가구	부부가구
1,370,000원	2,192,000원

2019년 기초연금을 25만원에서 30민원으로 인상했다. 2019년에는 소득 재산 하위 20%, 2020년에는 소득하위 40%, 2021년에는 소득하위 70% 등으로 확대할 계획이다.

소득인정액이란 소득평가액과 재산의 소득환산액을 합산한 금액을 말하고, 공무원연금, 사립학교교직원연금, 군인연금, 별정우체국연금 수급권자 및 그 배우자는 원칙적으로 기초연금수급대상에서 제외된다.

(3) 기초연금액 산정(기초연금법 제5조 이하 참조)

기초연금 수급권자에 대한 기초연금의 금액(이하 "기초연금액"이라 한다)은 제2항 또는 제5조의2제1항에 따른 기준연금액(이하 "기준연금액"이라 한다)과 국민연금 급여액 등을 고려하여 산정한다(동법 제5조 제1항). 기준연금액은 보건복지부장관이 그 전년도의 기준연금액에 대통령령으로 정하는 바에 따라 전국소비자물가변동률(「통계법」 제3조에 따라 통계청장이 매년 고시하는 전국소비자물가변동률을 말한다. 이하 같다)을 반영하여 매년 고시한다. 이 경우 그 고시한 기준연금액의 적용기간은 해당 조정연도 4월부터 다음 연도 3월까지로 한다(제2항). 제2항 전단에도 불구하고 2018년의 기준연금액은 25만원으로 한다(제3항).

기초연금 수급권자 중 다음 각 호의 연금 수급권자(이하 "국민연금 수급권자"라 한다)에게 지급하는 기초연금액은 제5항에 따라 산정한 금액으로 한다(제4항).

1. 「국민연금법」 제61조, 제64조 또는 법률 제8541호 국민연금법 전부개정법률 부칙 제2조·제6조·제9조에 따른 노령연금 수급권자 또는 분할연금 수급권자
2. 「북한이탈주민의 보호 및 정착지원에 관한 법률」 제26조의2에 따른 국민연금 수급권자

국민연금 수급권자에게 지급하는 기초연금액은 제1호의 금액에서 제2호의 금액을 뺀 금액(그 뺀 후의 금액이 0보다 작은 경우에는 0으로 한다)에 제3호의 금액을 더한 금액으로 한다(제5항).

1. 기준연금액(제5조의2의 적용을 받는 기초연금 수급자의 경우 제5조의2에 따른 기준연금액을 말한다. 이하 같다)
2. 국민연금 수급권자가 받을 수 있는 연금의 금액 중 「국민연금법」 제51조 제1항 제1호의 금액을 기초로 산정한 금액(「국민연금법」 제51조 제2항에 따라 매년 조정한 금액을 말하며, 이하 "소득재분배급여금액"이라 한다)에 3분의 2를 곱한 금액. 다만, 「국민연금법」에 따라 국민연금 수급권자의 연금의 금액을 연기 또는 조기 지급하거나 가산 또는 감액하여 지급하는 경우 등의 소득재분배급여금액 산정 기초가 되는 연금의 금액 기준은 대통령령으로 정한다.
3. 부가연금액: 기준연금액의 2분의 1에 해당하는 금액

기초연금 수급권자 중 「국민연금과 직역연금의 연계에 관한 법률」 제10조에 따른 연계노령연금 수급권자에게는 제1호의 금액에서 제2호의 금액을 뺀 금액(그 뺀 후의 금액이 0보다 작은 경우에는 0으로 한다)에 제3호의 금액을 더한 금액을 지급한다(제6항).

1. 기준연금액
2. 가목과 나목의 금액을 합한 금액에 3분의 2를 곱한 금액
   가. 소득재분배급여금액
   나. 「국민연금과 직역연금의 연계에 관한 법률」 제12조에 따른 연계퇴직연금

액에 2분의 1을 곱한 금액

3. 부가연금액: 기준연금액의 2분의 1에 해당하는 금액

기초연금 수급권자 중 다음 각 호의 어느 하나에 해당하는 사람에게 지급하는 기초연금액은 기준연금액으로 한다(제7항).

1. 제4항 각 호 또는 제6항에 해당하지 아니하는 사람
2. 제4항 각 호 또는 제6항에 해당하는 사람으로서 다음 각 목의 어느 하나에 해당하는 사람
   가. 「국민연금법」 제56조 제1항에 따라 국민연금 지급이 정지된 노령연금 수급권자 및 분할연금 수급권자
   나. 「장애인연금법」 제4조에 따른 수급권자
   다. 「국민기초생활 보장법」 제2조에 따른 수급권자로서 대통령령으로 정하는 사람
   라. 그 밖에 대통령령으로 정하는 사람

(4) 저소득 기초연금 수급권자에 대한 기초연금액 산정의 특례

제5조 제2항 전단에도 불구하고 65세 이상인 사람 중 소득인정액이 100분의 20 이하인 사람에게 적용하는 기준연금액은 30만원으로 한다(제5조의2 제1항). 보건복지부장관은 제1항의 기준연금액을 적용받는 사람을 선정하기 위한 소득인정액(이하 "저소득자 선정기준액"이라 한다)을 정하여 고시하여야 한다(제2항). 저소득자 선정기준액의 기준, 고시 시기 및 적용기간 등은 대통령령으로 정한다(제3항).

(5) 국민연금 급여액등에 따른 기초연금액 산정의 특례

제5조에도 불구하고 제5조 제4항 각 호 또는 같은 조 제6항에 해당하는 사람 중 「국민연금법」 및 「국민연금과 직역연금의 연계에 관한 법률」에 의한 수급권에 따라 매월 지급 받을 수 있는 급여액(「국민연금법」 제52조에 따른 부양가족연금액을 제외한 금액

으로 한다. 이하 "국민연금 급여액등"이라 한다)이 기준연금액의 100분의 150 이하인 사람에게 지급하는 기초연금액은 기준연금액으로 한다(제6조 제1항). 제5조에도 불구하고 제5조 제4항 각 호 또는 같은 조 제6항에 해당하는 사람 중 국민연금 급여액등이 기준연금액의 100분의 150 초과 100분의 200 이하인 사람에게 지급하는 기초연금액은 기준연금액의 범위에서 대통령령으로 정하는 바에 따라 제5조에 따라 산정된 금액 이상으로 달리 정할 수 있다(제6조 제2항).

(6) 기초연금액의 한도

제5조 제4항부터 제6항까지의 규정에 따라 산정한 기초연금액이 기준연금액을 초과하는 경우 기준연금액을 기초연금액으로 본다(제7조).

(7) 기초연금액의 감액

본인과 그 배우자가 모두 기초연금 수급권자인 경우에는 각각의 기초연금액에서 기초연금액의 100분의 20에 해당하는 금액을 감액한다(제8조 제1항). 소득인정액과 제5조, 제5조의2, 제6조 및 제7조에 따른 기초연금액(제1항이 적용되는 경우에는 그 감액분이 반영된 금액을 말한다)을 합산한 금액이 선정기준액 이상인 경우에는 선정기준액을 초과하는 금액의 범위에서 기초연금액의 일부를 감액할 수 있다(제2항). 제5조의2의 적용을 받는 기초연금 수급권자의 소득인정액과 해당 기초연금액(제8조 제1항이 적용되는 경우에는 그 감액분이 반영된 금액을 말한다)을 합산한 금액이 저소득자 선정기준액과 기준연금액(제5조의2에 해당하지 않는 기초연금 수급권자의 기준연금액을 말한다)을 합산한 금액 이상인 경우에는 제5조의2의 적용을 받는 기초연금 수급권자의 기초연금액의 일부를 감액할 수 있다(제3항). 제2항 및 제3항에 따른 감액의 세부적인 기준은 대통령령으로 정한다(제4항).

(8) 기초연금액의 적정성 평가 등

보건복지부장관은 제5조 제2항에도 불구하고 5년마다 기초연금 수급권자의 생활 수준, 「국민연금법」 제51조 제1항 제1호에 따른 금액의 변동률, 전국소비자물가변동률 등을 종합적으로 고려하여 기초연금액의 적정성을 평가하고 그 결과를 반영하여 기준연금액을 조정하여야 한다(제9조 제1항). 제1항에 따른 적정성 평가를 할 때에는 노인 빈곤에 대한 실태 조사와 기초연금의 장기적인 재정 소요에 대한 전망을 함께 실시하여야 한다(제2항). 보건복지부장관은 제1항에 따라 조정한 기준연금액을 고시하여야 한다. 이 경우 그 고시는 제5조 제2항 전단에 따른 고시로 본다(제3항). 제1항에 따른 기준연금액 조정, 제2항에 따른 재정 소요 전망과 노인 빈곤에 대한 실태 조사의 세부 절차 및 제3항에 따른 기준연금액의 고시 등에 관하여 필요한 사항은 대통령령으로 정한다(제4항).

5) 특수직 연금

우리나라의 공적 연금에는 국민연금, 기초연금 이외에 공무원, 군인, 사립학교 교직원연금이 있다. 이를 특수직 연금이라고 한다. 즉 국가 및 지방공무원, 법관, 경찰, 교육공무원을 대상으로 하는 공무원연금, 장기복무 하사관과 장교를 대상으로 하는 군인연금, 사립학교 교직원을 대상으로 하는 사립학교교직원연금 등 세 가지가 있다.

이 세 가지 특수직 연금은 대상자의 관리운영주체(공무원은 공무원연금공단, 군인연금은 국방부, 사립학교 교직원연금은 사립학교교직원연금공단)가 다를 뿐 보험료율, 급여내용, 급여산식, 급여기준, 연금조성기준 등 공적 연금의 핵심 부분이 동일하다. 이들 대상자 모두 국가와 사회에 봉사하는 공직자라는 점에서 동질성을 갖고 있고 또 이들의 고용주에 해당하는 국가로서는 공직자에게 동일한 조건의 부담(보험료)과 혜택(급여)을 보장해 주어야만 불만이 없을 것이란 점을 고려하면 이는 당연한 것이다.

특수직 연금의 보험료율은 17%이며 이를 피보험자인 공직자와 고용주인 국가가 반분한다. 다만 사립학교 교직원연금의 경우 고용주 부담을 국가와 학교법인이 3 : 2로 분담한다. 즉 사립학교교직원이 8.5%, 사학재단이 5.0%, 국가가 3.5%의 보험료를 부담한다.

급여산정의 기초가 되는 보수월액은 봉급월액과 각종 수당이며 보수월액에 포함되는 수당으로는 기말수당, 장기근속수당 등이 있다.

공직자연금의 급여에는 장기급여와 단기급여가 있다. 장기급여란 퇴직, 폐질, 사망 등의 사고에 대한 생활보장 성격의 급여이며 퇴직급여, 장해급여, 유족급여, 퇴직수당 등이 있다. 단기급여는 직무상 질병과 사고에 대한 치료 및 일시 보상성격의 급여로서 직무상 요양비, 직무상 요양일시금, 재해부조금, 사망조위금 등이 있다. 퇴직급여와 유족급여는 소득보장적 성격의 급여이고, 직무상 요양급여, 장해급여, 유족보상금은 재해보상적 성격의 급여이며, 퇴직수당은 근로보상 성격의 급여이다. 또 재해부조금, 사망조위금은 상호부조적 성격의 급여이다.

퇴직급여와 유족급여는 가입자의 퇴직, 사망 시 가입자나 그 유족의 생활안정을 위해 지급하는 급여로서 20년 이상 재직한 가입자에 대해서는 연령에 상관없이 퇴직 시부터 그가 사망할 때까지 퇴직연금을 지급하며 퇴직연금 지급도중 사망한 경우에는 그 유족에게 70%의 유족연금을 지급한다.

20년 이상 가입한 자가 20년 이상의 기간 중 일정기간은 연금으로 그 잔여기간은 일시금으로 지급받고자 할 때는 퇴직연금 공제일시금을, 퇴직연금 대신 일시에 지급받고자 할 때는 퇴직연금 일시금을 지급한다. 20년 미만 재직한 사람에게는 퇴직 시 퇴직 일시금을 지급한다.

재해보상급여는 가입자의 근로 재해에 대하여 고용주인 국가나 지방자치단체가 보상 차원에서 지급하는 급여로서 가입자가 직무상 질병이나 부상으로 인하여 요양을 하거나 폐질상태로 된 때 또는 사망한 때에 지급된다.

퇴직수당은 일반 기업의 퇴직금제도에 상응하는 근로보상 성격의 급여로서 1년 이상 재직하고 퇴직 또는 사망한 가입자 및 그 유족에게 연금급여와는 별도로 고용주가 대가로 지급하는 성격의 급여이다.

재해보조금과 사망조위금은 부조금 성격의 급여로서 재해부조금은 가입자가 화재, 수재, 기타 재해로 인하여 재산상의 손해를 입었을 때 지급하며 사망조위금은 가입자 본인이나 배우자, 직계존속 등의 사망 시에 지급한다.

우리나라 특수직 연금의 가장 큰 문제는 연금의 고갈이다. 공무원연금은 1995년부터 기금이 잠식되더니 1998년에 기금 잠식이 커졌다. 그 이유는 공무원의 퇴직이 증가되고 급여가 부담 불입액의 3~5배에 달하는 공무원연금의 수급구조 때문이다. 국민연금도 급여가 부담의 3배에 달하여 기금 잠식이 문제되고 있음은 앞에서 말한 바와 같다. 군인연금은 더욱 심각하다고 보여진다. 군인의 근속 및 계급정년제로 인하여 조기퇴직의 경향이 두드러져 수급자 수가 많고 급여가 부담보다 4~5배 정도 높고 전투 기간을 3배로 계산하는 등으로 인하여 연금 기금은 오래전에 고갈되어 현재는 정부가 매년 5,000억 이상 적자를 메우고 있는 실정이다. 그나마 사립학교 교직원연금은 사정이 나은 편이지만 이것도 통계에 의하면 연금 지출이 매년 증가하여 2029년에는 기금이 완전히 고갈된다고 한다. 이에 2000년 말 사립학교 교직원연금법을 개정하여 연금고갈에 대비하여 정부는 책임준비금을 국고로 적립하도록 의무화했다. 이는 결국 국민의 세금으로 적자를 메우고자 하는 것과 다름이 없다. 공무원연금과 군인연금은 이미 국민 세금으로 이들 연금의 적자를 보전 내지 메우고 있는 것이다. 따라서 정부는 공무원연금이나 군인연금의 보험료를 인상하고 급여도 종전보다 덜 받는 형태로 개혁하고 있다.

6) 근로자 퇴직급여보장제도로서의 퇴직연금 등의 퇴직급여제도

(1) 의 의

종래 민간기업의 퇴직금제도는 그 지급이 불확실하고 국민연금은 그 급여액이 적어서 근로자의 노후생활을 보장할 수 없었다. 이에 정부는 근로자의 노후생활을 안정적으로 보호하기 위하여 2005년 1월 27일에 근로자 퇴직급여보장법을 제정하여 동년 12월 1일부터 시행하였다. 그리고 2011년 7월 25일에 전부개정되었다. 이 법상의 근로자 퇴직급여제도는 민간기업의 근로기준법상의 퇴직금 규정을 흡수 통합한 것인 동시에 퇴직금을 사외에 적립하여 연금화한 퇴직연금제도를 도입한 것이다. 그리고 퇴직연금을 기업에 강제 의무화하면 기업에 지나친 부담을 준다고 하여 이 법은 사용자가 기존의 퇴직금제도와 퇴직연금제도 중 어느 하나를 선택하여 설정하도록 하고 있다. 그리고 중요한 것은 1인 이상의 근로자를 사용하는 사업장에도 근로자퇴직급여보장법의 적용을 받아 퇴직금과 퇴직금연금 가운데 하나를 반드시 설정해야 한다. 다만 상시 4인 이하의 근로자를 사용하는 사업은 2008년 이후 2010년을 넘지 아니하는 기간 이내에 대통령이 정하는 날부터 시행한다(근로자퇴직급여보장법, 2005년 1월 27일 제정 부칙 제1조)고 되어 있는데 따라서 2011년 현재는 1인의 근로자를 사용하는 사업장에도 이 법이 전면 적용되고 있다. 여기에서 사용자란 근로기준법상의 사용자(사업주 또는 사업경영 담당자, 기타 근로자에 관한 사항에 대하여 사업주를 위하여 행위하는 자)를 말하고 근로자에는 계속근로기간이 1년 미만인 근로자, 4주간을 평균하여 1주간의 소정 근로시간이 15시간 미만인 근로자에 대하여는 이 법의 퇴직급여제도가 적용되지 않는다(근로자퇴직급여보장법 제4조 제1항).

위와 같이 퇴직급여보장법은 근로기준법상의 퇴직금제도를 흡수, 통합하여 독립적인 퇴직급여법으로 전환하고 비록 임의사항이지만 퇴직금을 연금화할 수 있도록 하였고 종래의 퇴직금제도 적용대상에서 제외되었던 5인 미만 사업장의 근로자에 대해서도 퇴직급여를 확대 적용하였다는 점에서 의미가 크다.

(2) 퇴직금급여제도의 종류

퇴직금급여제도에는 퇴직금제도와 퇴직연금제도가 있고, 퇴직연금제도에는 확정급여형과 확정기여형 및 개인형 퇴직연금제도가 있다. 그 내용은 다음과 같다.

가. 퇴직금제도

퇴직금제도를 설정하고자 하는 사용자는 계속 근로기간 1년에 대하여 30일분 이상의 평균임금을 퇴직하는 근로자에게 지급할 수 있는 제도를 설정해야 하는데 이를 퇴직금제도라고 한다(근로자퇴직급여보장법 제8조 제1항). 여기에서 임금이란 근로기준법 제2조의 규정에 의한 임금(사용자가 근로의 대가로 근로자에게 임금, 봉급, 그 밖에 어떠한 명칭으로든지 지급하는 일체의 금품)을 말하고 평균임금이란 근로기준법 제2조 제1항 제6호에 따른 평균임금(평균임금을 산정해야 할 사유가 발생한 날 이전 3개월 동안에 그 근로자에 대하여 지급된 임금의 총액을 그간의 총 일수로 나눈 금액을 말하고 취업 후 3월 미만도 이에 준함)을 말한다(동법 제2조). 그러나 사용자는 근로자의 요구가 있는 경우는 근로자가 퇴직하기 전에 당해 근로자가 계속 근로한 기간에 대한 퇴직금을 미리 정산하여 지급할 수 있다. 이 경우 미리 정산하여 지급한 후의 퇴직금 산정을 위한 계속근로기간은 정산시점부터 다시 기산한다(중간정산: 동법 제8조 제2항). 다른 또 하나의 제도인 퇴직연금제도가 폐지되거나 운영이 중단된 경우는 폐지된 이후 또는 중단된 기간에 대하여는 이 퇴직금제도를 적용한다(동법 제38조 제1항). 퇴직연금세도의 폐지나 중단으로 인하여 가입자가 급여를 지급받은 경우에는 중간정산되어 지급받은 것으로 본다(동법 제38조 제5항).

사용자는 근로자가 퇴직한 경우에는 그 지급사유가 발생한 날부터 14일 이내에 퇴직금을 지급해야 한다(동법 제9조). 퇴직금급여청구권은 3년간 행사하지 아니하면 시효로 소멸한다(동법 제10조). 퇴직금은 사용자의 총재산에 대하여 질권, 저당권 또는 동산, 채권 등의 담보에 관한 법률에 따른 담보권에 의하여 담보된 채권을 제외하고는 조세, 공과금, 다른 채권에 우선하여 변제되어야 한다. 다만 질권, 저당권 또는 동산, 채권 등의 담보에 관한 법률에 따른 담보권에 우선하는 조세, 공과금에 대하여는 그러하지 아니하다(동법 제12조 제1항).

나. 퇴직연금제도

가) 개념

퇴직연금제도란 근로자에게 퇴직금을 연금 형식으로 지급하는 제도이다. 여기에는 확정급여형 퇴직연금과 확정기여형 퇴직연금 및 개인형 퇴직연금제도가 있다. 확정급여형 퇴직연금이란 근로자가 지급받을 급여의 수준이 사전에 결정되어 있는 제도를 말한다(근로자퇴직급여보장법 제2조, 제7호 제8호). 급여의 수준과 내용이 사전에 확정되어 있어서 적립금의 운용수익에 따라 기여금은 가변적이다. 따라서 적립금의 운용수익이 예상보다 좋을 경우 기업은 기여금 부담을 줄일 수 있다. 확정급여형은 최소한 예상 퇴직연금액의 60%를 사외 퇴직연금사업자에 적립해야 하고 퇴직급여사업자는 감독기관(고용노동부, 금융감독원)으로부터 퇴직금 운용과 관련한 감독을 받도록 함으로써 기업의 재정위험에 대한 안정성 보장장치를 하고 있다.

확정급여형 퇴직연금제도를 설정하고자 하는 사용자는 근로자 대표의 동의를 얻어 퇴직급여 사업자 선정에 관한 사항, 가입자(근로자)에 관한 사항, 가입기간(근로자의 가입기간)에 관한 사항, 급여수준에 관한 사항, 재정 건전성 확보에 관한 사항(적립금 적립에 관한 사항), 적립금 등의 운용관리 업무와 자산관리 업무의 수행을 내용으로 하는 연금사업자와의 계약의 체결 및 해지에 따른 계약 이전에 관한 사항, 가입자의 퇴직 등 급여 지급 사유 발생과 급여의 지급절차에 관한 사항, 퇴직연금의 폐지, 중단에 관한 사항 등을 기재한 확정급여형 퇴직연금 규약을 작성하여 고용노동부장관에게 신고해야 한다(동법 제13조 제1호~제11호).

확정기여형 퇴직연금제도란 급여의 지급을 위하여 사용자가 부담하여야 할 부담금의 수준이 사전에 결정되어 있는 퇴직연금을 말한다(동법 제2조 제9호). 즉 사용자의 기여금이 사전에 확정되어 있고 급여는 적립금의 운용수익에 의하여 결정되는 제도이다. 근로자가 직접 기금운용방식을 선택할 수 있고 기금운용수익이 좋을수록 근로자는 기존의 퇴직금보다 높은 수익을 기대할 수 있는 장점이 있다. 그러나 적립금 운용결과가 좋지 않을 경우 그 책임은 근로자가 전적으로 책임을 지게 되는 위험이 있다. 확정기여형은 반드시 적립금을 사외의 퇴직연금사업자에 특별계정 형태로 적립, 운용되어야 하고 엄격한 정부의 운용규제를 받게 되어 있어 기업 도산 시의 위험에 대해서도 안정적으로 대응할 수 있다. 확정기여형 퇴직연금제도를 설정하고자하는 사용자는 근로자 대표회의의 동의를 얻어 사용자의 부담금(기여금)의 부담에 관한 사항, 부담금의 납부에 관한 사항(사용자가 최소한 가입자의 연간 임금총액의 2분의 1에 해당하는 금액을 현금으로 부담하고 가입자도 사용자의 부담금 외에 추가로 부담금을 부담할 수 있다는 것을 정함), 적립금(이것은 사용자와 가입자의 부담금이 적립된다)의 운용에 관한 사항(이 경우 가입자(근로자)가 적립금의 운용방법을 스스로 선정할 수 있고 매 반기 1회 이상 적립금 운용방법의 변경이 가능함), 중도 인출에 관한 사항 등을 포함한 확정기여형 퇴직연금 규약을 작성하여 고용노동부장관에게 신고해야 한다(동법 제19조).

개인형 퇴직연금제도란 가입자의 선택에 따라 가입자가 납입한 일시금(퇴직금)이나 사용자 또는 가입자가 납입한 부담금을 적립 · 운용하기 위하여 설정한 퇴직연금제도로서 급여의 수준이나 부담금의 수준이 확정되지 아니한 퇴직연금제도이다.

나) 퇴직연금의 도입 이유

정부가 퇴직연금을 도입한 중요한 이유는 기존의 기업의 퇴직금제도가 근로자로서의 소득보장제도로서 제 기능을 다하고 있지 못했다고 판단했기 때문이다. 즉 퇴직금제도는 퇴직연령에 관계없이 언제든지 퇴직과 동시에 수급이 가능하고 무조건 일시금으로 수급해야 한다는 점에서 안정적 노후 보장 수단이 되지 못했다는 것이다. 그리고 근로자의 근속연수가 짧아지고 연봉제, 중간정산제 등이 확산함에 따라 퇴직금이 근로자의 노후 소득보장 재원으로 활용되지 못하고 조기에 소진됨에 따라 노후 보장에 거의 도움을 주지 못한다. 더욱이 퇴직금을 사내에 장부상으로만 적립함에 따라 기업이 도산하면 근로자는 일자리도 잃고 퇴직금도 받지 못하는 사례가 많았고 기업 입장에서도 근로자 퇴직 시 일시금으로 지급해야 하는 퇴직금이 경영상 상당한 부담이 된다는 점이다.

이리하여 정부는 기존의 퇴직금제도를 보완하고 국민연금의 낮은 급여수준을 보완할 수 있는 근로자의 안정적 노후보상제도로서 퇴직연금제도를 도입했다. 그러나 현행 근로자퇴직급여보장법은 기존의 퇴직금과 퇴직연금 중 하나를 선택할 수 있도록 함에 따라 대상기업의 상당수가 아직도 퇴직연금제도를 도입하지 않고 있다고 한다(원석조, 2010: 269 참조). 2011년 5월 현재 퇴직연금 가입사업장이 10만개 정도라고 하지만 아직도 가입하지 않은 사업장이 많다.

다) 퇴직연금제도의 문제점

퇴직연금은 유럽의 기업연금을 도입한 것이다. 유럽의 기업연금은 공적연금을 토대로 하고 근로자 노후 소득보장을 하기 위한 제도이다. 따라서 우리나라의 퇴직연금제도는 일종의 공적 연금제도로서 정부의 감독을 받으므로 노후 보장제도로서 중요한 위치를 차지하고 있다. 그럼에도 불구하고 우리나라의 퇴직연금제도는 다음과 같은 문제점이 지적되고 있다(이하 이용하, 2007; 원석조, 2010: 269 참조)

첫째, 기업은 퇴직충당금을 사내에 유지하는 것이 사외 적립(퇴직연금사업자에 적립)하는 것보다 유리하다고 생각한다. 근로자도 퇴직금이 중간정산제를 통하여 퇴직과 관계없이 언제든지 목돈으로 수령할 수 있고 퇴직금 수령 시의 세금 부담이 오히려 퇴직연금 수령 시의 세금부담에 비하여 적다는 점에서 유리하다고 판단하고 있다. 따라서 노사 모두에게 퇴직연금제도로의 전환을 하는 데 뚜렷한 인센티브를 주지 못한다.

둘째, 기업과 근로자가 자신의 형편에 따라 선택할 수 있는 연금제도가 다양하지 못하고 확정급여형과 확정기여형 그리고 개인형퇴직연금제도 등 세 가지 밖에 없다는 점이다. 근로자가 선호하는 확정급여형과 기업이 선호하는 확정기여형을 절충할 수 있는 제도 등 다양한 연금형태가 없다. 현재 중소기업은 기업형 개인퇴직계좌 형태를 선택하고 있다. 외국에서는 이러한 점을 고려하여 동일 업종이나 동일 산업이 공동으로 퇴직연금기금을 설치하여 운영할 수 있도록 허용하고 있다.

3. 건강보험제도

1) 서 설

건강보험은 질병으로 인한 소득의 중단이나 질병치료에 소요되는 진료비를 보장해주는 제도이다. 우리나라에서는 건강보험은 환자의 진료비를 지급해주는 제도로 인식되고 있으나 본래 건강보험은 진료비보다는 질병으로 인한 소득의 상실 부분을 현금으로 지급하여 소득을 보전해주는 소득보장에 1차적인 목적이 있다. 진료비 보장은 부차적인 것이었다. 1911년에 시작된 영국의 국민보험법상의 건강보험이 그런 것이었다(원석조, 2010: 271). 건강보험은 사회보험의 하나로 발달되었다.

건강보험은 다른 사회보험과 달리 서비스 비용의 일부를 가입자가 부담하도록 하고 있다. 이를 진료비 본인부담제라고 한다. 환자가 부담하는 진료비 본인부담금은 선진국일수록 적고 후진국일수록 많다. 이와 같이 수익자 부담을 두는 이유는 서비스의 남용을 억제하여 도덕적 해이를 방지하고 수익자와 비수익자의 공평성을 도모하며 수익의 정도와 수익자의 부담능력에 따라 부담을 달리함으로써 수익자의 책임을 촉구하고 소득재분배 효과도 거두고 수익자 부담분을 사회보장 재원으로 재충당할 수 있다는 데 있다.

우리나라의 국민건강보험도 본인부담제를 적용하고 있다. 요양급여에 있어서 본인이 부담해야 할 요양급여비용 부담률은 입원진료, 외래진료 중 의료장비를 이용한 진료, 의료기관별, 금액별로 본인부담의 형태가 다르다. 입원진료는 진료비총액의 20%로 정률제, 외래는 종합병원은 45%에서 50%, 종합전문요양기관에서는 진찰료총액에 요양급여총액에서 진찰료총액을 뺀 금액을 더한 금액의 60%, 병원은 35%에서 40%, 의원은 30%를 환자 본인이 부담한다. 우리나라 건강보험의 본인부담 비중은 입원과 외래를 합하여 본인부담률이 40~50%에 달한다고 한다. 여기에 특진비, 특실료, MRI 같은 고가의 의료장비, 입원 식대 등 비보험급여의 비중이 매우 높아 비급여가 실제로는 50%에 달하고 있는 실정이다. 이를 두고 우리나라 건강보험은 사회보험이 아니라 진료비할인제도라고 혹평하는 말을 하는 자도 있다(원석조, 2010: 274).

건강보험의 관리운영기구(국민건강보험공단)가 의료기관이 건강보험의 가입자에게 제공한 의료서비스의 대가로 지불하는 진료비 지불방법에는 행위별 수가제, 총액계약제, DRG(diagnosis related groups : 포괄수가제)지불제 등이 있다.

행위별 수가제는 의료기관이 환자에게 제공한 모든 의료서비스를 항목별로 계산한 다음 그 총액으로 진료비를 책정하는 방법이다. 점수제 또는 성과지불제라고도 한다. 우리나라, 일본, 미국이 이 제도를 택하고 있다. 총액계약제란 통상 보험자와 의료기관이 일정 기준에 따라 진료비총액을 협상하여 이를 의료기관에 일괄 지급하는 방식이다. 대부분의 병원이 정부나 지방정부 소유인 공공병원이거나 민간병원이라도 거의 비영리인 유럽의 경우 병원진료비는 이 총액계약제로 정산하고 있다. 독일, 영국, 미국 등은 의원급에서 이 제도를 택하고 있다. DGI지불제(포괄수가제)란 행위별 수가제 하의 지불단위를 포괄화 하는 것을 말한다. 예컨대, 제왕절개수술, 항문과 항문주위수술 등 수술행위별로 진료비를 정액화 하는 방법이다. 미국정부가 진료비 억제를 위하여 도입한 것인데 우리나라도 1997년에 시범적으로 실시했고 2003년에는 전체 입원환자의 약 25%에 대하여 실시해 보았다. 그 시범사업에 대한 평가는 병원의 진료 수입이 증가했고, 보험자의 재정지출이 증가했다. 그리고 환자 본인부담이 감소했고 진료비 청구와 심사 소요기간이 단축되었으며 행정업무량의 감소로 의료기관의 만족도도 높았다. 또 진료비 심사에 따르는 보험자와 의료기관의 마찰도 감소되었다. 그러나 이 제도의 단점은 진료의 질 저하에 있다고 한다(원석조, 2010: 279 참조). 그러나 우리나라는 국민건강심사평가원이라는 강력한 진료비 심사기관이 있고 의료기관 간의 경쟁이 심하기 때문에 포괄수가제를 도입하더라도 진료의 질 저하는 염려하지 않아도 될 것이다(원석조, 2010: 280).

2) 우리나라의 국민건강보험제도

(1) 국민건강보험의 의의

건강보험제도란 우연한 질병이나 부상으로 인하여 일시에 거액의 진료비가 소요되어 가계가 파탄하는 것을 방지하기 위하여 보험원리에 의거, 국민이 평소에 보험료를 내어 기금화 하였다가 보험사고가 발생할 경우 보험급여를 해줌으로써 국민 상호간에 위험을 분담하고 의료서비스를 제공하는 사회보장제도이다. 이 국민건강보험은 헌법 제34조에서 규정하는 국민의 인간다운 생활을 할 권리, 즉 국민의 생존권 보장과 국가의 사회복지 증진의무를 실현하기 위한 사회보장제도이다. 다시 말해서 국가가 개입하여 국민의 기본적인 의료문제를 해결하기 위하여 사회보험이라는 기술 원리를 통하여 개인의 위험을 보험가입자 전원에게 분산하여 의료문제의 경제적 부담을 해소하는 한편, 소득의 재분배적 기능을 가능케 하여 국민의 의료비용을 사회연대성의 원리에 따라 공동체적으로 해결하려는 제도이다. 이를 위하여 국민건강보험법을 제정하여 실시하고 있다. 국민건강보험법은 법체계상 법률－시행령－시행규칙－고시－예규 등으로 체계를 이루고 있다.

국민건강보험법은 국민의 질병, 부상에 대한 예방, 치료, 재활과 출산, 사망 및 건강증진에 대하여 보험급여를 실시함으로써 국민건강을 향상시키고 사회보장을 증진함을 목적으로 한다(동법 제1조).

(2) 국민건강보험의 기능

가. 건강보험의 사회연대성

건강보험은 국민의 의료비 문제를 해결해 줌으로써 국민의 건강과 가계를 보호하는 제도로서, 모든 국민을 당연직 대상자로 하는 사회보험방식을 채택하고 있다. 따라서 국가 또는 개인의 책임이 아닌 사회 공동의 연대책임을 활용하여 소득재분배 기능과 위험분산의 효과를 거두고, 이를 통하여 사회적 연대를 강화하여 사회통합을 이루는 기능을 수행한다.

나. 소득재분배 기능의 수행

질병은 개인의 경제생활에 지장을 주어 소득을 떨어뜨리고 다시 건강을 악화시키는 악순환을 초래하므로 건강보험은 각 개인의 능력에 따른 일정한 부담으로 재원을 조성하는 반면에 개별부담과 관계없이 필요에 따라 균등한 급여를 받음으로써 질병발생 시 가계의 경제적 부담을 경감시켜 주는 소득재분배 기능을 수행한다.

다. 위험분산 기능의 수행

많은 인원을 집단화하여 위험을 분산함으로써 개개인의 부담을 경감하는 기능과 미리 적은 돈을 갹출하여 둠으로써 위험을 시간적으로 분산하는 기능도 수행하고 있다. 공평한 비용부담과 적정한 보험급여 비용(보험료)부담은 소득이나 능력에 비례하여 부담하게 되며 집단구성원 상호간의 사회적 연대성에 의하여 그 기능이 발휘된다. 또한 보험급여 측면에서는 피보험대상자 모두에게 필요한 기본적 의료를 적절한 수준까지 보장함으로써 그들의 의료비 문제를 해결하고 누구에게나 균등하게 적정수준의 급여를 제공하는 기능을 수행한다.

(3) 건강보험의 특성

가. 법률에 의한 강제가입

일정한 법적 요건이 충족되면 본인의 의사에 관계없이 강제 적용된다. 왜냐하면 보험가입을 기피할 경우 국민 상호간 위험 부담을 통하여 의료비를 공동으로 해결하고자 하는 건강보험의 목적 실현이 어렵기 때문이다. 또 질병 위험이 큰 사람만 보험에 가입할 경우 보험재정이 파탄되어 원활한 건강보험 운영이 불가능하기 때문이다.

나. 부담능력에 따른 보험료의 차등부담

사보험은 급여의 내용, 위험의 정도, 계약의 내용 등에 따라 보험료를 부담하지만 사회보험방식인 건강보험에는 사회적 연대를 기초로 의료비 문제를 해결하려는 것이 목적이므로 소득수준 등 보험료 부담능력에 따라 차등적으로 부담하게 된다.

다. 보험료 납부의 강제성

가입이 강제적이라는 점에서 강제보험의 실효성을 확보하기 위하여 피보험자에게는 납부의 의무가 주어지며, 보험자에게는 보험료 징수의 강제성이 부여된다.

라. 단기보험

연금보험과는 달리 1년 단위의 회계연도를 기준으로 수입과 지출을 예정하여 보험료를 계산하며 지급조건과 지급액도 보험료 납입기간과 상관이 없고 지급기간이 단기이다.

(4) 제도내용

가. 적용대상

건강보험의 적용대상은 사회보장연금의 경우와 거의 같다. 국내에 거주하는 국민으로서 뒤에 보는 적용대상자가 아닌 자를 제외하고 모든 국민이 가입자 또는 피부양자가 되어 국민건강보험의 적용을 받는다(국민건강보험법 제5조). 보험료를 부담하는 자가 가입자이며 이를 피보험자라고 하고 피보험자의 부양가족을 피부양자라고 한다. 피보험자와 피부양자를 합하여 피보험대상자라고 한다. 이와 같이 건강보험의 자격요건은 피보험자와 피부양자이다.

국민 개보험을 원칙으로 한다. 피부양자는 직장가입자의 배우자, 직장가입자의 직계존속(배우자의 직계존속 포함), 직장가입자의 직계비속(배우자의 직계비속 포함) 및 그 배우자, 직장가입자의 형제자매 중 직장가입자에 의하여 주로 생계를 유지하는 사람으로서 소득 및 재산이 보건복지부령으로 정하는 기준 이하에 해당하는 사람을 말한다(동법 제5조 참조).

건강보험 적용에 제외되는 자는 의료급여법에 따라 의료급여를 받는 자, 독립유공자 예우에 관한 법률 및 국가유공자 등 예우 및 지원에 관한 법률에 의하여 의료급여를 받는 자이다(다만 유공자 등 의료보호 대상자 중 건강보험의 적용을 보험자에게 신청한 사람, 건강보험을 적용받고 있던 사람이 유공자 등 의료보호 대상자로 되었으나 건강보험의 적용배제신청을 보험자에게 하지 아니한 사람은 가입자 또는 피부양자가 된다).

외국정부가 사용자인 사업자의 근로자에 대하여는 원칙적으로는 적용제외자이지만 외국정부와의 합의에 따라 적용대상자가 될 수 있다(동법 제109조 참조).

국내에 체류 중인 재외 국민 또는 외국인으로서 출입국관리법 제31조의 규정에 의하여 외국인 등록을 한 자, 재외 동포의 출입국과 법적 지위에 관한 법률 제6조의 규정에 의하여 국내 거소를 신고한 자로서 직장가입자의 적용사업장에 근무하는 근로자와 공무원, 교직원으로 임용 또는 채용된 자는 가입자 또는 피부양자가 된다(동법 제109조 제2항)(다만 고용기간 1월 미만인 일용근로자 등 제6조 제2항 각 호의 해당자는 제외).

건강보험제도의 가입자는 직장가입자 및 지역가입자로 구분한다(동법 제8조 제1항).

직장가입자는 다음과 같다. 첫째, 근로자 및 사용자이다. 근로자를 사용하는 모든 사업장에 고용된 근로자와 그 사용자가 직장가입자가 된다. 여기의 근로자란 근로의 대가로서 보수를 받아 생활하는 자이고 공무원과 교직원은 제외된다. 둘째, 공무원과 교직원이다.

다만 다음의 사람은 직장가입자가 되지 못한다. 즉 1월 미만의 기간 동안 고용되는 일용근로자, 현역병, 전환복무된 사람 및 군간부, 선거에 의하여 취임하는 공무원으로서 매월 보수 또는 이에 준하는 급료를 받지 아니하는 사람, 그 밖에 사업장의 특성, 고용형태 및 사업의 종류 등을 고려하여 대통령령으로 정하는 사업장의 근로자 및 사용자와 공무원 및 교직원(비상근 근로자, 비상근 교직원 등)(이상 제8조 제2항), 여기서 대통령령으로 정하는 사업장의 근로자, 사용자, 교직원이란 비상근 근로자, 1월간의 근로시간이 60시간 미만인 시간제 근로자, 비상근 교직원 또는 1월간의 근로시간이 60시간 미만인 단시간 공무원 및 교직원, 소재지가 일정하지 아니한 사업장의 근로자 및 사용자, 근로자가 없거나 비상근 근로자나 단시간 근로자만을 고용하고 있는 사업장의 사업주를 말한다(동법 시행령 제9조 참조).

지역가입자는 가입자 중 직장가입자와 그 피부양자를 제외한 자를 말한다(동법 제8조 제3항).

가입자는 국내에 거주하게 된 날에 직장가입자 또는 지역가입자의 자격을 취득한다(동법 제8조). 그리고 가입자가 사망한 날의 다음날, 국적을 잃은 날의 다음날 등에 자격을 상실한다(동법 제10조).

피부양자와 관련하여 현행 건강보험법은 자산이 아무리 많아도 소득이 없으면 피부양자로 인정되어 건강보험료를 전혀 내지 않으나 2011년 7월부터는 재산세 과표 9억 원이 넘는 재산을 갖고 있는 사람들에게 건강보험료를 부과한다. 그 이유는 재산보유액이 비슷한데 자녀가 없어서 지역가입자로 분류된 가구가 2011년 현재 9만 6,500가구인데 이들은 보험료를 납부해 왔으므로 그렇게 하는 것이 형평의 원칙에 부합되기 때문이다. 또한 근로자의 합계액이 연 4천만원 이하이어야 피부양자로 인정한다는 소득요건이 있다.

나. 관리운영조직

가) 서 언

보험료 징수와 급여 지급 등 건강보험 관리운영을 맡아 하는 기구를 보험자라 한다. 정부가 보험자가 되는 국가는 소수이고(영국, 일본, 스웨덴 등), 대부분의 국가에서는 공법상의 기구 또는 준 자치적인 비정부기구가 관리운영을 맡고 있다. 각 기구는 공신력을 담보하기 위하여 법적인 요건을 갖추어야 하고 피보험자와 사용자인 기업은 관리운영기관에 대표자를 보내어 업무에 관여할 수 있도록 한다. 사회주의 국가에서는 노동조합이 관리운영에 중요한 역할을 하고 있다. 그리고 보험자가 하나로 단일화 되어 있는 경우도 있고 여러 개의 건강보험조합으로 분립되어 있는 경우도 있다. 전자를 통합방식, 후자를 조합방식이라고 한다(원석조, 2010: 287-288).

나) 보험자

우리나라의 국민건강보험의 관리운영은 공법상의 기구인 국민건강보험공단이 맡고 있고 통합방식을 택하고 있다. 즉 국민건강보험제도는 사회보험제도의 하나로서 감독 및 최종 책임은 보건복지부장관이 지게 되지만 운영주체인 보험자는 공법인 형태의 국민건강보험공단이다(국민건강보험법 제13조).

국민건강보험공단(이하 "공단")은 일종의 공법인으로서 주된 사무소의 소재지에 설립등기를 함으로써 성립하고(동법 제15조), 정관이 정하는 바에 의하여 분사무소를 둘 수 있다(동법 제16조 제2항). 요양급여비용의 계약 및 보험료의 결손처분 등 보험재정과 관련된 사항을 심의 의결하기 위하여 공단에 재정운영위원회를 둔다(동법 제31조 제1항).

다) 국민건강보험심사평가원

요양급여비용을 심사하고 요양급여의 적정성을 평가하기 위한 기관으로 건강보험심사평가원을 설립하도록 한다(동법 제62조). 이는 공단과는 별도의 법인이며 주된 사무소의 소재지에서 설립등기를 함으로써 성립한다(동법 제64조). 심사평가원은 요양급여비용의 심사, 요양급여의 적정성에 대한 평가, 심사 및 평사기준의 개발 등의 업무를 수행한다(동법 제63조 제1항 참조).

라) 국민건강보험정책심의위원회

종합계획 및 시행계획에 관한 사항, 요양급여의 기준과 요양급여비용 및 직장가입자의 보험료율과 지역가입자의 보험료 부과점수당 금액, 그 밖에 건강보험에 관한 주요 사항으로서 대통령이 정하는 사항을 심의하기 위하여 보건복지부장관 소속하에 건강보험정책심의위원회를 둔다(동법 제4조 제1항).

다. 보험급여

가) 서 언

보험급여에는 현금급여와 현물급여가 있다. 현금급여란 질병이나 출산으로 인하여 일을 중단함으로써 봉급을 받지 못하는 경우 이를 보전해 주는 것을 말하고, 현물급여란 외래진료, 입원진료, 약제, 전문의 진료, 출산, 치과 진료, 환자 후송, 가정보호 등의 의료행위에 대한 비용을 제3자인 보험자가 지불하는 것을 말한다.

우리나라 건강보험급여에는 현물급여인 요양급여와 현금급여인 요양비 지급, 부가급여, 건강검진이 있다(동법 제41조, 제49조, 제50조, 제52조). 이 중에서 요양급여, 건강검진, 요양비 지급은 법정급여라고 한다. 법정급여는 법적 규정에 의하여 일정한 보험사고에 대하여 지급되는 급여이고, 임의급여는 급여의 종류는 법적으로 정해져 있으나 실시 여부는 보험자에게 위임되어 있는 급여를 말한다.

나) 요양급여와 요양비

요양급여는 가입자 및 피부양자의 질병, 부상, 출산 등에 대하여 진찰, 검사, 약제 · 치료재료의 지급, 처치 · 수술, 기타의 치료, 예방 · 재활, 입원, 간호, 이송 등의 급여를 제공한다(동법 제41조). 행위 · 치료재료, 약제에 대한 요양급여대상 여부의 결정(동법 제41조의3), 약제에 대한 요양급여비용 상한금액의 감액(동법 제41조의2)을 규정하고 있다. 요양급여를 결정함에 있어 경제성 또는 치료효과성 등이 불확실하여 그 검증을 위하여 추가적인 근거가 필요하거나 경제성이 낮아도 가입자와 피부양자의 건강회복에 잠재적 이득이 있는 등 대통령령으로 정하는 경우에는 예비적 요양급여인 선별급여로 지정하여 실시하는 정책을 펴고 있다(동법 제41조의4). 가입자 또는 피부양자가 질병이나 부상으로 거동이 불편한 경우 등 보건복지부령으로 정하는 사유에 해당하는 경우에는 가입자 또는 피부양자를 직접 방문하여 제41조에 따른 요양급여를 실시할 수 있다(동법 제41조의5). 이 선별급여는 선별급여의 실시조건을 충족하는 기관만이 실시할 수 있다(동법 제42조의2). 의료법에 의한 의료기관, 약사법에 의하여 등록된 약국, 한국희귀의약품센터, 보건소 · 보건의료원 및 보건지소, 농어촌 등 보건의료를 위한 특별조치법에 의하여 설치된 보건진료소 등이 요양급여를 행하는 요양기관으로 인정된다(동법 제42조 제1항). 요양급여를 받는 사람은 대통령령에 의하여 비용의 일부(본인부담금)를 부담하도록 하고 있다. 이 경우 선별급여에 대해서는 다른 요양급여에 비하여 본인 일부 부담금을 상향조정할 수 있다(동법 제44조 제1항).

요양급여비용은 공단의 이사장과 대통령령이 정하는 의약계를 대표하는 자(동법 제23조 제1호~제7호에서 정하는 자)와의 계약에 의하여 정해진다. 그 계약은 공단과 각 요양기관 사이에 체결된 것으로 보며 그 계약기간은 1년으로 한다(동법 제45조 제1항, 제2항).

가입자나 피부양자는 본인 일부 부담금 외에 자신이 부담한 비용이 제41조 제4항에 따라 요양급여 대상에서 제외되는 비용인지 여부에 대하여 심사평가원에 확인을 요청할 수 있다(동조 제4항).

공단은 가입자 또는 피부양자가 보건복지부령이 정하는 긴급, 기타 부득이한 사유로 인하여 요양기관과 유사한 기능을 수행하는 기관으로서 보건복지부령이 정하는 기관(동법 제85조 제1항의 규정에 의한 업무정지처분 기간 중인 요양기관을 포함)에서 질병, 부상, 출산 등에 대하여 요양을 받거나 요양기관 외의 장소에서 출산을 한 때에는 그 요양급여에 상당하는 금액을 보건복지부령이 정하는 바에 의하여 그 가입자 또는 피부양자에게 요양비로 지급한다(동법 제49조 제1항). 요양급여는 현물급여이지만 이런 경우는 예외적으로 현금급여를 인정한 것이다.

다) 건강검진

공단은 가입자 및 피부양자에 대하여 질병의 조기 발견과 그에 따른 요양급여를 하기 위하여 건강검진을 실시한다(동법 제52조). 건강검진은 일반검진, 암검진, 영유아검진으로 구분하여 실시한다. 건강검진을 받을 수 있는 자는 일반검진은 직장가입자, 세대주인 지역가입자, 40세 이상인 지역가입자 및 40세 이상인 피부양자로 하고 암검진은 위의 대상자 중 암종별 특성을 고려하여 검진이 필요한 자로서 보건복지부장관이 고시하는 자로 하며, 영유아 검진은 6세 미만의 가입자 및 피부양자로 한다. 건강검진은 2년마다 1회 이상 실시하되 사무직에 종사하지 아니하는 직장가입자에 대하여는 1년에 1회 실시한다. 다만, 영유아검진은 영유아의 연령을 고려하여 검진 횟수를 보건복지부장관이 고시하는 바에 따라 실시할 수 있다. 건강검진은 건강검진기본법 제14조에 따라 지정된 건강검진기관에서 실시해야 한다(동법 시행령 제25조).

라) 부가급여

국민건강보험법에서 규정한 급여 이외에 대통령령이 정하는 바에 따라 임신·출산진료비, 장제비, 상병수당, 그 밖의 급여를 실시할 수 있다(동법 제50조). 기타의 부가급여는 임신, 출산비로 한다(동법 시행령 제23조 제1항). 공단은 임신과 출산진료비의 지급과 관련하여 이용권을 발급해야 한다(동조 제5항). 공단은 임신과 출산에 관련된 진료에 대하여 이용권을 사용할 수 있는 요양기관을 지정해야 한다(동법 제24조 제1항). 공단은 등록한 장애인인 가입자 및 피부양자에게는 보조기기에 대하여 보험급여를 할 수 있다(동법 제51조).

라. 국민건강보험료와 국고 보조

가) 의 미

국민건강보험급여와 관련 사업에 사용되는 재원은 사회보험의 기능적 특수성에서 정기적 기여금인 보험료와 보험재정에 대한 정부지원금과 국민건강증진기금이다.

나) 보험료 산정

2006년 12월 30일에 국민건강보험법과 동법 시행령을 개정하여 종래에 직장가입자의 보험료는 표준보수월액을 등급별로 정하여 부과하고 지역가입자의 보험료도 등급별로 정하여 부과하던 것을 폐지하고 실제 보수나 소득을 기준으로 보험료를 부과하고 있다.

(가) 직장가입자

직장가입자의 월별 보험료액은 국민건강보험법 세70조에 따라 산정한 가입자의 월보수액에 8%의 범위 안에서 심의위원회의 의결을 거쳐 대통령령으로 정하는 보험료율 또는 국외에서 업무에 종사하고 있는 직장가입자의 보험료율은 위에서 정해진 보험료율의 100분의 50으로 하여 산출한 보험료율을 곱하여 얻은 보수월액 보험료와 동법 제71조에 따라 산정하는 소득월액에 위의 보험료율을 곱하여 얻은 금액인 소득월액보험료에 따라 산정한 금액으로 한다(동법 제69조 제4항, 제73조 제1항, 제2항). 월별 보험료액은 보험료율의 일정비율에 해당하는 금액을 고려하여 일정한 기준에 따라 상한 및 하한을 정한다(동법 제69조 제6항, 시행령 제32조 참조).

여기서 말하는 월보수액이란 직장가입자가 지급받는 보수를 기준으로 하여 산정한다(동법 제70조 제1항).

(나) 지역가입자

지역가입자의 월보험료액은 세대단위로 산정하되, 지역가입자가 속한 세대의 월별 보험료액은 법 제72조(보험료부과점수)의 규정에 의하여 산정한 보험료 부과점수에 법 제73조 제3항(보험료율 등)에 따른 보험료 부과점수당 금액을 곱한 금액으로 한다(동법 제69조 제5항).

보험료 부과점수는 지역가입자의 소득(사업, 임대, 이자, 배당, 근로소득, 연금보험, 저축연금, 기타 소득), 재산(주택, 토지 등 일반재산, 선박, 항공기, 임차보증금 등 전세금, 회원권, 아파트입주권, 현금 · 예금 · 수표 · 보험 등 금융재산, 자동차),을 기준으로 산정하고(동법 제72조 제1항), 대통령령이 정하는 기준에 따라 상 · 하한을 정할 수 있다(동법 제69조, 제6항, 동법 시행령 제32조).

다) 보험료율

가입자의 보험료율 결정은 보험제도가 가진 목적과 급여비용의 흐름, 그리고 경제 사회적 상황 등을 참고하면서 결정된다. 국민건강보험은 단기보험이므로 매년 당해 연도에 부과된 보험료를 가지고 국민건강보험사업에 소요될 경비로 지출한다. 따라서 보험재정의 안정성과 보험사업의 효과성을 높이기 위하여 보험료율이 결정된다.

직장가입자의 보험료율은 1000분의 80 범위 안에서 심의위원회의 의결을 거쳐 대통령령으로 정한다. 이에 따른 직장가입자의 보험료율은 1만분의 646으로 한다(동법 시행령 제44조). 다만 국외에서 업무에 종사하고 있는 직장가입자의 보험료율은 국내 사업장에 종사하는 가입자에게 적용하는 보험료율의 100분의 50으로 한다(동법 제73조).

지역가입자의 보험료 부과점수당 금액은 심의위원회의 의결을 거쳐 대통령령으로 정한다(동법 제65조 제3항). 이에 따라 지역가입자의 보험료 부과점수당 금액은 189.7원으로 한다(동법 시행령 제44조 제2항).

라) 보험료의 부담

(가) 직장가입자

직장가입자의 보험료는 직장가입자와 직장가입자가 근로자인 경우에는 소속 사업장의 사업주가, 직장가입자가 공무원인 경우에는 소속된 국가 또는 지방자치단체가 각각 보험료액의 100분의 50을, 직장가입자가 교직원인 경우는 소속 학교경영기관이 100분의 30을, 국가가 100분의 20을 각각 부담하되, 소속학교 경영기관(사립학교 설립운영자)이 그 부담액의 전체를 부담할 수 없을 때에는 그 부족액을 학교에 속하는 회계에서 부담하게 할 수 있다(동법 제76조 제1항).

가입자가 보험료를 부담하는 이유는 가입자는 의료보험의 수익자이고, 과도한 업무 외의 상병의 경우 가입자에게 책임이 있는 경우가 많으며, 건강보험제도는 가입자 간의 사후 구제에 근거를 두기 때문인 것으로 풀이된다. 사용자에게 2분의 1 부담의무를 지운 것은 근로조건 및 사업장 설비의 미비로 인하여 직장가입자의 업무 외 상병을 발생시킬 소지를 만든 데 책임이 있고, 또한 직장가입자의 건강유지 및 상병의 빠른 회복은 근로능률의 증진을 가져와 결국 사용자에게도 이익이 돌아가기 때문이다.

(나) 지역가입자

지역가입자의 보험료는 그 가입자가 속한 세대의 지역가입자 전원이 연대하여 부담한다.

국민건강보험법은 벽지 거주 사람, 65세 이상인 사람, 등록 장애인 등 중 보건복지부령으로 정하는 바에 따라 가입자 또는 가입자가 속한 세대의 보험료의 일부를 경감할 수 있다(동법 제75조).

마) 보험료의 징수

보험자인 공단은 의료보험사업에 소요되는 비용에 충당하기 위하여 보험료 납부의무자로부터 보험료를 징수한다. 이 보험료는 가입자의 자격을 얻은 날이 속하는 달부터 가입자의 자격을 잃은 날의 전날이 속하는 달까지 보험료를 징수한다(동법 제69조 참조).

법적으로 보험료 등은 국세 및 지방세를 제외한 기타의 채권에 우선하여 징수한다. 보험료 등의 납부기한 전에 전세권, 질권 또는 저당권의 설정을 등기 또는 등록한 사실이 증명되는 재산의 매각에 있어서 그 매각대금 중에서 보험료 등을 징수하는 경우의 그 전세권, 질권 또는 저당권에 의하여 담보된 채권에 대하여는 그러하지 아니하다(동법 제85조).

바) 보험료의 납부

직장가입자의 보험료는 보수월액보험료와 소득월액보험료를 합한 금액인데, 보수월액보험료는 사용자, 소득월액보험료는 직장가입자가 납부한다(동법 제77조 제1항). 지역가입자의 보험료는 그 가입자가 속한 세대의 지역가입자 전원이 연대하여 납부한다. 다만 소득, 재산, 생활수준참가율 등을 고려하여 대통령령으로 정하는 기준에 해당하는 미성년자는 납부의무를 부담하지 아니한다(동법 제77조 제2항). 공단은 문서(전자문서 포함)로서 납부고지를 해야 한다(동법 제79조 참조).

사) 보험재정에 대한 정부지원

국가는 매년 예산의 범위 안에서 당해연도 보험료 예상 수입액의 100분의 14에 해당하는 금액을 국고에서 공단에 지원한다. 공단은 국민건강증진법이 정하는 바에 따라 동법에 따른 국민건강증진기금에서 자금을 지원받을 수 있다. 공단은 지원된 재원을 가입자 및 피부양자에 대한 보험급여, 건강보험사업에 대한 운영비, 보험료 경감에 대한 지원에 사용한다(동법 제108조).

마. 문제점

가) 보험료부과의 형평성

국민건강보험제도는 보험료 부과에 있어서 형평성이 보장되어야 한다. 그렇지 않으면 피보험자가 수용하지 않으므로 미납자가 증가할 수밖에 없다. 2011년 말에 국민건강보험법이 전부개정되어 직장가입자는 보수 외에 임대소득, 이자소득, 배당소득 등에 대하여도 보험료를 부과하게 되어 직장가입자와 지역가입자의 보험료부담 형평성이 크게 개선되었다. 또한 피부양자의 요건에 있어서 이자소득, 배당소득, 사업소득, 근로소득, 연금소득, 기타 소득이 3,400만원 이하인 사람은 직장가입자의 피부양자가 될 수 있도록 하면서 임대소득 등 사업소득이 조금이라도 있는 사람은 직장가입자의 피부양자가 될 수 없다. 종전에는 임대소득자만 제외 했으나 2018년 이후 형평성차원에서 피부양자에 모든 소득을 고려하여 피부양자 요건을 강화했다.

그런데 지역가입자 중 자영업자, 의사, 변호사 등 전문자영업자 등의 소득 파악이 어려워 제대로 파악되는 인원은 아직도 50% 정도 밖에 되지 않는다고 하는데 이 경우는 적정보험료를 파악하기 힘들므로 소득이 노출된 직장인과의 형평성 문제가 제기된다. 또한 지역가입자의 보험료는 재산과 소득요소를 고려하여 정해지는 데 현재는 재산에 더 큰 비중을 두고 있으나 이를 소득에 비중을 두는 보험료 부과체계를 개선하여 재산은 있으나 소득이 없거나 아주 적은 은퇴자나 영세사업자를 보호할 필요가 있다. 따라서 보험료부과의 형평성 확보가 건강보험제도가 해결해야 할 주요 과제라고 생각된다.

나) 보험관리운영상의 문제

건강보험의 세계적인 추세는 경쟁을 통한 효율성 향상이다. 그러나 현행 국민건강보험의 공단으로의 통합 관리는 상호 경쟁에 의한 자율적인 관리운영과 책임경영체계의 확립에 취약한 것이 단점으로 지적되고 있다(이진숙 외, 2010: 307 참조). 따라서 주변 환경변화에 탄력적으로 대처할 수 있는 능력이 결여되고 이것은 결과적으로 조직의 관료화를 초래하여 국가에 의존하는 체계로 고착되고 만다(노시형 외, 2002).

국민건강보험의 통합이 사회통합의 효과를 거두려면, 보험료 부담이 형평해야 하고 보험급여의 포괄성이 보장되어야 하며 보험제도의 운영이 효율적으로 이루어져야 한다. 그리고 의료 자원의 효율적 활용과 의료서비스의 질 향상, 보험재정의 건전성 확보가 전제되어야 한다(장인협 · 이혜경 · 오상수, 2001; 이진숙 외, 2010: 308).

다) 보험급여 보장상의 문제점

우리나라 국민건강보험은 공보험이지만 국가에서 전액을 급여하는 것이 아니고 보험공단에서 병원비의 80%만을 공단에서 부담하고 나머지 대략 20%는 환자 본인이 부담을 하게 된다(환자본인부담). 그리고 병원비 중에서 MRI, CT촬영비, 초음파 비용 등과 같은 고가 장비, 특진료, 상급입원실 비용 등 공단에서 지급되지 아니하는 비급여가 많이 있다. 현재는 이러한 비급여를 줄이도록 노력하고 있다. 우리나라가 다른 선진국에 비하여 보험료 부담이 낮음에도 2015년 현재 공단의 누적흑자가 16조원이 되는데 이는 보험혜택을 확대하지 않고(급여보장률 62%) 건강보험이 적용되지 않는 비급여를 줄여서 비급여 보장을 확대해야 하는 것이다.

이러한 환자본인 부담비용과 비급여비용을 담보하기 위하여 생긴 것이 민간의료보험이다. 2011년 현재 많은 손해보험회사나 생명보험회사에서 판매하고 있다.

암이나 희귀난치성 질환의 경우는 국민건강보험에서 제공하는 혜택이 더 많다. 본인부담이 훨씬 적기 때문이다. 그럼에도 민간보험이 필요한 이유는 국가에서 전액을 책임져주지 못하기 때문이다. 만약 국가가 고가치료 등의 경우에도 병원비 전액을 부담한다면 국민들의 보험료 부담을 매우 높게 인상해야 하는데(국가가 보험료 부분을 대폭 지원하지 않은 한) 지금도 일부 시민단체에서는 보험료 부담이 높다고 한다. 그 인상은 국민들의 반발, 특히 저소득층의 반발로 저소득층층 보험혜택을 포기하는 결과를 낳을 수 있다. 따라서 우리나라 실정에서 보험료를 인상하여 국가 전액 부담으로 하는 것은 매우 곤란하다. 현재 우리나라의 건강보험료는 선진국에 비하여 매우 낮은 수준이다(선진국은 소득의 10~20%지만 우리나라는 소득의 6~7% 수준이다). 그래서 우리나라는 저부담이다. 그러나 복지의 질은 그리 높은 편이 아니라고 평가된다. 그렇더라도 우리나라 건강보험제도는 성공적이라는 평가가 많다. 높은 복지수준을 거두려면 현행 보험료를 반발이 있더라도 많이는 안 되지만 조금 인상해야 할 것이다.

위와 같이 환자부담비용과 비급여비용을 줄이지 못하는 한 민간건강보험은 필요하다. 2000년대 초기에 시민단체들은 민간보험은 영리보험이므로 보험료 수준이 높아 경제적 능력이 많은 중산층 이상만 혜택을 보게 되고 저소득층은 혜택을 보지 못하므로 민간보험 도입에 반대했다. 이들은 국가가 보험급여대상을 늘리고 즉 비급여를 줄이고 환자 부담금도 대폭 낮추어야 한다고 주장하지만 이렇게 할 경우 국가의 대폭적인 지원이 없으면 결국 보험료를 크게 인상해야 하는데 보험료는 소득과 재산에 비례하여 정해지므로 중산층 이상 소득자의 부담을 크게 증가시킨다면 이들의 반발로 실현이 어렵게 된다. 물론 보다 적게 보험료를 인상하는 것은 중·고소득층이 보험료를 추가로 더 부담하는 정도이니 이는 저소득층의 복지혜택을 위해서는 바람직하다고 본다. 따라서 현실적인 대안으로 현행 국민건강보험을 보완하는 수준에서 현재 많은 보험회사들이 민간보험을 실시하고 있다. 그러나 공적인 건강보험인 국민건강보험 이외에 민간건강보험이 전체 건강보험에서 차지하는 비율이 높아서는 안될 것이다. 민간건강보험이 많다는 것은 적은 부담으로 국가의 공적 건강보험으로부터 혜택을 받는 급여와 환자가 적어진다는 것을 의미하기 때문이다.

참고로 OECD국가의 전체 의료비 중 민간보험이 차지하는 비중을 보면 독일, 오스트리아, 덴마크, 핀란드, 영국 등 대부분의 서유럽 복지국가는 그 비율이 10%를 넘지 않고 있으며 사회보장연금 수급자를 위한 병원보험 이외에는 민간보험으로 의료보상 문제를 해결하고 있는 미국도 33.5%에 지나지 않는다. 우리나라와 유사한 시스템을 가지고 있는 일본은 민간보험의 비중이 0.5% 밖에 되지 않는다고 한다. 우리나라도 아직 정확한 통계는 없지만 민간보험의 비중이 일본처럼 그리 크지 않다고 생각된다. 왜냐하면 우리나라의 민간보험은 영리보험회사와 계약을 체결하여 가입하는 임의보험으로 되어 있고 보험료도 많고 또 국민의식이 국민건강보험에 의존하려는 경향이 많아 웬만한 고소득자가 아닌 이상 거기에 가입하기란 쉽지 않기 때문이다.

마지막으로 국민의 의료비 부담을 덜어주기 위해 환자가 1년동안 병 · 의원에 낸 진료비 본인부담금(소득수준에 따라 120만원~500만원)을 넘으면 초과액을 건강보험에서 돌려주는 본인부담상한제는 직장가입자가 아무리 재산이 많아도 소득이 적으면 소득으로만 건강보험료를 부과하므로 쉽게 본인부담상한액을 초과하여 납부한 보험료에서 그 초과액을 돌려받게 된다. 그러나 이 사람이 지역가입자라면 지역가입자는 재산과 소득 모두를 기준으로 보험료를 산정하므로 본인부담상한액을 초과하지 않아 보험료를 돌려받지 못한다. 따라서 직장가입자든 지역가입자든 소득과 재산 모두를 따져 본인부담상한액을 정하는 것이 공평하다.

4. 노인장기요양보험

1) 도입 이유

우리나라의 만 65세 이상의 노인인구는 2010년에 10.3%로 고령화사회에 진입했고 2018년에 14%로 고령사회로 진입하게 되고, 2026년에는 20% 이상으로 초고령사회로 진입할 것이 예상되어 세계에서 유례가 없을 정도로 빠르게 고령화가 진행되고 있다. 이러한 고령화에 따라 치매, 중풍 등 일상생활이 어려운 노인의 수도 날로 증가하고 있으나, 핵가족화 여성의 사회참여 증가 등으로 장기요양이 필요한 노인을 가정에서 돌보는 것이 어렵고 그 가정의 비용부담이 과중하여 노인장기요양 문제는 우리 사회가 시급히 해결해야 할 심각한 사회문제로 대두되고 있는 실정이다.

노인의 간병, 장기요양 문제를 사회적 연대원리에 따라 정부와 사회(국가, 지방자치단체, 가입자의 보험료, 수급자 본인 일부부담)가 공동으로 해결하는 노인장기요양보험제도를 도입하여 노인의 노후생활을 도모하고 그 가족의 부양부담을 덜어 줌으로써 국민의 삶의 질을 향상하려는 것이다.

2) 노인장기요양보험법 제정 경위

2006년 2월 17일부터 정부로부터 제출된 노인수발보험법안, 2006년 4월 20일 정형근 의원이 대표발의한 국민장기요양법안, 2006년 5월 19일 안병욱 의원이 대표발의한 국민장기요양보험법안, 2006년 9월 14일 현애자 의원이 대표발의한 장기요양보험법안, 2006년 9월 15일 장향숙 의원이 대표발의한 장기요양보험법안 등 6건의 법률안31을 심의한 결과 제265회 정기국회 제2차 보건복지위원회에서 본 회의에 부의하지 아니하기로 하고 국회법 제51조에 따라 위원회안으로 노인장기요양보험법안(대안)을 제안하기로 의결하고 국회 본회의에서 2007년 4월 2일에 통과되었다. 그리고 2007년 4월 27일에 법률 제8403호로 공포되고 장기요양보험 등 요양급여관련 규정은 2007년 7월 1일부터 시행하게 되었다. 그 외의 규정은 2007년 10월 1일부터 시행하였다. 그 후 여러 차례 개정되었다.

3) 주요 내용

(1) 노인에 대한 사회보장 3대 법제

우리나라는 이미 고령화사회로 진입했고 2026년에는 전체 인구의 20%가 노인인 초고령사회로 진입이 예상된다. 그리고 장기요양의 대상이 되는 노인은 2007년 5월 현재 만 65세 이상 노령인구의 12.1% 수준이다. 이리하여 기존의 노인복지법 이외에 기초연금법과 노인장기요양보험법을 의원입법으로 제정하게 된 것이다. 이를 노인의 사회보장에 관한 3대 법제라고 할 수 있다.

(2) 목적과 정의

노인장기요양보험은 고령이나 노인성 질병 등의 사유로 일상생활을 혼자 수행하기 어려운 노인 등에게 제공하는 신체활동 또는 가사활동 지원 등의 장기요양급여에 관한 사항을 규정하여 노후의 건강증진 및 생활안정을 도모하고 그 가족의 부담을 덜어 줌으로써 국민의 삶의 질을 향상하도록 함을 목적으로 한다(노인장기요양보험법 제1조). 여기서 노인 등이라 함은 65세 이상의 노인 또는 65세 미만의 자로서 치매, 뇌혈관성 질환 등 대통령령이 정하는 노인성 질병을 가진 자를 말한다. 장기요양급여란 6개월 이상 혼자서 일상생활을 수행하기 어렵다고 인정되는 자에게 신체활동, 가사활동의 지원 또는 간병 등의 서비스나 이에 갈음하여 지급하는 현금 등을 말한다. 장기요양사업이란 장기요양보험료, 국가 및 지방자치단체의 부담금 등을 재원으로 하여 노인 등에게 장기요양급여를 제공하는 사업을 말한다. 장기요양기관이란 재가급여 또는 시설급여 제공기관으로 지정받은 기관으로서 장기요양급여를 제공하는 기관을 말한다(동법 제2조 참조).

(3) 장기요양급여의 제공원칙과 국가 및 지방자치단체의 책무 등

가. 기본원칙

장기요양급여는 노인 등의 심신상태, 생활환경과 노인 등 및 그 가족의 욕구, 선택을 종합적으로 고려하여 필요한 범위 안에서 이를 제공해야 한다. 또 노인 등이 가족과 함께 생활하면서 장기요양급여를 받는 재가급여를 우선적으로 제공하여야 한다. 장기요양급여는 심신상태나 건강 등이 악화되지 아니하도록 의료서비스와 연계하여 이를 제공하여야 한다(동법 제3조).

나. 국가 및 지방자치단체의 책무

국가 및 지방자치단체는 노인이 일상생활을 혼자서 수행할 수 있는 온전한 심신상태를 유지하는 데 필요한 사업을 실시해야 한다. 국가는 노인성 질환 예방사업을 수행하는 지방자치단체 또는 국민건강보험법에 따른 국민건강보험공단에 대하여 이에 소요되는 비용을 지원 할 수 있다. 국가 및 지방자치단체는 노인인구 및 지역 특성 등을 고려하여 장기요양급여가 원활하게 제공될 수 있도록 충분한 수의 장기요양기관을 확충하고 장기요양기관의 설립을 지원해야 한다. 국가 및 지방자치단체는 장기요양급여가 원활히 제공될 수 있도록 공단에 필요한 행정적 또는 재정적 지원을 할 수 있다. 국가 및 지방자치단체는 장기요양요원(장기요양기관에 소속되어 노인 등의 신체활동 또는 가사활동지원 등의 업무를 수행하는 자 : 동법 제2조 제5호)의 처우를 개선하고 복지를 증진하며 지위를 향상시키기 위하여 적극적으로 노력하여야 한다(동법 제4조).

다. 장기요양급여에 대한 국가정책 방향 및 실태조사

국가는 장기요양 기본계획을 수립, 시행함에 있어서 노인뿐만 아니라 장애인 등 일상생활을 혼자서 수행하기 어려운 모든 국민이 장기요양급여, 신체활동지원서비스 등을 제공받을 수 있도록 노력하고 나아가 이들의 생활안정과 자립을 지원할 수 있는 시책을 강구해야 한다(동법 제5조). 보건복지부장관은 노인 등에 대한 장기요양급여를 원활하게 제공하기 위하여 5년 단위로 연도별 장기요양급여 대상인원 및 재원조달

계획, 연도별 장기요양기관 및 장기요양 전문인력 관리방안, 장기요양요원의 처우에 관한 사항 등에 대하여 장기요양 기본계획을 수립, 시행해야 한다(동법 제6조 참조).

보건복지부장관은 장기요양사업의 실태를 파악하기 위하여 3년 마다 장기요양인정에 관한 사항, 장기요양수급자의 규모·그 급여수준·만족도에 관한 사항, 장기요양기관 등에 관한 사항, 장기요양요원의 근로조건, 처우 및 규모에 관한 사항에 관한 조사를 정기적으로 실시하고 그 결과를 공표하여야 한다(동법 제6조의2).

(4) 장기요양보험료의 징수와 산정

국민건강보험공단은 장기요양사업에 소요되는 비용에 충당하기 위하여 국민건강보험가입자(국민)에게 장기요양보험료를 징수한다. 이 장기요양보험료는 국민건강보험료와 통합하여 징수한다(동법 제8조).

장기요양보험료는 건강보험료에서 경감 또는 면제되는 비용을 공제한 금액에 장기요양보험료율을 곱하여 산정한 금액으로 한다. 장기요양보험료율은 장기요양위원회의 심의를 거쳐 대통령령으로 정한다(동법 제9조 참조).

(5) 장기요양인정의 신청자격과 산정

장기요양을 받기 위해서는 그 신청자격을 정할 필요가 있다. 따라서 장기요양 인정을 신청할 수 있는 자는 장기요양 가입자 또는 그 피부양자, 의료급여법에 따른 수급권자 중 65세 이상의 노인 또는 65세 미만의 자로서 치매, 뇌혈관성 질환 등 대통령령이 정하는 노인성 질병을 가진 자로 하고 있다(동법 제12조). 이 규정을 통하여 장기요양급여를 필요로 하는 노인 및 노인성 질병을 가진 국민에게 장기요양급여가 제공되도록 함으로써 노인장기요양제도의 실효성을 확보할 수 있을 것으로 기대한다. 장기요양 인정을 신청하는 자는 장기요양신청서에 의사(또는 한의사)소견서를 첨부하여 공단에 제출해야 한다. 이 장기요양신청에 대하여는 신청인의 심신상태, 신청인에게 필요한 장기요양급여의 종류 및 내용을 소속 직원으로 하여금 조사하게 해야 한다(동법 제13조 제14조).

국민건강보험공단은 위 조사가 완료된 때 조사결과서, 신청서, 의사소견서 등 심의에 필요한 자료를 장기요양등급판정위원회에 제출하여 등급판정위원회는 대통령령이 정하는 등급판정기준에 따라 수급자로 판정한다(동법 제15조). 등급에는 1, 2, 3등급, 4등급, 5등급, 장기요양인지지원등급이 있다(동법 시행령 제7조 제1항). 공단은 장기요양급여를 받을 수 있는 자가 부정한 방법 또는 고의 사고 유발, 본인의 위법행위에 기인하여 장기요양인정을 받은 경우에 해당하는 것으로 의심되는 경우에는 조사하여 그 결과를 등급판정위원회에 제출하여야 한다(동법 제15조 제4항).

(6) 장기요양급여

가. 종 류

공단은 장기요양신청서에 의하여 등급판정위원회의 심의를 거쳐 장기요양등급, 장기요양급여의 종류 및 내용이 포함된 장기요양인정서를 작성하여 수급자에게 송부해야 한다(동법 제17조). 따라서 수급자가 받을 수 있는 장기요양급여의 종류를 구체적으로 정할 필요가 있는데 이 법은 장기요양급여의 종류를 재가급여, 시설급여, 특별현금급여로 구분하고 있다.

재가급여는 가정에서 장기요양원이 제공하는 요양급여이다. 여기에는 장기요양요원이 수급자의 가정을 방문하여 신체활동 및 가사활동을 지원하는 방문요양, 장기요양요원이 목욕장비를 갖춘 장비를 이용하여 수급자의 가정 등을 방문하여 목욕을 제공하는 방문목욕, 장기요양요원인 간호사 등이 의사·한의사·치과의사의 지시서(방문간호지시서)에 따라 수급자 등의 가정 등을 방문하여 간호·진료의 보조·요양에 관한 상담 또는 구강위생 등을 제공하는 방문간호, 하루 중 일정시간 동안 주야간보호시설을 이용하여 신체활동지원·심신기능의 유지향상을 위한 교육·훈련 등을 제공하는 주야간보호, 단기보호시설에 입소시켜 주야간보호와 같은 요양서비스를 제공하는 단기보호, 기타 재가급여 등이 있다(동법 제23조 제1항 제1호).

시설급여는 수급인을 장기요양시설에 입소시켜 장기요양하는 것이다(동조 제2호). 특별 현금급여는 가족장기요양급여(도서 · 벽지 등 요양시설이 부족한 경우 등 불가피하게 가족 등으로부터 요양을 받는 경우), 특례요양비(장기요양기관이 아닌 노인요양시설에서 장기요양급여를 받은 경우), 요양병원간병비에 지원되는 현금급여이다(동조 제3호).

장기요양급여는 월 한도액 범위 안에서 제공한다. 이 경우 월 한도액은 장기요양등급 및 장기요양급여의 종류 등을 고려하여 산정한다(동법 제28조 제1항). 월 한도액의 산정기준 및 방법은 보건복지부령으로 정한다.

공단에서 지급되는 요양급여는 국민건강보험가입자인 국민의 보험료로 운영되므로 그 부담에 한계가 있고 그렇다하여 국가가 이를 모두 책임지기도 어려우므로 장기요양급여를 받는 자가 그 비용의 일부를 부담하도록 하고 있다. 즉 재가급여 수급자는 재가장기요양급여비용의 100분의 15, 시설급여 수급자는 시설 장기요양급여비용의 100분의 20을 부담하되, 국민기초생활수급권자는 이를 부담하지 아니하며 의료수급권자, 소득 및 재산이 일정액 이하인 자, 생계곤란자 등은 본인일부 부담금의 100분의 50을 감경하도록 한다(동법 제40조).

나. 장기요양기관 및 시설의 지정 및 설치

재가급여 또는 시설급여를 제공하는 장기요양기관을 운영하려는 자는 관할 특별자치시장 · 특별자치도지사 · 시장 · 군수 · 구청장으로부터 지정을 받아야 한다(동법 제31조 제1항). 시설급여를 제공할 수 있는 장기요양기관으로는 노인복지법 제34조 제1항 제1호에 따른 노인요양시설로서 노인장기요양보험법 제31조에 따라 지정받은 장기요양기관, 노인복지법 위 제2호에 따른 노인요양공동생활가정으로서 노인장기요양보험법 제31조에 따라 지정받은 장기요양기관이 있다.

(7) 장기요양보험의 재정

노인장기요양보험의 재정은 국민건강보험가입자인 국민의 장기요양보험료, 본인부담금, 그리고 국가지원금으로 충당한다. 사회보장 특히 노약자에 대하여는 국가가 이를 보장할 헌법상의 의무가 있으므로 장기요양 사업비용에 대한 국가와 지방자치단체의 부담액에 관하여 정할 필요가 있다.

국가는 매년 예산의 범위 안에서 당해연도 장기요양보험료 예상수입액의 100분의 20에 상당하는 금액을 국고에서 국민건강보험공단에 지원하도록 하고 국가와 지방자치단체는 의료수급권자의 장기요양급여비용, 의사소견서 발급비용, 방문간호지시서 발급비용 중 국민건강보험공단이 부담해야 할 비용과 관리운영비의 전액을 대통령령이 정하는 바에 따라 각각 분담하도록 한다.

장기요양 사업비용의 일부를 국가 외 지방자치단체가 부담함으로써 치매, 중풍 등으로 인하여 장기요양이 필요한 노인 등의 복지증진에 대한 국가와 지방자치단체의 책임을 명확하게 하고 그 부양가족의 부담을 덜어줄 수 있을 것으로 기대한다.

(8) 전달체계

장기요양급여수급자의 인정절차는 신청-방문조사-등급판정의 3단계로 구성되어 있다. 세부적으로는 신청-방문조사-조사표입력에 따라서 1차 판정-의사소견서 제출 예외자 통보-의사소견서 제출-등급판정위원회 개최-장기요양인정서 및 표준 장기이용계획서 통보-서비스이용 등의 과정을 거친다.

그리고 장기요양기관의 서비스전달체계 및 비용 청구 지급체계는 장기요양 가입자(건강보험가입자)가 공단(국민건강보험공단)에 보험료를 납부하고, 요양 욕구가 발생할 때 등급판정을 신청한다. 그리고 장기요양 사업자(요양시설 및 재가시설)에게는 서비스 신청을 하고 각종 서비스를 제공받는다. 장기요양서비스 사업자는 공단에 서비스 비용을 청구하고 공단은 이를 심사한 다음 지급한다.

이러한 요양서비스를 제공하는 전문인력이 필요한데 이를 위하여 장기요양요원(요양보호사, 간호사, 간호조무사로서 장기요양기관에 소속되어 노인 등의 신체활동 또는 가사활동 지원업무를 수행하는 자)를 두고 이를 양성하는 제도적 장치를 마련하고 있다. 이 가운데 요양보호사에 대하여는 노인복지법에서 상세히 규정하고 있는데 노인복지법상의 요양보호사는 주로 노인장기요양기관에서 요양서비스를 제공하는 임무를 맡고 있고, 특히 재가요양기관인 재가복지시설에서 방문요양·방문목욕 등의 장기요양업무를 담당하고 있다.

5. 산업재해보상보험정책

1) 의 의

산업재해보상보험은 산업현장에서 활동하는 근로자에게 발생할 수 있는 제반 재해에 대하여 보험방식으로 근로자와 그 가족을 보호하는 한편, 사업주의 위험부담을 경감시키려는 일종의 사회보험이다. 이를 위하여 산업재해보상보험법이 제정되어 있다.

여기서 산업재해란 산업현장에서 발생할 수 있는 근로자의 업무상 부상, 질병, 신체장애 또는 사망의 경우를 말한다. 이 산업재해는 산업현장에서 작업 조건이나 여러 환경적 요인으로 인하여 구조적으로 불가피하게 발생한다. 자본주의와 산업의 발달에 따라 각종의 작업병과 같은 업무사의 사고가 크게 증가하고 있다.

그런데 근로기준법에서도 근로자의 업무상 재해에 대한 사용자의 무과실 보상책임제도를 규정하고 있다. 그러나 근로기준법상의 재해보상제도는 사용자가 보상을 하지 않은 경우 일반 민사소송법상의 소송 절차에 따라 청구하며 그 보상을 강제 실행하여야 하는데 이러한 민사소송의 소에 대한 청구에는 많은 시간과 경비가 소요되며 경제적 약자인 근로자에게는 불리하다. 따라서 근로자의 업무상 재해에 대하여 보험제도를 도입하여 보험방식으로 해결하여 이러한 근로자의 위험을 해소할 수 있다. 이렇게 하여 생겨난 것이 산업재해보상보험제도이다. 즉 국가가 보험방식을 통하여 산업재해를 입은 근로자를 치료하거나 산업재해로 인하여 사망한 근로자의 유족들의 생계를 위하여 적절한 보상을 하여 주는 제도가 산업재해보상보험제도이다.

산업재해보상보험은 사회보험의 한 종류로서 사회보험이 가지는 일반적 특성을 가지고 있으나 산업재해보상보험만이 가진 몇 가지 특성이 있다. 첫째, 산재보험은 기본적으로 업무상 사유로 재해를 입은 재해근로자에 대하여 무과실책임에 입각하여 사업주의 보상책임을 담보하여 주는 사업주 책임보험으로서의 특성을 가지고 있다. 둘째, 산재보험은 다른 사회보험제도와 달리 사업장단위로만 가입이 이루어지고 개별 근로자의 관리는 별도로 이루어지지 않고 있다. 셋째, 산재보험은 보험관계 성립 등 제반행정이 자진 신고 및 자진 납부를 원칙으로 하고 있다. 넷째, 산재보험은 현금급여로 제공되는 국민연금과 현물급여를 위주로 제공되는 건강보험과 달리 현금급여와 현물급여가 모두 제공되는 종합적 보상제도로서의 특성을 가진다. 다섯째, 산재보험에 의한 재해보상은 일반 법원을 통한 구제와 달리 산업재해로부터 입은 재해를 시급히 복구하여 보호하며 업무상 재해를 당한 근로자를 적기에 확실하게 보상해 준다.

2) 목 적

산업재해보상보험제도의 목적은 산업재해보상보험사업을 행하여 근로자의 재해를 신속하고 공정하게 보상하고, 재해근로자의 재활 및 사회복귀를 촉진하기 위하여 이에 필요한 보호시설을 설치·운영하며 재해 예방, 기타 근로자의 복지증진을 위한 사업을 행함으로써 근로자 보호에 이바지함을 목적으로 한다.

근로자의 측면에서는 산업재해를 당한 근로자에게 신속하게 보상함으로써 근로자와 그 가족의 생활안정과 복지를 증진시킨다는 목적이 있다.

사업주의 측면에서는 산업재해로 인한 보상을 사회보험방식으로 해결함으로써 사업주가 감당해야 하는 위험을 분산하게 하고 안정적으로 기업 경영에 전념할 수 있도록 돕는 목적이 있다. 국가사회적 측면에서는 건전한 노동력을 확보, 보전함으로써 경제발전과 국민복지증진에 기여할 수 있다는 목적이 있다.

3) 주요 내용

(1) 적용범위(보험가입자)

가. 당연적용사업(당연가입자)

산업재해보상보험법은 사업의 위험률, 규모 및 장소 등을 고려하여 대통령령으로 정하는 사업(공무원연금법 또는 군인연금법에 의하여 재해보상이 되는 사업, 선원법, 어선원 및 어선재해보상보험법 또는 사립학교 교직원연금법에 따라 재해보상이 되는 사업, 일정액 미만의 공사사업, 가사서비스업, 위 사업 이외의 사업으로서 상시근로자 수가 1명 미만인 사업, 농업, 임업, 어업, 수렵업 중 법인이 아닌 자의 사업으로서 상시근로자 수가 5인 미만인 사업)을 제외하고 근로자를 사용하는 모든 사업에 적용한다(산업재해보상보험법 제6조, 동법 시행령 제2조 제1항). 이와 같이 산업재해보상보험법의 적용을 받는 사업을 당연적용사업이라고 하고, 이 사업의 사업주는 당연히 산업재해보상보험의 가입자가 된다(당연가입자).

나. 임의적용사업(임의가입자)

사업의 위험률, 규모 및 사업장소 등을 참작하여 대통령령에 의하여 산재보험법의 적용이 배제되는 사업의 사업주도 근로복지공단의 승인을 얻어 산재보험에 가입할 수 있다. 이러한 경우에 그 사업을 임의적용사업이라고 한다(고용보험 및 산업재해보상보험의 보험료징수 등에 관한 법률 제5조 제4항).

다. 보험가입자의 의무

보험가입자는 개산보험료, 증가개산보험료, 확정보험료 등 보험료의 보고와 납부 및 정산의무, 보험관계의 성립과 소멸신고의무 등을 진다(위 보험료징수법률 제17~19조, 제10조 등).

라. 산업재해보상보험의 수급권자

산재보험은 사업주가 보험가입자가 되지만 보험급여의 수급권자는 업무상 사유에 의한 부상, 질병, 신체장애 또는 사망 등 업무상 재해를 당한 근로자이다. 여기서 근로자란 근로기준법에 의한 근로자를 말한다(산업재해보상보험법 제5조 제2호). 따라서 업무상 재해를 입은 자가 산재보험의 적용대상이 되는가의 판단은 근로기준법상의 근로자로 인정되는가의 여부에 달려 있다.

그리고 산업재해보상보험법이 적용되는 사업에서 현장 실습을 하고 있는 학생 및 직업훈련생 중 고용노동부장관이 정하는 현장 실습생은 당해 사업에 적용된 근로자로 본다(동법 제123조). 또 외국에서 행하는 사업에 근로시키기 위하여 파견하는 자, 즉 해외파견자도 우리나라 영역 안의 사업에 사용하는 근로자로 보아 산재보험법을 적용할 수 있다(동법 제122조).

(2) 보험자(근로복지공단)

산업재해보상보험사업은 고용노동부장관이 관장하지만 구체적인 보험사업은 고용노동부장관의 위탁을 받아 근로복지사업을 효율적으로 수행하기 위하여 설립한 근로복지공단이 행한다(동법 제10조).

근로복지공단은 보험가입자 및 수급권자에 관한 기록의 관리 유지, 보험료, 그 밖의 징수금의 징수, 보험급여의 결정 및 지급, 보험급여의 결정 및 지급, 보험급여에 관한 심사 청구의 심의와 결정, 산업재해보상보험시설의 설치 및 운영, 업무상 재해를 입은 근로자 등의 요양 및 재활, 재활보조기구의 연구 개발, 근로자의 복지증진을 위한 사업, 기타 정부로부터 위탁받은 사업 등을 행한다(동법 제11조).

그리고 산재보험에 관한 중요 사항을 심의하게 하기 위하여 고용노동부장관의 자문기관으로서 산업재해보상보험심의위원회를 둔다.

(3) 보험사고

산업재해보상보험의 대상이 되는 보험사고는 업무상 재해이다. 그리고 이 업무상 재해는 업무상의 사유에 의한 근로자의 부상, 질병, 신체장애 또는 사망을 말한다(산업재해보상보험법 제5조). 따라서 산재보험급여의 대상이 될 수 있는가의 여부는 결국 업무상의 재해가 그 요건이다.

업무상 재해의 인정기준에 관하여는 산업재해보상보험법 제37조에서 규정하고 있다. 근로자의 사상이 다음의 어느 하나에 해당하는 사유로 부상, 질병 또는 장해가 발생하거나 사망하면 업무상 재해로 본다. 이 경우 업무와 재해 사이에 상당한 인과관계가 있어야 한다(동법 제37조 제1항). 또 근로자의 고의, 자해행위나 범죄행위 또는 그것이 원인이 되어 발생한 부상, 질병, 장해, 사망은 대통령령이 정하는 사유가 있는 경우를 제외하고는 업무상 재해로 보지 않는다(동법 제37조 제2항). 업무상 재해 사유가 되는 것은 다음과 같다(동법 제37조 제1항 제1호~제3호).

근로자가 근로계약에 따른 업무나 그에 따른 업무를 하던 중 발생한 사고, 사업주가 제공한 시설물 등을 이용하던 중 그 시설물 등의 결함이나 관리 소홀로 발생한 사고, 사업주가 주관하거나 그 지시에 따라 참여한 행사나 행사 준비 중에 발생한 사고, 휴게시간 중 사업주의 지배 관리 하에 있다고 볼 수 있는 행위로 발생한 사고, 그 밖에 업무와 관련하여 발생한 사고 등의 업무상 사고나 업무수행 과정에서 유해, 위험요인을 취급하거나 오래 노출되어 발생한 질병, 업무상 부상이 원인이 되어 발생한 질병, 근로기준법 제76조의2에 따른 직장 내 괴롭힘, 고객의 폭언 등으로 인한 업무상 정신적 스트레스가 원인이 되어 발생한 질병, 그 밖에 업무와 관련하여 발생한 질병 등의 업무상 질병, 사업주가 제공한 교통수단이나 그에 준하는 교통수단을 이용하는 등 사업주의 지배관리하에서 출퇴근하는 중 발생한 사고, 그 밖에 통상적인 경로와 방법으로 출퇴근하는 중 발생하는 사고의 출퇴근 재해이다. 이 인정 기준은 종래 대법원 판례에서 판사한 업무상의 범위를 참고로 규정한 것이다.

(4) 보험급여

가. 종 류

산재보험급여에는 요양급여, 휴업급여, 장해급여, 간병급여, 유족급여, 상병보상연금, 장의비, 직업재활급여 등 8종류가 있다(동법 제36조 제1항).

가) 요양급여

요양급여는 근로자가 업무상 사유에 의하여 부상을 당하거나 질병에 걸린 경우에 당해 근로자에게 지급되는 급여로서 요양급여는 요양비의 전액으로 하되 원칙적으로 현물급여이며, 예외적으로 부득이한 경우에는 요양에 갈음하여 요양비를 지급할 수 있다. 다만 3일 이내에 요양으로 치유될 수 있는 경우에는 요양급여를 지급하지 아니한다.

요양급여의 범위는 다음과 같다. 진찰 및 검사, 약재 또는 치료 재료와 의지, 기타 보조기의 지급, 처치와 수술 및 그 밖의 치료, 재활 치료, 입원, 간호 및 간병, 이송, 그 밖에 고용노동부령이 정하는 사항 등이다(동법 제40조).

나) 휴업급여

휴업급여는 업무상의 사유에 의하여 부상을 당하거나 질병에 걸려 치유 후 신체 등에 장해가 있는 경우에 당해 근로자에게 지급하는데 이는 대통령령이 정한 장해등급에 따라 장해보상연금 또는 장해보상 일시금으로 지급한다. 노동능력을 완전히 상실한 장해등급(1~3등급)의 근로자에 대하여는 장해보상연금을 지급하고, 장해급여 청구발생 당시 대한민국 국민이 아닌 자로서 외국에 거주하고 있는 근로자에게는 장해보상일시금을 지급한다(동법 제52조~제56조).

다) 장해급여

근로자가 업무상 사유에 의하여 부상을 당하거나 질병에 걸려 치유 후 신체 등에 장해가 있는 경우 해당 근로자에게 지급하는 것이다(동법 제57조).

라) 간병급여

간병급여는 요양급여를 받은 자가 치유 후 의학적으로 상시 또는 수시로 간병이 필요하여 실제로 간병을 받은 자에게 지급하는 급여이다(동법 제61조).

마) 유족급여

유족급여는 근로자가 업무상의 사유에 의하여 사망한 경우에 유족에게 지급하고 유족보상연금 또는 유족보상 일시금으로 하되, 유족보상 일시금은 사망 당시 유족보상연금을 받을 수 있는 자격이 없는 경우에 지급한다. 다만 유족보상연금의 수급자가 원하는 경우에는 유족보상 일시금의 100분의 50에 상당하는 금액을 일시금으로 지급하고 유족보상연금은 100분의 50을 감액하여 지급한다. 유족보상연금을 받을 수 있는 자격이 있는 자는 유족으로서 근로자의 사망 당시 그에 의하여 부양되고 있던 자 중 처(사실혼관계 있는 자 포함)와 남편(사실혼관계에 있는 자 포함), 부모 또는 조부모로서 60세 이상인 자, 자녀 또는 손으로서 18세 미만인 자, 형제자매로서 18세 미만이거나 60세 이상인 자, 위의 경우에 해당하지 아니하는 남편, 자녀, 부모, 손, 조부모 또는 형제자매로서 장애인으로서 고용노동부령이 정하는 장애등급 이상에 해당하는 자로 한다(동법 제62조~제63조).

바) 상병보상언금

상병보상연금은 요양급여를 받은 근로자가 요양개시 후 2년이 경과한 날 이후에 부상 또는 질병이 치유되지 아니하고 그 부상 또는 질병에 의한 폐질의 정도가 대통령령이 정하는 폐질등급 기준에 해당하는 상태가 계속되면 휴업급여 대신 지급한다. 폐질등급은 1급으로부터 3급까지 구분되는 데 신체등급의 1급에서 3급까지의 내용과 거의 같은 기준이다. 상병보상연금은 폐질등급에 따라 지급한다. 그러나 근로자가 61세 이후에는 노동능력 등을 고려하여 상병보상연금을 감액하여 지급한다(동법 제66조).

사) 장의비

장의비는 근로자가 업무상의 사유에 의하여 사망한 경우에 평균임금의 120일분에 상당하는 금액을 그 장제를 행하는 자에게 지급한다(동법 제71조).

아) 직업재활급여

직업재활급여란 장해급여를 받는 자 중 취업을 위하여 직업훈련이 필요한 자에게 실시하는 직업훈련 비용 및 직업훈련수당, 장해급여자를 위한 직장복귀 연금, 직장

적응훈련비 및 재활운동비를 말한다(동법 제72조).

나. 보험급여의 산정기준과 지급수준의 보장

가) 보험급여의 산정기준

산업재해보상보험의 급여는 요양급여의 경우에 인정되어 있는 현물급여를 제외하고는 현금급여를 제공하는 경우가 많다. 현금급여는 산업재해보상보험에 따라 재해를 입은 근로자의 임금, 통상임금 및 평균임금 등이 급여산정에 사용된다. 여기서 말하는 임금, 통상임금 및 평균임금은 근로기준법에 의한 임금, 평균임금 및 통상임금을 말한다. 만일 근로기준법에서도 이러한 내용을 규정하기가 어려운 경우에는 고용노동부장관이 고시하도록 정하였다(산업재해보상보험법 제5조 제2호 단서). 대부분의 경우에는 평균임금이 기본적으로 산업재해보상보험의 급여를 산정하는 기준이 되고 있다. 그러나 산업재해보상보험법상 현금급여는 각각의 급여 종류에 따라 특별하게 예외적 상황이 많고 거기에 따라 규정되어 있는 경우가 많다.

나) 임금변동순응률제도(슬라이드제도)

산업재해보상보험법에 의하여 보험급여산정에 있어서 그 근로자가 소속된 사업과 동일한 직종의 근로자에게 지급되는 통상 임금이 변동되거나 사업의 폐지, 휴업 등 기타 부득이한 사유가 있을 때에는 대통령령이 정하는 기준에 따라 평균임금을 증감할 수 있도록 규정하였다(동법 제36조 제3항, 제4항). 이러한 규정은 매년 임금수준의 변동폭이 크고, 장기적 요양급여를 받고 있는 경우, 재해를 입은 근로자는 재해 당시 평균임금을 기준으로 보험급여를 받게 되어 근로자의 보험급여가 가지는 실질적 가치가 하락될 수밖에 없는데 이것을 방지하기 위한 조치라고 볼 수 있다.

다) 평균임금 산정의 특례

근로자의 근로형태가 특이하거나 진폐 등 특정한 직업병으로 인하여 근로기준법상의 평균 임금을 적용하는 것이 적당하지 아니하다고 인정되는 경우에는 대통령령이 정하는 산정방법에 따라 산정한 금액을 평균임금으로 한다(동법 제36조 제5항).

라) 기준보수제도

평균임금 산정에 기초가 되는 임금을 산정함에 있어서 상시 근로자 수가 5인 미만인 사업의 경우, 사업의 폐지, 도산 등으로 임금을 산정하거나 확인하기 곤란한 경우 또는 대통령령이 정하는 사유에 해당하는 경우에는 고용노동부장관이 사업의 규모, 근로형태, 임금수준 등을 고려하여 고시하는 기준보수를 보수로 하도록 하였다(보험료징수법 제3조 참조).

마) 최고·최저보상제

보험급여는 재해를 입은 근로자의 평균임금을 기준으로 소정 일수에 상당하는 금액을 지급하는 것이 원칙이다. 따라서 임금수준에 따라 보험급여에 차등이 생기는데 이를 보완하기 위하여 보험급여(장의비 제외)의 산정에 있어서 당해 근로자의 평균임금 또는 특별한 산징기준에 의해 산정한 평균임금이 고용정책기본법 제17조의 고용구조 및 인력수요 등에 관한 통계에 따른 상용근로자 5명 이상 사입체의 전체 근로자의 임금평균액의 1.8배(최고보상기준금액)를 초과하지 못하나, 2분의 1(최저보상기준임금액)보다 적으면 그 최고보상기준금액 또는 최저보상기준금액을 각각 당해 근로자의 평균임금으로 하되 최저보상기준금액이 최저임금법 제5조 제1항에 따른 시간급 최저임금액에 8을 곱한 금액(최저임금액이라 함)보다 적으면 그 최저임금액을 최저보상기준금액으로 한다. 다만, 휴업급여 및 상병보상연금의 경우에는 최저보상기준금액을 적용하지 않는다(동법 제36조 제7항)고 하여 최고·최저보상제를 채택하고 있다.

(5) 보험료

산재보험의 비용의 재원조달은 원칙적으로 사용주의 책임이지만 행정 사무 등을 위하여 약간의 비용을 국가가 부담한다. 산재보험료는 사용주인 보험가입자에게 징수한다. 그런데 산재보험에 관한 업무는 고용노동부장관의 위탁을 받아 근로복지공단이 수행하고 보험료 징수는 고용노동부장관의 위탁을 받아 국민건강보험공단이

징수한다(보험료징수법 제4조). 즉 보험료 부과는 근로복지공단이 하고 징수는 국민건강보험공단이 한다(부과와 징수의 분리).

보험가입자인 사업주가 부담하는 산업재해 보험료는 사업주가 경영하는 사업에 종사하는 근로자의 개인별 보수총액에 임금 총액에 동법 제14조에 따라 동종의 사업에 적용되는 보험료율을 곱한 금액으로 한다(보험료징수법 제13조 제5항). 임금 총액에 대한 내용은 근로기준법에 따른다. 근로기준법에 의하면 임금이란 사용자가 근로의 대가로 근로자에게 임금, 봉급, 기타 여하한 명칭으로 지급하는 일체의 금품을 말한다. 흔히 의례적, 호의적 의미에서 근로자에게 지급되는 것은 임금총액에 포함되지 아니하며 예컨대 근로자를 위한 복리시설비는 임금에 속하지 않는다. 또한 임시로 지불된 임금과 수당은 임금의 총액에 산입하지 않는다. 그러나 상여금, 연월차수당, 정기적으로 지급되는 주식보조비, 월동수당, 추석 떡값 등은 임금의 범위에 속한다.

보험료율은 매년 6월 30일 현재 과거 3년간의 보험급여에 소요되는 금액, 재해 예방 및 재해근로자의 복지증진 등에 소요되는 비용, 기타 사정을 고려하여 고용노동부령이 정하는 바에 의하여 사업종류별로 구분, 결정한다(보험료징수법 제14조 제3항). 그러나 보험관계가 성립하여 3년이 되지 아니한 사업에 대한 보험료율은 고용노동부령이 정하는 바에 의하여 위원회의 심의를 거쳐 사업 종류별로 따로 정한다(보험료징수법 제14조 제4항). 그리고 동일 사업장에서 보험료율의 적용사업이 2종 이상 행하여지는 경우에는 그 중 근로자 수 및 임금총액 등이 비중이 큰 사업에 적용되는 보험료를 당해 사업장 안의 모든 사업에 적용한다(보험료징수법 시행령 제14조 제1항).

(6) 노동복지사업

노동복지사업은 산재보험급여만으로 피해자와 그 가족의 생활안정과 복지증진에 한계가 있음을 인식하여 보다 적극적으로 근로자의 복지증진을 위한 제반 사업을 실시하는 것을 말한다. 고용노동부장관은 근로자의 복지증진을 위하여 첫째, 업무상의 재해를 입은 근로자의 원활한 사회 복귀를 촉진하기 위한 요양 또는 외과 후 처치에 관한 시설 및 의료재활 또는 직업재활에 관한 시설 등 보험시설의 실시 운영, 둘째, 장학사업 등 재해근로자와 그 유족의 복지증진을 위한 사업, 셋째, 그 밖에 근로자의 복지증진을 위한 시설의 설치와 운영사업 등의 사업을 수행할 수 있도록 하고 있다(동법 제92조 제1항 제1호~제3호). 또 고용노동부장관은 장해급여를 받은 근로자의 장해 정도를 참작하여 보험가입자가 그 재해근로자(장해급여 또는 진폐보상연금을 받은 자)를 적성에 맞는 업무에 고용하도록 권고하도록 하여(동법 제94조) 장해 근로자의 고용촉진을 유도하고 있다.

6. 고용보험정책

1) 목 적

고용보험은 실업의 예방, 고용의 촉진 및 근로자의 직업능력의 개발향상을 도모하고, 국가의 직업 지도와 직업소개 기능을 강화하며, 근로자가 실업한 경우에 생활에 필요한 급여를 실시함으로써 근로자의 생활안정과 구직활동을 촉진하여 경제사회발전에 이바지함을 목적으로 한다. 이 목적을 달성하기 위한 사업 또는 보험급여는 고용안정사업, 직업능력개발사업, 실업급여, 유아휴직급여, 출산전후휴가급여로 되어 있다.

2) 고용보험의 특성과 기능

(1) 특 성

가. 근로자의 생활보장과 고용대책의 통합

고용보험은 근로자의 생활을 보장하는 사회복지정책과 고용정책이 함께 융합된 제도로 볼 수 있다.

나. 관리운영의 국가 책임

고용보험법은 고용보험은 고용노동부장관이 관장하고 그 비용부담에 있어서도 국가는 매년 보험사업의 관리운영에 소요되는 비용의 전부 또는 일부를 국가의 일반회계에서 부담할 수 있다고 하여 국가 책임을 밝히고 있다(동법 제3조, 제5조 참조). 물론 보험사업에 소요되는 비용에 충당하기 위하여 사업주와 피보험자인 근로자로부터 보험료를 징수하는 이른바 3자부담의 원리를 취하고 있기는 하지만 관리운영의 최종 책임자는 국가로 볼 수 있다.

다. 보험사고의 예측이 어려운 사회보험

연금보험료, 의료보험 및 산재보험의 보험사고 발생률이 안정적이며 정확히 예측할 수 있는 데 비하여 고용보험의 경우 실업률은 경기변동과 밀접한 관계에 있으며 이는 다시 경기, 재정, 통화정책 등에 영향을 받기 때문에 보험사고 발생률의 예측이 어렵다. 따라서 고용보험의 경우 재정추계의 어려움 때문에 재정이 불안정하다.

(2) 기 능

우리나라의 고용보험은 실업자에 대하여 생계를 지원하는 사후구제적 차원의 단순한 실업보험이 아니라 사전적으로 예방, 재취업의 촉진, 잠재인력의 고용 촉진, 직업능력 개발 및 인력수급 원활화 등을 목적으로 하는 적극적 인력정책의 핵심적 수단으로 도입되었다.

고용보험제도의 기능은 첫째, 산업구조 조정과정에서 고용 조정을 지원하며 고용안정 및 구조조정을 도모한다. 둘째, 인력 풀의 형성, 국가의 직업안정 기능의 체계화 등을 통하여 인력수급의 원활화를 도모한다. 셋째, 근로자의 직업능력 개발 활성화로 노동 생산성을 향상시키고 기업 경쟁력을 강화한다. 넷째, 실직근로자 생계인정, 재취업 촉진을 꾀하게 된다. 다섯째, 남북통일에 대비한 적극적 노동시장정책 추진 가능성이다. 독일은 통일 후 고용보험으로 실업증가 문제를 해결하였으므로 고용보험의 시행을 통하여 노동시장의 관리능력을 배양, 통일에 대비할 수 있을 것이다. 여섯째, 경기조절 기능을 들 수 있다.

3) 주요 내용

(1) 적용범위

가. 적용대상 사업장

근로자를 사용하는 모든 사업장이 가입 대상이다. 그러나 산업별 특성 및 규모 등을 고려하여 대통령이 정하는 사업에 대하여는 고용보험법을 적용하지 아니한다(동법 제8조 단서). 고용보험법 적용대상 사업장에서 제외되는 사업장은 다음과 같다(동법 시행령 제2항 제1호~제3호).

농업, 임업, 어업 및 수렵업 중 법인이 아닌 자가 상시 4명 이하의 근로사를 사용하는 사업, 총공사금액이 2000만원 미만인 공사나 연면적 100제곱미터 이하인 건축물의 건축 또는 연면적이 200제곱미터 이하인 건축물의 대수선에 관한 공사, 가구내 고용활동 및 달리 분류되지 아니한 자기소비 생산활동 등이 적용사업장장이다.

나. 적용제외 근로자

다음의 하나에 해당하는 근로자에 대하여는 고용보험법을 적용하지 아니한다. 1월간의 소정 근로시간이 60시간 미만인 자(1주간의 근로시간이 15시간 미만인 자 포함. 다만, 시간제 근로자라도 3월 이상 계속하여 근로를 제공하는 자 및 고용보험법 제2호 제6호의 규정에 의한 일용근로자(1월 미만의 기간 동안 고용되는 자)는 고용보험법의 적용을 받는다)(동법 제10조 제2호, 동법 시행령 제3호 제1항), 국가공무원 및 지방공무원(다만 대통령령으로 정하는 바에 따라 별정직 및 계약직 공무원의 경우는 본인 의사에 따라 고용보험에 가입할 수 있다), 사립학교연금법의 적용을 받는 자, 그 밖에 대통령령이 정하는 자 등은 적용제외 근로자이다(외국인 근로자, 별정직 우체국 직원)(동법 제10조 제1호~제5호). 65세 이후에 고용(65세 전부터 피보험 자격을 유지하던 사람이 65세 이후에 계속 고용된 경우는 제외)되거나 자영업을 개시한 사람에게는 고용보험법을 적용하되 제4장 실업급여, 제5장 육아휴직 급여와 출산전후휴가 급여는 적용하지 아니한다(동법 제10조 제2항).

다. 보험가입자

가) 피보험자와 고용보험의 가입방식

보험가입자는 사업주와 근로자이다(보험료징수법 제5조 제1항). 그러나 실제로 다양한 보험급여를 받는 자는 피보험자이다. 피보험자라 함은 보험에 가입하거나 가입된 것으로 보는 근로자(보험료징수법 제5조 제1항, 제2항, 제6조 제1항, 제8조 제1항 · 2항)와 자영업자(보험료징수법 제49조의2 제1항, 제2항 참조)이다. 고용보험의 가입방식에는 당연가입, 임의가입, 의제가입이 있다. 이하 가입방식을 구체적으로 설명한다.

나) 당연가입

고용보험법의 적용대상이 되는 사업의 사업주의 근로자는 당연히 보험가입자가 된다. 이를 당연가입자라고 하고 그 사업을 당연가입 사업장이라고 한다(보험료징수법 제5조 제1항).

다) 임의가입

고용보험법 적용제외사업(고용보험법 제8조 단서)의 사업주가 근로자 과반수의 동의 및 근로복지공단의 승인을 얻어 그 사업의 사업주와 근로자는 보험에 가입할 수 있는데 이를 임의가입이라고 한다(보험료징수법 제5조 제2항).

라) 의제가입

당연가입자가 되는 적용사업이 사업규모의 변동 등으로 인하여 당연가입의 범위에 속하지 아니하게 된 때에는 그 사업주 및 근로자는 그 해당하게 된 날부터 임의가입한 것으로 본다. 그리고 당연가입이 되는 사업의 사업주가 당해 사업 중에 피보험자인 근로자를 고용하지 아니하게 된 때에는 그날부터 1년의 범위 안에서 피보험자인 근로자를 고용하지 아니한 기간 동안에도 보험에 가입한 것으로 본다. 이러한 경우를 의제가입이라 부른다(보험료징수법 제6조 제1항).

(2) 고용보험의 보험자(관장기구)

고용보험의 관장은 고용노동부장관이 담당한다. 그러나 보험사업에 관한 고용보험법에서 정한 사항은 고용노동부장관의 위탁을 받아 근로복지공단이 수행하고 보험료 등의 고지 및 수납, 보험료의 체납관리 등 보험료 징수에 관한 업무는 국민건강보험공단이 고용노동부장관의 위탁을 받아 수행한다(보험료징수법 제4조: 부과와 징수의 분리).

(3) 보험급여

고용보험의 급여는 크게 고용안정사업, 직업능력개발사업, 실업급여, 육아휴직급여 및 출산전후휴가급여로 구분할 수 있다.

가. 고용안정사업

고용노동부장관은 피보험자 및 피보험자이었던 자 등의 실업의 예방, 취직의 촉진, 고용기회의 확대, 직업능력 개발·향상의 기회 제공 및 지원, 그 밖에 고용안정과 사업주에 대한 인력확보의 지원을 위하여 고용안정·직업능력개발사업을 실시한다.

고용안정사업에는 고용창출의 지원, 고용조정의 지원, 지역고용의 촉진, 고령자 등의 고용촉진의 지원 등이 있고, 직업능력개발사업 등이 있다(동법 제19조~제26조 참조).

나. 직업능력개발사업

여기에는 사업주 지원과 근로자 지원이 있다.

사업주 지원이란 피보험자 등의 직업능력을 개발 향상시키기 위하여 직업능력 개발훈련을 실시하는 사업주에 대하여 훈련에 필요한 지원을 하는 것을 말한다. 고용노동부장관은 사업주가 기간제근로자, 단시간근로자, 파견근로자, 일용근로자, 고령자 및 준고령자 등에게 직업능력개발훈련을 실시하는 경우에는 우대지원하는 정책을 펴고 있다(동법 제27조 참조). 사업주 지원의 내용은 직업능력개발훈련비용의 지원, 직업능력개발훈련 중 생계비 대부, 직업능력 개발, 훈련시설·장비 설치비용 대부 및 지원 등이 있다.

근로자 지원이란 피보험자 등이 직업능력개발훈련을 받거나 직업능력의 개발·향상을 위하여 노력하는 경우에는 필요한 비용을 지원하는 것과 피보험자 등의 취업촉진을 위한 직업능력개발훈련을 실시할 수 있다. 여기에는 근로자 수강지원금의 지원, 근로자 능력개발 카드에 의한 수강 지원, 근로자 능력개발 비용의 대부 및 실업자 취업훈련 지원, 능력개발 비용의 지원 등이 있다(동법 제29조~제32조).

다. 실업급여

실업급여는 구직급여와 취업촉진수당으로 구분한다. 취업촉진수당은 다시 조기재취업수당, 직업능력개발수당, 광역구직활동비, 이주비 등으로 나누어진다(동법 제37조).

가) 구직급여(동법 제4장 제2절)

(가) 수급요건

① 이직일 이전 18개월간(기준기간)에 피보험 단위기간이 통산하여 180일 이상이 되어야 한다. 피보험단위기간이란 보험급여의 소정급여일수의 산정기준이 되는 기간이며 이직 당시의 사업에서의 피보험기간(고용기간) 중 보수지급의 기초가 된 날을 합산한 기간을 말한다. 이 피보험단위 기간이 구직급여의 수급요건이 된다.

② 근로의 의사와 능력이 있음에도 불구하고 취업하지 못한 상태에 있어야 한다.

③ 이직사유가 피보험자가 동법 제58조에 따른 수급자격의 제한 사유(자기의 중대한 귀책사유로 해고되거나 정당한 사유 없는 자기 사정으로 이직한 경우)에 해당하지 아니할 것

④ 재취업을 위한 노력을 적극적으로 해야 한다.

⑤ 최종 이직 당시 일용근로자였던 자로서 수급자격 인정 신청일 이전 1월간의 근로일수가 10일 미만일 것, 건설일용근로자로서 수급자격 인정신청일 이전 14일간 연속하여 근로내역이 없을 것

⑥ 최종 이직 당시 일용근로자였던 자로서 최종 이직일 이전 기준기간 내의 피보험 단위기간 180일 중 다른 사업에서 수급자격의 제한사유에 해당하는 사유로 이직한 사실이 있는 경우에는 당해 피보험 단위기간 중 90일 이상을 일용근로자로 근로하였을 것 등의 요건을 갖추어야 한다. 피보험자가 이직일 이전 18개월 동안에 질병 · 부상, 그 밖에 대통령령으로 정하는 사유로 계속하여 30일 이상 보수의 지급을 받을 수 없었던 경우에는 18개월에 그 사유로 보수를 받을 수 없었던 일수를 가산한 기간을 기준기간(3년 초과 때에는 3년)으로 한다(이상 동법 제40조).

(나) 실업의 신고와 수급자격의 인정

이러한 구직급여를 받고자 하는 자는 이직 후 지체 없이 직업안정기관에 출석하여 실업을 신고해야 한다. 실업 신고에는 구직신청과 위에서 말한 구직급여 규정에 의한 수급자격의 인정신청을 포함해야 한다.

구직급여를 지급받고자 하는 자는 직업안정기관의 장으로부터 구직급여의 수급요건 즉 수급자격을 갖추었다는 사실의 인정을 받아야 한다. 직업안정기관의 장은 수급자격의 인정신청을 받은 경우에는 그 신청인에 대한 수급자격의 인정 여부를 결정하고 신청인에게 그 결과를 알려줘야 한다(이상 동법 제42조, 제43조). 실업급여는 현재 만 64세까지만 인정하고 있는데 고령화 추세에 따라 고령자 취업을 보장하기 위하여 이를 65세 이상으로 확대하자는 의견이 많다.

(다) 피보험 단위기간

피보험단위기간은 피보험기간 중 보수지급의 기초가 된 날을 합하여 계산한다. 피보험단위기간을 계산할 때는 최후로 피보험자격을 취득한 날 이전에 직업안정기관의 장으로부터 수급자격을 인정받은 사실이 있는 경우에는 그 수급자격의 인정과 관련된 이직일 이전의 보수지급의 기초가 된 날은 피보험기간에 넣지 아니한다(이상

동법 제41조 참조).

(라) 급여기초일액

구직급여의 산정 기초가 되는 임금일액(이하 "기초일액")은 수급자격의 인정과 관련된 마지막 이직 당시 근로기준법에 따라 산정된 평균임금으로 한다. 다만 마지막 이직일 3개월 이내에 피보험자격을 취득한 사실이 2회 이상인 경우에는 마지막 이직일 이전 3개월간에 그 근로자에게 지급된 임금총액을 그 산정의 기준이 되는 3개월의 총 일수로 나눈 금액을 기초일액으로 한다(동법 제45조 제1항). 위에서 산정된 금액이 근로기준법에 의한 근로자의 통상임금보다 저액일 경우에는 그 통상임금을 기초일액으로 한다. 다만 최종 사업에서 이직 당시 일용근로자이었던 자의 경우에는 그러하지 아니하다(동법 제45조 제2항). 이상에 따른 기초일액을 사정하는 것이 곤란한 경우와 보험료를 보험료징수법 제3조에 따른 기준보수를 기준으로 낸 경우에는 기준보수를 기초일액으로 한다. 다만 보험료를 기준 보수로 낸 경우에도 위의 제1항 및 제2항에 따라 산정한 기초일액이 기준 보수보다 많은 경우에는 그러하지 아니하다(동법 제45조 제3항). 위의 제1항부터 제3항까지의 규정에 불구하고 이들 규정에 의하여 산정한 기초일액이 당해 수급자격자의 이직 전 1일 소정 근로시간에 이직일 당시 적용되던 최저임금법에 따른 시간 단위에 해당하는 최저임금액을 곱한 금액(이하 "최저기초일액")보다 낮은 경우에는 최저기초일액을 기초일액으로 한다. 이 경우 이직 전 1일 소정근로시간은 고용노동부령이 정하는 방법에 따라 산정한다(동법 제45조 제4항). 반면에 위의 제1항부터 제3항까지 규정에 불구하고 이들 규정에 의하여 산정된 기초일액이 보험의 취지 및 일반 근로자의 임금수준 등을 고려하여 대통령령이 정하는 금액을 초과하는 경우에는 대통령령이 정하는 금액을 기초일액으로 한다(동법 제45조 제5항, 동법 시행령 제68조). 여기서 말하는 기준임금이란 상시 근로자 수가 5인 미만인 사업의 경우, 사업의 폐업 · 도산 등으로 임금을 산정 · 확인하기 곤란한 경우라든지, 임금관련 자료가 없거나 불명확한 경우, 사업의 이전 등으로 인하여 사업의 소재지 파악이 곤란한 경우 등에 고용노동부장관이 고시하는 금액을 말한다.

(마) 구직급여 일액

구직급여 일액은 위의 고용보험법 제45조 제1항부터 제3항까지 및 제5항의 경우에는 당해 수급자격의 기초일액에 100분의 50을 곱한 금액으로 한다. 동법 제45조 제4항의 경우에는 당해 수급자격자의 기초일액에 100분의 90을 곱한 금액으로 한다. 이에 따라 산정된 구직급여 일액이 최저 구직급여 일액보다 낮은 경우에는 최저 구직급여 일액을 당해 수급자격자의 구직급여 일액으로 한다(동법 제46조 제2항).

(바) 수급기간 · 수급일수 · 국민연금보험료의 지원

구직급여는 고용보험법에 따로 규정이 있는 경우를 제외하고는 당해 구직급여의 수급자격과 관련된 이직일의 다음날로부터 계산하기 시작하여 12월 내에 소정급여일수 즉 피보험기간 및 연령에 따라 90일 내지 240일로 법정된 소정급여일수를 한도로 하여 지급한다(동법 제48조 제1항).

구직급여는 2주간 전에 1회씩 실업의 인정을 받은 일수분을 지급하는 네 수급자격자 거주지 관할 직업안정기관에 출석하는 최초의 실업인정일에 구직급여를 지급받기를 원하는 금융기관의 계좌를 지정하여 신고하면 그 계좌로 지급하게 되어 있다(동법 시행령 제75조).

고용노동부장관은 국민연금법 제19조의2 제1항에 따라 구직급여를 받는 기간을 국민연금가입기간으로 추가 산입하려는 수급자격자에게 국민연금보험료의 일부를 지원할 수 있다(동법 제55조의2 참조).

나) 취업촉진수당(이하 동법 제4장 제2절 참조)

(가) 조기 재취업수당

조기 재취업수당은 수급 자격자가 안정된 직업에 재취업하거나 스스로 영리를 목적으로 하는 사업을 영위하는 경우로서 대통령령이 정하는 기준에 해당하면 지급한다. 대통령령이 정하는 기준에 해당하는 경우란 수급 자격자가 대기기간이 지난 후 재취업한 날의 전날을 기준으로 소정 급여일수를 30일 이상 남기고 재취업한 경우로서 재취직한 사업주에게 계속하여 6개월 이상 고용된 경우나 6개월 이상 계속 사업을 영위한 경우에 해당하는 경우이다.

조기 재취업수당을 지급받은 자에 대하여 고용보험법의 규정을 적용함에 있어서는 당해 조기 재취업수당의 금액을 구직급여일액으로 나눈 일수분에 상당하는 구직급여를 지급한 것으로 본다.

(나) 직업능력개발수당

직업능력개발수당은 수급자격자가 직업안정기관의 장이 지시한 직업능력개발훈련 등을 받는 경우에 그 직업능력개발훈련 등을 받는 기간에 대하여 지급한다. 다만 직업훈련, 직업지도 등을 거부하여 구직급여의 지급이 정지된 기간에 대하여는 직업능력개발훈련수당을 지급하지 아니한다. 이 수당은 수급자격자가 직업안정기관의 장이 직업훈련 등을 받은 날로서 구직급여의 지급대상이 된 날에 대하여 지급한다.

(다) 광역구직활동비

광역구직활동비는 수급자 자격자가 직업안정기관의 소개에 따라 광범위한 지역에 구직활동을 하는 경우로서 첫째, 구직활동에 소요되는 비용이 구직활동을 위하여 방문하는 사업장의 사업주로부터 지급되지 아니하거나 지급되더라도 그 금액이 광역구직활동비의 금액에 미달할 것, 둘째, 수급 자격자의 거주지로부터 구직활동을 위하여 방문하는 사업장까지의 거리가 고용노동부령이 정하는 거리(50킬로미터) 이상일 것(이 경우 거리는 거주지로부터 사업장까지의 수로에 따라 계산하되 수로의 거리는 실제 거리의 2배로 봄)이다.

(라) 이주비

이주비는 수급 자격자가 취업하거나 직업안정기관의 장이 지시한 직업능력개발훈련 등을 받기 위하여 그 주거를 이전하는 경우로서 대통령령이 정하는 기준에 따라 직업안정기관의 장이 필요하다고 인정하면 지급할 수 있다. 대통령령이 정하는 기준이란 첫째, 취업하거나 직업훈련 등을 받게 된 경우로서 고용노동부장관이 정하는 기준에 따라 거주지 관할 직업안정기관의 장이 주거의 변경이 필요하다고 인정할 것, 둘째, 당해 수급자격자를 고용하는 사업주로부터 주거의 이전에 소요되는 비용이 지급되지 아니하거나 지급되더라도 그 금액이 금액에 미달할 것, 셋째, 취업을 위한 이주인 경우 1년 이상의 근로계약을 체결할 것을 말한다.

다) 자영업자인 피보험자에 대한 실업급여 적용의 특례(동법 제4장 제3절 참조)

고용보험에 가입하거나 가입된 것으로 보는 자영업자인 피보험자에 대한 실업급여를 적용함에 있어서 실업급여의 종류는 다른 피보험자의 경우에 따르되 연장급여와 조기재취업수당은 제외한다.

라. 육아휴직 급여(동법 제5장 제1절 참조)

고용노동부장관은 남녀 고용평등과 일·가정 양립지원에 관한 법률 제19조에 따른 육아휴직을 30일 이상 부여받은 피보험자 중 첫째, 육아휴직을 시작한 날 이전에 피보험단위기간이 통산하여 180일 이상이고, 둘째, 같은 자녀에 대하여 피보험자인 배우자가 육아휴직을 부여받지 아니하거나, 육아기 근로시간 단축을 30일 이상 실시하지 아니하고 있는 것이라는 요건을 갖춘 경우에 육아휴직 급여를 지급한다.

마. 출산전후휴가 급여(동법 제5장 제2절 참조)

고용노동부장관은 남녀평등과 일·가정 양립지원에 관한 법률의 규정에 의하여 피보험자가 근로기준법에 따른 산전 또는 유산·사산휴가를 부여받은 경우로서 첫째, 출산전후휴가가 끝난 날 이전에 피보험단위기간이 통산하여 180일 이상이어야 하고 둘째, 휴가를 시작한 날 이후 1개월부터 휴가가 끝난 날 이후 12개월 이내에 신청해야 하는 등의 요건을 갖춘 경우에 출산전후휴가 등의 급여를 지급한다.

(4) 보험료와 비용

가. 보험료

고용보험제도의 보험사업에 소요되는 비용에 충당하기 위하여 사업주와 피보험자인 근로자로부터 고용안정사업 · 직업능력개발사업 및 실업급여의 보험료를 징수한다(보험료징수법 제13조 제1항 제1호).

가) 보험료의 산정과 징수 등

피보험자인 근로자가 부담해야 하는 고용보험료는 자기의 보수의 총액에 보험료징수법 제14조 제1항에 따른 실업급여의 보험료율의 2분의 1을 곱한 금액으로 한다(보험료징수법 제13조 제2항). 사업주가 부담하여야 하는 고용보험료는 당해 사업에 종사하는 피보험자인 근로자의 보수의 총액에 고용안정사업 · 직업능력개발사업의 보험료를 곱한 금액, 실업급여의 보험료율의 2분의 1을 곱한 금액을 합한 금액이다(보험료징수법 제13조 제4항).

결국 근로자는 실업급여 2분의 1을 부담하고 사용자는 실업급여 소요비용의 2분의 1과 고용안정 및 직업능력개발사업에 소요되는 비용을 부담하고 있다. 다만 65세 이후에 고용되거나 자영업을 개시한 자에 대하여는 고용보험료 중 실업급여의 보험료를 징수하지 아니한다(동법 제13조 제3항).

사업주는 보험가입자인 근로자가 부담하는 고용보험료에 상당하는 금액을 근로자에게 지급해야 할 보수에서 원천 공제할 수 있다(보험료징수법 제16조 제2항). 원천 공제할 때는 공제계산서를 피보험자인 근로자에게 교부해야 한다(보험료징수법 제16조 제1항). 보험료에는 개산보험료와 확정보험료가 있다.

사업주는 보험연도마다 그 1년 동안에 사용할 근로자에게 지급할 보수 총액의 추정액(대통령령이 정하는 경우에는 전년도에 사용한 모든 피보험자인 근로자에게 지급한 보수의 총액)에 고용보험료율을 각각 곱하여 산정한 금액 즉 개산보험료를 보험연도의 3월 31일까지 근로자복지공단에 신고 납부해야 한다(보험료징수법 제17조 제1항). 다음으로 사업주는 매 보험연도의 말일까지 사용한 근로자에게 지급한 보수총액에 고용보험료율을 각각 곱하여 산정한 금액 즉 확정보험료를 다음 보험연도의 3월 31일까지 근로복지공단에 신고해야 한다(보험료징수법 제19조 제1항).

나) 보험료율

고용보험료율은 보험수지의 추이와 경제 상황을 고려하여 1000분의 30의 범위 내에서 고용안정사업의 보험료율, 직업능력개발사업의 보험료율 및 실업급여의 보험료율로 구분하여 대통령령으로 정한다(보험료징수법 제14조 제1항). 대통령령에 의한 고용보험료율은 아래와 같다.

① 고용안정 직업개발능력사업의 보험료율은 사용근로자의 수에 따라 아래와 같이 다르다.

- 근로자의 수가 150인 미만인 상시 사업주의 사업: 1만분의 25
- 상시근로자 수가 150인 이상인 사업주의 사업으로서 우선지원대상기업의 범위에 해당하는 사업: 1만분의 45
- 상시근로자 수가 150인 이상 1천인 미만인 사업주의 사업으로서 우선지원대상기업의 범위에 해당하지 아니하는 사업: 1만분의 65
- 상시근로자 수가 1,000인 이상인 사업주의 사업으로서 우선지원대상기업에 해당하지 아니하는 사업 및 국가·지방자치단체가 직접 행하는 사업: 1만분의 85

② 실업급여의 보험료율: 1000분의 9(이상 보험료징수법 시행령 제12조 제1항)

여기에서 상시 사용하는 근로자의 수라 함은 사업주가 행하는 국내의 모든 사업에서 상시 사용하는 근로자의 수를 합산한 수를 말한다.

나. 고용보험기금

고용노동부장관은 보험사업에 필요한 재원에 충당하기 위하여 고용보험기금을 설치할 수 있으며, 기금은 보험료와 징수금, 적립금, 기금운용수익금, 그 밖의 수입으로 조성한다. 기금은 고용노동부장관이 관리 운용하고 기금의 관리 운용에 관한 세부사항은 국가재정법에 따른다(이상 동법 제78조, 제79조 참조).

고용기금은 고용안정 및 직업능력개발사업에 필요한 경비, 실업급여의 지급, 육아휴직급여 및 출산전후휴가급여의 지급, 보험료의 반환, 일시차입금의 상환금과 이자 등의 용도로 사용된다(동법 제80조 참조).

다. 국고의 부담

국가는 매년 보험사업의 관리·운영에 소용되는 비용의 전부 또는 일부를 일반회계에서 부담할 수 있다(동법 제5조).

Chapter 03 공공부조정책

Social Welfare Policy

1. 공공부조의 개념

공공부조는 사회보장제도의 하나로서 모든 국민이 인간다운 생활을 영위하도록 하기 위해 국가 및 지방자치단체의 책임 하에 생활유지능력이 없거나 어려운 국민의 최저생활을 보장하고 자립을 지원하는 제도이다.

우리나라의 공공부조에는 국민기초생활보장제도와 의료급여제도 등이 있다. 공공부조의 특성과 사회보험과의 차이점에 대해서는 이미 살펴본 바와 같다.

공공부조는 국민의 빈곤을 지원하는 제도이므로 빈곤이 공공부조의 전제가 되어 있다. 따라서 빈곤의 개념을 알아볼 필요가 있다.

2. 빈곤의 개념

빈곤에는 절대적 빈곤과 상대적 빈곤이 있다. 절대적 빈곤은 최저생활을 유지할 수 없는 수준을 말한다. 가족의 소득이 생물학적 효율성을 유지하기에도 부족한 수준, 즉 기초생필품도 구입할 능력도 안 되는 수준뿐만 아니라 기초 생필품을 구입할 능력은 있지만 소득의 일부를 다른 용도로 잘못 사용하는 경우도 포함하여 최저생활을 유지할 수 없는 수준이 되는 것을 말한다. 상대적 빈곤이란 한 사회의 평균적인 생활수준에 비교하여 빈곤을 규정하는 것이다. 상대적 빈곤을 흔히 일상 식품을 획득하고 사회활동에 참여하며, 그들이 속한 관례적인 생활조건과 편의시설을 갖기에 필요한 지원을 결여하고 있는 사람이다.

이와 같이 빈곤이 공공부조의 운용의 기초가 되는데 이를 측정하는 것이 중요하다. 빈곤의 측정방법에는 오샨스키(Orsansky) 척도, 예산기준방식, 여론합의방식, 가계지출방식 등이 있다.

오샨스키 척도는 최저생계비 개념에 입각하여 빈곤을 측정하는 방법으로서 1960년대 초 미국의 오샨스키가 개발한 것이다. 먼저 영양학적 기준을 충족시키는 데 필요한 최저한의 식품비를 계산하고 다음에 가구의 실질적인 생활비 분석을 통해 엥겔계수를 구한다. 마지막으로 엥겔계수를 이론적 식품비에 적용하여 전체 생계비를 계산한다. 이렇게 산출한 최저생계비를 빈곤 측정의 도구로 사용한다.

예산기준방식이란 빈민의 소비지출을 마켓 바스켓 방식으로 구성한 다음 이를 합산하여 빈곤선을 정하는 방법이다.

여론합의방식이란 빈곤을 정하고 측정하는 일을 전문가에게 맡길 경우 빈곤선에 포함시킨 항목에 대해 시민들이 이의를 제기할 수 있다. 이를 피하기 위한 가장 좋은 방법이 여론에 따라 빈곤선을 정하는 것이다. 이를 여론합의방식이라고 한다.

가계지출방식이란 상대적 빈곤의 개념에 입각하여 빈곤선을 정하는 방법으로서 전체 인구의 가계지출 평균치에 의거하여 빈곤선을 정하는 것이다. 이 방식은 가계지출에 관한 자세하고도 신뢰할 만한 자료가 있어야 하고 또 자료가 정기적으로 개선되어야만 가능하다(상세는 원석조, 2010: 318-321 참조).

3. 국민기초생활보장정책

1) 의의와 목적

국민기초생활보장정책은 국민의 생존권 보장을 목적으로 이들의 최저생활을 보장하는 정책이다. 이는 생활이 어려운 자에게 필요한 급여를 행하여 이들의 최저생활을 보장하고 자활을 조성하는 것을 목적으로 한다.

2) 기본원칙

(1) 생존권 보장의 구체화 원리

생활이 어려운 국민이 국가의 보호를 받는 것은 국가의 행정 시책의 결과로서 초래되는 반사적 이익이나 은혜가 아니라, 헌법상의 생존권에 근거를 둔 구체적인 권리로서 보장받는 것이므로 다음과 같은 원리를 그 기본으로 하고 있다.

가. 공공책임의 원리

일상생활이 어려운 국민의 생존권을 보장하는 일이 국가의 책무이므로 국민기초생활보장은 국가나 지방자치단체의 공공책임으로 간주한다. 국민기초생활보장법은 보장기관을 이 법에 의한 급여를 행하는 지방자치단체 장과 시장, 군수, 구청장으로 규정하여 공공책임을 분명히 규정하고 있다.

나. 최저보장수준의 원리

국민기초생활보장법에 의하여 실시되는 급여는 건강하고 문화적인 최저생활을 유지할 수 있는 수준이어야 한다. 구체적 급여의 기준은 국민의 소득·지출 수준과 수급권자의 가구 유형 등 생활실태, 물가상승률 등을 고려하여 급여의 종류별로 공표하는 금액이나 보장수준을 말하는 최저보장수준에 기초하여야 한다. 보건복지부 장관 또는 중앙행정기관의 장은 급여의 종류별 수급권자 선정기준 및 최저보장수준을 결정하여야 한다(동법 제2조 제6호, 제6조 제1항).

다. 보충성의 원리

국민기초생활보장법에 의한 급여는 수급자가 자신의 생활의 유지, 향상을 위하여 그 소득, 재산, 근로능력 등을 활용하여 최대한 노력하는 것을 전제로 이를 보충, 발전시키는 것을 기본원칙으로 한다(동법 제3조 제1항).

자본주의사회에서 생활의 자기 책임 또는 사적 자치의 원칙은 당연한 것이고 또 때로는 부양의무자로 하여금 최대한 부양하도록 한 다음, 이러한 노력이 실패로 돌아갔을 때 국가가 최후로 보충적으로 지원하는 것이 정당하다. 다른 한편 수급자가 자신의 생활유지를 위해 최선의 노력을 하였는지를 판단하기 위하여 행하여지는 수급권자, 부양의무자의 소득, 재산조사는 이러한 배경에서 마땅히 이루어져야 하는 것이고 다만, 그 과정에서 수치심이나 인격의 손상을 입지 않도록 해야 할 것이다.

라. 타법우선의 원리

부양의무자의 부양과 기타 다른 법령에 의한 보호는 국민기초생활보장법에 의한 급여에 우선하여 행하여지는 것으로 한다(동법 제3조 제2항). 이것이 타법우선의 원리이다. 그러나 다른 법령에 의한 보호의 수준이 국민기초생활보장법에서 정하는 수준에 이르지 아니하는 경우에는 나머지 부분에 관하여 이 법에 의한 급여를 받을 권리를 잃지 아니하다(동법 제3조 제2항 단서).

마. 자립조장의 원리

국민기초생활보장은 자활과 자립의 조장을 직접 목적으로 한다.

바. 무차별평등의 원칙

국민기초생활보장에서 제공되는 급여는 무차별 평등하게 행하여져야 하며 생활 빈곤의 주관적 원인을 묻지 않고 생활 유지가 어려운 상태라는 객관적 요건만 있으면 된다. 무차별평등의 원리는 국민기초생활보장법상의 급여를 받을 자격이 법적으로 평등하게 된다는 원리이고 급여를 제공하는 급여수준은 차등적으로 보호대상자의 연령, 가구규모, 거주지역, 기타 생활여건, 수급자의 소득인정에 따라 지급될 수 있다.

(2) 보장실시상의 원칙

가. 신청주의 원칙

기초생활보장급여는 신청주의를 원칙으로 한다. 수급권자와 그 친족, 기타 관계인은 관할 시장, 군수, 구청장에게 수급권자에 대한 급여를 신청할 수 있다. 한편 사회복지전담공무원은 기초생활보장법에 의한 급여를 필요로 하는 자가 누락되지 않도록 하기 위하여 관할 지역 내에 거주하는 수급권자에 대한 급여를 직권으로 신청할 수 있다. 이 경우 수급권자의 동의를 구하여야 하며 이를 수급권자의 신청으로 볼 수 있다.

나. 필요 즉응의 원칙

급여 정도의 기준은 보건복지부장관이 수급권자 및 수급자의 연령, 세대구성, 거주지역, 기타 생활여건 등을 고려하여 실제의 필요에 상응하도록 정한다. 이 원칙의 취지는 구체적으로 급여를 실시할 경우에 급여기준이 기계적으로 야기되는 폐해를 회피하기 위한 것이라고 할 수 있다.

다. 개별가구 단위급여의 원칙

급여의 실시는 개별가구 단위로 행하되 특히 필요하다고 인정하는 경우에는 개인단위로 할 수 있다.

3) 특 성

국민기초생활급여는 사회보험급여와는 달리 무갹출로 국가에 의해 수급자에게 일방적으로 제공되는 급여이다. 이것은 국민이라는 자격으로 생존권을 보장받을 수 있다는 데 근거를 두고 있고 수급권 역시 기본적 권리로 인정된다. 국민기초생활의 급여내용은 다양하지만 핵심내용은 생계 유지와 생활보장이라는 것에 목적을 둔다. 그러므로 경제적 급여를 기반으로 하면서 다양한 형태의 급여가 제공된다. 국민기초생활급여의 재원은 보통 일반조세로 충당한다. 보험료 혹은 기여금에 의해서 마련되는 사회보험제도와는 다르고 일반 조세로 충당되는 사회복지서비스와는 유사점을 가지고 있다.

기초생활급여는 보건복지부장관이 최저생계비를 계측하여 이를 토대로 급여의 종류별로 최저보장수준 또는 금액을 공표한다. 그리고 생계급여의 수급자를 결정하는 생계급여 산정의 기초가 되는 기준 중위소득을 결정해야 한다.

4) 기초생활보장정책의 주요 내용

(1) 수급권자와 수급자(정책의 적용대상)

가. 개념과 범위

국민기초생활보장법의 보호대상은 수급권자와 수급자이다. 수급권자란 이 법에 의하여 급여를 받을 수 있는 자격을 가진 자(동법 제2조 제1호)이다. 수급자란 국민기초생활보장법에 의해 급여를 받는 자(동법 제2조 제2호)를 말한다. 수급자는 수급권자와 그 친족, 기타 관계인이 된다(동법 제21조 제1항). 국내에 체류하고 있는 외국인 중 대한민국 국민과 혼인하여 본인 또는 배우자가 임신 중이거나 미성년자녀를 양육하고 있거나 배우자의 대한민국 국적인 직계존속과 생계나 주거를 같이 하고 있는 사람으로서 대통령령으로 정하는 사람이 이 법에 따른 급여를 받을 자격을 가진 경우에는 수급권자가 된다.

나. 수급자의 권리와 의무

수급자는 급여를 받을 권리가 있고 수급자에 대한 급여는 정당한 사유없이 이를 불리하게 변경할 수 없으며 수급자에게 지급된 수급품과 이를 받을 권리는 압류할 수 없다.

수급자는 급여를 받을 권리를 타인에게 양도할 수 없고 거주지역, 세대의 구성에 변동이 있거나 재산상황 등에 현저한 변동이 있는 때에는 지체 없이 관할보장기관에 이를 신고해야 한다. 기초생활급여를 받을 수 있는 수급권자의 요건을 정하고 있는 앞에서 말한 국민기초생활보장법 제5조 제1항 요건의 핵심 개념, 즉 부양의무자, 부양능력이 없는 경우, 부양을 받을 수 없는 경우, 소득인정액, 최저보장수준을 살펴보겠다.

(2) 급여의 종류

급여는 생계급여, 주거급여, 의료급여, 교육급여, 해산급여, 장제급여, 자활급여 등이 있다(동법 제7조 제1항).

그중 생계급여는 수급자에게 의복, 음식물 및 연료비와 그 밖에 일상생활에 기본적으로 필요한 금품을 지급하여 그 생계를 유지하게 하는 것으로 한다(동법 제8조 제1항). 생계급여 수급권자는 부양의무자가 없거나, 부양의무자가 있어도 부양능력이 없거나 부양을 받을 수 없는 사람으로서 그 소득인정액이 중앙생활보장위원회의 심의를 거쳐 결정하는 금액 이하인 사람으로 한다. 이 경우 생계급여 산정기준은 기준중위소득의 100분의 30 이상으로 한다(동법 제8조 제1항, 제2항). 교육급여 산정기준은 기준중위소득의 100분의 50 이상(동법 제12조 제3항), 의료급여의 산정기준은 기준중위소득의 100분의 40이상(동법 제12조의3 제2항), 주거급여의 산정기준은 기준중위소득의 100분의 43 이상으로 한다.

(3) 부양의무자

가. 부양의무자의 범위

부양의무자란 수급권자를 부양할 책임이 있는 자로서 수급권자의 1촌의 직계혈족 및 그 배우자를 말한다. 다만 사망한 1촌의 직계혈족의 배우자는 제외한다(동법 제2조 제5호). 이 법에서는 부양의무자의 범위를 민법 규정과 달리 좁게 규정하고 있는데 이는 수급권자의 범위를 확대하기 위한 조치이다. 부양의무자가 없는 경우로서 최저생계비 이하인 자는 수급권자가 되는데 삼촌이나 사촌이 있어도 이 법에서 규정하는 수급권자의 1촌의 직계혈족이나 그 배우자가 없으면 수급권자가 될 수 있기 때문이다.

나. 부양능력이 없는 경우

부양의무자가 다음의 어느 하나에 해당하는 경우에는 생계급여, 교육급여, 의료급여에 따른 부양능력이 없는 것으로 본다(동법 제8조의2 제1항).

- 기준 중위소득 수준을 고려하여 대통령령으로 정하는 소득·재산 기준 미만인 경우
- 직계존속 또는 「장애인연금법」 제2조 제1호의 중증장애인인 직계비속을 자신의 주거에서 부양하는 경우로서 보건복지부장관이 정하여 고시하는 경우
- 그 밖에 질병, 교육, 가구 특성 등으로 부양능력이 없다고 보건복지부장관이 정하는 경우

부양의무자가 다음의 어느 하나에 해당하는 경우에는 생계급여, 교육급여, 의료급여에 따른 부양을 받을 수 없는 것으로 본다(동법 제8조의2 제2항).

- 부양의무자가 「병역법」에 따라 징집되거나 소집된 경우
- 부양의무자가 「해외이주법」 제2조의 해외이주자에 해당하는 경우
- 부양의무자가 「형의 집행 및 수용자의 처우에 관한 법률」 및 「치료감호법」 등에 따른 교도소, 구치소, 치료감호시설 등에 수용 중인 경우
- 부양의무자에 대하여 실종선고 절차가 진행 중인 경우

• 부양의무자가 제32조의 보장시설에서 급여를 받고 있는 경우
• 부양의무자의 가출 또는 행방불명으로 경찰서 등 행정관청에 신고된 후 1개월이 지났거나 가출 또는 행방불명 사실을 특별자치시장 · 특별자치도지사 · 시장 · 군수 · 구청장(자치구의 구청장을 말함. 이하 "시장 · 군수 · 구청장")이 확인한 경우
• 부양의무자가 부양을 기피하거나 거부하는 경우
• 그 밖에 부양을 받을 수 없는 것으로 보건복지부장관이 정하는 경우

(4) 소득인정액

수급권자를 결정하는 궁극적인 기준이 되는 소득인정액이란 개별가구의 소득평가액과 재산의 소득환산액을 합산한 금액을 말한다(동법 제2조 제9호). 개별가구란 이 법에 따른 급여를 받거나 이 법에 따른 자격요건 부합 여부에 관한 조사를 받는 기본단위로서 수급자 또는 수급권자로 구성된 가구를 말한다(동법 제2조 제8호). 개별가구는 세대별 주민등록표에 기재된 자, 세대별 주민등록표에 기재된 자의 배우자와 그의 미혼자녀 중 30세 미만인 자, 세대별 주민등록표에 기재된 자와 생계 및 주거를 같이 하는 자 등으로 구성된 가구를 말한다(동법 시행령 제2조 제1항 제1호, 제2호).

개별가구의 소득평가액이란 개별가구의 실제 소득에 불구하고 보장기관이 급여의 결정 및 실시 등에 사용하기 위하여 산출한 금액을 말한다. 이 경우 소득평가액은 가구 특성에 따른 지출요인과 근로를 유인하기 위한 요소 등을 반영해야 하고, 실제 소득의 구체적인 범위는 국민기초생활보장법 시행령으로, 소득평가액의 구체적인 산정방식은 대통령령으로 정한다(동법 제2조 제9호, 제6조의3 제1항, 제3항).

개별가구의 소득 평가는 실제소득(동법 시행령 제5조에서 상세히 정하고 있음)에서 장애인연금법에 따른 급여액, 장애아동 부양수당 및 보호수당, 아동양육비, 고엽제후유수당, 독립유공자 · 보훈보호대상자에 대한 생활조정수단, 참전유공자에 따른 참전명예수당 중 가구당 기준 중위소득의 100분의 12 이하에 해당하는 금액, 만성질환 등의 치료에 지출되는 의료비, 장애인복지관 및 재활시설에서 실시하는 직업재활

사업에 참가하여 얻는 소득의 100분의 50에 해당하는 금액, 학생·장애인·노인 및 18세 이상 24세 이하인 사람이 얻는 소득의 100분의 30에 해당하는 금액, 위 직업재활사업에 참가하여 얻은 소득에 해당하지 않는 소득으로서 근로소득 및 사업소득에 100분의 10의 범위 안에서 보건복지부장관이 정하는 비율을 곱한 금액, 그밖에 가구 특성에 따라 추가적인 지출이 인정되어 보건복지부장관이 정하는 금품 등에 해당하는 금액을 뺀 금액으로 한다(동법 제6조의3, 동법 시행령 제5조의2 제1호~제12호). 여기서 실제 소득이란 근로소득, 사업소득(농업소득, 어업소득, 임대소득, 연금소득), 재산소득, 기타소득을 합산한 금액을 말한다(동법 시행령 제3조 제1항). 그러나 퇴직금, 현상금, 보상금 등 정기적으로 지급되는 것으로 볼 수 없는 금품, 보육·교육, 기타 이와 유사한 성질의 서비스 이용을 전제로 제공하는 보육료·학자금, 기타 이와 유사한 금품, 국민기초생활보장법 제43조 제5항의 규정에 의하여 지방자치단체가 지급하는 금품으로서 보건복지부장관이 정하는 금품 등은 소득으로 보지 아니한다(동법 시행령 제5조 제2항).

개별가구의 소득인정액은 위의 개별가구의 소득평가액과 재산의 소득환산액을 합산한 금액을 말하는데 재산의 소득환산액이란 다음과 같다.

재산의 소득환산액이란 보장기관(국가 또는 지방자치단체)이 급여의 결정 및 실시 등에 사용하기 위하여 개별가구의 재산가액에 소득환산율을 곱하여 산출한 금액을 말한다. 이 경우 개별가구의 재산 범위, 재산가액의 산정기준 및 소득환산율, 기타 필요한 사항에 관하여는 대통령령으로 정한다(동법 제6조의3 제3항). 소득환산의 대상이 되는 개별가구의 재산의 범위는 일반재산(토지, 건물, 주택, 선박 및 항공기, 주택 상가에 대한 임차보증금, 가축 종묘 등 100만원 이상의 동산, 회원권, 조합원입주권, 분양권, 어업권), 현금, 수표, 어음, 주식, 국채, 공채, 보험, 유가증권, 예금, 적금, 수익증권 등 금융재산, 자동차 등의 재산으로 한다(동법 제6조의3 제2항).

재산의 소득환산액은 위의 일반 재산가액과 자동차 중 화물차동차 등 보건복지 | 부 장관이 고시하는 자동차의 가액에서 기본 재산액(기초생활의 유지에 필요하다고 보건복지부장관이 고시하는 금액)과 임대보증금 및 금융기관 융자금, 그 밖에 보건복지부

장관이 정하여 고시하는 부채를 뺀 금액에 소득환산율을 곱한 금액과 위의 금융재산에서 동법 시행령 제21조의2 제3항 각 호의 용도로 저축한 금액으로서 금융기관과의 계약에 따라 해당 용도로만 사용할 수 있도록 개설한 계좌에 입금된 금액을 뺀 금액에 소득환산율을 곱한 금액 및 자동차 가액에 소득환산율을 곱한 금액을 합산한 금액으로 한다(동법 시행령 제5조의4 제1항 참조).

(5) 최저보장수준의 결정

국민기초생활의 급여를 받기 위해서는 위의 요건을 충족하고 그 소득인정액이 기준중위소득의 일정 비율 이하이어야 한다. 이는 앞에서 말한 최저보장수준이 되도록 급여를 실시한다. 이를 위하여 보건복지부 장관 또는 중앙행정기관의 장은 급여 종류별 선정기준 및 최저보장수준을 결정하여야 한다(동법 제6조 제1항). 이 최저보장수준은 최저생계비를 계측하여 이를 토대로 보건복지부 장관 또는 중앙행징기관의 장은 급여의 종류별로 최저보장수준을 공포하여야 한다(동조 제2항). 최저생계비란 국민이 건강하고 문화적인 생활을 유지하기 위하여 최소한의 비용으로서 보건복지부장관이 계측하는 금액을 말한다(동법 제2조 7호). 보건복지부장관은 매년 9월 1일까지 중앙생활보장위원회의 심의 의결을 거쳐 다음 연도의 최저생계비를 공표해야 한다(동법 제6조 제2항).

(6) 국민기초생활의 보장기관과 보장위원회

가. 보장기관

국민기초생활보장법에 의한 국가 또는 지방자치단체를 보장기관이라 한다. 그러나 실제 급여는 수급권자 또는 수급자의 거주지를 관할하는 특별시장, 광역시장, 도지사(시 · 도지사)와 시장 · 군수 · 구청장이 행한다. 다만, 보건복지부장관과 시 · 도지사는 수급자를 각각 국가 또는 당해 지방자치단체가 경영하는 보장시설에 입소하게 하거나 다른 보장시설에 위탁하여 급여를 행할 수 있다.

나. 보장시설

보장시설이라 함은 급여를 행하는 사회복지시설 중 장애인 거주시설, 노인 주거복지시설 및 의료복지시설, 아동복지시설 및 그 통합시설, 정신질환자 정신요양시설 및 정신재활시설, 노숙인 재활시설 및 노숙인 요양시설, 가정폭력 피해자보호시설 등 보건복지부령이 정하는 시설이다(동법 제32조).

다. 생활보장위원회

국민기초생활보장사업을 기획하고 조사하며 그 실시에 관한 구체적인 사항을 심의하고 의결하기 위하여 보건복지부에 중앙생활위원회를 두고 시 · 도(특별시, 광역시 · 도) 및 시 · 군 · 구에 생활보장위원회를 둔다. 중앙생활보장위원회는 기초생활보장 종합계획의 수립, 소득인정액 산정방식과 기준 중위소득의 결정, 급여의 종류별 수급자 선정기준과 최저보장수준의 결정, 급여기준의 적정성 등 평가와 실태조사에 관한 사항, 급여종류별 누락 종목, 차상위 계층의 지원사업 등에 대한 조정, 자활기금의 적립관리 및 사용에 관한 지침의 수립, 그밖에 위원장이 회의에 부치는 사항 등을 심의 · 의결한다. 2015년 7월부터 시행된 맞춤형 기초생활제도에 따라 소득액이 최저생계비에 못 미칠 경우에만 생계 · 의료 · 주거 · 교육급여를 한꺼번에 다 받을 수 있었던 종전의 제도에서 중위소득 기준으로 각 급여(생계 · 의료 · 주거 · 교육)의 수혜대상을 결정한다. 이에 따라 생계급여는 중위소득의 30% 이하, 의료급여는 40% 이하, 주거급여는 43% 이하, 교육급여는 50% 이하일 경우 받게 된다. 시 · 도 및 시 · 군 · 구 생활보장위원회는 중앙보장위원회의 결정에 따라 그 지역의 생활보장사업에 관한 구체적인 사항을 심의 결정한다(이상 동법 제20조).

4. 의료보장정책

1) 의의와 목적

생활이 어려운 빈곤계층에 대하여 의료급여를 국가가 무상 또는 일부 유상 실비로 제공함으로써 사회복지를 증진하고자 하는 공공부조제도이다. 이를 위하여 의료급여법이 제정되어 있다. 의료보장정책은 생활유지의 능력이 없거나 생활이 어려운 자에게 의료급여를 실시함으로써 국민보건의 향상과 사회복지의 증진에 이바지함을 목적으로 한다.

현대사회에서 질병과 장애의 치료와 재활은 가정이나 개인에게 무거운 부담을 지우게 된다. 특히 소득이 단절되거나 소득능력을 상실한 사람들이 의료비를 스스로 부담한다는 것은 매우 어려울 뿐만 아니라 건강 회복을 불가능하게 함으로써 그 고통은 말할 것도 없고 빈곤을 악순환하게 하는 원인이 되기도 한다. 이러한 배경에서 의료급여법은 생활유지능력이 없는 사람들에게 무료 또는 실비의 의료급여를 제공함으로써 건강의 회복과 동시에 사회복지를 증진시키는 의료급여제도이다.

2) 주요 내용

(1) 수급권자

수급권자라 함은 의료급여법에 따라 의료급여를 받을 수 있는 자격을 가진 자를 말한다. 즉 국민기초생활보장법에 의한 의료급여 수급권자, 재해구호법에 의한 이재민, 의사상자 등 예우 및 지원에 관한 법률에 따라 의료급여를 받는 사람, 입양특례법에 따라 국내에 입양된 18세 미만의 아동, 독립유공자 예우에 관한 법률 및 국가유공자 등 예우에 관한 법률, 보훈대상자 지원에 관한 법률의 적용을 받고 있는 사람과 그 가족으로서 국가보훈처장이 의료보호가 필요하다고 추천한 자 중 보건복지부장관이 의료보호가 필요하다고 인정한 사람, 무형문화재 보전 및 진흥에 관한 법률에 따라 지정된 중요 국가무형문화재의 보유자 및 그 가족으로서 문화재청장이 의료보호가 필요하다고 추천한 사람 중 보건복지부장관이 의료보호가 필요하다고 인정한 사람, 북한이탈주민의 보호정착지원에 관한 법률의 적용을 받고 있는 사람과 그 가족으로서 보건복지부장관이 의료보호가 필요하다고 인정한 사람, 광주민주화운동 관련자 보상에 관한 법률 제8조에 따라 보상금 등을 받은 사람과 그 가족으로서 보건복지부장관이 의료보호가 필요하다고 인정하는 사람, 노숙인 등의 복지 및 자립지원에 관한 법률에 따른 노숙인 등으로서 보건복지부장관이 의료급여가 필요하다고 인정한 사람, 그 밖에 생활유지능력이 없거나 생활이 어려운 자로서 대통령령이 정하는 사람, 난민법에 따른 난민인정자로서 국민기초생활보장법 제12조의3 제2항에 따른 의료급여 수급권자의 범위에 해당하는 사람 등이 수급권자이다(이상 동법 제3조,, 제3조의2).

수급권자는 1종과 2종으로 구분하여 규정하고 있다(의료급여법 시행령 제3조 제1항). 수급권자가 다른 법령에 의하여 의료급여를 받고 있는 경우에는 의료급여법에 의한 의료급여는 하지 아니한다(의료급여법 제4조).

(2) 실시기관

실시기관은 의료보호급여를 제공하거나 이것을 바르게 실천할 수 있도록 감시 · 감독 등의 전체적 책임을 가진 기관 전체를 말한다. 그 기능에 따라 보장기관, 의료급여심의위원회, 의료급여기관 등으로 나눌 수 있다.

의료급여의 최종적인 보장기관은 보건복지부장관이지만 실천적인 수행책임은 수급자의 거주지를 관할하는 특별시장, 광역시장, 도지사와 시장, 군수, 구청장이 진다(동법 제5조). 그리고 일선 행정기관의 담당공무원이 이를 실행한다. 따라서 의료보장기관은 보건복지부장관, 시장 · 군수 · 구청장 그리고 담당행정공무원이다.

보건복지부와 시 · 도 및 시 · 군 · 구에 의료급여사업에 관한 필요한 사항을 심의하기 위하여 의료급여심의위원회를 둔다.

의료급여는 의료기관에서 제공한다. 이를 의료급여기관이라고 한다. 의료급여를 수급권자에게 제공하는 의료기관은 제1차, 제2차, 제3차 의료급여기관으로 나누어진다. 제1차 의료기관은 주로 통원서비스를 제공하는 기관이며 제2차 의료기관은 입원서비스를 주로 하는 기관이며 제3차 의료기관은 특수진료를 전담하는 기관이다. 의료급여기관에는 의료법에 의한 의료기관, 보건소·보건의료원 및 보건지소, 농어촌 보건진료소, 한국희귀의약품센터 등이 있다. 이 의료기관이 곧 제1차 의료급여기관(의료기관의 경우에는 시장, 군수, 구청장에게 개설신고를 한 의료기관)이 된다. 제2차 의료급여기관은 의료법에 의하여 시·도지사가 개설허가를 한 의료기관, 제3차 의료급여기관은 제2차 의료기관 중 보건복지부장관이 지정한 기관이다. 의료기관별로 진료범위가 정해져 있다(의료급여법 시행규칙 제16조 참조).

(3) 의료급여의 내용

의료급여수급권자의 질병, 부상, 출산 등에 대한 의료급여의 내용은 진찰, 검사, 처치 및 수술과 그 밖의 치료, 예방과 재활, 입원, 간호, 이송 등이다. 의료급여의 방법, 절차, 범위, 상한 등의 기준에 관하여는 국민건강보험요양급여의 기준에 관한 규칙에 규정되어 있고 의료수가 기준과 그 계산방법은 보건복지부장관이 정한다(동법 제7조).

(4) 급여비용

급여비용은 전부 또는 일부를 의료급여기금에서 부담하되 의료급여기금에서 일부를 부담하는 경우 그 나머지의 비용은 본인이 부담한다. 의료급여기관은 의료급여기금에서 부담하는 급여비용의 지급을 시장, 군수, 구청장에게 청구할 수 있다(이상 동법 제10조, 제11조).

의료급여법에 의한 급여비용의 재원에 충당하기 위하여 시·도에 의료급여기금을 설치한다. 기금은 국고보조금, 지방자치단체의 출연금, 상환받은 대불금, 징수한 부당이득금, 당해 기금의 결산상 잉여금과 기타 수입금으로 조성한다. 국가와 지방자치단체는 기금운영에 필요한 충분한 예산을 확보해야 한다(의료급여법 제25조).

Chapter 04 사회서비스 정책

Social Welfare Policy

1. 사회서비스 정책의 의의

사회서비스는 사회생활의 곤란 또는 장애를 받고 있는 노인, 장애인, 아동, 청소년, 영유아 등과 같이 보호를 필요로 하는 자에 대한 보호와 육성, 지도, 치료, 재활 등의 서비스를 제공하는 사회복지정책의 하나이다. 오늘날 사회가 복잡해지고 노인인구가 날로 증가하는 등에 따라 사회서비스 영역이 확대되고 있다.

우리나라는 사회서비스에 관한 기본법이라고 할 수 있는 사회복지사업법을 만들어 사용하고 있다. 이 법률에 의하면 사회서비스사업을 27개로 열거하고 있다. 여기에서는 사회복지사업법에서 열거하고 있는 사회복지서비스사업 가운데 중요한 것 몇 가지만을 골라서 설명하고자 한다. 그리고 사회복지서비스정책의 특성과 기본원리에 대하여는 앞에서 이미 설명한 바와 같다.

2. 사회복지사업정책

1) 의의

여기서 사회복지사업이라 함은 국민기초생활보장법, 아동복지법, 노인복지법, 장애인복지법, 한부모가족지원법, 영유아복지법, 성매매방지 및 피해자보호 등에 관한 법률, 정신건강증진 및 정신질환자 복지서비스 지원에 관한 법률, 성폭력방지 및 피해자보호 등에 관한 법률, 입양특례법, 일제하 일본군위안부피해자 생활안정 및 기념사업 등에 관한 법률, 사회복지공동모금회법, 장애인, 노인, 임산부 등의 편의 증진보장에 관한 법률, 가정폭력방지 및 피해자보호 등에 관한 법률, 농어촌주민의 보건복지증진을 위한 특별법, 식품등기부활성화에 관한 법률, 의료급여법, 기초연금법, 긴급복지지원법, 다문화가족지원법, 장애인연금법, 장애인활동 지원에 관한 법률, 노숙인 등의 복지 및 자립지원에 관한 법률, 보호관찰 등에 관한 법률, 장애아동복지지원법, 발달장애인 권리보장 및 지원에 관한 법률, 청소년 복지지원법 등의 27개 법률에 의한 보호, 선도 또는 복지에 관한 사업과 사회복지 상담, 직업지원, 무료숙박, 지역사회복지, 의료복지, 재가복지, 사회복지관 운영, 정신질환자 및 한센병력자 사회복귀에 관한 사업 등 각종 복지사업과 이와 관련된 자원봉사활동 및 복지시설의 운영 또는 지원을 목적으로 하는 사업을 말한다. 특히 재가복지를 사회복지사업의 하나로 정하고 있다(사회복지사업법 제2조 제1호 참조).

사회복지사업법 제2조에서 규정하고 있는 열거 법률은 한정적 열거라고 해석되므로 시대의 변천에 따라 생길 수 있는 새로운 사회복지사업을 포괄할 수 없다는 단점이 있다. 예컨대 재해구조법에 의한 사회복지사업은 여기에 사회복지사업으로 인정받지 못하는 단점이 있다.

기초연금은 사회보험의 성격도 가지고 있으므로 사회보험에서 다루었고 국민기초생활보장과 의료급여는 공공부조의 성격을 가지고 있으므로 공공부조에서 이미 다루었다.

여기에서는 사회복지사업 즉 사회서비스 가운데서 특히 중요하다고 생각되는 것 가운데 아동복지, 노인복지, 장애인복지, 영유아복지, 한부모가족지원, 정신보건서비스만을 다룬다.

2) 4대 바우처제도

이 제도는 클라이언트에게 선택권을 보장해주고 서비스 공급자 간의 경쟁을 통해

질 높은 사회서비스 시장을 조성하기 위하여 정부가 2007년부터 지역사회서비스혁신사업, 노인돌보미, 중증장애인 활동 보조, 산모·신생아 도우미 등 4개 사업에 바우처제도를 도입한 것을 말한다.

(1) 주요 사업 개요

서비스 대상은 소득수준, 서비스 욕구 및 가구 여건 등을 고려하여 서비스가 가장 필요한 자에게 우선 제공하게 된다. 시·군·구에서 서비스 대상의 선정 여부를 결정하며, 바우처 지원액과 본인 부담액 및 이용 가능한 서비스 기관에 대한 정보를 통지해 준다. 보건복지부와 지방자치단체는 시설·인력 등 일정한 요건을 갖춘 공공·비영리·민간기관으로부터 신청을 받아 서비스 공급기관으로 지정하게 되며, 바우처제도는 이와 같이 정부에서 지정한 공급기관에서만 서비스 이용이 가능하다. 여기에는 생활지원 바우처, 지역사회서비스 바우처가 있다.

가. 노인·장애인·산모 생활지원사업

혼자 힘으로 일상생활이 어려운 노인이나 중증 장애인, 저소득가정 산모에게 가사·일상생활 및 활동보조 등의 방문도우미서비스를 받을 수 있도록 바우처를 제공한다. 이를 통하여 클라이언트는 생활의 질을 높일 수 있고, 클라이언트 가족은 부담이 줄어들어 경제활동에 참여할 수 있는 기회가 확대된다.

나. 지역사회서비스 혁신사업

이 사업은 지역사회가 지역별 특성과 주민 욕구를 반영해 지역실정에 맞는 사회서비스를 주도적으로 개발하고 제공하도록 지원하는 사업이다. 정부는 인적 자본형성 및 건강투자 활성화, 청년 경제활동 활성화, 고령자 촉진 및 사회참여 활성화 등 사회투자서비스의 개발을 집중 지원하는 한편, 2007년 한 해 동안 약 7만 명의 대상자에게 바우처를 제공하고 지역별로 다양한 서비스를 이용할 수 있도록 했다(이진숙 외, 2010: 346 참조).

(2) 서비스가격 및 바우처 제공방식

서비스가격은 서비스 공급기관 간의 경쟁 및 시장 활성화를 위하여 지역별 시장가격을 반영하여 서비스 공급기관이 가격을 산정, 수요자와 직접 계약을 체결하게 된다. 서비스 대상자에게는 매월 일정액의 구매력을 가진 바우처를 지원하고, 서비스 이용료 일부에 대한 본인부담(서비스 이용액의 20% 수준)을 통하여 시장 활성화 도모 및 도덕적 해이를 방지할 계획이다.

(3) 바우처 운영

과거에는 쿠폰 형식의 종이 바우처를 사용했으나 이용권 지급이 늘어나면서 이용권의 지불과 결제, 정산을 전산화한 전자식 바우처 시스템을 도입하고 있다. 바우처 대상자가 본인부담금을 납부하면 바우처 대상자에게 바우처 카드를 발급해주고 대상자가 이를 통하여 사회서비스를 구매하도록 하는 것이다. 정부는 금융기관과 연계하여 체크카드 또는 신용카드를 활용한 전자식 바우처를 발급하고 관련 정보시스템을 구축하고 있다.

3) 사회복지서비스정책에 따른 법제

(1) 사회복지사업정책에 관한 기본법(사회복지사업법)

가. 특성과 목적

사회복지서비스 정책에 관한 기본법은 사회복지사업법이다. 이 법은 사회보험관계법이나 공공부조관계법과 같은 사회복지법 또는 사회보장법으로서 유사성을 가지고 있으면서 한편으로는 다른 특성을 가지고 있다. 그 중에서 가장 중요한 것은 경제적·물질적 급여보다는 비경제적·비물질적 급여가 중요한 내용이 되고 있다는 사실이다. 사회복지사업법은 결국 사람이 가진 비물질적·심리사회적 욕구를 해결하는 것을 주된 내용으로 하고 있으므로 사회복지전문가의 개입과 실천이 중요한 법적 내용이 된다.

사회사업법은 사회복지사업에 관한 기본적 사항을 규정하여 사회복지를 필요로 하는 사람의 인간다운 생활을 할 권리를 보장하고, 사회복지의 전문성을 높이며 사회복지사업의 공정, 투명, 적정을 기하고 지역사회복지의 체계를 구축함으로써 사회복지증진에 이바지함을 목적으로 하는 사업이다(사회복지사업법 제1조 참조).

나. 기본원리

가) 사회복지사업법의 지위

사회복지사업의 내용, 절차 등에 관하여는 앞에서 본 사회복지사업법 제2조 제1호에서 정하고 있는 27개 각각의 법률에 특별한 규정이 있는 것을 제외하고는 이 법이 정하는 바에 의한다. 또 이 법은 동법 제2조 제1호에서 규정하고 있는 각각의 법률의 모법 내지 기본법으로서의 성격을 가지고 있다. 따라서 각종의 관련법에서 사회복지사업에 관한 특별한 규정이 없는한 이 법의 내용을 따라야 한다.

나) 복지증진의 책임 주체

국가와 지방자치단체는 사회복지서비스를 증진하고, 서비스를 이용하는 사람에 대하여 인권침해를 예방하고 차별을 금지하며 인권을 옹호할 책임을 진다(동법 제4조 제1항).

이 규정은 사회복지사업의 책임주체가 국가와 지방자치단체에게 있음을 명백히 한 것으로서, 상위법인 헌법 제34조에 명시된 사회보장, 지역사회복지에 대한 국가 책임을 하위법에서 명시한 것으로 볼 수 있다. 특히 동조 제2항에서는 국가와 지방자치단체는 사회복지서비스와 보건의료서비스를 함께 필요로 하는 사람에게 이들 서비스가 연계, 제공되도록 노력하여야 한다고 하여, 지역사회복지계획과 실행에서 보건과 의료 및 복지가 연계할 수 있는 법적 기반을 마련했다고 볼 수 있다.

국가 및 지방자치단체는 수용시설 위주의 소극적 사업에서 벗어나 생존권의 원리에 입각하여 상담, 치료와 사회복귀를 위한 직업교육을 시행하고 사회복지 대상자의 자립, 자활을 도우려는 데 주력하고 있다.

다) 인권존중 및 최대봉사의 원칙(동법 제5조)

사회복지 업무에 종사하는 사람은 그 업무를 행함에 있어서 사회복지를 필요로 하는 사람을 위하여 차별 없이 최대로 봉사해야 한다. 복지 업무에 종사하는 사람은 사회복지전문가 혹은 사회복지 대상자에게 성실하고 전문적으로 차별 없이 최선을 다하여 봉사해야 할 것이다. 이는 사회복지 전문직이 다른 전문직과는 달리 사회적 약자의 문제와 욕구를 취급하기 때문에 특별하게 요구되는 전문직업상의 윤리적 책임이다. 한국복지사협회는 사회복지사 윤리강령을 만들어 시행하고 있다.

라) 사회복지서비스 제공의 원칙(동법 제5조의2)

사회복지서비스를 필요로 하는 사람에 대한 사회복지서비스 제공은 현물로 제공하는 것을 원칙으로 한다.

마) 시설설치 방해금지(동법 제6조)

누구든지 정당한 이유 없이 사회복지시설의 설치를 방해해서는 아니 되며(사회복지사업법 제6조 제1항), 이를 위반하면 1년 이하의 징역 또는 1천만원 이하의 벌금에 처한다(동법 제54조 제1항). 또 시장, 군수, 구청장은 정당한 이유 없이 사회복지시설의 설치를 지연시키거나 제한하는 조치를 하여서는 아니 된다(동법 제6조 제2항).

이 조항은 우리나라에서 사회복지시설을 설치하려고 할 때, 사회복지시설을 혐오시설로 인식하여 인근의 지역주민들이 설치를 방해하는 사례들이 발생하는 현실을 반영하고 있다고 하겠다. 특히 지방자치제도를 실시하면서부터 사회복지시설 설치 반대운동이 빈번하였는데, 이러한 님비(NIMBY) 현상은 지역이기주의와 지방자치단체장 선거라는 정치적 이해관계가 맞물려 발생하는 것으로 보이는데, 이 조항은 정당한 이유 없이 사회복지시설의 설치를 방해하는 것을 금지할 수 있는 법적 근거가 된다.

다. 구체적 내용

가) 사회복지서비스의 전달체계와 지역사회복지계획의 수립과 시행

사회복지서비스를 효과적으로 실행하는 데는 그 전달체계의 조직화, 효율화, 합리화가 무엇보다 중요하다. 사회복지의 전달체계란 사회복지 대상자에게 사회복지서비스를 행하여 사회복지를 증진하기 위한 전달조직과 이에 관련된 체계를 말한다. 사회복지전달체계는 공공 전달체계와 민간 전달체계로 나눌 수 있다.

(가) 공공 전달체계(사회복지의 행정조직)

보건복지부는 공적 사회복지서비스전달체계의 최고 행정기관이다. 보건복지부 조직 내의 사회복지정책실에서 사회복지서비스관련 사무를 맡고 있으며, 사회복지서비스의 전국적 시책의 기획입안, 예산 편성, 정부 제출법안의 작성, 법령 해석과 시행, 지방자치단체에 대한 지도와 감독 등의 임무를 수행한다. 사회복지정책실에는 기초생활보장심의관 등 심의관이 실장을 보좌하고 있으며 복지정책과 등 9개과에서 사회복지서비스관련 업무를 담당하고 있다. 지방에는 행정자치부가 관할하는 특별시, 광역시 · 도(이하 시 · 도)의 사회복지관련 부서가, 시 · 군 · 구에는 사회복지관련과, 읍 · 면 · 동에는 사회복지전담공무원이 구체적인 복지서비스를 처리하고 있다.

사회복지사업을 효율적으로 운영하기 위하여 시 · 도보장위원회, 시 · 군 · 구의 지역사회보장협의체, 시 · 군 · 구의 사회보장전담기구, 시 · 도, 시 · 군 · 구, 읍 · 면 · 동의 사회복지전담공무원을 두어 지역사회보장 운영체계를 구축하고 있다(사회보장급여의 이용 · 제공 및 수급권자 발굴에 관한 법률 제4장 제2절 참조).

(나) 민간 전달체계(민간사회복지의 행정조직)

사회복지의 증진 책임은 일차적으로는 국가에 있다. 그러나 1970년대 복지국가의 위기이후 선진국에서는 인구의 고령화 등 사회변화의 영향으로 복지욕구는 보편화, 다양화, 고도화되어 가고 있으나, 이에 대응하는 공적 사회복지의 확대는 정부의 재정적자 등의 요인으로 한계에 부딪치게 되었다. 이러한 문제에 대응하기 위해 복지선진국에서는 복지다원주의가 등장하게 되었다. 이 영향으로 공적 사회복지의 동반

자로서 민간 사회복지의 중요성이 강조되었다. 최근 우리나라에서도 산업화, 도시화, 핵가족화, 인구의 고령화, 여성의 사회참여 증가, 자녀 출산의 감소 등의 요인으로 사회복지서비스 욕구가 확대되고, 그 욕구가 다양화, 고도화 되면서 공적 서비스와 함께 민간의 서비스가 크게 요구되었다. 민간 사회복지 전달체계의 대표적인 조직으로는 사회복지법인과 사회복지협의회가 있다.

사회복지법인은 사회복지사업을 행할 목적으로 설립된 법인이다(동법 제2조 제3호). 사회복지법인은 민법상의 비영리법인(재단법인)의 성질을 가지는 것이지만, 공익성이 강한 공익법인이기 때문에 정관의 기재사항, 기관의 구성, 수익사업에 있어서 민법과 다른 특칙을 두고 있다. 따라서 사회복지법인은 사회복지사업법에 규정한 것을 제외하고는 민법과 공익법인의 설립·운영에 관한 법률을 준용한다(동법 제52조). 사회복지법인에는 사회복지시설의 설치·운영을 목적으로 하는 법인(시설법인)과 시설의 설치·운영을 목적으로 하지 아니하고 사회복지사업을 지원하는 것을 목적으로 하는 법인(지원법인)으로 나눈다(동법 시행규칙 제13조 제2항).

사회복지협의회는 사회복지에 관한 조사와 연구 및 각종 복지사업을 조성하기 위하여 전국 단위의 한국사회복지협의회와 시·도 단위의 시·도 사회복지협의회를 두며 필요한 경우에는 시·군·구 단위의 사회복지협의회를 둘 수 있다. 이 법에 의한 사회복지협의회는 법인으로 하되, 다른 사회복지법인처럼 사회복지사업의 운영에 필요한 재산을 소유하지 않아도 될 수 있도록 특수한 예외를 인정하고 있다(동법 제33조 참조).

사회복지사업을 주민들에게 효과적으로 전달하고 복지 대상자에게 질 높은 복지를 제공받도록 상담하고 또 사회복지관 같은 공적, 사적인 복지시설에서 직접 대상자에게 복지를 전문적으로 제공하기 위해서는 복지전문가의 도움이 절대적으로 필요하다. 이런 역할을 하는 사람이 사회복지사이다. 이런 점에서 사회복지사업법에서는 사회복지에 관한 전문적 지식을 가진 사람을 사회복지 분야에 활동할 수 있도록 하는 사회복지사제도를 두고 있다. 전문대학과 4년제 대학 또는 사회복지대학원 등에서 3급, 2급의 사회복지사를 양성하고 있으며 1급 자격은 2급 자격자가 1급 자격

국가고시에 합격해야 한다. 사회복지법인 및 사회복지시설을 설치, 운영하는 자는 사회복지사를 채용해야 한다(동법 제13조).

그리고 사회복지사들로 하여금 한국사회복지사협회를 설립하도록 하여(동법 제46조 제2항), 사회복지사에 대한 전문지식 및 기술의 개발 보급, 사회복지사의 전문성 향상을 위한 교육훈련, 사회복지사제도에 대한 조사연구, 학술대회 개최 및 홍보, 출판사업, 보건복지부장관이 위탁하는 사회복지사업에 관한 업무, 기타 협회의 목적달성에 필요한 사항 등의 업무를 행하게 하고 있다. 이 협회는 법인으로 한다.

나) 사회복지시설

사회복지시설이란 사회복지사업을 행할 목적으로 설치된 시설을 말한다(동법 제2조 제4호). 사회복지시설은 사회적 약자가 스스로 자신의 삶을 영위하는 것이 어려울 때 국가나 지방자치단체기 가정을 대신하여 도움을 제공하는 일종의 사회복지적 장치이다. 따라서 사회복지시설의 설립과 운영은 국민의 생존권을 확보하기 위한 수단으로서 의미를 지니고 있으므로 국가의 책임으로 보아야 할 것이다. 국가와 지방자치단체는 사회복지시설의 설립과 운영을 독자적으로 행하거나 민간법인의 사회복지시설의 설립·운영을 지원하는 한편 지도·감독하는 것이고, 사회복지사업법에는 이러한 사항을 기본적으로 규정하고 있다.

사회복지시설은 국가나 지방자치단체가 직접 설치·운영할 수 있고(공영시설), 국가 또는 지방자치단체 외의 자 즉 민간법인이나 개인이 설치·운영할 수 있다(민간시설). 민간이 복지시설을 설치·운영하고자 할 때에는 정관(법인의 경우), 재산 목록, 사업계획서 등을 첨부하여 시장, 군수, 구청장에게 신고해야 한다(신고주의: 동법 제34조 제2항). 다만, 폐쇄명령을 받고 3년이 경과하지 아니한 자, 동법 제19조 제1항 제1호 및 제1호의2부터 제1호의8까지의 어느 하나에 해당하는 개인 또는 그 개인이 임원인 법인은 시설의 설치·운영 신고를 할 수 없다. 시장·군수·구청장은 신고를 받은 경우 그 내용을 검토하여 이 법에 적합하면 신고를 수리하여야 한다(동조 제3항). 그리고 국가 또는 지방자치단체가 설립한 공영시설을 필요한 경우 사회복지법인 또는 비영리법인(학교법인, 종교법인 등)에게 위탁하여 운영하게 할 수 있다(동법 제34조 제4항).

민간법인이 설치·운영하는 시설 중 사회복지관은 지역사회의 특성과 지역주민의 복지욕구를 고려하여 지역의 사회복지증진을 위한 사업을 실시하는 사회복지시설이다(동법 제34조의5 참조). 사회복지관의 설치·운영·사업 등에 필요한 사항은 동법 시행규칙(제23조, 제23조의2)에 규정되어 있다. 사회복지관에는 일정 자격을 가진 관장(사회복지사 2급 자격 소지자 등)을 두어야 한다. 사회복지시설의 시설장(관장)은 상근해야 한다. 그리고 사회복지시설의 운영에 관한 사항을 심의하기 위하여 운영위원회를 둘 수 있다(동법 제36조).

사회복지법인과 사회복지시설 설치·운영자는 해당 법인 또는 시설의 종사자를 채용할 때 정당한 사유 없이 채용광고의 내용을 종사자가 되려는 사람에게 불리하게 변경하여 채용하거나 정당한 사유 없이 채용광고에서 제시한 근로조건을 종사자에게 불리하게 변경하여 적용하여서는 아니 된다(동법 제35조의3).

다) 재가복지

사회복지서비스의 영역은 시대의 변천에 따라 날로 확대되며 오늘날에는 사회복지시설의 제공, 이용 등을 통한 전통적 사회복지사업에서 한 걸음 나아가 사회복지서비스를 필요로 하는 자 즉 보호대상자에게 재가복지서비스를 받을 수 있도록 하며 사회복지서비스의 질과 그 실효성을 높이고 있다. 국가 또는 지방자치단체는 보호대상자가 가정봉사서비스(가사 및 개인활동을 지원하거나 정치활동을 지원하는 서비스), 주간, 단기보호서비스(주간, 단기보호시설에서 급식 및 치료 등 일상생활의 편의를 낮 동안 또는 단기간 동안 제공하거나 가족에 대한 교육 및 상담을 지원하는 서비스)의 어느 하나에 해당하는 재가복지서비스를 제공받도록 할 수 있다(동법 제41조의2 제1항 참조). 시장, 군수, 구청장은 사회보장급여의 이용·제공 및 수급권자 발굴에 관한 법률 제15조에 따른 보호대상자별 보호계획에 따라 보호대상자에게 사회복지서비스를 제공하는 경우 시설에의 입소에 우선하여 재가복지서비스를 제공하도록 해야 한다(동법

제41조의2 제2항).

마) 비 용

사회복지사업에 필요한 비용은 기본적으로 국가부담으로 하고 있다. 그러나 최근에는 사회변동에 따라 소득계층에서 필요로 하는 각종의 사회복지욕구가 발생하여 이른바 유료 복지가 점진적으로 확대되어 가는 경향이다. 앞으로 사회복지사업이 보호대상자의 욕구에 따라 다변화할 경우, 이에 따라 비용 역시 국가부담 혹은 무료복지에서 수익자 부담의 유료복지도 늘어날 것으로 보인다. 그럼에도 불구하고 현재 사회복지사업의 주류는 여전히 무료 복지이고, 따라서 사회복지사업을 위한 비용 조달은 여러 가지 방법과 형태를 통해서 이루어진다.

국가 또는 지방자치단체는 사회복지사업을 수행하는 자 중 사회복지법인, 사회복지사업을 수행하는 비영리법인, 사회복지시설을 설치 · 운영하는 개인에 대하여 필요한 비용의 전부 또는 일부를 보조할 수 있다. 복지 조치에 의한 필요한 비용을 부담한 지방자치단체의 장, 기타 시설을 운영하는 자는 그 혜택을 받은 본인 또는 그 부양의무자로부터 그가 부담한 비용의 전부 또는 일부를 징수할 수 있다. 사회복지시설을 운영하는 자는 사회복지사업법에 따라 일정한 후원금을 받을 수 있다(이상 동법 제42조~제45조 참조).

3. 아동복지정책

1) 의의와 목적

현대사회에서 아동 문제는 아동 자신이나 가족만의 문제가 아니라 국가, 사회 전체가 관심을 가지고 책임져야 할 것으로 인정되고 있다. 아동 문제는 단순히 한 인간으로서 아동 개인의 불행에 거치지 않고 가족과 사회에 심각한 영향을 미친다.

따라서 아동을 건강하게 출산하여 양육하고 인간답게 살아가게 하고 성장하게 하는 아동복지가 사회복지의 중요한 영역이 되고 있다. 아동복지는 다른 사회복지분야에 비하여 아동 문제의 해결뿐만 아니라 건전한 성장과 발달, 그리고 아동의 인간다운 기본적 욕구충족을 포괄하는 특성을 지니고 있다. 여기서 아동이란 18세 미만의 자를 말한다. 아동복지에 관하여는 아동복지법이 마련되어 실행되고 있다.

아동복지는 아동이 건강하게 출생하여 행복하고 안전하게 자라나도록 그 복지를 보장하는 것을 목적으로 하고 있다. 아동복지법은 빈곤 아동, 보호자가 없는 아동 등의 보호를 필요로 하는 아동을 대상으로 할 뿐만 아니라 나아가 보호를 필요로 하는 아동을 포함하여 모든 아동을 대상으로 아동이 가진 문제 해결과 건전하게 자랄 수 있도록 지원을 하는 적극적 목적을 담고 있다.

2) 아동복지정책을 반영한 아동복지법의 주요 내용

(1) 기본이념

아동복지정책의 기본이념은 아동복지법에서 규정하고 있다(아동복지법 제2조). 첫째, 아동은 자신 또는 부모의 성별, 연령, 종교, 사회적 신분, 재산, 장애 유무, 출생지역, 인종 등에 따른 어떠한 종류의 차별도 받지 않고 자라나야 한다(차별금지). 둘째, 완전하고 조화로운 인격 발달을 위하여 안정된 가정환경에서 행복하게 자라나야 한다(안정된 가정환경의 조성). 셋째, 아동에 관한 모든 활동에 있어서 아동의 이익이 최우선적으로 고려되어야 한다(아동이익의 최우선고려).

(2) 책임 주체

아동복지증진 및 보호책임의 주체는 국가와 지방자치단체, 아동의 보호자, 국민이다. 국가와 지방자치단체는 아동의 건강과 복지증진에 노력해야 하며 이를 위하여 아동과 그 보호자 및 가정을 지원하기 위한 시책을 수립·시행하여야 한다. 또한 아동이 자신 또는 부모의 성별, 연령, 종교, 사회적 신분, 재산, 장애 유무, 출생지역 또는 인종에 따른 어떤 종류의 차별도 받지 아니하도록 해야 한다. 국가와 지방자치단체는 「아동의 권리에 관한 협약」에서 규정한 아동의 권리 및 복지 증진 등을 위하여 필요한 시책을 수립·시행·홍보하여야 한다(동법 제4조).

아동의 보호자는 아동을 가정 내에서 그의 성장 시기에 맞추어 건강하고 완전하게 양육하여야 한다고 하여 가정의 중요성을 강조하고 있다. 모든 국민은 아동의 권익과 안전을 존중해야 하며 아동을 건전하게 양육해야 한다(이상 아동복지법 제5조). 사회적 책임으로서 지역사회주민은 물론 모든 국민은 아동이 건강하게 양육될 수 있도록 돕는 공동의 책무를 지닌다는 것이다.

(3) 아동복지정책 기본계획의 수립

보건복지부장관은 아동복지정책의 효율적인 추진을 위하여 5년마다 아동정책 기본계획을 수립하여야 하고 기본계획을 수립할 때는 미리 관계중앙행정기관의 장과 협의하여야 한다. 기본계획은 동법 제10조(아동정책조정위원회)에 따른 아동정책조정위원회의 심의를 거쳐 확정한다. 이 경우 보건복지부장관은 그 확정된 기본계획을 관계 중앙행정기관의 장 및 특별시장·광역시장·도지사·특별자치도지사(이하 "시·도지사")에게 알려야 한다(이상 동법 제7조). 보건복지부장관, 관계 중앙행정기관의 장 및 시·도지사는 매년 기본계획에 따라 연도별 아동정책 시행계획을 수립·시행하여야 하고, 보건복지부장관에게 그 시행계획에 따른 추진실적을 평가하여야 한다(동법 제8조). 보건복지부장관, 관계 중앙행정기관의 장 및 시·도지사는 기본계획 또는 시행계획의 수립·시행을 위하여 필요한 경우에는 관계 기관·단체나 그 밖의 민간기업체의 장에게 협조를 요청할 수 있다(동법 제9조).

위의 기본계획에는 이전의 기본계획에 관한 분석·평가, 아동정책에 관한 기본 방향 및 추진목표, 주요 추진과제 및 추진방법, 재원조달방안, 그 밖에 아동정책을 시행하기 위하여 특히 필요하다고 인정되는 사항을 포함하여야 한다(동법 제7조 제2항).

(4) 아동정책조정위원회

아동의 권리 증진과 건강한 출생 및 성장을 위하여 종합적인 아동정책을 수립하고 관계 부처의 의견을 조정하며, 그 정책의 이행을 감독하고 평가하기 위하여 국무총리 소속하에 아동정책조정위원회를 두도록 한다(동법 제10조 제1항).

(5) 아동권리보장원의 설립 및 운영

보건복지부장관은 아동정책에 대한 종합적인 수행과 아동복지 관련 사업의 효과적인 추진을 위하여 필요한 정책의 수립을 지원하고 사업평가 등의 업무를 수행할 수 있도록 아동권리보장원을 설립한다(동법 제10조의2).

(6) 아동복지의 실천기관

아동복지를 실천하는 기관에는 보건복지부장관과 지방자치단체의 장, 아동복지심의위원회, 아동복지전담공무원, 아동위원 등이 있다(동법 제11조~제14조 참조).

(7) 보호서비스

지방자치단체의 장은 전담공무원 또는 아동위원에게 보호대상아동 또는 그 보호자에 대한 상담·지도를 수행하게 하는 것, 보호자 또는 대리양육을 원하는 연고자에 대하여 그 가정에서 아동을 보호·양육할 수 있도록 필요한 조치를 하는 것, 아동의 보호를 희망하는 사람에게 가정위탁하는 것, 보호대상아동을 그 보호조치에 적합한 아동복지시설에 입소시키는 것, 약물 및 알코올중독, 정서·행동·발달 장애, 성폭력·아동학대 피해 등으로 특수한 치료나 요양 등의 보호를 필요로 하는 아동을 전문치료기관 또는 요양소에 입원 또는 입소시키는 것, 입양특례법에 따른 입양과 관련하여 필요한 조치를 하는 것 등의 보호조치를 하여야 한다(동법 제15조 제1항 제1호~제6호).

이 보호서비스는 이외에 동법 제16조~제21조에서 상세히 규정하고 있고 또 아동학대의 예방 및 방지(제22조 이하), 아동의 후견인 선임(제20조), 아동에 대한 지원서비스(제30조 이하), 취약계층아동통합서비스 지원 및 자립지원(제37조 이하)을 규정하여 아동을 적극적으로 보호하고 있다.

그리고 국가와 지방자치단체는 아동학대의 예방과 방지를 위한 조치를 하여야 한다(동법 제22조, 제15조의2~제24조 참조).

(8) 방과 후 돌봄서비스 지원

시·도지사 및 시장·군수·구청장은 초등학교의 정규교육 이외의 시간 동안 돌봄서비스를 실시하기 위하여 '다함께돌봄센터'를 설치·운영할 수 있다(동법 제44조의2 참조).

(9) 아동복지전담기관의 설치·운영과 아동복지시설의 설치와 운영

아동복지전담기관에는 아동보호전문기관과 가정위탁지원센터가 있다. 아동학대 예방사업을 활성화하기 위하여 시·군·구에 아동보호전문기관과 가정위탁지원센터를 둔다(동법 제45조, 제48조 참조). 이 기관을 민간에게 위탁운영하게 할 수 있다(동법 제45조). 가정위탁사업을 활성화하기 위하여 시·군·구에 가정위탁지원센터를 두고 이를 민간에게 위탁운영하게 할 수 있다(동법 제48조).

아동복지시설은 가정을 대신하여 아동을 보호·양육하는 사회복지시설이다. 아동복지시설은 국가 또는 지방자치단체가 아동의 시설보호조치 및 기타의 아동복지사업을 수행하기 위하여 설치된다. 또한 국가 또는 지방자치단체 외의 자(민간)도 관할 시장, 군수, 구청장에게 신고하여 아동복지시설을 설치할 수 있다. 대부분 아동복지시설은 이른바 법인, 특히 그중에서도 사회복지법인에서 설치·운영하는 경향이 있고 최근에는 소규모의 아동복지시설을 비인가법인에서 설치하여 운영한 경우도 늘고 있다. 시설을 설치하고자 할 때에는 아동복지시설 설치신고서에 법에서 정하는 일정한 서류를 첨부하여 시장, 군수, 구청장에게 제출하면 된다(동법 제50조).

아동복지시설에는 아동양육시설, 아동일시보호시설, 아동보호치료시설, 공동생활가정, 자립지원시설, 아동상담소, 아동전용시설, 지역아동센터가 있다(동법 제52조 제1항).

(10) 비 용

국가와 지방자치단체는 아동복지시설의 설치 및 운영과 프로그램의 운영에 필요한 비용, 보호를 필요로 하는 아동의 대리양육이나 가정위탁보호에 따른 비용, 아동복지사업의 지도, 감독, 계몽 및 선전에 소요되는 비용, 아동보호전문기관의 설치 · 운영에 소요된 비용, 가정위탁지원센터의 설치 · 운영에 소요된 비용, 아동복지단체의 지도, 육성에 필요한 비용의 전부 또는 일부를 보조할 수 있다(동법 제59조).

국가는 아동복지법에 의하여 업무의 처리를 위하여 필요하다고 인정한 때에는 아동복지시설을 설치 · 운영하는 법인에 대하여 국유 재산을 무상으로 대여할 수 있다(동법 제62조).

4. 노인복지정책

1) 의의와 목적

노인복지란 노인문제를 해결하고 노후 생활을 활력있고 행복하게 영위하도록 국가사회적으로 도움을 제공하는 사회복지를 말한다. 이를 위하여 노인복지법을 만들어 노인복지정책을 제도적으로 시행하고 있다. 노인복지정책은 노인의 질환을 사전에 예방하고 조기에 발견하여 질환 상태에 따른 적절한 치료 및 요양으로 심신의 건강을 유지하고 노후의 생활안정을 위하여 필요한 조치를 강구함으로써 노인의 보건복지증진에 기여함을 목적으로 한다.

노인복지는 사회복지의 한 영역으로서 사회보험, 공공부조법과는 다른 사회복지 서비스로서의 특성을 가지고 있다. 그것은 경로연금과 같은 금전 지급도 있으나, 노인복지의 주된 대상인 노인이 가진 욕구 중 비경제적 욕구에 속하는 심리적, 정신적, 사회적 서비스급여에 관한 내용을 핵심내용으로 하고 있다.

따라서 노인복지정책은 사회복지전문가 또는 노인복지전문가를 위시하여 다양한 관계전문가들이 함께 서비스를 제공하는 실천적 개입을 중시하는 정책이다. 그만큼 전문가들의 자유 재량적 판단과 개입을 위한 정책이 내포되어 있다는 의미이다.

2) 노인복지정책을 반영한 노인복지법의 주요 내용

(1) 총 칙

가. 기본이념

노인은 후손의 양육과 국가 및 사회의 발전에 기여하여 온 자로서 존경받으며 건전하고 안정된 생활을 보장받는 존재이다. 노인은 그 능력에 따라 적당한 일에 종사하고 사회적 활동에 참여할 기회를 보장받는다. 노인은 노령에 따르는 심신의 변화를 자각하여 항상 심신의 건강을 유지하고 그 지식과 경험을 활용하여 사회발전에 기여하도록 노력해야 한다(노인복지법 제2조).

노인복지법상에서는 우리나라의 전통적 경로효친사상을 중시하는 한편, 노인도 취업의 기회를 가져 개인과 사회에 유익하도록 하며 스스로 자립할 수 있도록 노력하는 것을 기본원칙으로 하고 있다.

나. 가족제도의 유지

국가와 국민은 국가와 국민은 경로효친의 미풍양속에 따른 건전한 가족제도가 유지·발전되도록 노력하여야 한다(동법 제3조). 이는 노인복지에 있어서 선 가정보호 후 사회보장이란 기본방향을 제시한 것이다.

다. 보건복지증진의 책임

가) 복지실시기관

국가와 지방자치단체는 노인의 보건 및 복지증진의 책임이 있으며, 이를 위한 시책을 강구해야 한다. 국가와 지방자치단체는 그 시책을 강구함에 있어 위의 기본이념이 구현되도록 노력해야 한다(동법 제4조).

실제로는 보건복지부장관, 특별시장 · 광역시장 · 도지사 · 특별자치도(이하 "시 · 도지사") 또는 시장 · 군수 · 구청장(이하 "복지시설기관")이 이를 구체적으로 실시한다. 그런데 보건복지부장관 또는 시 · 도지사는 노인복지법에 의한 권한의 일부를 각각 시 · 도지사 또는 시장 · 군수 · 구청장에게 위임할 수 있다(동법 제53조 제1항). 또한 노인의 일상생활에 관련되어 사업을 경영하는 자는 그 사업을 경영함에 있어 노인의 보건복지가 증진되도록 노력해야 한다(동법 제4조). 이것은 노인복지관련 사업이 국가가 무료의 서비스를 제공하는 것은 물론이고 유료의 다양한 노인복지서비스를 중산층을 대상으로 제공될 수 있음을 감안한 조치이다. 그러므로 개인사업이라고 할지라도 노인복지관련 사업인 경우에는 사회복지적 특성을 살려서 공익성을 중시해야 한다.

국가와 지방자치단체는 노인의 안전을 보장하고 낙상사고 등 노인에게 치명적인 사고를 예방하기 위한 시책을 수립 · 시행하여야 한다(노인안전사고 예방정책)(동법 제4조의2). 노인복지시설을 설치 · 운영하는 자와 그 종사자는 노인인권에 관한 교육을 받아야 한다(동법 제6조의3).

나) 노인복지상담원

노인의 복지를 담당하게 하기 위하여 특별자치도와 시 · 군 · 구에 노인복지상담원을 두고 있는데(동법 제7조) 그 임용과 직무 및 보수 등은 아래와 같다.

노인복지상담원은 사회복지사 3급 이상의 자격증 소지자 중에서 특별자치시장, 특별자치도지사, 시장, 군수, 구청장이 공무원으로 임용한다. 다만 부득이한 경우에는 공무원 이외의 자로 위촉할 수 있다(동법 시행령 제12조 제1항). 위촉한 상담원의 임기는 3년으로 하되, 연임할 수 있다(동법 시행령 제12조 제2항). 특별자치시장, 특별자치도지사, 시장, 군수, 구청장은 필요하다고 인정하는 때에는 아동복지지도원, 장애인복지상담원 또는 사회복지에 관한 업무를 담당하는 공무원으로 하여금 상담원을 겸직하게 할 수 있다(동법 시행령 제12조 제3항).

상담원은 노인 및 그 가족 또는 관계인에 대한 상담 및 지도, 노인복지에 필요한 가정환경 및 생활실태에 관한 조사, 복지 조치에 필요한 상담 및 지도, 노인의 단체활동 및 취업의 상담, 기타 노인의 복지증진에 관한 사항 등의 직무를 담당한다(동법 제13조).

상담원에 대하여는 예산의 범위 안에서 지방공무원 중 8급 공무원에 상당하는 보수(직무수당, 기말수당, 정근수당 및 기타 수당 포함)를 지급한다(동법 시행령 제14조).

다) 노인에 대한 금지행위

누구든지 노인(65세 이상의 사람)의 신체에 폭행을 가하거나 상해를 입히는 행위, 노인에게 성적 수치심을 주는 성폭행, 성희롱 등의 행위, 자신의 보호 및 감독을 받는 노인을 유기하거나 의식주를 포함한 기본적 보호 및 치료를 소홀히 하는 방임행위, 노인에게 구걸을 하게 하거나 노인을 이용하여 구걸하는 행위, 노인을 위하여 증여 또는 급여된 금품을 그 목적 외의 용도에 사용하는 행위, 폭언·협박·위협 등으로 노인의 정신건강에 해를 끼치는 정서적 학대행위를 하여서는 아니 된다(동법 제39조의9).

라) 노인전용주거시설의 공급

국가 또는 지방자치단체는 노인의 주거에 적합한 기능 및 설비를 갖춘 주거용 시설의 공급을 조장하여야 하며 그 주거용 시설의 공급자에 대하여 적절한 지원을 할 수 있다(동법 제8조).

(2) 보건복지 조치

노인복지법에 규정되어 있는 보건복지 조치는 노인의 사회참여 지원, 생업 지원,

경로우대, 건강진단, 상담 및 입소 등의 조치, 치매관리사업, 노인재활요양사업 등이 있다.

가. 노인의 사회참여 지원

국가 또는 지방자치단체는 노인의 사회참여 확대를 위하여 노인의 지역봉사활동 기회를 넓히고 노인에게 적합한 직종의 개발과 그 보급을 위한 시책을 강구하여 근로능력이 있는 노인에게 일할 기회를 우선적으로 제공하도록 노력해야 하고 노인의 지역봉사활동 및 활성화를 기하기 위하여 노인 지역봉사기관, 노인 취업알선기관 등 노인복지 관계기관에 대하여 필요한 지원을 할 수 있다(동법 제23조). 노인이 노후에도 적절한 사회봉사와 취업의 기회를 보장받을 수 있도록 국가가 지원해야 한다는 것이다. 이를 위해 고령자 고용을 촉진하는 법과 직종 개발, 취업알선기관 등을 운용하도록 정책적으로 지원하고 있다.

나. 노인일자리전담기관의 설치와 운영 및 생산품 우선구매

국가 또는 지방자치단체는 노인의 능력과 적성에 맞는 일자리의 개발 및 보급과 교육훈련 등을 전담할 기관을 설치하여 운영하거나 그 운영의 전부 또는 일부를 법인 또는 단체에 위탁할 수 있다(동법 제23조의2 제1항, 제2항). 노인일자리전담기관에는 노인인력개발기관, 노인일자리지원기관, 노인취업알선기관이 있다(동법 제23조의2 제1항 제1호~제3호).

국가, 지방자치단체 및 그 밖의 공공단체는 노인일자리지원기관에서 생산한 물품의 우선구매에 필요한 조치를 하여야 한다(동법 제23조의3).

다. 지역봉사지도원의 위촉 및 업무, 생업의 지원

국가 또는 지방자치단체는 사회적 신망과 경험이 있는 노인으로서 지역봉사를 희망하는 경우에는 지역봉사지도원으로 위촉할 수 있다(동법 제24조 제1항). 지역봉사지도원은 국가 또는 지방자치단체가 행하는 업무 중 민원인에 대한 상담 및 지원, 도로의 교통 정리, 주·정차 단속의 보조, 자연보호 및 환경침해행위 단속의 보조와

청소년 선도, 충효사상 및 전통예의 등 전통문화의 전수교육, 문화재의 보호 안내, 노인에 대한 교통안전 및 교통사고예방교육 등의 업무를 한다(동법 제24조 제2항). 국가 또는 지방자치단체, 그 밖의 공공단체 중 대통령령으로 정하는 기관은 설치 · 운영하는 공공시설 안에 식료품, 사무용품, 신문 등 일상생활용품의 판매를 위한 매점이나 자동판매기의 설치를 허가 또는 위탁할 때에는 65세 이상의 신청이 있는 경우 이를 우선적으로 반영해야 한다(동법 제25조).

라. 경로우대

국가 또는 지방자치단체는 65세 이상의 자에 대하여 국가 또는 지방자치단체의 수송시설 및 고궁 · 능원, 박물관 · 공원 등의 공공시설을 무료로 또는 그 이용요금을 할인하여 이용하게 할 수 있다(동법 제26조 제1항). 국가 또는 지방자치단체는 노인의 일상생활에 관련되는 사업을 경영하는 자에게 65세 이상의 자에 대하여 그 이용요금을 할인하여 주도록 권유할 수 있으며(동법 제26조 제2항), 또한 노인에게 이용 요금을 할인하여 주는 자에게 적절한 지원을 할 수 있도록 하고 있다(동법 제26조 제3항).

마. 건강검진과 홀로 사는 노인에 대한 지원 등

국가 또는 지방자치단체는 65세 이상의 자에 대하여 건강진단과 보건교육을 실시할 수 있는데 보건복지부장관, 시 · 도지사 또는 시장 · 군수 · 구청장(이하 "복지시설기관")이 2년에 1회 이상 국공립병원 · 보건소 또는 건강진단기관에서 대상자의 건강상태에 따라 1차 및 2차로 구분하여 실시한다(동법 제27조 제1항, 동법 시행령 제20조 제1항). 위의 보건교육은 복지시설기관이 보건소 또는 보건 · 의료관련 기관 · 단체로 하여금 실시하게 할 수 있다(동법 시행령 제20조 제2항). 복지시설기관은 보건교육을 실시한 보건 · 의료관련 기관 · 단체로 하여금 예산의 범위 안에서 교육 실시에 소요되는 비용을 지원할 수 있다(동법 시행령 제20조 제3항). 국가 또는 지방자치단체는 건강진단결과 필요하다고 인정한 때에는 그 건강검진을 받은 자에 대하여 필요한 지도를 해야 한다(동법 제27조 제2항). 노인복지법상의 건강검진 대상자는 만 65세 이상의 노인 중 국민기초생활 대상자와 같은 저소득층이다. 나머지는 국민건강보험의 건강검진을 받는다.

보건복지부장관은 홀로 사는 노인에 대한 돌봄과 관련된 사업을 수행하기 위하여 독거노인종합지원센터를 설치·운영할 수 있고(동법 제27조의3), 국가, 지방자치단체는 홀로 사는 노인에 대하여 방문요양과 돌봄 등의 서비스와 안전 등의 보호조치를 하여야 한다(동법 제27조의2). 그 밖에 국가, 지방자치단체는 노인성 질환자에 대하여 의료지원을 할 수 있다(동법 제27조의4).

바. 상담과 입소 등의 조치

보건복지부장관, 특별시장, 광역시장, 도지사, 특별자치도지사(이하 시·도지사), 시장·군수·구청장은 노인에 대한 복지를 도모하기 위하여 필요하다고 인정한 때에는 65세 이상의 자 또는 그를 보호하고 있는 자를 관계공무원 또는 노인복지상담원으로 하여금 상담·지도하게 하는 것, 65세 이상의 자로서 신체적·정신적·경제적 이유 또는 환경상의 이유로 거택에서 보호를 받기가 곤란한 자를 노인주거복지시설 또는 재가노인복지시설에 입소시키거나 입소를 위탁하는 것, 65세 이상의 자로서 신체 또는 정신상의 현저한 결함으로 인하여 항상 보호를 필요로 하고 경제적 이유로 거택에서 보호를 받기가 곤란한 자를 노인의료복지시설에 입소시키거나 입소를 위탁하는 것 등의 조치를 하여야 한다(동법 제28조 제1항).

복지시설기관은 65세 미만의 자에 대하여도 그 노쇠 현상이 현저하여 특별히 보호할 필요가 있다고 인정한 때에는 위의 조치를 할 수 있다(동법 제28조 제2항). 노인복지 실시기관은 입소 조치된 자가 사망한 경우에 그 자에 대한 장례를 행할 자가 없을 때에는 그 장례를 행하거나 당해 시설의 장으로 하여금 그 장례를 행하게 할 수 있다(동법 제28조 제3항).

(3) 노인복지시설의 설치와 운영

가. 의의와 종류

노인복지시설은 노인복지를 증진하기 위하여 다양한 서비스를 제공하기 위한 사회적 시설이다. 여기에는 노인주거복지시설, 노인의료복지시설, 노인여가복지시설, 재가노인복지시설, 노인일자리지원기관, 노인보호전문기관, 학대피해노인 전용쉼터가 있다(동법 제31조).

노인복지시설은 노인복지법상의 각종 서비스를 제공하여 노인의 노후생활을 보장하는 것이므로 일차적으로 국가책임으로 되어 있으나 중산층의 노인을 대상으로 하는 일종의 유료복지시설은 개인이나 기업까지도 설치·운영할 수 있는 길을 열어 놓고 있다.

나. 노인주거복지시설

노인주거복지시설은 가정을 대신하여 노인이 생활할 수 있도록 주거를 포함한 일체의 생활이 가능하도록 서비스를 제공하는 시설로서 양로시설, 노인공동생활가정, 노인복지주택이 있다. 양로시설은 노인을 입소시켜 급식, 그 밖의 일상생활에 필요한 편의를 제공함을 목적으로 하는 시설이다. 노인공동생활가정은 노인에게 가정과 같은 주거여건과 급식, 그 밖의 일상생활에 필요한 편의를 제공함을 목적으로 하는 시설이다. 노인복지주택은 노인에게 주거시설을 분양 또는 임대하여 주거의 편의 및 생활지도와 상담 그리고 안전관리 등 일상생활에 필요한 편의를 제공함을 목적으로 하는 시설이다.

국가 또는 지방자치단체는 노인주거복지시설을 설치할 수 있고, 국가 또는 지방자치 외의 자가 노인주거복지시설을 설치하고자 하는 경우에는 특별자치도지사, 시장, 군수, 구청장에게 신고하도록 되어 있다(동법 제33조).

다. 노인의료복지시설

노인의료복지시설은 주거생활은 물론 보건의료서비스를 제공하는 시설로서 노인요양시설, 노인요양공동생활가정이 있다. 노인요양시설은 치매, 중풍 등 노인성 질환 등으로 심신에 상당한 장애가 발생하여 도움을 필요로 하는 노인을 입소시켜 급식, 요양, 그 밖에 일상생활에 필요한 편의를 제공함을 목적으로 하는 시설이다. 노인요양공동생활가정은 치매, 중풍 등 노인성 질환 등으로 심신에 상당한 장애가 발생하여 도움을 필요로 하는 노인에게 가정과 같은 주거여건과 급식, 요양, 그 밖의 일상생활에 필요한 편의를 제공함을 목적으로 하는 시설이다(동법 제34조).

국가 또는 지방자치단체는 노인의료복지시설을 설치할 수 있으며, 그 외의 자가 노인의료복지시설을 설치하고자 하는 경우에는 시장, 군수, 구청장에게 신고해야 한다(동법 제35조).

라. 노인여가복지시설

노인여가복지시설은 노인이 건강하고 건전한 여가활동을 할 수 있도록 제반 서비스를 제공하는 시설로서 그 구체적인 목적의 차이에 따라 노인복지관, 경로당, 노인교실이 있다. 노인복지관은 노인의 교양, 취미활동, 사회참여활동 등에 대한 각종 정보와 서비스를 제공하고, 건강검진 및 질병예방과 소득보장 · 재가복지, 그 밖에 노인의 복지증진에 필요한 서비스를 제공함을 목적으로 하는 기관이다. 경로당은 지역노인들이 자율적으로 친목 도모, 취미활동, 공동작업장 운영 및 정보교환, 기타 여가활동을 할 수 있도록 하는 장소를 제공함을 목적으로 하는 시설이다. 노인교실은 노인들에게 사회활동 참여욕구를 충족시키기 위하여 건전한 취미생활, 노인건강유지, 소득보장, 기타 일상생활과 관련한 학습 프로그램을 제공함을 목적으로 하는 시설이다(동법 제36조).

국가 또는 지방자치단체는 노인여가복지시설을 설치할 수 있고 그 외의 자가 노인여가 복지시설을 설치하고자 하는 경우에는 시장, 군수, 구청자에게 신고해야 한다(동법 제37조).

마. 재가노인복지시설

재가노인복지시설은 노인이 자신이 살고 있는 가정에 거주하면서 방문요양서비스, 주 · 야간보호서비스, 단기보호서비스, 방문목욕서비스, 그 밖의 서비스를 제공받을 수 있도록 도움을 제공하는 시설이다. 방문요양서비스는 가정에서 일상생활을 영위하고 있는 노인(이하 "재가노인")으로서 신체적 · 정신적 장애로 어려움을 겪고 있는 노인에게 필요한 각종 편의를 제공하여 지역사회 안에서 건전하고 안정된 노후를 영위하도록 하는 서비스이다. 주·야간보호서비스는 부득이한 사유로 가족의 보호를 받을 수 없는 심신이 허약한 노인과 장애노인을 주간 또는 야간 동안 보호시설에 입소시켜 필요한 각종 편의를 제공하여 이들의 생활안정과 심신 기능의 유지 향상을 도모하고 그 가족의 신체적·정신적 부담을 덜어주기 위한 서비스이다. 단기보호서비스는 부득이한 사유로 가족의 보호를 받을 수 없어 일시적으로 보호가 필요한 심신이 허약한 노인과 장애노인을 보호시설에 단기간 입소시켜 보호함으로써 노인 및 노인가정의 복지증진을 도모하기 위한 서비스이다. 방문목욕서비스는 목욕장비를 갖추고 재가노인을 방문하여 목욕을 제공하는 서비스이다. 그 밖의 서비스는 그 외에 재가노인에게 제공하는 서비스로서 보건복지부령이 정하는 서비스이다.

국가 또는 지방자치단체는 재가노인복지시설을 설치할 수 있고 그 외의 자가 재가노인복지시설을 설치하고자 하는 경우에는 시장, 군수, 구청장에게 신고해야 한다(동법 제39조).

바. 요양보호사

재가노인복지시설에서는 여러 가지 서비스를 제공하는데 그 가운데 가정봉사원 파견서비스는 가정봉사원이라는 준전문가에 속하는 사람이 보통 자원봉사와 함께 노인이 살고 있는 가정에 정기적으로 직접 찾아가서 노인에게 필요한 서비스를 제공하는 것이다. 이때 제공되는 서비스는 주로 가정봉사원에 의하여 결정된다. 그런데 종래 이 가정봉사원은 국가공인자격자가 아니어서 공신력이 없었다. 특히 2008년 7월 1일부터 시행되고 있는 노인장기요양보험에 대비하기 위하여 종래의 가정봉사원에서 한걸음 나아가 노인장기요양급여를 할 수 있는 전문자격자로서 요양보호사를 국가공인자격으로 도입하였다. 따라서 노인요양지원 업무는 자격 있는 전문가가 맡게 되었다.

노인복지시설(노인장기요양보험법에 의한 재가장기요양시설(요양병원) 포함)의 설치·운영자는 보건복지부령이 정하는 바에 따라 노인 등의 신체활동 또는 가사활동 등의 업무를 전문적으로 수행하는 요양보호사를 두어야 한다(동법 제39조의2 제1항). 요양보호사가 되려는 자는 요양보호사교육기관에서 교육과정을 마치고 시·도지사가 실시하는 요양보호사 자격시험에 합격해야 한다(동조 제2항). 시·도지사는 요양보호사 자격시험에 합격한 자에게 요양보호사 자격증을 교부해야 한다(동조 제3항).

시·도지사는 요양보호사의 양성을 위하여 보건복지부령으로 정하는 지정기준에 적합한 시설을 요양보호사교육기관으로 지정, 운영해야 한다(동법 제39조의3).

(4) 노인보호전문기관의 설치

국가와 지방자치단체는 노인학대와 관련한 업무를 담당하는 중앙노인보호전문기관과 지역노인보호전문기관을 설치하여야 하며 이 기관에 노인인권보호에 관한 정책 제안과 노인학대에 관련한 신고·상담·예방교육 등의 업무를 부여하고 있다(동법 제39조의5 참조).

(5) 노인학대에 대한 조치와 학대피해노인 전용쉼터

노인학대에 대한 여러 가지 조치(동법 제39조의15~제39조의20)를 하고 있고 국가와 지방자치단체는 학대피해노인을 보호하고 심신 치유 프로그램을 제공하기 위하여 학대피해노인 전용쉼터를 설치·운영할 수 있다(동법 제39조의19).

(6) 비용의 부담

노인일자리 전담기관의 설치·운영 또는 위탁에 소용되는 비용, 노인복지시설의 설치·운영에 소요된 비용은 일단 국가 또는 지방자치단체가 부담하고 그 이용자에게 그 비용을 징수 수납할 수 있다. 이 경우 국가나 지방자치단체는 이용자의 비용을 보조할 수 있다(이상 동법 제45조, 제46조 참조).

5. 가정폭력방지 및 피해자보호 등에 관한 정책

1) 의의와 목적

가정폭력을 방지하고 그 예방을 하며 그 피해자를 보호하는 것을 사회복지차원에서 국가와 지방자치단체의 복지정책으로 하고 있다. 이를 위하여 가정폭력방지 및 피해자보호 등에 관한 법률을 제정하여 시행하고 있다. 여기서 가정폭력이라 함은 가정폭력범죄의 처벌 등에 관한 특례법 제2조 제1호에 규정된 행위를 말한다(가정폭력방지 및 피해자보호에 관한 법률(이하 동법 제2조 제1호). 이 특례법에 의하면 가정폭력이란 가정 구성원 사이의 신체적, 정신적 또는 재산상 피해를 수반하는 행위를 말한다. 가정폭력은 남성 배우자가 여성 배우자에 행사하는 것이 많지만 반드시 그런 것은 아니므로 이 법률은 가정 구성원 사이의 폭력을 모두 규제의 대상으로 하고 있다. 이 경우 가정 구성원이란 배우자(사실상 혼인관계에 있는 자 포함) 또는 배우자 관계에 있었던 자, 자기 또는 배우자의 직계존비속(사실상의 양친자 관계 포함)에 있거나 있었던 자, 계부모와 자의 관계 또는 적모와 서자의 관계에 있거나 있었던 자, 동거하는 가족관계에 있는 자를 말한다(가정폭력범죄의 처벌 등에 관한 특례법(이하 특례법) 제2조 제2호) 이 가정폭력방지 및 피해자보호 등에 관한 법률은 가정폭력을 예방하고 가정폭력의 피해자를 보호 · 지원함을 목적으로 한다(동법 제1조).

2) 가정폭력방지와 피해자보호정책을 반영한 법의 주요 내용

(1) 가정폭력의 예방과 피해자보호를 위한 국가 등의 노력과 책무

국가와 지방자치단체는 가정폭력 예방과 방지, 피해자의 보호 및 지원을 위하여 가정폭력에 관한 신고체제의 구축 및 운영, 가정폭력의 예방과 방지를 위한 조사 · 연구 · 교육 및 홍보, 피해자를 위한 보호시설의 설치 · 운영, 임대주택의 우선입주권 부여와 그 밖에 피해자에 대한 지원서비스의 제공, 법률구조 및 그 밖에 피해자에 대한 지원서비스의 제공, 피해자의 보호와 지원을 원활히 하기 위한 관련기관 간의 협력체계의 구축 및 운영, 가정폭력의 예방 · 방지 및 피해자보호 · 지원을 위한 관계법령의 정비 및 정책의 수립 시행 및 평가, 피해자와 긴급전화센터, 상담소, 보호시설의 상담원 등 종사자의 신변보호를 위한 안전대책 마련, 피해자 신변노출 방지 및 보호 · 지원체계 구축 등의 보호조치를 취해야 한다(동법 제4조 제1항).

국가와 지방자치단체는 이러한 책무를 다하기 위하여 이에 수반하는 예산상의 조치를 취해야 한다(동법 제4조 제2항). 그리고 특별시 · 특별자치시 · 광역시 · 도(이하 시 · 도) · 특별자치도 및 시 · 군 · 구에 가정폭력의 예방과 방지 업무를 담당할 기구와 공무원을 두어야 한다(동법 제4조 제3항). 또한 국가와 지방자치단체는 국가 또는 지방자치단체 외의 자가 설치 · 운영하는 가정폭력관련 상담소와 사회복지법인, 기타 비영리법인이 설치 · 운영하는 가정폭력피해자보호시설에 대하여 경비를 보조하는 등 이를 육성 · 지원해야 한다(동법 제4조 제4항).

(2) 가정폭력관련 상담소의 설치 · 운영과 업무

국가기관 및 지방자치단체, 초중등교육법에 따른 각급 학교의 장은 가정폭력의 예방 및 방지를 위하여 필요한 교육을 실시하여 그 결과를 여성가족부장관에게 제출하여야 한다(동법 제4조의3 제1항). 국가 또는 지방자치단체는 가정폭력관련 상담소(이하 상담소)를 설치 · 운영할 수 있다. 국가 또는 지방자치단체 외의 자가 상담소를 설치 · 운영하려면 특별자치시장, 특별자치도지사, 시장, 군수, 구청장에게 신고해야 한다(동법 제5조).

상담소는 가정폭력을 신고 받거나 이에 관한 상담에 응하는 일, 가정폭력을 신고하거나 이에 관한 상담을 요청한 사람과 그 가족에 대한 상담, 가정폭력으로 인하여 정상적인 가정생활 및 사회생활이 어렵거나 기타 긴급하게 보호를 필요로 하는 피해자 등을 임시보호하거나 의료기관 또는 가정폭력 피해자보호시설로의 인도, 행위자에 대한 고발 등 법률적 사항에 관한 자문을 얻기 위한 대한변호사협회 또는 지방변호사회 및 법률구조법에 따른 법률구조법인 등에 필요한 협조와 지원의 요청, 경찰관서 등으로부터 인도받은 피해자 등의 임시보호, 가정폭력의 예방 및 방지에 관한 홍보, 그 밖에 가정폭력 및 피해자에 관한 조사와 연구 등의 업무를 한다(동법 제6조).

(3) 가정폭력 피해자보호시설 및 교육훈련시설

국가 또는 지방자치단체는 가정폭력 피해자보호시설(이하 보호시설)을 설치·운영할 수 있다. 사회복지법인, 기타 비영리법인은 시장, 군수, 구청장의 인가를 받아 보호시설을 설치·운영할 수 있다. 보호시설에는 상담원을 반드시 두어야 하고 보호시설의 규모에 따라 생활지도원, 취사원, 관리원 등의 종사자를 둘 수 있다(동법 제7조).

보호시설에는 단기보호시설(피해자 등을 6개월 범위 인에서 보호하는 시설), 장기보호시설(피해자 등에 대하여 2년의 범위 안에서 자립을 위한 주거 편의 등을 제공하는 시설), 외국인보호시설(배우자가 대한민국 국민인 외국인 피해자 등을 2년의 범위 안에서 보호하는 시설), 장애인보호시설(장애인인 피해자 등을 2년의 범위 안에서 보호하는 시설)이 있다(동법 제7조의2 제1항).

보호시설은 ① 숙식의 제공, ② 심리적 안정 및 사회적응을 위한 상담 및 치료, ③ 질병치료 및 건강관리를 위한 의료기관에의 인도 등 의료지원, ④ 수사·재판과정에 필요한 지원의 요청, ⑤ 법률구조기관 등에 필요한 협조와 지원요청, ⑥ 자립자활교육의 실시와 취업정보의 제공, ⑦ 다른 법률에 의하여 보호시설에 위탁한 사항, ⑧ 그 밖에 피해자 등이 보호를 위하여 필요한 일 등에 대한 업무를 행한다. 다만 피해자가 동반한 가정구성원에 대하여는 ① 외의 업무의 일부를 하지 아니할 수 있고, 장기보호시설은 피해자 등에 대하여 ① 내지 ⑤의 업무를 하지 아니할 수 있다(동법 제8조 제1항).

장애인보호시설을 설치·운영하는 자가 위의 업무를 함에 있어서는 장애인의 특성을 고려하여 적절한 지원이 이루어질 수 있도록 해야 한다(동법 제8조 제2항).

국가나 지방자치단체는 상담원에 대하여 교육훈련을 실시하기 위하여 가정폭력관련 상담원교육훈련시설을 설치·운영할 수 있다(동법 제8조의3). 그리고 고등교육법에 따른 학교를 설립·운영하는 학교법인, 법률구조법인, 사회복지법인, 기타 비영리법인(이상 민간)도 시장, 군수, 구청장에게 신고하여 이 훈련기관을 설치·운영할 수 있다.

(4) 국가와 지방자치단체의 업무

국가와 지방자치단체는 상담소, 보호시설, 교육훈련시설의 장을 감독하여 피해자를 잘 보호하고 있는지를 감독한다. 즉 여성가족부장관, 시장, 군수, 구청장은 상담소, 보호시설, 교육훈련시설의 장으로 하여금 당해 시설에 관하여 보고를 하게 할 수 있으며, 관계공무원으로 하여금 당해 시설의 운영상황을 조사하게 하거나 장부 또는 서류를 검사하게 할 수 있다(동법 제11조). 상담소, 보호시설, 교육훈련시설의 장이 그 시설을 휴지 또는 폐지하고자 할 때는 시장, 군수, 구청장에게 신고해야 한다(동법 제10조). 시장, 군수, 구청장은 이들 시설이 기준 미달 또는 법령위반이 있는 경우는 업무 정지나 인가를 취소할 수 있다(동법 제12조 참조).

국가나 지방자치단체는 민간이 설치·운영하는 시설의 설치·운영에 소요되는 경비의 일부를 보조할 수 있다(동법 제13조).

(5) 치료 보호

의료기관은 피해자 본인, 가족, 친지나 긴급전화센터, 상담소 또는 보호시설의 장 등의 요청이 있을 경우에는 피해자에 대하여 보건에 관한 상담 및 지도, 신체적·정신적 피해에 대한 치료, 임산부의 심리적 안정을 위한 각종 치료 프로그램의 실시 등 정신치료, 임산부 및 태아보호를 위한 검사 및 치료 등의 치료보호를 해야 한다(동법 제18조, 동법 시행령 제6조 참조).

치료보호에 필요한 일체의 비용은 가정폭력행위자가 부담한다(동법 제18조 제2항).

6. 장애인복지정책

1) 의의와 목적

장애인복지는 여러 가지의 다양한 장애인에 관한 정책 가운데 장애인의 기본적 욕구를 해결하고 장애인으로 하여금 인간다운 생활을 할 수 있도록 하는 사회보장의 하나라고 할 수 있다. 또한 장애인복지는 장애인이 가지고 있는 장애를 인적, 물적, 사회적 자원의 활용과 협력을 통하여 가능한 한 경감, 해소하고 다른 장애 없는 사람과 동등한 생활조건과 환경을 누릴 수 있도록 하는 사회복지활동이다. 장애인의 복지증진과 사회활동 참여 증진에 관한 장애인복지법을 마련하여 시행하고 있다.

장애인복지법은 장애인의 인간다운 삶과 권리보장을 위한 국가와 지방자치단체 등의 책임을 명백히 하며, 장애 발생의 예방과 의료, 교육, 직업 재활, 생활관계의 개선 등에 관한 사업을 정함으로써 장애인복지대책의 종합적 추진을 도모하여, 장애인의 자립, 보호 및 수당의 지급 등에 관하여 필요한 사항을 정함으로써 장애인의 생활안정에 기여하는 등 장애인의 복지 증진 및 사회활동 참여 증진을 통하여 사회통합에 기여함을 목적으로 하는 법이다(동법 제1조).

장애인복지법은 다른 사회복지서비스법과는 달리 급여대상자인 장애인의 인간다운 삶과 권리보장을 위한 국가와 지방자치단체의 책임을 명확히 하고 장애인복지대책을 위한 종합적 장애인복지 조치 내용을 포함하고 있는 점 등이 특징이다. 이는 장애인 문제와 권리에 대한 사회적 인식과 그 해결을 위한 국가사회적 책임의식이 커진 데 따른 결과이다. 장애인이 일반인과 함께 정상적인 생활을 영위할 수 있도록 모든 노력을 다한다는 것이다. 즉, 장애인복지법에서 국가와 지방자치단체는 장애인복지법의 목적을 달성하기 위하여 필요한 법제상 및 재정상의 조치를 강구해야 한다고 규정(장애인복지법 제16조)하고 있다.

2) 기본이념

장애인복지의 기본이념은 장애인의 완전한 사회참여와 평등을 통한 사회통합을 이루는 데 있다. 이것은 개인의 차원에서는 장애인으로 하여금 완전한 사회참여와 평등한 생활을 영위하게 하고 사회적 차원에서는 장애인에 대한 전체의 사회통합을 달성하려는 것이다.

이 기본이념은 장애인복지정책의 실현을 위한 기본적 지침이 된다. 장애인복지법은 이를 더욱 구체화하고 있다. 즉 누구든지 장애를 이유로 정치적, 경제적, 사회적, 문화적 생활의 모든 영역에 있어 차별을 받지 아니하며, 누구든지 장애인을 이유로 정치, 경제, 사회, 문화생활의 모든 영역에서 장애인을 차별하여서는 아니 된다(동법 제8조 제1항)라고 규정하여 장애인 차별을 금지하고 있다. 또한 누구든지 장애인을 비하, 모욕하거나 장애인을 이용하여 부당한 영리행위를 하여서는 아니 되며 장애인의 장애를 이해하기 위하여 노력해야 한다(동법 제8조 제2항). 나아가 모든 장애인은 국가, 사회를 구성하는 일원으로서 정치, 경제, 사회, 문화, 기타 모든 분야의 활동에 참여할 권리가 있다(동법 제4조 제2항)고 하여 장애인의 권리를 보장하고 있다.

특히 여성 장애인의 권익을 보호하기 위하여 필요한 시책을 강구하도록 특별한 규정을 마련하고 있는데(동법 제9조 제2항), 이는 여성 장애인의 경우 여성으로서의 지위와 장애인으로서의 지위 등 양자의 결합으로 인하여 보다 심각한 이중의 차별을 당할 위험이 있어 특별한 보장대책을 강구할 필요가 있기 때문이다. 이상과 같이 장애인복지법은 장애인의 완전한 사회참여와 평등을 통한 사회통합을 달성하려고 하고 있다.

장애인의 완전한 참여와 평등은 국제연합이 1981년 세계 장애인의 해에 내건 슬로건이다. 여기에서 완전한 참여란 장애로 인한 제한적 사회참여가 아니라, 비록 장애가 있으나 이를 극복하도록 각종 재활서비스를 강화시키고 사회적, 물질적 환경을 개선함으로써 장애인의 사회참여가 보장되도록 한다는 의미이다.

3) 장애인복지정책을 반영한 장애인복지법의 주요 내용

(1) 장애인의 보호

장애인복지법의 적용대상은 장애인이다. 장애인은 신체적 · 정신적 장애로 인하여 장기간에 걸쳐 일상생활 또는 사회생활에 상당한 제약을 받는 자를 말한다(동법 제2조 제1항). 이 법의 적용을 받는 장애인은 모든 장애인이 아니라 주요 외부 신체 기능의 장애, 내부기관의 장애 등의 신체적 장애, 발달 장애 또는 정신적 질환으로 발생하는 정신적 장애를 가진 자로서 동법 시행령이 정하는 장애의 종류 및 기준에 해당하는 자를 말한다(동법 제2조 제2항, 동법 시행령 제2조 제2항, 동법 시행령 제2조 제1항 별표 1). 장애인학대란 장애인에 대하여 신체적 · 정신적 · 정서적 · 언어적 · 성적 폭력이나 가혹행위, 경제적 착취, 유기 또는 방임하는 것을 말한다(동법 제2조 제3항).

또한 장애인은 장애의 정도에 따라 등급을 구분하되, 그 등급은 동법 시행규칙 제2조 제1항 별표 1에서 정하고 있다.

장애인복지법은 장애인이 인간으로서의 존엄과 가치를 존중받으며 이에 상응하는 처우를 받을 권리를 보장받는다(동법 제4조 제1항)라고 규정하고 있다. 이것은 장애인을 한 인간으로서 존엄성과 가치를 지닌 존재로 존중받으며, 가정에서나 사회에서 이에 상응하는 대우를 받을 수 있도록 장애인복지정책을 추진해야 한다는 취지이다. 아울러 장애인은 국가와 사회의 구성원으로서 정치, 경제, 사회, 문화, 기타 모든 분야의 활동에 참여할 권리가 있음을 선언하고 있다. 그리고 장애인은 장애인관련 정책결정과정에 우선적으로 참여할 권리가 있으며(동법 제4조 제2항, 제3항), 중앙행정기관의 장은 해당기관의 장애인정책을 효율적으로 수립 시행하기 위하여 소속 공무원 중에서 장애인정책 책임관을 지정할 수 있도록 하여 장애인의 권익 신장을 위한 제도를 도입하고 있다(동법 제12조 제1항 참조).

그리고 국가와 지방자치단체는 장애인정책의 결정과 그 실시에 있어서 장애인 및 장애인의 부모, 배우자, 그 밖에 장애인을 보호하는 자의 의견을 수렴해야 한다. 이 경우 당사자의 의견수렴을 위한 참여를 보장하여야 한다(동법 제5조). 또 국가와 지방자치단체는 중증장애인을 보호하는 정책을 강구해야 하고 여성 장애인의 권익 보호와 사회참여 확대를 위하여 기초학습과 직업교육을 실시하는 정책을 강구해야 한다(동법 제6조, 제8조).

장애인 문제는 국가와 지방자치단체 및 국민 모두가 관심을 가지고 해결해야 할 사회문제이자 정책이다. 이러한 맥락에서 장애인복지법은 이를 구성원으로 하는 사회 전체가 책임을 져야 한다. 이리하여 장애인복지법은 국가, 지방자치단체 및 국민의 사회연대책임을 규정하고 있다(동법 제9조, 제10조, 제14조 참조).

(2) 장애인정책 종합계획의 수립과 시행

보건복지부장관은 장애인의 권익과 복리증진을 위하여 관계 중앙행정기관의 장과 협의하여 5년마다 장애인정책종합계획을 수립·시행하여야 한다(동법 제10조의2).

장애인복지법은 장애인보호를 위한 구체적인 복지조치를 규정하고 있을 뿐만 아니라 여기에서 한 걸음 더 나아가 포괄적이고 광범위한 장애인복지 기본정책을 규정하고 있다(동법 제3장 및 제2장). 즉 국가와 지방자치단체는 장애발생 예방 강구(동법 제17조), 의료와 재활치료정책 강구(동법 제18조), 장애인의 사회적응훈련(동법 제19조), 장애인교육에 필요한 정책 강구(동법 제20조), 장애인 취업에 필요한 정책 강구(동법 제21조), 장애인의 정보접근성 제고(동법 제22조), 장애인이 이용할 수 있는 편의시설 설치 및 운영정책 강구(동법 제23조), 장애인 안전대책 강구(동법 제24조), 장애인에 대한 인식 개선을 위한 교육 및 홍보사업 실시(동법 제25조), 선거권 행사를 위한 편의제공(동법 제26조), 장애인에 대한 주택보급(동법 제27조), 장애인을 위한 문화환경 정비(동법 제28조), 장애인에 대한 복지연구의 진흥(동법 제29조), 장애인에 대한 경제적 부담의 경감(동법 제30조), 중증장애인보호와 자립생활 실현을 위한 제도의 도입(동법 제53조, 제55조)을 실시하도록 하는 등 장애인을 위한 기본 정책을 강구하도록 하고 있다.

(3) 실천주체

장애인복지정책을 수행하는 자에는 국가 및 지방자치단체, 장애인복지조정위원회, 장애인복지상담원, 장애인복지 전문인력 등이 있다.

각종의 복지조치와 시책을 실천하고 실시할 책임은 국가와 지방자치단체가 진다. 이에 따라 보건복지부장관, 특별시장, 광역시장, 도지사, 특별자치도지사 또는 시장, 군수, 구청장이 구체적으로 장애인복지를 실시한다. 이들 기관을 복지실시기관이라고 한다.

장애인복지 종합 정책을 수립하고 관계부처 간의 의견을 조정하며 그 정책의 이행을 감독하고 평가하기 위하여 국무총리 산하에 장애인복지조정위원회를 두고 있다(동법 제11조 참조).

그리고 장애인의 복지증진을 위한 상담 및 지원업무를 담당하기 위하여 시·군·구에 장애인복지상담원을 두고 있다(동법 제33조, 동법 시행령 제21조, 22조 참조).

장애인복지는 여러 학문과 기술이 종합적으로 팀워크를 이루어져서 실천되어야 효과적으로 목적을 달성할 수 있다. 따라서 장애인복지실천에는 다양한 장애인복지인력이 요청되는데 장애인복지법은 장애인복지 전문인력의 양성과 훈련에 관하여 상세하게 규정하고 있다(동법 제71조~77조 참조).

(4) 복지조치

국가와 지방자치단체는 올바른 복지정책을 수립하고 시행하기 위하여 장애인 실태를 조사하고 장애인을 소정의 절차에 따라 등록시킨다(동법 제31조, 제32조). 이 실태조사가 장애인복지정책의 수립을 위한 기초자료가 된다.

그리고 국가와 지방자치단체는 장애인 복지서비스 지원 사업을 조사하고(이 지원 사업 조사를 공공기관에 위탁할 수 있음)(동법 제32조의3, 제32조의4, 제32조의5), 복지서비스에 관한 장애인 지원 사업을 실시한다(동법 제32조의6). 그리고 시·군·구에 장애인 복지상담원을 둔다(동법 제33조). 그리고 보건복지부장관, 지방자치단체장은 장애인의 복지증진을 위하여 재활 상담과 각종의 장애인복지시설 및 기관에 입소하는 등의 조치를 할 수 있다(동법 제34조 참조). 또한 국가와 지방자치단체는 재활 및 자립지원서비스의 제공, 산후 도우미 지원, 장애인 자녀에 대한 교육비 지원, 장애인 보조견의 훈련, 보급지원, 장애인을 위한 자금대여, 장애인단체에 대한 국·공유재산의 우선매각 등 각종의 복지정책을 실시하고 그 지원을 하는 조치를 한다(동법 제35조~제50조의3 참조). 뿐만 아니라 국가와 지방자치단체는 중증장애인의 자립생활을 지원하기 위한 정책을 강구해야 하고 이 중증장애인에게 각종 지원서비스를 제공한다(동법 제53조 이하 참조).

(5) 복지시설 및 단체

장애인복지시설은 장애인에게 필요한 서비스를 제공하는 물리적, 기능적 장소이다. 여기에는 여러 가지 형태의 장애인시설이 존재할 수 있다. 장애인복지법은 이러한 장애인복지시설을 설치·운영하는 내용을 규정하여 장애인과 그 가족에게 필요한 서비스를 제공하여 복지 증진에 이바지하고 있다. 즉 국가와 지방자치단체는 장애인의 연령 및 장애의 종별과 정도를 고려하여 장애인복지시설에서 적절한 보호, 의료, 생활지도와 기능회복훈련 등의 서비스를 제공함으로써 장애인이 기능 회복과 향상을 도모할 수 있도록 필요한 시책을 강구하고 있다(동법 제57조 참조). 장애인복지시설에는 장애인 생활시설, 장애인 지역사회재활시설, 장애인 직업재활시설, 장애인 의료재활시설, 그 밖에 대통령령으로 정하는 시설 등이 있다(동법 제58조 참조).

(6) 비 용

장애인에 대한 의료비의 지급(동법 제36조 제1항 이 조항은 2017. 12. 30일부터 삭제됨), 자녀교육비의 지급(동법 제38조 제1항), 자립훈련비의 지급(동법 제43조 제1항), 장애수당의 지급(동법 제49조 제1항), 장애아동 부양수당 및 보호수당의 지급(동법 제50조 제1항, 제2항), 금융정보의 제공(동법 제50조의3), 활동지원급여의 지원(동법 제55조), 등에 소요된 비용과 장애인복지시설이 설치 · 운영에 소요되는 비용은 예산의 범위 안에서 복지실시기관이 부담하게 할 수 있다. 국가와 지방자치단체는 장애인이 장애복지시설을 이용하는 데 드는 비용의 전부 또는 일부를 부담할 수 있으며 시설이용자의 자산과 소득을 고려하여 본인부담금을 부과할 수 있다(동법 제79조).

그리고 국가와 지방자치단체는 장애인복지시설의 설치 · 운영에 필요한 비용의 전부 또는 일부를 보조할 수 있다(동법 제81조 참조).

이 장애인을 포괄적으로 지원하기 위하여 발달장애인 권리보장 및 지원에 관한 법률(2014.11.19)이 별도로 마련되어 있다.

7. 영유아보육복지정책

1) 영유아보육복지정책의 의의와 목적

영유아보육복지는 영유아를 건강하고 안전하게 보호 · 양육하고 영유아의 발달 특성에 적합한 교육을 제공하는 사회복지서비스를 말한다. 여기서 영유아란 6세 미만의 취학전 아동을 말한다. 본래 영유아는 가정에서 양육하는 것이 원칙이다. 그러나 산업화가 급속하게 진행됨에 따라 기혼여성의 취업이 현저히 증가하면서 영유아를 맡아서 안전하고 건전하게 양육할 수 있는 보육시설이 필요하게 되었다. 이리하여 아동의 보육문제가 사회복지정책 차원에서 다루어지게 되어 국가는 이 영유아 복지서비스에 관한 정책을 펴나가기 위하여 영유아복지법을 만들어 시행하고 있다. 이 법에 영유아복지에 대한 정책이 담겨 있다. 영유아보육복지정책의 목적은 보호자가 근로 또는 질병, 기타 사정으로 인하여 보호하기 어려운 영아 및 유아를 심신의 보호와 건전한 교육을 통하여 건강한 사회 성원으로 육성함과 아울러 보호자의 경제적, 사회적 활동을 원활하게 하여 가정복지증진에 이바지하는 데 있다.

2) 영유아보육복지정책을 반영한 영유아보육복지법의 주요 내용

(1) 보육주체와 대상자

보육을 담당하는 주체는 국민, 국가와 지방자치단체이다. 국가와 지방자치단체는 보호자와 더불어 영유아를 건전하게 보육할 책임이 있다. 아울러 모든 국민은 영유아를 건전하게 보육할 책임을 진다. 모든 국민의 영유아보육 책임은 선언적 의미를 갖지만 국가와 지방자치단체는 실질적으로 영유아보육의 책임을 지는 것이고 시장, 군수, 구청장은 영유아의 보육을 위한 적정한 어린이집을 확보해야 한다(영유아보육법 제4조).

(2) 영유아보육의 행정기관

국가 또는 지방자치는 보호자와 더불어 영유아보육책임을 지므로 영유아보육의 실시 행정기관이 된다. 이러한 보육실시기관의 정책을 수립하고 결정하기 위하여 보육정책위원회와 보육정책조정위원회를 두고 있다. 영유아보육에 관한 시행계획을 수립하고 보육과정과 보육시설을 평가하는 등의 업무를 심의하기 위하여 중앙보육정책위원회를 두며, 영유아교육에 대한 연도별 시행계획을 수립하고 영유아교육시설의 지정과 보수교육의 실시 위탁 등에 관한 업무를 그 지방단체에서 심의하고 지방자치단체의 보육정책을 결정하는 지방보육정책위원회를 시 · 군 · 구에 둔다(동법 제6조, 제11조 참조). 또한 보육정책에 관한 관계부처 간의 의견을 조정하기 위하여 국무총리 소속하에 보육정책조정위원회를 두고 있다(동법 제5조).

그리고 영유아에게 일시보육서비스를 제공하거나 보육에 관한 정보의 수집 제공 및 상담을 위하여 육아종합지원센터를 중앙정부와 지방정부에 각각 설치 · 운영하여 중앙정부와 지방정부의 영유아보육정책결정을 도와주고 있다(동법 제7조). 아울러 국가는 보육서비스의 질 향상을 도모하고 보육정책을 체계적으로 지원하기 위하여 한국보육진흥원을 설립한다. 이 진흥원은 어린이집 평가척도 개발, 보육사업에 관한 교육 · 훈련 및 홍보, 영유아 보육프로그램 및 교재 · 교구 개발, 보육교직원 연수프로그램 개발 및 교재 개발, 그 밖에 보육정책과 관련하여 보건복지부장관이 인정하는 업무 수행한다(동법 제8조 제1항, 제2항). 이 진흥원은 법인으로 한다(동조 제3항).

(3) 어린이집의 설치

영유아보육복지를 펴기 위해서는 영유아보육시설(어린이집)이 많아야 한다. 이리하여 영유아보육법은 어린이집의 설치와 운영에 관한 규정을 일정규모의 사업장에도 어린이집을 반드시 설치하도록 하고 있다.

어린이집에는 국가와 지방자치단체가 설치 · 운영하는 국 · 공영시설이 있고 국가나 지방자치단체 외의 자가 설치 · 운영하는 어린이집이 있다. 국가 또는 지방자치단체는 반드시 어린이집을 설치 · 운영해야 하며(동법 제12조), 국가나 지방자치단체 외의 자가 어린이집을 설지 · 운엉하고자 힐 때에는 일정한 사항을 기재한 인가신청서를 첨부하여 시장, 군수, 구청장의 인가(신고가 아니다)를 받아야 한다(동법 제13조, 동법 시행규칙 제5조 참조). 이 인가를 받기 위해서는 설치기준에 적합해야 한다.

어린이집에는 국가, 지방자치단체가 설치 · 운영하는 국공립어린이집, 사회복지법인이 설치 · 운영하는 법인어린이집, 법인 · 단체어린이집, 사업주가 사업장의 근로자를 위하여 설치 · 운영하는 직장어린이집, 개인이 가정 또는 그에 준하는 곳에 설치 · 운영하는 가정어린이집, 보호자들이 조합을 결성하여 설치 · 운영하는 부모협동어린이집, 이상의 어린이집 외의 민간어린이집이 있다(동법 제10조 참조).

(4) 보육교직원

어린이집에는 보육교직원을 두어야 한다. 그 배치 기준은 동법 시행규칙에 정하여 있다(동법 제17조 참조). 이에 의하면 어린이집에는 보육교사를 반드시 두어야 하고, 영유아가 100명 이상인 경우에는 간호사와 영양사를 두어야 한다. 그리고 영유아가 40명 이상인 경우에는 취사부를 두어야 한다. 어린이집에는 시설의 장과 그 밖의 종사자가 있다. 시간별로 보직교사를 배치할 수 있고 보조교사, 대체교사를 둔다(동법 제17조). 어린이집의 원장은 어린이집을 통할하고 보육교사와 그 밖의 종사자를 지도 감독하며 영유아를 보육한다(동법 제18조 제1항). 보육교사는 영유아를 보육하고 어린이집의 원장이 불가피한 사유로 직무를 수행할 수 없을 때에는 그 직무를 대행한다(동법 제18조 제2항). 어린이집의 원장은 일정한 자격을 가진 자로서 보건복지부장관으로부터 자격증을 받은 자이어야 한다(동법 제21조 제1항). 보육교사는 일정한 보육관련 교육과정을 이수하고 보건복지부장관으로부터 자격증을 교부받아야 한다(동법 제21조 제2항). 보육교사는 1, 2, 3등급으로 나누어지고 등급별 자격기준이 동법 시행령 제21조 별표에 정해져 있다.

(5) 비용

국가 또는 지방자치단체는 영유아에 대한 보육을 무상으로 하되, 그 내용과 범위는 대통령령으로 정한다(동법 제34조). 국가와 지방자치단체는 다문화가정에 대한 지원, 양육수당을 지원하고, 이를 위하여 보육서비스이용권을 보호자에게 지급할 수 있다.

8. 한부모가족지원정책

1) 의의와 목적

편모슬하나 결손 남성 배우자를 가진 자 등의 가정, 반대로 편부슬하나 결손 여성 배우자를 가진 자 등의 가정이 겪고 있는 여러 가지 문제, 예컨대 소득의 부족으로 인한 경제문제, 심리적·정서적 불안, 대인관계에서 사회적인 고립을 자초하거나, 자녀들의 건전한 성장을 가로막는 등의 가정적·사회적 문제가 발생한다. 이리하여 사회복지 차원에서 한부모가족에 대하여 입법적으로 대응하고자 하는 것이 한부모가족법이다. 이 법에는 한부모가족지원 정책의 내용과 방향을 담고 있다. 여기의 한부모라 할 때의 모 또는 부라 함은 배우자와 사별 또는 이혼하거나 배우자로부터 유기된 자, 정신 또는 신체의 장애로 인하여 장기간 노동력을 상실한 배우자를 가진 자, 미혼자, 그리고 이들에 준하는 자의 어느 하나에 해당하는 자로서 아동을 양육하는 자를 말한다(한부모가족지원법 제4조 제1호). 그리고 한부모가족이란 모자가족 또는 부자가족을 말하고(동법 제4조 제2항), 모자가족이란 모자세대주인 가족을 말하고(제3호), 부자가족이란 부자세대주인 가족을 말한다(제4호). 아동이라 함은 모 또는 부에 의하여 양육되는 18세 미만의 자녀를 말한다(제5호).

한부모가족지원법은 한부모가족이 건강하고 문화적인 생활을 영위할 수 있게 함으로써 한부모가족의 생활안정과 복지증진에 이바지함을 목적으로 한다(동법 제1조).

2) 한부모가족지원정책을 반영한 법의 주요 내용

(1) 기본원칙

국가와 지방자치단체는 한부모가족의 복지를 증진할 책임을 진다고 하는 동시에 모든 국민은 한부모가족의 복지증진에 협력해야 한다고 규정하여, 국가와 국민 모두에 책임을 지우고 있다(한부모가족지원법 제2조). 이리하여 한부모가족의 복지는 국가, 지방자치단체, 국민의 책임임을 명백히 하고 있다. 한부모가족의 모 또는 부는 임신과 출산 및 양육을 사유로 합리적인 이유 없이 고용 · 교육 등에서 차별을 받지 아니한다. 한부모가족의 모 또는 부, 아동은 그가 가지고 있는 자산과 노동력을 최대한으로 활용하여 자립과 생활향상을 위하여 노력해야 한다(동법 제3조). 한부모가족의 자립 노력을 강조함으로써 한편으로 자립생활의 자기책임을 강조한다.

(2) 보호대상자의 범위와 조사

보호기관(보호를 행하는 국가 또는 지방자치단체)의 보호를 받는 보호대상자는 앞에서 본 적용대상자 모두가 아니라 이 가운데 여성가족부령이 정하는 자로 하는데 동법 시행규칙 제3조 제1항은 보호대상자의 범위를 여성가족부장관이 매년 보호대상자의 최저생계비·소득수준 및 재산상황을 고려하여 종류별로 정하는 기준에 해당하는 한부모가족으로 한다.

그러므로 특별자치시장, 특별자치도지사, 시장, 군수, 구청장은 매년 1회 이상 관할구역 안의 보호대상자를 조사하여 그 결과를 시·도지사에게 보고하고 시·도지사는 이를 여성가족부장관에게 보고해야 한다(동법 제10조). 보호대상자에 대한 조사사항은 가족사항, 소득 및 자산보유사항 등 생활상태, 부양의무자가 있는 경우 그 부양능력의 유무 그리고 보호 실시에 필요한 사항 등이다(동법 시행규칙 제6조 제1항).

(3) 복지의 내용과 실시

복지급여에는 생계비, 아동교육지원비, 아동양육비, 그 밖에 대통령령으로 정하는 비용 등이다(동법 제12조). 보호대상자 및 그 이해관계자가 이 복지급여를 위의 관할 특별자치시장, 특별자치도지사, 시장, 군수, 구청장에게 신청한다(동법 제11조 참조). 그리고 국가 또는 지방자치단체는 복지자금을 대여할 수 있고(동법 제13조), 고용촉진(부 또는 모, 아동의 우선 취업 등)과 공공시설에 매점 및 시설 설치 등의 서비스를 한다(동법 제14조, 제14조의2, 제15조, 제18조 참조).

(4) 한부모가족복지시설

한부모가족시설은 한부모가족의 모 또는 부 및 아동이 인간다운 생활을 영위하기 위하여 필요한 제반 서비스를 제공하는 시설이다. 이는 사회복지시설의 하나로서 한부모가족이 가진 요구와 문제를 해결하기 위한 급여와 서비스를 제공하는 가정을 보완하고 때로는 대체하는 기능을 가지고 있다.

이 시설은 국가 또는 지방자치단체가 설치·운영할 수 있고 민간이 설치·운영할 수도 있다. 민간이 설치하고자 하는 경우에는 특별자치도지사, 시장, 군수, 구청장에게 신고해야 한다(동법 제20조 참조). 한부모가족복지시설에는 모자가족복지시설, 부자가족복지시설, 미혼모자가족복지시설, 일시지원복지시설, 한부모가족복지상담소 등이 있다(동법 제19조 참조).

(5) 비 용

국가나 지방자치단체는 한부모가족복지사업에 소요되는 비용을 보조할 수 있다(동법 제25조 참조).

9. 정신보건정책

1) 의의와 목적

정신보건정책은 정신질환의 예방·치료, 정신질환자의 재활·복지·권리보장과 정신건강 친화적인 환경 조성에 필요한 국민의 정신건강증진 및 정신질환자의 인간다운 삶을 영위하는 데 이바지하는 정책이다. 정신질환자란 망상, 환각, 사고나 기분의 장애 등으로 인하여 독립적으로 일상생활을 영위하는 데 중대한 제약이 있는 사람을 말한다. 이 정신보건정책을 반영하여 만든 법이 정신건강증진 및 정신질환자 복지서비스 지원에 관한 법률(2016.5.29. 제정, 이후 수차례 개정)이다.

이 법은 정신질환의 예방과 정신질환자의 의료 및 사회복귀에 관한 사항과 국민의 정신건강증진에 이바지하려는 목적으로 만들어진 일종의 사회복지서비스법에 속하는 법이다.

정신질환의 예방과 치료 및 복귀의 문제는 인간다운 생활을 보장하는 데 중요한 영역이기 때문에 이는 사회복지서비스 정책의 범주에 포함되는 것이다. 다음으로 일반적으로 사회복지서비스 정책이 형성되는 과정에서 보면, 정신질환의 치료와 예방 및 재활은 물질적, 경제적 보장에 있어서 이루어지는 특성을 지닌다. 또한 정신질환의 문제는 산업화·도시화와 같은 사회적 발달과 함께 생겨나는 측면이 있다. 그리고 정신보건정책은 그 급여형태가 매우 추상적이고 포괄적인 특성을 지닌다. 정신보건의 문제 자체가 그러하듯이 그 대책을 위한 각종의 서비스가 진단과 치료, 재활 등과 관련된 각종 형태의 급여가 제공됨으로써 매우 추상적이고 종합적·포괄적 급여형태를 띠게 된다.

2) 정신보건정책을 반영한 정신건강증진 및 정신질환자 복지서비스 지원에 관한 법률의 주요 내용

(1) 기본이념

① 모든 국민은 정신질환으로부터 보호받을 권리를 가진다.
② 모든 정신질환자는 인간으로서의 존엄과 가치를 보장받고, 최적의 치료를 받을 권리를 가진다.
③ 모든 정신질환자는 정신질환이 있다는 이유로 부당한 차별대우를 받지 아니한다.
④ 미성년자인 정신질환자는 특별히 치료, 보호 및 교육을 받을 권리를 가진다.
⑤ 정신질환자에 대해서는 입원 또는 입소(이하 "입원등"이라 한다)가 최소화되도록 지역 사회 중심의 치료가 우선적으로 고려되어야 하며, 정신건강증진시설에 자신의 의지에 따른 입원 또는 입소(이하 "자의입원등"이라 한다)가 권장되어야 한다.
⑥ 정신건강증진시설에 입원등을 하고 있는 모든 사람은 가능한 한 자유로운 환경을 누릴 권리와 다른 사람들과 자유로이 의견교환을 할 수 있는 권리를 가진다.
⑦ 정신질환자는 원칙적으로 자신의 신체와 재산에 관한 사항에 대하여 스스로 판단하고 결정할 권리를 가진다. 특히 주거지, 의료행위에 대한 동의나 거부, 타인과의 교류, 복지서비스의 이용 여부와 복지서비스 종류의 선택 등을 스스

로 결정할 수 있도록 자기결정권을 존중받는다.

⑧ 정신질환자는 자신에게 법률적 · 사실적 영향을 미치는 사안에 대하여 스스로 이해하여 자신의 자유로운 의사를 표현할 수 있도록 필요한 도움을 받을 권리를 가진다.

⑨ 정신질환자는 자신과 관련된 정책의 결정과정에 참여할 권리를 가진다.

(2) 주요 내용

정신건강증진 및 정신질환자 복지서비스 지원에 관한 법률이 규정하고 있는 주요 내용은 다음과 같다.

국가와 지방자치단체와 국민의 의무(동법 제4조, 제5조), 정신건강증진시설의 장의 의무(동법 제6조), 보건복지부장관의 국가의 기본계획 수립, 지방자치단체 장의 지역계획 수립(동법 제7조), 보건복지부장관의 실태조사(동법 제10조), 정신건강복지센터의 설치 및 운영(동법 제15조), 정신건강연구기관 설치 · 운영(동법 제16조), 정신건강시설의 개설 · 설치 및 운영(동법 제19조~제32조), 복지서비스의 제공(동법 제33조~제38조), 보호 및 치료(동법 제39조~제52조), 퇴원등의 청구 및 심사(동법 제53조~제67조), 권익보호 및 지원(동법 제68조~제83조), 벌칙(동법 제84조~제89조)으로 되어 있다.

10. 기부 모금을 통한 사회복지 재원의 조달정책

1) 의의와 목적

사회복지의 재원조달방법 중에 민간의 자발적인 참여로 재원을 조달하는 사회복지공동모금 방법이 있다. 이 사회복지공동모금은 지역사회의 민간인의 자발적 참여를 통하여 민간복지의 재원을 조달하려는 것이고 이는 민간의 사회복지 참여의 한

방법이다. 국가는 이를 위하여 사회복지모금회라는 사회복지법인을 설립하게 하여 이를 통하여 사회복지모금을 하도록 한다. 사회복지모금은 어느 개인이나 어느 단체가 아무나 할 수 없고 반드시 사회복지모금회법에 의하여 설립된 사회복지법인 사회복지모금회를 통해서만 할 수 있다. 사회복지모금회법은 이러한 사회복지모금회의 공동모금에 관한 법이고 여기서 사회복지공동모금회의 공동모금이란 사회복지사업, 기타 사회복지활동의 필요한 재원을 조성하기 위하여 이 법에 의하여 기부금품을 모집하는 것을 말한다.

사회복지공동모금정책은 공동모금을 통하여 사회복지에 대한 국민의 이해와 참여를 제고하고 아울러 조성된 재원을 공정하게 관리·운용함으로써 사회복지증진에 이바지하고자 하는 것이다. 이는 사회복지공동모금회의 홍보활동을 통하여 주민 참여에 의한 자발적 기금을 조성하여, 지역사회의 문제 해결과 주민의 욕구충족을 위하여 기금을 관리 배분함으로써, 주민의 삶의 질 향상에 주민 스스로가 기여하고 지역사회의 공동체 의식을 함양하여 복지 공동체를 구축하고자 하는 데 그 목적이 있다.

2) 사회복지공동모금의 기본원칙

기부금품은 기부하는 자의 의사에 반하여 모집하여서는 아니 된다(사회복지공동모금회법 제3조 제1항). 공동모금 재원은 지역, 단체, 대상자 및 사업별로 복지 수요가 공정하게 충족되도록 배분되어야 하고 공동모금의 목적과 재원 사용의 용도에 맞도록 공정하게 관리·운용해야 한다. 공동모금 재원의 배분은 객관적 기준에 따라 효율적으로 이루어져야 하고 그 결과는 공개되어야 한다.

3) 사회복지공동모금의 정책이 반영된 사회복지공동모금회법의 주요 내용

사회복지공동모금사업을 관장하기 위하여 사회복지모금회를 두고 이 모금회는 법인으로 한다(사회복지공동모금회법 제4조). 모금회는 공동모금사업, 공동모금 재원의 배분, 공동모금 재원의 운용 및 관리, 공동모금에 관한 조사, 연구, 홍보 및 교육훈련 등의 사업을 한다. 모금회는 지역단위의 사회복지공동모금사업을 관장하기 위하여 특별시, 광역시 · 도에 사회복지공동모금회 지회를 둔다(동법 제14조 참조).

모금회는 각 회계연도의 사업계획 및 예산안을 회계연도 개시 1개월 전에 보건복지부장관에게 제출해야 한다(동법 제26조). 모금회는 연중 계속하여 기부금품을 모집할 수 있고, 일정한 기간을 정하여 집중적으로 기부금품을 모집할 수 있다(동법 제18조 참조). 그리고 모금회는 사회복지사업, 그 밖의 사회복지활동을 지원하기 위한 재원의 조성을 위하여 복권을 발행할 수 있다(동법 제18조의2). 모금된 재원을 배분하기 위해서는 먼저 모금회는 매년 8월 31일까지 배분기준을 정하여 공고하고, 배분신청을 받아서 배분 계획을 세워 거기에 따라 배분하게 된다. 배분 후에는 그 평가를 하고 배분 결과를 공고해야 한다(동법 제20조, 제20조의2, 제21조, 제22조, 제23조의2, 제24조 참조).

공동모금 재원은 사회복지사업뿐만 아니라 모든 사회복지활농에 사용될 수 있다.

참고문헌

강영실(2006), 사회복지정책의 이해, 신정.

강욱모 외(2004), 21세기 사회복지정책, 청목출판사.

강희갑(2010), 사회복지법제론, 양서원.

강희갑(2010), 사회보장론, 양서원.

고수현(2006), 사회복지정책, 교육과학사.

김종명(2009), 사회복지정책론, 양서원.

남기민(2004), 사회복지정책론, 학지사.

노화준(2006), 정책평가론, 법문사.

박광덕(1998), 현대사회복지정책론, 박영사.

박병현(2005), 사회복지정책론, 학현사.

박석돈(2005), 사회보장론, 양서원.

박정호(2004), 사회복지정책론, 학지사.

송근원 · 김태성(1999), 사회복지정책론, 나남출판.

원석조(2010), 사회복지정책론, 양서원.

이정우(2006), 사회복지정책, 학지사.

이진숙 외(2010), 사회복지정책론, 양서원.

최일섭 · 최성재(1995), 사회복지정책론, 나남출판.

한국사회복지행정학회(2007), 사회복지정책론, 양서원.

현외성(2002), 사회복지정책강론, 양서원.

Alfred, K.(1969), *Theory and Practice of Social Planning*, New York: Russel Sage Foundation.

Barr, N.(1987), *The Economics of Welfare State*, London: Weidenfeld & Nicolson.

Beveridge, W.(1942), *Social Insurance and Allied Services*, Reprinted 1984, London: HMSQ.

Carrier, J. & Kendall, I.(1977), "Social Policy and Social Change", *J. of Social Policy, 2*(3).

Cobb Roger W. & Elder, Charles D.(1976), "Agenda-Building as a Comparative Political Process", *APSR*, vol.70, 126-128.

Dinitto, Diana M.(2000), *Social Welfare: Politics and Public Policy*, Needham Heights, MA: Allin and Bacon.

Dye, Thomas R.(1984), *Understanding Public Policy*(4th ed. & 5th ed.). Engelwood Cliffs, NJ.: Prentice Hall.

Esping-Enderson, G.(1985), *Politics Against Market*, Princeton Univ. Press.

Esping-Enderson, G.(1990), *The Three World of Welfare Capitalism*, Princeton: Princeton Univ. Press.

Esping-Enderson, G.(2002), *Why We Need a New Welfare State*, Oxford: Oxford Univ. Press.

Gerge, V. & P. Wilding(1984), *Impact of Social Policy*, London: Routledge and Kegan Paul.

Gilbert, N. & H. Specht(1974), *Dimension of Social Welfare Policy*, Boston: Allin and Bacon.

Gilbert, N. & H. Specht(1977), *Dynamics of Community Planning*, Cambridge, NA: Ballinger Publishing co.

Gilbert, N. & P. Terrell(2002), *Dimensions of Social Welfare Policy*, New Jersy: Allin and Bacon

Kamerman, S. & A. Kahn(1989), *Privatization and the Welfare State*, Princeton: Princeton Univ. Press.

Marshall, T. A.(1970), *Social Policy*, London: Hatchson.

Rejda, G. E.(1999), *Social Insurance and Economic Security*(6th ed.), N.J.: Prentice Hall.

Saibury, R.(1999), "Aims of Social Security", in J. Ditch ed. *Introduction to Social Security: Policies Benefits and Poverty*, London: Routledge.

찾아보기

저자약력

강희갑
서울대학교 대학원 법학박사
미국조지타운대학교 로스쿨 객원교수
국무총리 행정심판위원회 위원, 명지대학교 법과대학장
명지대학교 사회복지대학원장, 대한상사중재위원, 사법·행정고시위원
현, 명지대학교 명예교수, 관동대학교 초빙교수
〈저서〉 사회복지법제론, 사회보장론 외 다수

김극명
서남대학교 대학원 사회복지학박사
사회복지정치참여추진단 아동복지정책위원
현, 전주비전대학교 아동복지학과 교수
〈저서〉 지역사회복지론 외 다수

김종배
경남대학교 대학원 행정학박사
대통령추천 대한적십자사 전국대위원, 통일부 통일교육위원
현, 수성대학교 사회복지과 교수
〈저서〉 아동안전관리 외 다수

오현숙
대구대학교 대학원 사회복지학박사
현, 호산대학교 노인보건복지과 교수
〈저서〉 사회복지행정론, 노인복지론, 사회복지법제론 외 다수

정일교
중앙대학교 대학원 사회복지학석사
일본 關西學院大學 대학원 사회복지 박사과정수료
한국복지정책연구소 연구원
현, 가톨릭상지대학교 사회복지과 교수
〈저서〉 장애인복지론, 케어복지실천기술론 외 다수

박승탁
대구대학교 대학원 문학박사
서울기독대학교 대학원 사회복지학박사
현, 영남신학대학교 사회복지학과 교수
〈저서〉 사회복지개론, 사회복지법제론 등

【제3판】
사회복지정책론

1판 1쇄 인쇄 – 2016년 1월 10일
2판 1쇄 발행 – 2017년 2월 25일
3판 1쇄 발행 – 2019년 9월 2일

저 자 - 강희갑 김극명 김종배 오현숙 정일교 박승탁
발 행 인 - 강철원
발 행 처 - 양성원
주 소 - 경기도 파주시 검산로 173번길 29-20
전 화 - 031-946-3861(代)
팩 스 - 031-946-3864
이 메 일 - tnwpub@naver.com
홈페이지 - tnwpub.co.kr
출판등록 - 2015년 8월 31일 제 2015-000211 호

ISBN 979-11-6126-204-8

정가 20,000원